Hippokrates

Praxisratgeber Recht für Hebammen

Matthias Diefenbacher

Unter Mitarbeit von
Cäcilie Fey, Patricia Gruber, Regine Knobloch

2., vollständig überarbeitete Auflage

4 Abbildungen

Hippokrates Verlag · Stuttgart

Bibliografische Information der Deutschen Nationalbibliothek
Die Deutsche Nationalbibliothek verzeichnet diese Publikation in der Deutschen Nationalbibliografie; detaillierte bibliografische Daten sind im Internet über http://dnb.d-nb.de abrufbar.

Ihre Meinung ist uns wichtig! Bitte schreiben Sie uns unter:
www.thieme.de/service/feedback.html

Rüdigerstr. 14
70469 Stuttgart
Deutschland

www.hippokrates.de

Printed in Germany

1. Auflage 2004

Umschlaggestaltung: Thieme Verlagsgruppe
Umschlagfoto: www.fotolia.com/Monet
Satz: Druckhaus Götz GmbH, Ludwigsburg
Druck: Westermann Druck Zwickau GmbH, Zwickau

DOI 10.1055/b-004-129 672

ISBN 978-3-13-219481-6 1 2 3 4 5 6

Auch erhältlich als E-Book:
eISBN (PDF) 978-3-13-219471-7
eISBN (epub) 978-3-13-219461-8

Vorwort

Die nach wie vor bestehende große Nachfrage nach einem *Praxisratgeber Recht für Hebammen* bewog den Autor dazu, eine 2., um sämtliche für Hebammen bedeutsamen Rechtsänderungen der letzten Jahre erweiterte Auflage dieses Rechtsratgebers zu erstellen. Berücksichtigt wurden insbesondere die Neuregelung des Behandlungsvertrags durch das „Patientenrechtegesetz" vom Februar 2013 auf dem Gebiet des zivilrechtlichen Haftungsrechts, die Hebammen-Gebührenvereinbarung nach § 134a SGB V und das Allgemeine Gleichbehandlungsgesetz auf dem Gebiet des Arbeitsrechts.

Darüber hinaus wurden die Erfahrungen aus Hunderten bundesweit erfolgreich geführter Mahnverfahren für Hebammen seit mehr als 20 Jahren, Beispiele für Pflichtverletzungen, Einzelheiten zur Gestaltung eines Behandlungsvertrags und zahlreiche aktuelle Praxistipps eingearbeitet. Verzichtet wurde auf den Abdruck der maßgeblichen gesetzlichen Vorschriften, da diese zum einen einem raschen Wandel unterzogen sind, was der Aktualität des Buchs geschadet hätte, und zum anderen die Möglichkeit besteht, gesetzliche Regelungen tagesaktuell im Internet zu recherchieren (z. B. auf www.Hebammengesetz.de).

Der Ratgeber ist keine juristische Abhandlung im Sinn einer Kommentierung zum Hebammengesetz, den Gebührenvorschriften oder dem Behandlungsvertrag, sondern soll einen Überblick über alle für Hebammen wichtigen Rechtsvorschriften mit Anmerkungen für die Praxis geben. Besondere Bedeutung erlangt das Werk wieder durch die Mitwirkung ausgewiesener Expertinnen aus dem Kreis der Hebammen, die erneut das Thema „Dokumentation" mit ihrem Spezialwissen bearbeitet haben.

Sämtliche Ausführungen im Praxisratgeber für Hebammen gelten selbstverständlich auch für Entbindungspfleger.

Heidelberg, im Sommer 2016
Matthias Diefenbacher

Anschriften

Matthias **Diefenbacher**
Rechtsanwalt
Vangerowstr. 2/2
69115 Heidelberg
E-Mail: matthias@diefenbacher.de
Internet: www.hebammengesetz.de

Cäcilie **Fey**
Hebamme und unabhängige Sachverständige im Hebammenwesen
Neubergweg 11
79104 Freiburg
E-Mail: fey@sa-heb.de

Patricia **Gruber**
Hebamme und unabhängige Sachverständige im Hebammenwesen
Memelstraße 12
58300 Wetter
E-Mail: info@patricia-gruber.de
Internet: www.patricia-gruber.de

Regine **Knobloch**
Hebamme und unabhängige Sachverständige im Hebammenwesen
Ina-Seidel-Str. 6
76149 Karlsruhe
E-Mail: info@regine-knobloch.de

Inhaltsverzeichnis

1 Rechtliche Grundbegriffe

Recht
Unter „Recht“ versteht man die Gesamtheit der verbindlichen Vorschriften, die das Verhältnis einer Gruppe von Menschen zueinander oder zu und zwischen Hoheitsträgern regeln.

Das **Recht** soll im weitesten Sinn das Zusammenleben der Menschen in einer Gemeinschaft ordnen. Es hat eine Ordnungs- und Friedensfunktion. Von Religion, Sitte und Moral unterscheidet es sich dadurch, dass es erzwingbar, d.h. **mit Sanktionen durchsetzbar** ist. So kann z.B. die Wohnung eines Straftäters im Rahmen eines strafrechtlichen Ermittlungsverfahrens auf richterlichen Beschluss hin durchsucht werden. Auch der Gerichtsvollzieher kann zur Durchsetzung einer zivilrechtlichen Forderung mit einem richterlichen Beschluss die Wohnung des Schuldners betreten, um eine Pfändung vorzunehmen („Gewaltmonopol des Staates“). Im Übrigen ist dies nur in Notfällen, bei Gefahr im Verzug oder mit einer Einwilligung des Berechtigten zulässig.

1.1 Unterscheidung Bürgerliches Recht – Öffentliches Recht

Das **Bürgerliche Recht** (auch Zivilrecht oder Privatrecht) ist die Summe der Rechtsnormen, die das Verhältnis von Personen untereinander regeln („Bürger gegen Bürger“). Solche Vorschriften finden sich insbesondere im **Bürgerlichen Gesetzbuch** (BGB; Behandlungsvertrag, Gebührenansprüche gegenüber Privatpatientinnen etc.) und in arbeitsrechtlichen Gesetzen (Verhältnis des Arbeitnehmers zum Arbeitgeber).

Das **Öffentliche Recht** umfasst die Rechtsvorschriften, die das Verhältnis der Hoheitsträger (Organisationen, die Aufgaben für das öffentliche Gemeinwesen erfüllen = Staat) zum einzelnen Bürger oder der Hoheitsträger untereinander regeln („Bürger gegen Staat“). Es handelt sich hierbei u.a. um Vorschriften aus dem Verfassungsrecht (im Grundgesetz), dem Verwaltungsrecht, dem Strafrecht („Staatsanwalt gegen Bürger“), dem Gerichtsverfassungs- und Prozessrecht und dem Völkerrecht bzw. supranationalen Recht (z.B. EU-Richtlinien).

1.2 Staatsprinzipien

Die tragenden Prinzipien der Bundesrepublik Deutschland sind die der **Demokratie** (alle Gewalt geht vom Volk durch Wahlen aus), der **Republik** (das Staatsoberhaupt wird anders als in der Monarchie gewählt), des **Bundesstaats** (Föderalismus), des **Rechtsstaats** (jedes stattliche Handeln erfordert eine gesetzliche Grundlage) und des **Sozialstaats** (Art. 20, 28 GG). Der Sozialstaat sorgt für des **Existenzminimum** jedes Einzelnen. Nicht jede Form der Heilbehandlung und der Hebammenhilfe ist Teil des Existenzminimums (z.B. Akupunktur oder Babyschwimmen), d.h., nicht alle Behandlungen bzw. Tätigkeiten werden durch das Sozialamt bezahlt.

Praxistipp
Es empfiehlt sich bei Klientinnen, die Leistungen nach Sozialgesetzbuch XII oder nach dem Asylbewerberleistungsgesetz beziehen, **vor** der Behandlung eine Deckungszusage hinsichtlich der tatsächlich übernommen Behandlungskosten durch das zuständige Amt einzuholen bzw. mit dem Amt grundsätzlich zu klären, welche Kosten üblicherweise (im Rahmen des Existenzminimums) vergütet werden.

Ein Anspruch auf Aufnahme in den Basistarif der privaten Krankenversicherung besteht nicht für Personen, die Empfänger laufender Leistungen nach dem Dritten, Vierten, Sechsten oder Siebten Kapitel des SGB XII (**Sozialhilfe**) sind (Urteil des BGH vom 16.07.2014).

1.3
Grundrechte

Die **Grundrechte** sind in den Art. 1 bis 19 des Grundgesetzes (GG) geregelt. **Menschenrechte** gelten für alle Menschen, **Bürgerrechte** nur für deutsche Staatsangehörige.

Grundrechte sind Abwehrrechte gegen den Staat und können sich daher im Verhältnis zwischen Privaten untereinander nur über Generalklauseln (z. B. bei der Auslegung des Begriffs von „Treu und Glauben" im BGB) oder im Wege der Auslegung von Rechtsnormen (z. B. beim Begriff der „Sittenwidrigkeit") auswirken. Die Grundrechte sind unmittelbar geltendes Recht.

1.3.1 Einzelne Grundrechte

Art. 1 GG – Würde des Menschen, unmittelbar geltende Grundrechte

Die Würde des Menschen ist unantastbar. Sie zu achten und zu schützen ist Verpflichtung aller staatlichen Gewalt.
Das deutsche Volk bekennt sich darum zu unverletzlichen und unveräußerlichen Menschenrechten als Grundlage jeder menschlichen Gemeinschaft, des Friedens und der Gerechtigkeit in der Welt.
Die nachfolgenden Grundrechte binden Gesetzgebung, vollziehende Gewalt und Rechtsprechung als unmittelbar geltendes Recht.

Art. 2 GG – Freiheit der Person

Jeder hat das Recht auf die freie Entfaltung seiner Persönlichkeit, soweit er nicht die Rechte anderer verletzt und nicht gegen die verfassungsmäßige Ordnung oder das Sittengesetz verstößt.
Jeder hat das Recht auf Leben und körperliche Unversehrtheit. Die Freiheit der Person ist unverletzlich. In diese Rechte darf nur auf Grund eines Gesetzes eingegriffen werden.

Aus dem **Selbstbestimmungsrecht des Menschen** (Art. 2 Abs. 1 GG) folgt, dass für eine **Heilbehandlung,** die insbesondere mit Körperverletzungshandlungen verbunden ist, eine **Einwilligung** des Patienten erforderlich ist. Fehlt es an der Einwilligung, liegt ein Behandlungsfehler vor. Art. 2 GG nutzt das Bundesverfassungsgericht u. a., um „neue" Grundrechte zu entwickeln, so z. B. anlässlich des „Volkszählungs"-Urteils das Recht auf **Informationelle Selbstbestimmung**.

Art. 3 GG – Gleichheit vor dem Gesetz

(1) Alle Menschen sind vor dem Gesetz gleich.
(2) Männer und Frauen sind gleichberechtigt. Der Staat fördert die tatsächliche Durchsetzung der Gleichberechtigung von Frauen und Männern und wirkt auf die Beseitigung bestehender Nachteile hin.
(3) Niemand darf wegen seines Geschlechtes, seiner Abstammung, seiner Rasse, seiner Sprache, seiner Heimat und Herkunft, seines Glaubens, seiner religiösen oder politischen Anschauungen benachteiligt oder bevorzugt werden. Niemand darf wegen seiner Behinderung benachteiligt werden.

Eine Differenzierung ist nur nach einem **sachlichen** Grund zulässig. Es besteht kein Anspruch auf Gleichheit im Unrecht (z. B. wenn eine Hebamme eine Leistung zu Unrecht erhalten hat, hat die Kollegin nicht aus Gleichheitsgesichtspunkten den gleichen Anspruch auch zu Unrecht).

Art. 4 GG – Glaubensfreiheit, Gewissensfreiheit, Kriegsdienstverweigerungsrecht

(1) Die Freiheit des Glaubens, des Gewissens und die Freiheit des religiösen und weltanschaulichen Bekenntnisses sind unverletzlich.
(2) Die ungestörte Religionsausübung wird gewährleistet.
(3) Niemand darf gegen sein Gewissen zum Kriegsdienst mit der Waffe gezwungen werden. Das Nähere regelt ein Bundesgesetz.

Kirchengeläut ist u. a. Ausdruck der Religionsfreiheit. Am 27.01.2015 hat das BVerfG entschieden, dass ein pauschales **Kopftuchverbot** für Lehrkräfte an öffentlichen Schulen **verfassungswidrig** ist. Der Schutz des Grundrechts auf Glaubens- und Bekenntnisfreiheit gewährleistet auch Lehrkräften in der öffentlichen bekenntnisoffenen Gemeinschaftsschule die Freiheit, einem aus religiösen Gründen als verpflichtend verstandenen Bedeckungsgebot zu genügen, wie dies etwa durch das Tragen eines **islamischen Kopftuchs** der Fall sein kann. Anders hat das BAG am 24.09.2014 entschieden, als dort das Tragen eines Kopftuchs als Symbol der Zugehörigkeit zum islamischen Glauben und damit als Kundgabe einer anderen Religionszugehörigkeit regelmäßig mit der arbeitsvertraglichen Verpflichtung einer in einer Einrichtung der Evangelischen Kirche tätigen Arbeitnehmerin zu einem zumindest neutralen Verhalten gegenüber der Evangelischen Kirche nicht in Einklang zu bringen ist.

Art. 6 GG – Schutz von Ehe und Familie

(1) Ehe und Familie stehen unter dem besonderen Schutze der staatlichen Ordnung.
(2) Pflege und Erziehung der Kinder sind das natürliche Recht der Eltern und die zuvörderst ihnen obliegende Pflicht. Über ihre Betätigung wacht die staatliche Gemeinschaft.
(3) Gegen den Willen der Erziehungsberechtigten dürfen Kinder nur auf Grund eines Gesetzes von der Familie getrennt werden, wenn die Erziehungsberechtigten versagen oder wenn die Kinder aus anderen Gründen zu verwahrlosen drohen.
(4) Jede Mutter hat Anspruch auf den Schutz und die Fürsorge der Gemeinschaft.
(5) Den unehelichen Kindern sind durch die Gesetzgebung die gleichen Bedingungen für ihre leibliche und seelische Entwicklung und ihre Stellung in der Gesellschaft zu schaffen wie den ehelichen Kindern.

Eine **Ehe** ist die grundsätzlich lebenslange Verbindung eines Mannes und einer Frau zur Lebensgemeinschaft. Gleichgeschlechtliche Beziehungen richten sich nach dem Gesetz über die Eingetragene Lebenspartnerschaft (**Lebenspartnerschaftsgesetz** – LPartG). Eine **Familie** sind die durch Verwandtschaft, Ehe und Schwägerschaft miteinander verbundenen Personen.

Art. 12 GG – Freie Wahl des Berufes

(1) Alle Deutschen haben das Recht, Beruf, Arbeitsplatz und Ausbildungsstätte frei zu wählen. Die Berufsausübung kann durch Gesetz oder auf Grund eines Gesetzes geregelt werden.
(2) Niemand darf zu einer bestimmten Arbeit gezwungen werden, außer im Rahmen einer herkömmlichen allgemeinen, für alle gleichen öffentlichen Dienstleistungspflicht.
(3) Zwangsarbeit ist nur bei einer gerichtlich angeordneten Freiheitsentziehung zulässig.

Berufsfreiheit bezieht sich auf die **Berufswahl** und die **Berufsausübung.**

Beruf ist jede erlaubte, auf Dauer angelegte, der Schaffung und Erhaltung einer Lebensgrundlage dienende Betätigung. Das **Hebammengesetz** (HebG) schränkt Art. 12 GG (vor der Berufsausübung muss die staatliche Prüfung bestanden werden) aus Gründen der Wahrung der Volksgesundheit rechtmäßigerweise ein.

1.3.2 Verfassungsbeschwerde

Gemäß § 13 Satz 1 Nr. 8a BVerfGG entscheidet das **Bundesverfassungsgericht** über **Verfassungsbeschwerden**, die von jedermann mit der Behauptung erhoben werden können, durch Träger hoheitlicher Gewalt (Staat/Verwaltung/Gerichte) in seinen Grundrechten verletzt zu sein. Bei **Grundrechtsverletzungen** kann daher immer (nach vollständiger Ausschöpfung des Rechtswegs der untergeordneten Gerichte) innerhalb eines Monats nach der Zustellung der Entscheidung Verfassungsbeschwerde erhoben werden (Anwalts- oder Formzwang besteht nicht).

2 Hebammengesetz und Ausbildungs- und Prüfungsverordnung

Das **Hebammengesetz vom 21.12.1938** regelte in § 1, dass jeder Frau im Deutschen Reich **Hebammenhilfe** zusteht. Diese erstreckte sich auf die Beratung und Hilfe in der Schwangerschaft, auf die Überwachung und Hilfe bei Geburten und Fehlgeburten sowie auf die Versorgung der Wöchnerinnen und der Neugeborenen. Gemäß § 3 war jede Schwangere verpflichtet, rechtzeitig eine Hebamme zu ihrer Entbindung hinzuzuziehen **(Hinzuziehungspflicht).** § 4 bestimmte, dass zur Geburtshilfe (Überwachung von Beginn der Wehen an und Hilfe bei der Geburt) außer den Ärzten nur Frauen befugt waren, die von der zuständigen Behörde als **Hebamme** anerkannt waren (die Anerkennung berechtigte zum Führen der Berufsbezeichnung „Hebamme", § 6 Abs. 2 HebG 1938) und eine **Niederlassungserlaubnis** (§ 10) besaßen. Anderen Personen war die Geburtshilfe außer in Notfällen untersagt. Dies galt insbesondere für Männer. Der Begriff des „Entbindungspflegers" war dem Hebammengesetz von 1938 ebenso unbekannt wie der Begriff der „Niederlassungserlaubnis" dem Hebammengesetz von 1985. Auch war ausschließlich im Hebammengesetz vom 1938 ein Mindesteinkommen für alle Hebammen mit Niederlassungserlaubnis gewährt (§ 14 Abs. 1 HebG 1938). Aufgrund § 17 HebG 1938 wurde eine **Dienstordnung für Hebammen** (HebDO) vom 16.02.1943 erlassen, in der in erster Linie allgemeine Verhaltensregeln, die Pflicht zur Hilfeleistung und die Verschwiegenheitsverpflichtung festgeschrieben waren.

Heute gilt das Gesetz über den Beruf der Hebamme und des Entbindungspflegers (**Hebammengesetz,** HebG) vom 4. Juni 1985.

Von den Vorschriften des Hebammengesetzes sind die **Berufsordnungen der Länder** zu unterscheiden, die kraft eigener Verordnungskompetenz erlassen wurden. In verschiedenen Bundesländern werden die Berufsordnungen/Landes-Hebammengesetze reformiert, um neue Qualitätssicherungsmaßstäbe einzuführen und den Gebrauch bestimmter Medikamente zu regeln.

2.1 Berufsbezeichnung „Hebamme"

Merke

Das Hebammengesetz regelt in erster Linie die Voraussetzungen, unter denen die Berufserlaubnis „Hebamme" oder „Entbindungspfleger" erworben werden kann bzw. welche Tätigkeiten nach der Erlangung der Berufsbezeichnung im Rahmen der Hebammentätigkeit durchgeführt werden dürfen.

§ 1 HebG regelt den Grundsatz, wonach jeder, der die Berufsbezeichnung „Hebamme" oder „Entbindungspfleger" führen will, der **Erlaubnis** bedarf (Berufsbezeichnungsschutz). Die einzelnen Voraussetzungen, unter denen eine Erlaubnis nach § 1 Abs. 1 HebG auf Antrag zu erteilen ist, sind in § 2 Abs. 1 geregelt. Beide Vorschriften enthalten darüber hinaus Regelungen für Hebammen, die **Staatsangehörige eines Vertragsstaates** des Europäischen Wirtschaftsraum sind. Gemäß § 1 Abs. 2 dürfen diese die Berufsbezeichnung in der Bundesrepublik Deutschland dann ohne Erlaubnis führen, wenn sie ihre Berufstätigkeit als vorübergehende und gelegentliche Dienstleistung im Sinne des Art. 50 des EG-Vertrags ausüben. Sie unterliegen allerdings einer **Anzeigepflicht** (§ 22 HebG). Die Gleichwertigkeit des Ausbildungsstandes muss nachgewiesen sein (§ 2 Abs. 2 HebG). Wer die Berufsbezeichnung „Hebamme" oder „Entbindungspfleger" ohne Erlaubnis nach § 1 Abs. 1 HebG führt, handelt gemäß § 25 HebG **ordnungswidrig**.

Der Begriff des **„Entbindungspflegers"** wurde – im Gegensatz zum Hebammengesetz von 1938 – in das Gesetz zum einen aufgenommen, um klarzustellen, dass der Hebammenberuf auch dem männlichen Geschlecht offen steht. Zum anderen verlangen sowohl der Gleichheitsgrundsatz (Art. 3 GG) als auch die Berufsfreiheit (Art. 12 GG) eine Gleichstellung von Mann und Frau.

2.2
Berufserlaubnis

Die Berufserlaubnis nach § 1 Abs. 1 HebG ist auf **Antrag** zu erteilen, wenn die Antragstellerin die durch das Hebammengesetz vorgeschriebene Ausbildungszeit abgeleistet und die staatliche Prüfung bestanden hat, sich nicht eines Verhaltens schuldig gemacht hat, aus dem sich die Unzuverlässigkeit zur Ausübung des Berufs ergibt, nicht in gesundheitlicher Hinsicht zur Ausübung des Berufes ungeeignet ist und über die für die Ausübung der Berufstätigkeit erforderlichen Kenntnisse der deutschen Sprache verfügt (§ 2 Abs. 1 HebG).

Merke
Beim Vorliegen dieser Voraussetzungen hat die Auszubildende einen Rechtsanspruch auf die Erteilung der Berufserlaubnis.

Die **Erlaubnis** selbst, wie auch die Verweigerung der Erteilung einer Erlaubnis, sind Verwaltungsakte im Sinne des Verwaltungsverfahrensgesetzes (VwVfG). Gegen die Versagung der Erlaubnis kann innerhalb einer Monatsfrist ab der Zustellung der Ablehnungsentscheidung **Widerspruch** bei der den Bescheid erlassenden Behörde eingelegt werden. Sofern die Verwaltungsbehörde dem Widerspruch nicht abhilft (d. h. die Entscheidung nicht wieder aufhebt) und eine für die Bewerberin negative Widerspruchsentscheidung erlässt, kann wiederum innerhalb einer Frist von einem Monat ab der Zustellung der Entscheidung **Anfechtungsklage** beim örtlich zuständigen **Verwaltungsgericht** erhoben werden. Der Verwaltungsakt muss rechtswidrig sein und die Klägerin in ihren subjektiven Rechten verletzen. Wenn diese Voraussetzungen erfüllt sind, hebt das Verwaltungsgericht den Verwaltungsakt auf. Es handelt sich hierbei um Verwaltungsrechtsstreitigkeiten auf dem Gebiet des öffentlichen Rechts, da das Verhältnis zwischen einem einzelnen Bürger und Trägern hoheitlicher Gewalt geregelt ist.

Merke
Bei der Ausbildung zur Hebamme handelt es sich um eine staatlich geregelte Ausbildung. Dieser Umstand ist insbesondere für Fragen der Schweigepflicht von Bedeutung, da sich gemäß nach § 203 StGB strafbar macht, wer unbefugt ein fremdes Geheimnis offenbart, das ihm als Angehörigen eines Heilberufs anvertraut oder sonst bekannt geworden ist, der für die Berufsausbildung oder die Führung der Berufsbezeichnung eine staatlich geregelte Ausbildung erfordert.

2.2.1 Voraussetzungen

Erste Voraussetzung der Erteilung einer Berufserlaubnis ist die Stellung eines **Antrags**. Bestimmte Formerfordernisse sind im Hebammengesetz nicht geregelt. Der Antrag kann daher grundsätzlich formfrei gestellt werden.

Weiter muss die durch das Hebammengesetz vorgeschriebene **Ausbildungszeit** abgeleistet sein. Die Dauer der Ausbildungszeit ist in § 6 Abs. 1 HebG geregelt. Danach schließt die Ausbildung für Hebammen mit der staatlichen Prüfung ab und dauert unabhängig vom Zeitpunkt der staatlichen Prüfung **drei Jahre.** Die Einzelheiten der Ausbildung und der staatlichen Prüfung sind in der **Ausbildungs- und Prüfungsordnung** für Hebammen geregelt (Kap. 2.3.6).

Daneben darf sich die Bewerberin nicht eines Verhaltens schuldig gemacht haben, aus dem sich die **Unzuverlässigkeit** zur Ausübung des Berufs ergibt (§ 2 Abs. 1 Nr. 2 HebG). Der Begriff der Unzuverlässigkeit findet sich in zahlreichen Gesetzen, u. a. in der Gewerbeordnung und im Gaststättengesetz. Das Verhalten muss **schuldhaft** sein. Schuldhaftes Verhalten bedeutet ein vorsätzliches oder fahrlässiges Verhalten, wobei hinsichtlich der Fahrlässigkeit zwischen grober, mittlerer und leichter Fahrlässigkeit unterschieden werden kann, was insbesondere für Fragen eines möglichen vertraglichen Haftungsausschlusses von Bedeutung ist. In der Regel ergibt sich die Unzuverlässigkeit zur Ausübung des Berufs aus Charaktermängeln und rechtswidrigem Verhalten, insbesondere aus Straftaten. Allerdings ist durch die gesetzliche Regelung klargestellt, dass sich die Unzuverlässigkeit zur Ausübung des Berufes aus dem vorwerfbaren Verhalten ergeben muss. Es muss daher ein **Kausalzusammenhang** bestehen. Eine Unzuverlässigkeit im privaten Bereich ohne Bezug zur beruflichen Tätigkeit genügt nicht (z. B. Schwarzfahren mit der Straßenbahn).

Weiter ist maßgeblich, ob es sich um einen **dauerhaften Charaktermangel** mit einer negativen Zukunftsprognose für die Berufsausübung handelt (z. B. Hass auf Kinder und eine damit verbundene schlechte Behandlung der Neugeborenen oder eine permanente Verletzung der Schweigepflicht), oder ob eine einmalige Verfehlung vorliegt, deren Wiederholung ausgeschlossen ist. Im Rahmen entsprechender Ermittlungen muss die zuständige Behörde die Betroffenen anhören (§ 28 VwVfG). Im Falle von Straftaten hat die Behörde darüber hinaus ein Einsichtsrecht in die **Ermittlungsakten** der zuständigen Staatsanwaltschaft.

Vorsicht

Aus Abrechnungsbetrügereien ergibt sich regelmäßig eine Unzuverlässigkeit, da Abrechnungen den Kernbereich der Hebammentätigkeit berühren (s. u.).

Schließlich wird die Berufserlaubnis nur dann erteilt, wenn die Bewerberin nicht in gesundheitlicher Hinsicht zur Ausübung des Berufes ungeeignet ist (§ 2 Abs. 1 Nr. 3 HebG). Hierbei ist insbesondere von Bedeutung, dass nicht jede **körperliche Beeinträchtigung** bedeutet, dass die Bewerberin zur Ausübung des Hebammenberufs unfähig oder ungeeignet ist. Es ist durchaus vorstellbar, dass eine körperliche Einschränkung noch gewisse Funktionen zulässt, die der Erteilung der Erlaubnis nicht grundsätzlich entgegenstehen (z. B. beratende Tätigkeiten oder Tätigkeiten in der Fortbildung). Insoweit ist eine sorgfältige Einzelfallprüfung der zuständigen Behörde erforderlich.

Wenn sich bereits **während der Ausbildungszeit** ein Verhalten herausstellt, aus dem sich die Unzuverlässigkeit zur Ausübung des Berufs ergibt, bzw. entsprechende Schwächen der geistigen oder körperlichen Kräfte oder eine Sucht vorliegen, dann muss die Hebammenschule die Bewerberin darauf hinweisen, dass diese Tatsachen bereits während der Ausbildungszeit dafür sprechen, dass es nicht zu einer Erteilung der Berufserlaubnis kommen wird. In diesen Fällen besteht für die Hebammenschule sogar die Möglichkeit, das Ausbildungsverhältnis zu **kündigen** (§ 18 Abs. 2 Nr. 1 a HebG). Auch das Vorliegen einer **Krankheit**, die die Berufsausübung unmöglich macht oder stark einschränkt, erfordert eine negative Zukunftsprognose von Seiten der Hebammenschule. Erforderlich sind Auswirkungen von längerer Dauer, insbesondere chronische Krankheiten sowie langandauernde seelische Beeinträchtigungen. Unerhebliche Beeinträchtigungen der körperlichen Leistungsfähigkeit reichen nicht aus.

Voraussetzungen der Erteilung der Erlaubnis zur Führung der Berufsbezeichnung „Hebamme“

- Antrag
- Ausbildungszeit abgeschlossen (3 Jahre – § 6 HebG) und staatliche Prüfung bestanden
- kein schuldhaftes Verhalten, aus dem sich die Unzuverlässigkeit zur Ausübung des Berufs ergibt
- körperliche Eignung (auch § 7 HebG; Altersgrenze nur in § 29 HebG)
- ausreichende Kenntnisse der deutschen Sprache für die Berufstätigkeit

2.2.2 Rücknahme oder Widerruf der Berufserlaubnis

Das nachträgliche Auftreten bestimmter Tatsachen kann die **Rücknahme** oder den **Widerruf** der Berufserlaubnis gemäß § 3 HebG zur Folge haben.

§ 3 Abs. 1 HebG regelt, dass die **Erlaubnis zurückzunehmen** ist, wenn bei ihrer Erteilung die staatliche Prüfung nicht bestanden oder die nachzuweisende Ausbildung für EU-Angehörige (§ 2 Abs. 2, 2a, 3 oder § 28 Abs. 1 oder 2 HebG) nicht abgeschlossen war. Insoweit ist die **Rücknahme der Erlaubnis zwingend vorgeschrieben** („ist“ zurückzunehmen). Angesichts der eindeutigen Regelung in § 2 Abs. 1 Nr. 1 HebG hat die zuständige Behörde keinen Ermessensspielraum.

Zwingendes Recht ist auch der **Widerruf der Erlaubnis** gemäß § 3 Abs. 2 HebG für den Fall, dass sich die Hebamme nach der Erteilung ihrer Berufserlaubnis eines Verhaltens schuldig gemacht hat, aus dem sich die Unzuverlässigkeit zur Ausübung des Berufs ergibt (§ 2 Abs. 1 Nr. 2 HebG). Auch insoweit lässt die Erhaltung der Volksgesundheit als zu schützendes überragendes Rechtsgut keine andere Wahl.

In den letzten Jahren wurden u. a. folgende die Heilberufe betreffende Gerichtsentscheidungen getroffen:

- Ein **fortgesetzter Abrechnungsbetrug** gegenüber den Krankenkassen über einen längeren Zeitraum rechtfertigt die Prognose, die Hebamme biete zukünftig nicht mehr die Gewähr, ihren Beruf ordnungsgemäß unter Beachtung ihrer Berufspflichten auszuüben (Beschluss des OVG Lüneburg vom 25.02.2011).
- Anlass für den Widerruf der Approbation als Zahnarzt wegen **Unwürdigkeit** können nur gravierende Verfehlungen sein, die geeignet sind, das Vertrauen der Öffentlichkeit in den Berufsstand, bliebe das Verhalten für den Fortbestand der Approbation folgenlos, nachhaltig zu erschüttern (Beschluss des BVerwG vom 27.01.2011).
- Auch wenn der nachweisliche Schaden durch vorsätzliche Falschabrechnung nicht besonders hoch ist, kann bei **fortgesetzter vorsätzlicher Falschabrechnung** die Anerkennung als Hebamme entzogen werden (Urteil des VG Hannover vom 24.11.2010).
- Eine Altenpflegerin ist als unzuverlässig anzusehen, wenn sie keine ausreichende Gewähr dafür bietet, dass sie in Zukunft ihren Beruf ordnungsgemäß unter Beachtung aller in Betracht kommenden Vorschriften und **Berufspflichten** ausüben wird und sich dadurch Gefahren für die Allgemeinheit oder ihre Patienten ergeben (Urteil des VG Karlsruhe vom 14.01.2010).
- Misshandlung und **Verletzungen des Persönlichkeitsrechts** gegenüber schutzbedürftiger Personen (die einem Altenpfleger anvertraut sind) rechtfertigen in der Regel dessen Beurteilung als unzuverlässig (Beschluss des VG Stuttgart vom 19.07.2011).
- Wer in zahlreichen Fällen vorsätzliche **Körperverletzungen** dadurch begeht, dass er zum Zwecke der Abrechnung gegenüber den Krankenkassen Impfungen durchführt, die entweder nicht medizinisch indiziert sind, über die er seine Patienten nicht sachgerecht aufgeklärt hat oder die er vornimmt, indem er seine ihm vertrauenden Patienten über sein tatsächliches Tun im Unklaren lässt, zerstört das ihm als Arzt entgegengebrachte Vertrauen (Beschluss des VGH Mannheim vom 29.09.2009).
- Ein nachgewiesener **Abrechnungsbetrug** kann den Verlust der Approbation bedeuten (Beschluss des OVG Lüneburg vom 02.09.2009).
- Unzuverlässigkeit eines Krankenpflegers wegen des Besitzes von **kinderpornografischen Bildern** (Beschluss des OVG Lüneburg vom 27.05.2009).
- Auch eine **erstmalige Verurteilung wegen Gebührenbetrugs** kann einen Widerruf der Anerkennung als Hebamme rechtfertigen (Urteil des VG Oldenburg vom 18.07.2007).
- Gefährdet eine Hebamme das Leben von Mutter und Kind, darf die **Berufserlaubnis vorläufig entzogen** werden. Das Niedersächsische OVG hat entschieden, dass einer Hebamme die zur Ausübung der Geburtshilfe notwendige Berufserlaubnis mit sofortiger Wirkung entzogen werden darf, wenn die Hebamme bei einer von ihr betreuten Geburt, bei der es zu Komplikationen kommt, nicht rechtzeitig ärztliche Hilfe in Anspruch nimmt und deshalb werdende Mütter oder Neugeborene gefährdet (Urteil vom 02.09.2008).
- Bei einer Ärztin, die sich als **Expertin bei „natürlichen" Geburten** bezeichnet und es auf Grund dieser Einstellung unterlässt, während einer Risikogeburt die werdende Mutter in eine Klinik zwecks Durchführung eines Kaiserschnitts einzuweisen, ist die Anordnung des Ruhens der Approbation und deren sofortige Vollziehung gerechtfertigt (Urteil des OVG Nordrhein-Westfalen vom 21.03.2012).

Für den **Abrechnungsbetrug** ist es bei der massenhaften Erledigung der Abrechnungsverfahren nicht erforderlich, dass der einzelne Mitarbeiter hinsichtlich jedes einzelnen Abrechnungspostens eine konkrete Vorstellung hatte, die Forderung sei berechtigt. Es genügt die stillschweigende Annahme des Mitarbeiters, die Abrechnung sei insgesamt ordnungsgemäß (Urteil des BGH vom 12.02.2015)

Insbesondere kann auch der **Sofortvollzug eines Widerrufs** angeordnet werden, sodass die Hebamme bereits während eines laufenden Rechtsmittelverfahrens ihren Beruf nicht ausüben darf, obwohl noch nicht rechtskräftig festgestellt ist, ob die Vorwürfe gegen die Hebamme zutreffend sind. Hat sich eine Hebamme des Abrechnungsbetrugs schuldig gemacht und somit als unzuverlässig zur Ausübung des Hebammenberufs erwiesen, bedarf es zur Anordnung des Sofortvollzugs des Widerrufs der Erlaubnis zur Berufsausübung der Feststellung, dass die **konkrete Gefahr** erneuter Rechtsverletzungen schon für die Dauer des Hauptsacheverfahrens besteht (Urteil des OVG Niedersachsen vom 10.05.2012). Die gleichen Grundsätze gelten bei der Anordnung eines vorläufigen Berufsverbots in einem laufenden strafrechtlichen Ermittlungsverfahren.

Anders verhält es sich lediglich mit der Regelung in § 3 Abs. 3 HebG, wonach die Berufserlaubnis widerrufen werden „kann", wenn nachträglich die gesundheitliche Eignung zur Ausübung des Hebammenberufs (§ 2 Abs. 1 Nr. 3 HebG) nicht mehr vorliegt. Durch die Formulierung („kann") ist klargestellt, dass die zuständige Behörde einen **Ermessensspielraum** besitzt. Hierbei sind insbesondere die Fälle von Bedeutung, in denen die Hebamme aufgrund einer körperlichen Beeinträchtigung einer teilweisen Tätigkeit als Hebamme durchaus noch nachgehen kann. Dies gilt insbesondere für Tätigkeiten im Rahmen der Aus- und Fortbildung. Im Fall eines Heilpraktikers wurde entschieden, dass er auch **blind** sein kann. Der Antragsteller musste allerdings im Rahmen der Überprüfung seiner Kenntnisse und Fähigkeiten (auch) nachweisen, dass er die durch die Blindheit gezogenen Grenzen der Heilkundeausübung kennt und beachtet (Urteil des BVerwG vom 13.12.2012).

Der **Widerruf** der Erlaubnis kommt auch in den Fällen **nicht** in Betracht, in denen die Hebamme freiwillig oder auf Verlangen der zuständigen Behörde auf bestimmte Tätigkeiten im Rahmen ihrer Berufsausübung verzichtet. Es sind durchaus Fälle denkbar, in denen, z. B. beim Vorliegen einer Sucht, die Berufstätigkeit für die Dauer der Behandlung „ruht". Im Übrigen würde es in diesen Fällen bereits an der negativen Zukunftsprognose fehlen, die neben § 2 Abs. 1 Nr. 3 HebG auch für die Regelung des § 3 Abs. 3 HebG erforderlich ist.

Nachdem die **Berufserlaubnis** nach § 3 HebG zurückgenommen oder **widerrufen** worden ist, dürfen die der Hebamme vorbehaltenen Tätigkeiten nicht mehr durchgeführt werden. Auch ist es nicht zulässig, die Berufsbezeichnung „Hebamme" weiter zu führen. Verstöße hiergegen stellen **Ordnungswidrigkeiten** im Sinne des § 25 HebG dar und es tritt unweigerlich eine Haftungsverschärfung im Rahmen zivilrechtlicher Haftungsgrundsätze ein. Außerdem wird die Behörde nach dem Widerruf und der Rücknahme der Berufserlaubnis auch die **Rückgabe der Erlaubnisurkunde** einfordern (§ 52 VwVfG).

Als Folge strafbarer Handlungen einer Hebamme, die die Unzuverlässigkeit zur Ausübung des Berufs ergeben, kommt nicht nur der Widerruf der Berufserlaubnis in Betracht. Die Spitzenverbände der Krankenkassen können unter den Voraussetzungen des § 17 des **Vertrags nach § 134a SGB V bei** schwer wiegenden oder wiederholten Vertragsverstößen **die Hebamme auch** aus dem Vertrag ausschließen. **Die freiberufliche Hebamme ist dann zwar noch im Besitz ihrer Berufserlaubnis, sie kann jedoch nicht mehr im Rahmen der gesetzlichen Krankenversicherung behandeln und abrechnen.**

2.3 Ausbildung zur Hebamme

§ 5 des Hebammengesetzes beschreibt das **Ausbildungsziel** der Ausbildung zur Hebamme.

§ 5 HebG
Die Ausbildung soll insbesondere dazu befähigen, Frauen während der Schwangerschaft, der Geburt und dem Wochenbett Rat zu erteilen und die notwendige Fürsorge zu gewähren, normale Geburten zu leiten, Komplikationen des Geburtsverlaufs frühzeitig zu erkennen, Neugeborene zu versorgen, den Wochenbettverlauf zu überwachen und eine Dokumentation über den Geburtsverlauf anzufertigen.

Diese Vorschrift erfüllt mehrere Funktionen. Zum einen wird das Ausbildungsziel in der Ausbildung zur Hebamme festgeschrieben. Zum anderen wird durch diese Vorschrift den **Hebammenschulen** der Auftrag erteilt, den Auszubildenden genau das zu lehren, was zur Erreichung eben dieses Ausbildungsziels unerlässlich ist. Schließlich stellt diese Vorschrift ein Kriterium dar, welche Tätigkeiten einer Hebamme **erlaubt** sind und von ihr verlangt werden können. Insoweit korrespondiert § 5 HebG mit der Definition der **Geburtshilfe** in § 4 Abs. 2 HebG.

Durch das Wort **„insbesondere"** in § 5 HebG wird zum Ausdruck gebracht, dass die Regelung des Ausbildungsziels nicht abschließend geregelt ist und dass darüber hinaus weitere Tätigkeiten der Hebamme denkbar und zulässig sind, die sich insbesondere den Gebührentatbeständen der Hebammen-Gebührenvereinbarung, § 1 oder § 2 der jeweiligen Landes-Berufsordnungen für Hebammen und den EU-Richtlinien entnehmen lassen. Diese Vorschriften stellen somit das „Gesamtpaket" dar, das bei der Frage des konkreten Umfangs der erlaubten Tätigkeit für Hebammen herangezogen werden muss. Die Hebamme ist bei allen als Ausbildungsziel formulierten Tätigkeiten (abgesehen von Notfällen) die nach den gesetzlichen Vorschriften berufene **Expertin,** die gemäß § 4 Abs. 1 HebG die Geburtshilfe vom Grundsatz her ohne Hinzuziehung eines Arztes durchführen kann.

2.3.1 Ausbildungsvorschriften

Die §§ 6 ff. HebG legen die Grundsätze der Ausbildung zur Hebamme fest. Die Vorschriften hinsichtlich der Einzelheiten der Ausbildung werden durch Vorschriften der **Ausbildungs- und Prüfungsverordnung für Hebammen und Entbindungspfleger (HebAPrV)** wesentlich ergänzt.

Die **Ausbildung** für Hebammen schließt mit der staatlichen Prüfung ab und dauert unabhängig vom Zeitpunkt der staatlichen Prüfung drei Jahre. Sie besteht aus theoretischem und praktischem **Unterricht** und einer praktischen Ausbildung. Unterricht und praktische Ausbildung werden in staatlich anerkannten Hebammenschulen an Krankenhäusern vermittelt (§ 6 Abs. 1 HebG).

Diese Vorschrift ist für die Erteilung der Berufserlaubnis zum Führen der Berufsbezeichnung „Hebamme" insoweit von Bedeutung, als zur Erlangung der Erlaubnis die nach dem Gesetz vorgeschriebene Ausbildungszeit abgeleistet sein muss (§ 2 Abs. 1 Nr. 1 HebG).

2.3.2 Hebammenschulen

Die Ausbildung erfolgt an **Hebammenschulen**, die staatlich anerkannt sein müssen (§ 6 Abs. 2 HebG). Durch die Formulierung „Hebammenschulen an Krankenhäusern" ist klargestellt, dass ein enger Zusammenhang zwischen Theorie und Praxis in der Ausbildung bestehen muss. Hebammenschule und Krankenhaus müssen zur Erreichung des gemeinsamen Ausbildungszwecks eine Einheit bilden, die nicht räumlich und organisatorisch auseinandergerissen sein darf. Allerdings fordert das Gesetz nicht, dass der Träger der Schule und der Träger des Krankenhauses identisch sind. Die **Kriterien,** bei deren Erfüllung eine Hebammenschule als für die Ausbildung geeignet staatlich anzuerkennen ist, ergeben sich aus § 6 Abs. 2 HebG. Ein weiteres Kriterium für eine Hebammenschule ist deren **Aufnahmekapazität.** Die Rechtsprechung hat hierfür als maßgeblich die Zahl der für die Hebammenausbildung geeigneten, in dem Krankenhaus stattfindenden Geburten (genannt **„Lehrgeburten"**) angesehen. Als solche Lehrgeburten scheiden alle Geburten mit operativer Geburtsbeendigung, spontane Frühgeburten und die Geburten von Schwangeren aus, die die Wahlleistung „privatärztliche Behandlung" in Anspruch genommen haben, da sie in der Regel während der Geburt durch den Arzt ihrer Wahl behandelt werden wollen ([57], S. 4 ff.). Von den verbleibenden Lehrgeburten müssen auf jeden Ausbildungsplatz mindestens 50 Geburten entfallen, damit die Schüler die Mindestanzahl von 50 Geburten jeweils im 2. und 3. Ausbildungsjahr erreichen (vgl. Anlage 2 zu § 1 Abs. 1 HebAPrV Ziff. 1.5 für 2. und 3. Jahr der praktischen Ausbildung).

Die Rechtsnatur der Hebammenschulen richtet sich nach landesrechtlichen Vorschriften. Es handelt sich hierbei um **Berufsfachschulen besonderer Art** [57]. In Bayern und allen neuen Bundesländern gilt diesbezüglich Landesrecht nach dem jeweiligen **Schulgesetz,** weshalb in den maßgeblichen gesetzlichen Vorschriften nicht immer von „Auszubildenden" und „Urlaub", sondern auch von „Schülern" und „Ferien" die Rede ist.

2.3.3 Zugangsvoraussetzungen

Die Voraussetzungen für den **Zugang** zu einer Ausbildung als Hebamme sind in § 7 HebG geregelt. Die Bewerberin muss über die gesundheitliche Eignung zur Ausübung des Berufs verfügen (§ 2 Abs. 1 Nr. 3 HebG). Ein bestimmtes Mindestalter ist nicht mehr vorgeschrieben.

Die Bewerberin muss als **Schulabschluss** über den Realschulabschluss oder eine gleichwertige Schulbildung oder eine andere abgeschlossene zehnjährige Schulbildung verfügen. Bei einem

Hauptschulabschluss oder einer gleichwertigen Schulbildung muss zusätzlich eine mindestens zweijährige Pflegevorschule erfolgreich besucht oder eine Berufsausbildung mit einer vorgesehenen Ausbildungsdauer von mindestens zwei Jahren erfolgreich abgeschlossen oder die Berufserlaubnis als Krankenpflegehelferin oder Krankenpflegehelfer bereits erteilt worden sein (dann ist sogar eine **Verkürzung der Ausbildung** um 12 Monate möglich – § 8 Satz 2 HebG).

Auswahl und Zulassung der Bewerberinnen werden durch die Hebammenschulen in eigener Zuständigkeit durchgeführt. Das Zulassungsverfahren wird für die Bewerberin mit dem Abschluss des Ausbildungsvertrages an der jeweiligen Hebammenschule abgeschlossen.

! Merke

Ein Anspruch auf Zulassung an einer bestimmten Hebammenschule besteht nicht.

Eine ablehnende Entscheidung müsste vor dem **Verwaltungsgericht** angefochten werden. Erfolgsaussichten bestehen jedoch lediglich in den Fällen, in denen die Ablehnung der Zulassung zur Ausbildung z. B. unrechtmäßigerweise damit begründet wurde, dass die Bewerberin einzelne der genannten Voraussetzungen nicht erfüllt, obwohl dies der Fall ist. Vor den Verwaltungsgerichten kann allerdings kein Ermessen, sondern lediglich das Erfüllen der gesetzlichen Voraussetzungen überprüft werden. Das **Ermessen** selbst, das der Hebammenschule grundsätzlich bei der Auswahl der Bewerberinnen bleibt, kann das Gericht nicht überprüfen. Das Verwaltungsgericht kann lediglich überprüfen, ob das Ermessen pflichtgemäß ausgeübt worden ist. Dies ist insbesondere dann nicht der Fall, wenn Ermessensfehler vorliegen und das Ermessen überschritten bzw. missbraucht worden ist. Ein Ermessensmissbrauch liegt insbesondere dann vor, wenn Grundrechtsverletzungen gegeben sind. Die **Ermessensentscheidung** der Hebammenschule ist daher stets vor dem Hintergrund der Berufsfreiheit (Art. 12 GG) und des Gleichheitsgrundsatzes (Art. 3 GG) zu prüfen.

! Merke

Im Falle der Zulassung zur Ausbildung als Hebamme kann eine ablehnende Entscheidung der Hebammenschule insbesondere dann mit Erfolg angefochten werden, wenn die Ablehnungsentscheidung zu Unrecht damit begründet wurde, dass eine Zulassungsvoraussetzung nicht gegeben sei, wenn das Zulassungsverfahren nicht eingehalten oder wenn die Kapazitäten der jeweiligen Hebammenschule nicht ausgeschöpft worden waren (Beschluss des VGH Baden-Württemberg vom 06.09.1985).

2.3.4 Verkürzte Ausbildungszeit

Nach § 8 HebG kann die zuständige Behörde auf Antrag eine **andere Ausbildung** im Umfang ihrer Gleichwertigkeit auf die Dauer der Ausbildung zur Hebamme **anrechnen**, wenn die Durchführung der Ausbildung und die Erreichung des Ausbildungsziels (§ 5 HebG (S. 20)) dadurch nicht gefährdet werden.

§ 8 HebG

Eine Ausbildung als Krankenschwester, Krankenpfleger, Kinderkrankenschwester oder Kinderkrankenpfleger ist mit zwölf Monaten anzurechnen.

Durch die Formulierung **„ist“** hat der Gesetzgeber auch hier wieder zum Ausdruck gebracht, dass es sich um **zwingendes Recht** handelt. Die Zwölf-Monats-Frist darf weder verkürzt noch verlängert werden. Maßgeblich für die Anwendbarkeit des § 8 HebG ist zum einen die Prognose, dass die gleichwertige Ausbildung ebenfalls Fähigkeiten vermittelt hat, die das Ausbildungsziel in § 5 HebG nicht gefährden. Zum anderen muss die Durchführung der gesamten Ausbildung zur Hebamme unproblematisch möglich sein. Andernfalls liefe die Auszubildende Gefahr, die vorgeschriebene Ausbildungszeit nicht abzuleisten, die staatliche Prüfung nicht bestehen zu können (§ 2 Abs. 1 Nr. 1 HebG) und damit die Berufserlaubnis nicht zu erhalten. Eine verkürzte Ausbildung ist daher nur im Falle einer positiven Zukunftsprognose zuzulassen. Zur Erreichung des Ausbildungsziels ist es angebracht, das erste Ausbildungsjahr zu verkürzen und die Auszubildenden im zweiten Ausbildungsjahr beginnen zu lassen.

2.3.5 Anrechnungszeiten

Daneben werden auch im Falle nicht verkürzter Ausbildungen bestimmte **Fehlzeiten** auf die Dauer der Ausbildung angerechnet, ohne dass dies Auswirkungen auf die Dauer der (Gesamt-) Ausbildungszeit hat. Nach § 9 HebG werden **Unterbrechungen** durch Urlaub bis zu sechs Wochen jährlich und Unterbrechungen durch Schwangerschaft, Krankheit oder aus anderen, von der Auszubildenden nicht zu vertretenden Gründen bis zur Gesamtdauer von zwölf Wochen (bei verkürzten Ausbildungen nach § 8 HebG bis zu höchstens vier Wochen) je Ausbildungsjahr angerechnet.

Eine **Krankheit** im rechtlichen Sinne liegt immer dann vor, wenn es sich um einen regelwidrigen Körper- oder Geisteszustand handelt, der regelmäßig behandlungsbedürftig ist. Als Regelwidrigkeiten werden neben Körperverletzungen auch eine Sucht, Neurosen und Dauerleiden angesehen, die wesentliche Funktionsstörungen verursachen. Auf die Ursachen der Regelwidrigkeit kommt es nicht an (Sportunfälle etc.). Auch hier ist zu beachten, dass das Vorliegen einer Krankheit, die möglicherweise eine negative Zukunftsprognose hinsichtlich der Heilungschancen zur Folge hat, Auswirkungen auf die Erteilung der Berufserlaubnis haben kann (§ 2 Abs. 1 Nr. 3 HebG). Auch kann eine solche Krankheit die Kündigung des Ausbildungsverhältnisses (§ 18 Abs. 2 Nr. 1 a HebG) zur Folge haben. Aus diesem Krankheitsbegriff folgt, dass eine **Schwangerschaft** (als nicht regelwidriger Körperzustand) gesondert ins Gesetz aufgenommen werden musste. Im Zusammenhang mit dem Begriff der Schwangerschaft kann problematisch sein, ob auch bei einem **Schwangerschaftsabbruch** die Möglichkeit einer Fehlzeitenanrechnung nach § 9 HebG besteht. Hierbei muss zwischen einem legalen und einem illegalen Schwangerschaftsabbruch (§§ 218 ff. StGB) unterschieden werden, wobei der legale Schwangerschaftsabbruch im Sinne dieser Vorschriften mit seinen möglichen körperlichen Beeinträchtigungen immer einen anzurechnenden regelwidrigen Körperzustand darstellt.

Auch wenn das **Berufsbildungsgesetz (BBiG)** aufgrund der ausdrücklichen gesetzlichen Regelungen in § 26 HebG für die Ausbildung der Hebamme unmittelbar keine Anwendung findet, so können die entsprechenden Vorschriften durchaus auch zur Auslegung der Vorschriften des HebG herangezogen werden. Eine dem § 9 HebG entsprechende Vorschrift findet sich in § 12 BBiG. Dort ist geregelt, dass der Auszubildenden die Vergütung auch dann zu zahlen ist, wenn sie aus einem sonstigen, in ihrer Person liegenden Grund unverschuldet verhindert ist, ihre Pflichten aus dem Berufsausbildungsverhältnis zu erfüllen. Die Vorschriften des **Entgeltfortzahlungsgesetzes** (EFZG) finden dann Anwendung, wenn die Auszubildende in Folge einer unverschuldeten Krankheit, einer Maßnahme der medizinischen Versorge oder Rehabilitation, einer Sterilisation oder eines Abbruchs der Schwangerschaft durch einen Arzt an der Berufsausbildung nicht teilnehmen kann. Im Sinne der Einheitlichkeit der Rechtsordnung ist daher davon auszugehen, dass der (legale) Abbruch der Schwangerschaft auch nach § 9 HebG als Fehlzeit angerechnet werden muss, da eine Auszubildende zur Hebamme nicht schlechter gestellt werden darf als eine sonstige Auszubildende.

Außerdem kann die zuständige Behörde über die bereits genannten Fehlzeiten hinausgehende Fehlzeiten auch anrechnen, wenn bei der Auszubildenden eine **besondere Härte** vorliegt und das Ausbildungsziel durch die Anrechnung nicht gefährdet wird (§ 9 Satz 2 HebG). Die Auszubildende muss dafür einen **Antrag** stellen (zuständige Behörde: § 24 Abs. 2 HebG). Erforderlich ist außerdem eine „besondere" Härte, die über „normale" Härtefälle hinausgeht (z. B. Tod naher Familienangehöriger). Auch hier ist durch die Hebammenschule eine Einzelfallprüfung vorzunehmen.

Praxistipp

Bei außergewöhnlichen Fehlzeiten sollte auf jeden Fall unverzüglich ein entsprechender **Antrag** im Sinne des § 9 Satz 2 HebG über die Hebammenschule bei der zuständigen Behörde (in Baden-Württemberg beim Regierungspräsidium) gestellt werden.

Sollte die Auszubildende über **Fehlzeiten** verfügen, die über die in § 9 HebG genannten Zeiten hinausgehen und ein Härtefallantrag wird abgelehnt (was durch das Verwaltungsgericht überprüft werden kann), muss die versäumte Ausbildungszeit nachgeholt werden, um die vorgeschriebene dreijährige Ausbildungszeit nach § 6 Abs. 1

HebG abzuleisten. Andernfalls wäre die Voraussetzung des § 2 Abs. 1 Nr. 1 HebG nicht erfüllt. Durch die Hebammenschule ist eine entsprechende Bescheinigung auszustellen (§ 1 Abs. 4 HebAPrV).

In § 10 HebG wird das Bundesministerium für Gesundheit ermächtigt, in Absprache mit dem Bundesministerium für Bildung und Forschung weitere Ausbildungsvoraussetzungen, Ausbildungsinhalte, Tätigkeiten und Aufgaben, Mindestanforderungen an die Ausbildung und Einzelheiten der staatlichen Prüfung und die Urkunde für die Berufserlaubnis zu regeln (§ 1 Abs. 1 HebG, s. auch EU-Richtlinie 80/155/EWG vom 21. Januar 1980). Bei dieser Rechtsverordnung handelt es sich um die **Ausbildungs- und Prüfungsverordnung für Hebammen (HebAPrV).** In Ergänzung der Vorschriften des Hebammengesetzes sind dort weitere Ausbildungsregelungen enthalten.

2.3.6 Einzelheiten der Ausbildungs- und Prüfungsordnung

In § 1 der Ausbildungs- und Prüfungsverordnung für Hebammen und Entbindungspflege (**HebAPrV**) ist geregelt, dass die Ausbildung für Hebammen mindestens theoretischen und praktischen Unterricht von 1.600 Stunden und eine praktische Ausbildung von insgesamt 3.000 Stunden umfassen muss. Diese Stunden sind auf die Ausbildungsdauer von drei Jahren zu verteilen. Die Einzelheiten der Stundenaufteilung und der entsprechende Unterrichtsstoff lassen sich der Anlage 1 zu § 1 Abs. 1 HebAPrV entnehmen. Auch der **Inhalt der Ausbildung** in Bezug auf das Hebammengesetz ist in § 1 HebAPrV geregelt. Die Auszubildende ist in allen in § 5 HebG (Ausbildungsziel) genannten Kenntnissen und Fertigkeiten zu unterweisen. Es muss ihr Gelegenheit gegeben werden, die im theoretischen und praktischen Unterricht erworbenen Kenntnisse zu vertiefen und sie bei der praktischen Arbeit anzuwenden (§ 1 Abs. 2 HebAPrV). Die regelmäßige und erfolgreiche Teilnahme an den vorgeschriebenen Ausbildungsveranstaltungen ist durch eine Bescheinigung nachzuweisen (§ 1 Abs. 4 HebAPrV). Im Rahmen der praktischen Ausbildung dürfen der Auszubildenden nicht nur Routinearbeiten (Botengänge, Putzarbeiten etc.) übertragen werden. Die Tätigkeit muss patientenbezogen sein und auf den im theoretischen Unterricht erworbenen Kenntnissen beruhen.

Gemäß § 2 HebAPrV besteht die **staatliche Prüfung** am Ende der dreijährigen Ausbildungszeit aus einem schriftlichen, mündlichen und praktischen Teil. Die Prüfung wird an der Hebammenschule abgelegt, an der die Ausbildung abgeschlossen wurde (§ 2 Abs. 2 HebAPrV). Die Fächer, in denen geprüft wird, sind in § 5 und § 6 HebAPrV, die Aufgaben für den praktischen Teil der Prüfung in § 7 HebAPrV festgelegt. Einzelheiten über die Zusammensetzung des Prüfungsausschusses finden sich im § 3 HebAPrV.

Auf **Antrag** der Auszubildenden entscheidet der Vorsitzende des Prüfungsausschusses über die **Zulassung zur Prüfung** und setzt die Prüfungstermine nach Rücksprache mit dem Leiter der jeweiligen Hebammenschule fest. Dem Antrag auf Zulassung zur Prüfung sind der Personalausweis oder Reisepass in amtlich beglaubigter Abschrift sowie die Bescheinigung über die Teilnahme an den vorgeschriebenen Ausbildungsveranstaltungen beizufügen (§ 4 Abs. 2 HebAPrV).

Aus der Formulierung in § 4 Abs. 2 HebAPrV, wonach die Zulassung zur Prüfung erteilt **„wird“**, ist zu erkennen, dass es sich um einen (gerichtlich durchsetzbaren) **Rechtsanspruch** handelt. Zusätzlich sind auch die Auszubildenden zur Prüfung zuzulassen, die eine verkürzte Ausbildung abgeleistet haben (§ 8 HebG) und diejenigen, die die Prüfung wiederholen.

Ein **Nachweis über die körperliche Eignung** zum Beruf ist nicht erforderlich, kann jedoch bei Zweifeln verlangt werden (§ 7 Satz 1 HebG und § 2 Abs. 2 Nr. 3 HebG).

Berufs-, Gesetzes- und Staatsbürgerkunde sind gemäß § 5 HebAPrV lediglich Teil der schriftlichen Prüfung. Eine mündliche Prüfung in diesem Fach findet nicht statt. Einzelheiten der schriftlichen Prüfung lassen sich § 5 HebAPrV entnehmen. Die Prüfung ist an zwei Tagen abzuschließen. Die mündliche Prüfung findet gemäß § 6 HebAPrV als Einzel- oder Gruppenprüfung statt. Einzelheiten der praktischen Prüfung sind in § 7 HebAPrV geregelt. Über die Prüfung wird eine Niederschrift gefertigt (§ 8 HebAPrV). Diese **Niederschrift** kann im Falle der Anfechtung der Prüfungsentscheidung als **Beweismittel** benutzt werden.

§ 10 Abs. 1 HebAPrV
Die **Prüfung ist bestanden,** wenn der schriftliche, der mündliche und der praktische Teil der Prüfung mit mindestens „ausreichend" benotet wurden (zur Benotung: § 9 HebAPrV). Dabei muss innerhalb des schriftlichen und des mündlichen Teils der Prüfung das Fach „Geburtshilfe" mit mindestens „ausreichend" benotet worden sein.

Über die bestandene staatliche Prüfung wird ein **Zeugnis** erstellt (§ 10 Abs. 2 HebAPrV). Jeder Teil der Prüfung kann einmal wiederholt werden, falls die Noten „mangelhaft" oder „ungenügend" erteilt wurden (§ 10 Abs. 3 HebAPrV). Von der Prüfung kann vor der Prüfung nur unter den Voraussetzungen des § 11 HebAPrV zurückgetreten werden. Der Vorsitzende des Prüfungsausschusses muss den **Rücktritt** genehmigen. Nur in diesem Fall gilt die Prüfung als nicht unternommen. Die Gründe für den Rücktritt sind dem Vorsitzenden schriftlich mitzuteilen.

Vorsicht
Eine Genehmigung zum Rücktritt von der Prüfung wird nur erteilt, wenn wichtige Gründe vorliegen, wobei im Falle einer Krankheit die Vorlage eines ärztlichen Attests verlangt werden kann.

Ein **wichtiger Grund** liegt immer dann vor, wenn es sich um nicht alltägliche, meist unvorhersehbare Lebensumstände handelt, die dazu führen, dass die Durchführung der Prüfung für die Auszubildende unzumutbar ist. Die gleichen Grundsätze gelten in den Fällen, in denen ein Prüfungstermin versäumt oder die Aufsichtsarbeit nicht oder nicht rechtzeitig abgegeben wird (§ 12 HebAPrV).

Ordnungsverstöße und **Täuschungsversuche** führen gemäß § 13 HebAPrV dazu, den betreffenden Teil der Prüfung für „nicht bestanden" zu erklären.

Im Falle einer **Anfechtung des Prüfungsergebnisses** hat die Auszubildende die Möglichkeit, ihre Prüfungsunterlagen gemäß § 14 HebAPrV einzusehen. Schriftliche Aufsichtsarbeiten müssen drei Jahre, Anträge auf Zulassung zur Prüfung und Prüfungsniederschriften zehn Jahre aufbewahrt werden.

Ist die Prüfung ordnungsgemäß bestanden, wird die **Erlaubnisurkunde zur Führung der Berufsbezeichnung „Hebamme"** durch die zuständige Behörde nach einem Muster der Anlage 5 zur HebAPrV an die Auszubildende ausgehändigt (§ 15 HebAPrV).

2.3.7 Nach der Prüfung

§ 12 Abs. 1 HebG
Eine Vereinbarung, die die Auszubildende für die Zeit nach der Beendigung des Ausbildungsverhältnisses in der Ausübung ihrer beruflichen Tätigkeit beschränkt, ist nichtig.

Nichtigkeit bedeutet, dass das Rechtsgeschäft von Anfang an unwirksam ist und Niemandem gegenüber Rechtswirkungen entfaltet. Anders als z. B. bei der Anfechtung von Willenserklärungen ist ein nichtiges Rechtsgeschäft nie gültig gewesen. Eine Teilnichtigkeit des Rechtsgeschäfts ist nach der ausdrücklichen Regelung des § 12 HebG ausgeschlossen. Es handelt sich um eine **Schutzvorschrift zugunsten der Auszubildenden** zur Beseitigung einer tatsächlichen und wirtschaftlichen Abhängigkeit der Auszubildenden vom Ausbildungsbetrieb (vergleiche auch § 5 BBiG). Damit soll verhindert werden, dass der Auszubildenden aufgrund ihrer Abhängigkeit vom Ausbildungsbetrieb nachteilige Vertragsklauseln „aufgedrängt" werden. Nach § 12 Abs. 1 Satz 2 HebG gilt das nur dann nicht, wenn die Auszubildende innerhalb der letzten drei Monate des Ausbildungsverhältnisses für die Zeit nach dessen Beendigung ein Arbeitsverhältnis auf unbestimmte Zeit eingeht.

Gemäß § 12 Abs. 2 HebG sind insbesondere **Klauseln nichtig,** durch die sich die Auszubildende verpflichtet, für die Ausbildung eine Entschädigung zu zahlen, ferner Klauseln über Vertragsstrafen, dem Ausschluss oder die Beschränkung von Schadensersatzansprüchen oder die Festsetzung der Höhe eines Schadensersatzes in Pauschalbeträgen (so auch § 5 Abs. 2 BbiG). Auch in den §§ 307 bis 309 des BGB ist geregelt, dass entsprechende Vereinbarungen in Allgemeinen Geschäftsbedingungen unwirksam sind.

Merke
Die Ausbildung ist für die Auszubildende grundsätzlich kostenlos durchzuführen.

Von einer **Vertragsstrafe** wird gesprochen, wenn eine Vertragspartei der anderen für den Fall, dass eine Verbindlichkeit nicht oder nicht ordnungsgemäß erfüllt wird, die Zahlung einer Geldsumme als Strafe verspricht (§§ 339 ff. BGB; bzw. Ausschluss in Allgemeinen Geschäftsbedingungen gemäß § 309 Nr. 6 BGB). Die Auszubildende soll nicht unter Druck gesetzt werden, bei bestimmten Tätigkeiten bzw. einem Fehlverhalten auch noch mit einer Konventionalstrafe belegt zu werden und somit für Verfehlungen „bezahlen" zu müssen.

Auch dürfen nach der ausdrücklichen gesetzlichen Vorschrift mögliche **Schadensersatzansprüche der Auszubildenden** gegen den Ausbildungsbetrieb nicht durch eine Vereinbarung ausgeschlossen oder beschränkt werden. Die Auszubildende soll die Möglichkeit haben, sämtliche ihr zustehende gesetzliche Schadensersatzansprüche im vollen Umfang geltend zu machen. Schließlich ist auch eine Vereinbarung über die Festsetzung der Höhe eines Schadenersatzes als Pauschale nichtig und von Anfang an unwirksam. Auch dieser Gedanke findet sich im Recht der Allgemeinen Geschäftsbedingungen (§ 309 Nr. 5 BGB).

2.3.8 Ausbildungsvertrag

Die §§ 13 bis 18 des Hebammengesetzes regeln das Zustandekommen und die Beendigung des Ausbildungsvertrages sowie die sich daraus ergebenden Rechte und Pflichten.

Nach § 13 HebG hat der **Träger der Ausbildung** diese in einer durch ihren Zweck gebotenen Form planmäßig, zeitlich und sachlich gegliedert so durchzuführen, dass das Ausbildungsziel (§ 5 HebG) in der vorgesehenen Ausbildungszeit (§ 6 HebG) erreicht werden kann. Er hat der Auszubildenden **kostenlos** die Ausbildungsmittel, Instrumente und Apparate (evtl. auch nur leihweise, z. B. in einer Präsenzbibliothek) zur Verfügung zu stellen, die zur Ausbildung und zum Ablegen der staatlichen Prüfung erforderlich sind. Der Auszubildenden dürfen nur Verrichtungen übertragen werden, die dem Ausbildungszweck dienen. Diese sollen ihren körperlichen Kräften angemessen sein.

Merke
Beispiele nicht erlaubter Tätigkeiten:
- **Besorgungen, außer wenn es sich um Arbeitsmaterialbeschaffung handelt**
- **reine Hilfsarbeiten**
- **Botengänge und jegliche berufsfremde Tätigkeiten**

Die **Pflichten der Auszubildenden** sind in § 14 HebG geregelt. Danach hat sich die Auszubildende zu **bemühen**, die in § 5 HebG genannten Kenntnisse, Fähigkeiten und Fertigkeiten zu erwerben, die erforderlich sind, um das Ausbildungsziel zu erreichen. Insbesondere ist sie verpflichtet, an den vorgesehenen Ausbildungsveranstaltungen teilzunehmen, die ihr im Rahmen der Ausbildung aufgetragenen Verrichtungen sorgfältig auszuführen und die für Beschäftigte im Krankenhaus geltenden Bestimmungen über die Schweigepflicht einzuhalten und über Betriebsgeheimnisse Stillschweigen zu bewahren.

In § 15 HebG ist geregelt, dass der Träger der Ausbildung der Auszubildenden eine **Ausbildungsvergütung** zu bezahlen hat. Eine über die vereinbarte regelmäßige tägliche oder wöchentliche Ausbildungszeit hinausgehende Beschäftigung ist nur ausnahmsweise zulässig und besonders zu vergüten (§ 15 Abs. 3 HebG; Kap. 7.5.1).

Das Ausbildungsverhältnis **endet** mit dem Ablauf der Ausbildungszeit (§ 17 HebG), nicht bereits mit dem Tag des Bestehens der Prüfung. Sofern die Auszubildende die staatliche Prüfung nicht besteht, verlängert sich das Ausbildungsverhältnis auf ihren schriftlichen Antrag hin bis zur nächstmöglichen **Wiederholungsprüfung**, höchstens jedoch um ein Jahr (§ 17 Abs. 2 HebG).

Praxistipp
Auch wenn die Prüfung nicht bestanden wird, muss ein **Antrag** an den Träger der Ausbildung gestellt werden!

2.3.9 Kündigung des Ausbildungsverhältnisses

Die Kündigung des Ausbildungsverhältnisses ist in § 18 HebG geregelt. Während der **Probezeit** (§ 16 HebG: sechsmonatige Dauer) kann das Ausbildungsverhältnis jederzeit ohne Einhaltung einer Kündigungsfrist gekündigt werden (§ 18 Abs. 1 HebG). **Nach der Probezeit** kann das Ausbildungsverhältnis durch die Hebammenschule ohne Einhaltung einer Kündigungsfrist nur gekündigt werden, wenn die Voraussetzungen des § 2 Abs. 1 Nr. 2 und 3 HebG nicht mehr vorliegen (Unzuverlässigkeit zur Ausübung des Berufes; in gesundheitlicher Hinsicht nicht geeignet) oder wenn ein **sonstiger wichtiger** Grund vorliegt.

Merke
Beispiele für Kündigungen aus wichtigem Grund (vgl. auch § 626 und § 314 BGB):
- **beharrliche Arbeitsverweigerung**
- **Straftaten, insbesondere gegen den Arbeitgeber**
- **Diskriminierung von Ausländern**
- **Schmiergeldannahme**
- **unbefugte Urlaubsüberschreitungen**
- **Urkundenfälschung, z. B. von ärztlichen Attesten**

Eine **Kündigung** aus wichtigem Grund ist **unwirksam,** wenn die ihr zugrunde liegenden Tatsachen dem zur Kündigung Berechtigten länger als zwei Wochen bekannt sind (§ 18 Abs. 4 Satz 1 HebG).

§ 18 Abs. 2 Nr. 2 HebG
Die Auszubildende kann das Ausbildungsverhältnis mit einer Kündigungsfrist von vier Wochen kündigen.

Ein Kündigung muss immer **schriftlich** und in den Fällen, in denen ohne Einhaltung einer Kündigungsfrist gekündigt werden kann, auch unter Angabe der **Kündigungsgründe** erfolgen (§ 18 Abs. 3 HebG). Dieses Formerfordernis gilt gemäß § 623 BGB auch im allgemeinen Zivilrecht und für den Arbeitsvertrag.

2.4 Der Hebamme vorbehaltene Tätigkeiten

2.4.1 Geburtshilfe nach §§ 4, 5 des Hebammengesetzes

§ 4 HebG regelt, dass zur **Leistung von Geburtshilfe** – abgesehen von Notfällen – außer Ärztinnen und Ärzten nur Personen mit einer Erlaubnis zur Führung der Berufsbezeichnung „Hebamme" oder „Entbindungspfleger", sowie Dienstleistungserbringer im Sinne des § 1 Abs. 2 HebG berechtigt sind.

In § 4 Abs. 2 HebG ist der Begriff der „**Geburtshilfe**" definiert. Er umfasst die Überwachung des Geburtsvorgangs von Beginn der Wehen an, Hilfe bei der Geburt und Überwachung des Wochenbettverlaufs. Auch wenn es sich hierbei nicht um eine abschließende Regelung sämtlicher für eine Hebamme zulässiger Tätigkeiten handeln soll, weist diese Definition Schwächen insofern auf, als z. B. die Frage der **Schwangerenvorsorge** in der Gesetzesdefinition nicht mit umfasst ist.

Nach zutreffender Ansicht (Kommentierung von Horschitz [57] zu § 4 HebG) besteht in erster Linie die Kompetenz der Bundesländer, festzulegen, in welchem Umfang durch Hebammen „Geburtshilfe" ausgeübt werden darf. Dies ist in den **Landesberufsordnungen** geschehen.

In § 5 HebG ist das **Ziel der Hebammenausbildung** geregelt. Die Ausbildung soll insbesondere dazu befähigen, Frauen während der Schwangerschaft, der Geburt und dem Wochenbett Rat zu erteilen und die notwendige Fürsorge zu gewähren, normale Geburten zu leiten, Komplikationen des Geburtsverlaufs frühzeitig zu erkennen, Neugeborene zu versorgen, den Wochenbettverlauf zu überwachen und eine Dokumentation über den Geburtsverlauf anzufertigen.

Im Unterschied zur Definition der Geburtshilfe in § 4 Abs. 2 HebG findet sich in § 5 HebG auch die Versorgung der Frau **während der Schwangerschaft** als Ausbildungsziel. Hinsichtlich der Leitung von Geburten wird in § 5 HebG auf „normale" Geburten abgehoben. Das Wort „insbesondere" benutzt der Gesetzgeber immer dann, wenn eine Aufzählung nur beispielhaften Charakter haben und keineswegs abschließend sein soll.

Sowohl §4 HebG als auch §5 HebG lassen offen, auf welche Art und Weise Geburtshilfe konkret ausgeübt wird. Es ist anerkannt, dass dies u.a. auch durch Akkupunktur und Homöopathie geschehen kann, wenn die dafür erforderliche Befähigung durch eine **Zusatzausbildung** nachgewiesen ist (s. auch die über den Berufsverband DHV erhältlichen Akupunkturrichtlinien). Stets muss sich die Hebamme jedoch auch bei der Ausübung einer solchen Heilkunde an die **Grenzen der „Geburtshilfe“** halten. Auch wer über die Zusatzausbildung zur Akkupunktur verfügt, darf dennoch keine Heilkunde ausüben, die dem Arzt vorbehalten ist.

In diesem gesetzlichen Rahmen sind **verschiedene Tätigkeiten** denkbar:

- **Im Rahmen der Schwangerschaftsvorsorge:** Regelmäßige Vorsorgeuntersuchungen zur frühzeitigen Erkennung von Schwangerschaftsrisiken; die Betreuung von Frauen und Familien, um das Wohlbefinden von Mutter und Kind zu fördern; die Beratung im Zusammenhang mit Familie, Arbeitsplatz, Ernährung und Lebensweise in der Schwangerschaft; hinsichtlich der Sexualität in der Schwangerschaft, möglicher Veränderungen in der Partnerschaft und Vorbereitung auf die Elternrolle; die Kontrolle von Wachstum und Vitalität des Kindes und das Erkennen von Risiken; ggf. die Überweisung an einen Arzt und die Dokumentation im Mutterpass; Hilfeleistung bei Schwangerschaftsbeschwerden; Begleitung und Überwachung bei vorzeitiger Wehentätigkeit, Beckenendlage und Mehrlingsschwangerschaften.
- Lediglich Vorsorgeuntersuchungen zur Risikoabklärung müssen durch den Arzt durchgeführt werden.
- **Geburtsvorbereitung:** Umfassende Information, Gymnastik-, Entspannungs- und Atemübungen und die Durchführung von Frauen- und Paarkursen.
- **Hilfe bei der Geburt:** Betreuung der Schwangeren während der Geburt und die Überwachung des Kindes mittels klinischer und technischer Mittel; Leitung von Normalgeburten in Schädellage einschließlich der Durchführung eines erforderlichen Dammschnitts und dessen Naht; frühzeitiges Erkennen von Gefahrensituationen unter Hinzuziehung eines Arztes; Untersuchung und Überwachung des Neugeborenen.
- **Wochenbettbetreuung:** Versorgung des Nabels; Beobachtung des Allgemeinzustands des Säuglings (Temperatur, Atmung, Trinkverhalten, Gewicht); Überwachung des Neugeborenen; Pflege des Neugeborenen; Überwachung des allgemeinen Gesundheitszustands der Mutter; Ernährungsberatung; Kontrolle und Pflege der Dammnaht; Kontrolle der Wundheilung bei Kaiserschnitt und Episiotomie; Überwachung der Rückbildungsvorgänge; Beratung über die bestmögliche Ernährung und Pflege des Neugeborenen; Blutentnahme bei Neugeborenen für Screening-Untersuchungen; Wochenbettgymnastik; Stillanleitung; Hilfe bei Stillproblemen und Unterstützung der Stillbeziehung zwischen Mutter und Kind sowie Brustpflege; Beobachtung der kindlichen Entwicklung; Beratung über Empfängnisverhütung, Impfen, Kindererziehung und mögliche Anpassungsschwierigkeiten des Kindes; Aufarbeitung des Geburtserlebnisses, der Partnerschaftsbeziehungen und Information über Beratungsstellen und Selbsthilfegruppen.
- **Naturheilverfahren und Beratungsaufgaben:** Darüber hinaus sind Hebammen in den Grenzen des §4 HebG u.a. **auch befugt,** Akupunktur, autogenes Training, Babymassage, Babyschwimmen, Ernährungsberatung, Homöopathie (Hilfestellung in Schwangerschaft, Geburt und Wochenbett), psychologische Beratung, Reflexzonenmassage, Schwangerschaftsschwimmen und Yoga während der Schwangerschaft und nach der Geburt und sonstige Beratungen, die sich mit sozialen und seelischen Faktoren beschäftigen, vorzunehmen.

Bei **Rechtsberatungen** darf jedoch kein Verstoß gegen das **Rechtsberatungsgesetz** (RBerG) vorliegen, wonach die geschäftsmäßige Besorgung von Rechtsgeschäften zunächst Rechtsanwälten vorbehalten ist. Wer sonst Rechtsberatungen durchführen will, bedarf einer behördlichen Erlaubnis (§1 RBerG), die regelmäßig jedoch nur u.a. Versicherungsberatern oder Inkassounternehmen erteilt wird. Rechtsberatung im weiteren Sinn ist einer Hebamme jedoch möglich, wenn sie z.B. hilft, Anträge auszufüllen, oder wenn sie auf die

Möglichkeiten und Fristen im Zusammenhang mit Mutterschutz und dem Elterngeld hinweist.

Merke

Der Arzt ist verpflichtet, dafür Sorge zu tragen, dass bei einer Entbindung eine Hebamme zugezogen wird (§ 4 Abs. 1 Satz 2 HebG). Eine entsprechende Verpflichtung der Hebamme besteht nur für Notfälle.

Gerichte haben die Kompetenz der Hebammen aber auch ausdrücklich eingeschränkt. Das OVG Lüneburg hat entschieden, dass die Berufsausbildung zur Hebamme **keine** ausreichenden Kenntnisse und Fähigkeiten zur selbstständigen und eigenverantwortlichen Wahrnehmung der Betreuung einschließlich der **Pflege alter Menschen** vermittelt (Urteil vom 25.03.2013).

Außerhalb der vorbehaltenen Tätigkeiten ist der Hebamme die Behandlung **pathologischer Zustände** und damit die Ausübung von Heilkunde **nicht erlaubt** (u. a. Beschluss des OVG Rheinland-Pfalz vom 05.05.1999).

2.4.2 EU-Richtlinien

Bereits 1980 begann die Europäisierung und Vereinheitlichung der Hebammenausbildung und der Regelung der Berufsausübung. Am 21.01.1980 wurden drei entsprechende EU-Richtlinien erlassen.

Die Richtlinie 80/154/EWG hat in den einzelnen Mitgliedstaaten der Europäischen Union die entsprechenden Berufsbezeichnungen definiert und aufgeführt. Es wurde festgeschrieben, dass jeder Mitgliedsstaat darüber hinaus die Diplome, Prüfungszeugnisse und sonstigen Befähigungsnachweise anerkennt, die den Staatsangehörigen der Mitgliedstaaten von den anderen Mitgliedstaaten ausgestellt wurden. Als Bedingung wurde hierbei u. a. verlangt, eine Ausbildung als Hebamme von mindestens drei Jahren auf Vollzeitbasis zu absolvieren. Diese Richtlinie wurde hinsichtlich der Dauer der Ausbildungszeit in § 6 HebG umgesetzt.

Die **Richtlinie des Rates 80/155/EWG** legt in Art. 4 fest, dass die Mitgliedstaaten dafür Sorge zu tragen haben, dass Hebammen befugt sind, bestimmte Tätigkeiten und Aufgaben in **eigener Verantwortung** durchzuführen. Hierzu gehören insbesondere die Aufklärung und Beratung in Fragen der Familienplanung, die Feststellung und Beobachtung der normal verlaufenden Schwangerschaft, die Verschreibung von Untersuchungen zur möglichst frühzeitigen Feststellung einer Risikoschwangerschaft, die Vorbereitung auf die Elternschaft und die umfassende Vorbereitung auf die Geburt einschließlich der Beratung in Fragen der Hygiene und Ernährung, die Betreuung der Gebärenden während der Geburt, die Durchführung von Normalgeburten bei Kopflage einschließlich – sofern erforderlich – des Scheidendammschnitts sowie der Dringlichkeitsfall von Steißgeburten, das Erkennen der Anzeichen von Anomalien bei Mutter oder Kind, die das Eingreifen eines Arztes erforderlich machen (vgl. § 4 Abs. 1 HebG), das Ergreifen der notwendigen Maßnahmen bei Abwesenheit des Arztes (im Notfall), die Untersuchung und Pflege des Neugeborenen, die Pflege der Wöchnerin, die Durchführung der vom Arzt verordneten Behandlung und das Abfassen der erforderlichen schriftlichen Berichte (Dokumentation).

Auch diese EU-Richtlinie ist maßgeblich für den Umfang der erlaubten Tätigkeiten einer Hebamme, zumal die Landesverordnungen weitgehend auf dieser Richtlinie beruhen.

2.4.3 Landesberufsordnungen

Die ausführlichste Darstellung über die Aufgaben einer Hebamme findet sich in den **Landesberufsordnungen**, die weitestgehend auf der EU-Richtlinie 80/155/EWG beruhen.

Die Landesberufsordnungen sind zu unterschiedlichen Zeitpunkten in Kraft getreten und lediglich in Details unterschiedlich formuliert. Einige Berufsordnungen regeln in ihrem § 1 den Geltungsbereich, während in § 2 regelmäßig die Aufgaben einer Hebamme beschrieben werden; andere beginnen bereits in § 1 mit den Aufgaben (so z. B. in Baden-Württemberg).

Regelmäßig sind die Berufsordnungen wie folgt aufgebaut:

- § 1 – Geltungsbereich
- § 2 – Aufgaben der Hebamme
- § 3 – Abgrenzung zur ärztlichen Tätigkeit
- § 4 – Arzneimittel
- § 5/6 – Dokumentation und Schweigepflicht
- § 7 – Fortbildung

- § 8 – Besondere Pflichten bei freiberuflicher Tätigkeit
- § 9/10 – Aufsicht bzw. Verletzung von Berufspflichten.

Im Einzelnen sind i. d. R. in den Landesberufsordnungen folgende **Aufgaben** festgeschrieben:

1. Aufklärung und Beratung in Fragen der Familienplanung,
2. Feststellung der Schwangerschaft und Beobachtung der regelgerecht verlaufenden Schwangerschaft, Durchführung der notwendigen Untersuchungen zur Beobachtung des Verlaufs einer regelgerechten Schwangerschaft,
3. Veranlassung von Untersuchungen, die für eine möglichst frühzeitige Feststellung eines regelwidrigen oder pathologischen Schwangerschaftsverlaufs notwendig sind und die Aufklärung über diese Untersuchungen,
4. Hilfestellung bei Schwangerschaftsbeschwerden oder Wehen, sowie Beratung über Fragen im Zusammenhang mit der Schwangerschaft,
5. Vorbereitung auf die Geburt und auf die Elternschaft sowie Beratung in Fragen der Hygiene und der Ernährung,
6. Betreuung der Gebärenden während der Geburt, Tot- oder Fehlgeburt und Überwachung des Fötus in der Gebärmutter mit Hilfe geeigneter Mittel,
7. Durchführung von Normalgeburten bei Schädellage einschließlich eines erforderlichen Dammschnitts sowie im Notfall Durchführung von Beckenendlagengeburten; Ausführung der Dammnaht, soweit die Hebamme oder der Entbindungspfleger diese nach einem Dammschnitt oder einem unkomplizierten Dammriss regelgerecht durchführen kann, ansonsten unter Aufsicht und Verantwortung einer Ärztin oder eines Arztes,
8. Erkennen der Anzeichen von Regelwidrigkeiten bei der Mutter oder beim Kind, die das Eingreifen einer Ärztin oder eines Arztes oder die Einweisung in ein Krankenhaus erforderlich machen, sowie Hilfeleistung bei etwaigen ärztlichen Maßnahmen; Ergreifen der notwendigen Maßnahmen bei Abwesenheit einer Ärztin oder eines Arztes, beispielsweise die manuelle Ablösung der Plazenta einschließlich gegebenenfalls die manuelle Nachuntersuchung der Gebärmutter sowie die Durchführung der sofortigen Wiederbelebung des Neugeborenen,
9. Untersuchung, Überwachung und Pflege des Neugeborenen im erforderlichen Umfang einschließlich Prophylaxemaßnahmen; hierzu gehören bei verantwortlicher Leitung der Geburt durch eine Hebamme oder einen Entbindungspfleger in den Fällen des § 4 Abs. 1 Satz 2 und § 7 Abs. 1 Sätze 3 und 4 der Anlage 2 der Kinder-Richtlinien des Bundesausschusses der Ärzte und der Krankenkassen auch Blutentnahmen, sowie die Aufklärung und die Durchführungsverantwortung bei Screening-Untersuchungen,
10. Pflege der Wöchnerin, Überwachung ihres gesundheitlichen Zustands im erforderlichen Umfang sowie Beratung zur Pflege, Hygiene und Ernährung des Neugeborenen, insbesondere Stillberatung und Stillförderung sowie Hilfeleistung bei Beschwerden; die Hebamme oder der Entbindungspfleger weist auf ärztliche Untersuchungen zur Früherkennung von Krankheiten und auf die Empfehlungen der nach § 20 Abs. 2 Satz 1 des Infektionsschutzgesetzes beim Robert Koch Institut eingerichteten Ständigen Impfkommission zu einem vollständigen, altersgemäßen Impfschutz hin,
11. Anleitung und Beratung der Mutter zur Rückbildung der schwangerschaftsbedingten körperlichen Veränderungen sowie der Eltern zur Pflege, Hygiene und Ernährung von Mutter und Kind sowie zur Förderung der Eltern-Kind-Bindung,
12. Durchführung der von einer Ärztin oder vom Arzt verordneten Behandlung,
13. Anwendung komplementärmedizinischer Verfahren nach entsprechender Fortbildung im Rahmen des Berufsbildes,
14. Ausstellen von Bescheinigungen im Rahmen der Berufsausübung und der gesetzlichen Vorschriften.

(Aus der Bayerischen Berufsordnung für Hebammen und Entbindungspfleger **(Bayerische Hebammenberufsordnung - BayHebBO) vom 28. Mai 2013)**

Die Ausführungen über die Aufgaben der Hebammen in den Landesberufsordnungen präzisieren daher die Grundentscheidungen der §§4, 5 HebG. Hervorzuheben ist hierbei insbesondere – und darauf wurde schon bei §5 HebG („normale" Geburt) hingewiesen –, dass nach Landesverordnungen zu den Aufgaben die Durchführung von **Normalgeburten bei Schädellage** einschließlich eines erforderlichen **Dammschnitts** sowie (lediglich) im Notfall die Durchführung von Beckenendlagengeburten gehört (so die Formulierung in **Bayern**).

Nordrhein-Westfahlen formuliert „Durchführung von Normalgeburten bei Schädellage einschließlich Dammschnitt, Nähen eines unkomplizierten Dammschnittes oder Dammrisses sowie im Dringlichkeitsfall die Durchführung von Beckenendlagengeburten".

In **Brandenburg** lautet die Formulierung z. B. „Durchführung von Regelgeburten einschließlich, sofern erforderlich, eines Dammschnitts sowie im Notfall von Beckenendlagengeburten".

Bremen spricht von „im Dringlichkeitsfall die Durchführung komplizierter Geburten, insbesondere einer Beckenendlagengeburt, sofern nicht in angemessener Zeit eine Ärztin oder ein Arzt zugezogen werden kann" (verkündet am 12.06.2012).

Bremen verfügt in seiner Landesberufsordnung auch über eine **Ordnungswidrigkeitenvorschrift**, nach der z. B. ordnungswidrig handelt, wer vorsätzlich oder fahrlässig „bei Vorliegen von Regelwidrigkeiten oder Verdacht auf Regelwidrigkeiten keine Ärztin oder keinen Arzt hinzuzieht oder eine Einweisung in eine Klinik nicht veranlasst". Andere Bundesländer kennen eine solche Bußgeldvorschrift nicht.

In **Thüringen** findet sich z. B. die Formulierung der „Leitung von Normalgeburten bei Schädellagen sowie bei fehlender ärztlicher Hilfe die Entwicklung von Beckenendlagengeburten".

An diesen unterschiedlichen Formulierungen ist zu erkennen, dass sich die Landesberufsordnungen zwar in Details unterscheiden, im Kern jedoch die immer gleichen rechtlichen Grundaussagen treffen.

Dies gilt durchweg auch für Fragen der **Abgrenzung der Hebammentätigkeit** zur ärztlichen Tätigkeit, der Anwendung von **Arzneimitteln**, des Hinweises auf das Bestehen der **Schweigepflicht** (unter Bezugnahme auf §203 StGB), einer **Dokumentationspflicht** (wie sie sich auch aus dem neuen Patientenrechtegesetz, dort §630f BGB, ergibt) und **Fortbildungsvorschriften**, die hinsichtlich des Nachweises der konkreten **Anzahl von Fortbildungsmaßnahmen** in den einzelnen Bundesländern jedoch unterschiedlich sind (Übersicht hierzu bei Petrus [94]). Die **Fortbildungsvorschriften** der einzelnen Bundesländer finden sich unter www.hebammenverband.de/fortbildung/fortbildungspflichten.

Ein **Verstoß** gegen diese Regelung kann – wie auch die Überschreitung der Kompetenzen bzw. Aufgaben der Hebamme – sowohl zivilrechtliche (es liegt eine Pflichtverletzung vor), als auch strafrechtliche bzw. ordnungswidrigskeitenrechtliche und berufsrechtliche Konsequenzen haben.

Nahezu identisch sind die Landesberufsordnungen hinsichtlich der **besonderen Pflichten bei freiberuflicher Tätigkeit**, als sich die Hebamme ausreichend gegen Haftpflichtansprüche zu versichern, ihre Praxis durch ein Schild zu kennzeichnen hat, nicht in berufsunwürdiger Weise werben darf, Beginn und Beendigung der Berufsausübung dem Gesundheitsamt anzeigen muss sowie zur gegenseitigen Vertretung bereit sein muss und eine Vertretung zu gewährleisten hat.

Es ist darauf hinzuweisen, dass hinsichtlich der Aufgaben der Hebammen auch ausdrücklich geregelt wurde, dass bei der Beratung neben medizinischen und geburtshilflichen auch **soziale** und **seelische Faktoren** zu berücksichtigen sind (u. a. §2 Abs. 3 der Landesberufsordnung NRW). Nach der neuen Bayerischen Berufsordnung zählen zu den Aufgaben der Hebamme auch Anleitung und Beratung zur Pflege, Hygiene und Ernährung von Mutter und Kind sowie zur Förderung der Eltern-Kind-Bindung.

Stets zu beachten ist die **Abgrenzung zur ärztlichen Tätigkeit**. Wird die Hinzuziehung einer Ärztin oder eines Arztes von der Schwangeren, Gebärenden oder Wöchnerin gewünscht, muss diesem Wunsch entsprochen werden. Das Behandeln **regelwidriger Vorgänge** ist Ärztinnen und Ärzten vorbehalten. Deshalb haben Hebammen auch auf Regelwidrigkeiten und Risikofaktoren zu achten und bei deren Auftreten die Hinzuziehung einer Ärztin oder eines Arztes oder die Einweisung in ein Krankenhaus zu veranlassen.

2.4.4 §§ 24 ff. SGB V

Seit Oktober 2012 wurden die früheren Vorschriften in der **Reichsversicherungsordnung** (RVO) über „Leistungen bei Schwangerschaft und Mutterschaft" in das Sozialgesetzbuch V (SGB V) überführt (heute: **§§ 24 ff. SGB V**). Die Leistungen bei Schwangerschaft und Mutterschaft sind dort in § 24c SGB V, ärztliche Betreuung und Hebammenhilfe in § 24d SGB V geregelt. Auch diese Vorschriften präzisieren den Begriff der Geburtshilfe. Was im Rahmen des § 24d SGB V als „**Hebammenhilfe**" gekennzeichnet ist, sind Leistungen, die die Hebamme auch nach den Vorschriften des Hebammengesetzes und der Landesberufsordnungen leisten darf.

2.4.5 Gebührenrecht

Schließlich darf die Hebamme auch Tätigkeiten erbringen, die sie nach der **Hebammen-Gebührenvereinbarung** (Anlage I zum Vertrag über die Versorgung mit Hebammenhilfe nach § 134a SGB V) abrechnen darf. Taugliches Abgrenzungskriterium ist hierbei insbesondere das **Leistungsverzeichnis**, das einzelne Gebührentatbestände beschreibt, die die Hebamme aufgrund ihrer Berufserlaubnis auch ausführen darf.

2.4.6 Fallbeispiele aus der Praxis

- Eine schwierige Entwicklung der **Schulter**, bei der erhebliche **Zugkräfte** erforderlich sind, gehört zur Kompetenz der Hebamme (Urteil des OLG Hamm vom 20.01.1999).
- Das selbstständige und eigenverantwortungsvolle Legen eines **Epiduralkatheters** durch die Hebamme ist ausgeschlossen. Zulässig ist allerdings eine Assistenzleistung durch die Hebamme, wenn die Maßnahme ärztlich angeordnet wurde, der Arzt die volle Verantwortung dafür übernimmt **(„Anordnungsverantwortung")** und sie durch ausreichend qualifiziertes Personal ausführt wird **(„Durchführungsverantwortung")**.
- **Homöopathie** ist nur in den Grenzen des § 4 HebG zulässig, andernfalls würde in das **Therapiemonopol des Arztes** eingegriffen werden.
- **Akupunktur** ist zulässig im Rahmen der **Akupunkturrichtlinien** (s. auch die über den DHV erhältlichen „Empfehlungen des DHV für die Ausbildung von Hebammen in Akupunktur und Grundlagen der Chinesischen Medizin") und ist „medizinisch notwendige Heilbehandlung", deren Kosten zu ersetzen sind (Urteil des LG Kleve vom 16.02.1994).

Eine Zusammenfassung findet sich in *Was darf die Hebamme?* [24].

2.4.7 Folgen

Solange sich die Hebamme an die oben geschilderten Grenzen der „Geburtshilfe" hält und diese Kompetenzen nicht überschreitet, muss sie weder berufsrechtliche, zivilrechtliche, strafrechtliche oder arbeitsrechtliche Konsequenzen fürchten. Anders sieht es aus, wenn sich die Hebamme nicht an diese Grenzen hält.

§ 280 BGB

In § 280 BGB ist geregelt, dass in den Fällen, in denen ein Schuldner eine Pflicht aus dem Schuldverhältnis verletzt, dieser **Schadensersatz** zu zahlen hat, wenn er die **Pflichtverletzung** zu vertreten hat. Für die Hebamme bedeutet dies, dass sie bei jeder Pflichtverletzung im Rahmen des geschlossenen **Behandlungsvertrags** bei Vorliegen eines Schadens bei der Vertragspartnerin für diesen Ersatz zu leisten hat. Hierbei handelt es sich zum einen um die Hauptleistungspflichten eines Vertrags (Behandlung und Zahlung der Vergütung) sowie um vertragliche Nebenpflichten, zu denen insbesondere Aufklärungs- und Informationspflichten gehören (heute: § 630c BGB bzgl. Informationspflichten und § 630e BGB bzgl. Aufklärungspflichten). Überschreitet die Hebamme daher vorsätzlich oder fahrlässig ihre oben genannten Kompetenzen und der Patientin entsteht dadurch ein Schaden, ist damit zu rechnen, dass die Hebamme Schadensersatz zu leisten hat, da sie Pflichten aus dem Behandlungsverhältnis verletzt hat.

§ 823 BGB

Für eine entsprechende Schadensersatzverpflichtung ist jedoch nicht immer ein Behandlungsvertrag erforderlich. Es bestehen auch **gesetzliche**

Schadensersatzverpflichtungen ohne dass ein förmlicher Behandlungsvertrag abgeschlossen sein muss.

Nach §823 Abs. 1 BGB schuldet **Schadensersatz**, wer vorsätzlich oder fahrlässig u. a. das Leben, den Körper oder Gesundheit eines anderen widerrechtlich verletzt. Wenn dies dadurch geschieht, dass sich die Hebamme, die z. B. als Angestellte im Krankenhaus mit der Klientin selbst keinen Vertrag geschlossen hat, nicht an die oben genannten Grenzen der Geburtshilfe hält oder dass sie in Notfällen die Hinzuziehung einer Ärztin oder eines Arztes unterlassen hat, hat dies eine Schadensersatzverpflichtung bzw. Schmerzensgeldzahlung zur Folge.

Sonstige Folgen

Neben diesen zivilrechtlichen Schadensersatzrisiken hat die Kompetenzüberschreitung auch **strafrechtliche Konsequenzen**, wenn es zu Körperverletzungen oder gar Todesfällen durch Hebammen kommt. Die Klientin willigt nur in eine Heilbehandlung im Rahmen der Geburtshilfe ein, so dass eine Heilbehandlung außerhalb der Grenzen der Geburtshilfe eine rechtswidrige Handlung darstellt, die nicht durch eine Einwilligung gerechtfertigt ist.

Schließlich können Kompetenzüberschreitungen auch **arbeitsrechtliche** (der Arbeitgeber kündigt nach Abmahnung) oder **berufsrechtliche Konsequenzen** haben. In der Überschreitung der vorbehaltenen Tätigkeiten kann ein Verhalten vorliegen, aus dem sich die Unzuverlässigkeit zur Ausübung des Hebammenberufs ergibt. Nach §3 Abs. 2 HebG ist in diesen Fällen die **Berufserlaubnis zu widerrufen**. Die Aufsichtsbehörde hat insoweit kein Ermessen.

2.5 Bußgeldvorschrift

Merke

Ordnungswidrig handelt, wer ohne Erlaubnis nach § 1 Abs. 1 HebG die Berufsbezeichnung „Hebamme" oder „Entbindungspfleger" führt, oder entgegen § 4 Abs. 1 Satz 1 HebG Geburtshilfe leistet (§ 25 HebG).

Die Ordnungswidrigkeit kann mit einer **Geldbuße** bis zu 2.500,00 Euro geahndet werden. Das „Führen der Berufsbezeichnung" bedeutet, dass die Bezeichnung **nach außen hin** in Anspruch genommen werden muss, gleichgültig, ob bei der Berufsausübung oder bei jeder anderen Gelegenheit [31].

Nicht geschützt sind u. a. die Bezeichnungen „Schwester", „Pfleger", „Hilfsschwester" sowie eine Tätigkeit in der Schwangerenvorsorge und in der Nachsorge. Dies gilt auch für alle anderen Tätigkeiten, die nicht „vorbehaltene Tätigkeiten" im Sinn des §4 HebG sind. Die Leitung des Wochenbettverlaufs ist dagegen eine nach §4 HebG geschützte Tätigkeit, sodass eine Ordnungswidrigkeit vorliegt, falls die Berufsbezeichnung „Hebamme" dabei zu Unrecht geführt wird.

2.6 Werbung

Nach den jeweiligen Landesverordnungen besteht für die freiberuflich tätige Hebamme die besondere Pflicht, „nicht in **berufsunwürdiger Weise** zu werben". In §5 Abs. 2 des Vertrags über die Versorgung mit Hebammenhilfe nach § 134a SGB V ist geregelt, dass sich die Vertragspartner zur Einhaltung der Vorschriften zur Werbung, die sich aus dem Wettbewerbsrecht oder dem Heilmittelwerbegesetz ergeben, verpflichten. **Werbung** ist daher nicht von vorneherein verboten, darf jedoch insbesondere nicht losgelöst von der sachlichen beruflichen Tätigkeit und nicht unsachlich und marktschreierisch (dies gilt u. a. auch für Rechtsanwälte und Ärzte) geschehen. Werbung muss **berufsbezogene Informationen** beinhalten. Es besteht das Irreführungsverbot, das Sachlichkeitsgebot und grundsätzlich eine Formwahlfreiheit. Praxisbroschüren, Zeitungsanzeigen, redaktionelle Beiträge, Internetaktivitäten, Werbung im Kino und auf Plakatsäulen sind als zulässig angesehen worden [65].

Merke

Werbung muss sachlich und darf nicht irreführend sein!

Das Bundesverfassungsgericht hat erst 2015 entschieden, dass unter den Begriff der **Werbung** nicht nur herkömmliche Werbeformen, wie etwa

Anzeigen und Broschüren, sondern auch das Marketing sowie die gesamte Öffentlichkeitsarbeit fallen (Urteil des BVerfG vom 05.03.2015).

In Fällen **unzulässiger Werbung** können Hebammen durch Kolleginnen abgemahnt und auf Unterlassung wegen des Verstoßes gegen **wettbewerbsrechtliche Vorschriften** (insbesondere nach dem Gesetz gegen den unlauteren Wettbewerb – UWG) verklagt werden, was stets mit nicht unerheblichen Rechtsverfolgungskosten verbunden ist, da regelmäßig hohe **Rechtsanwaltsgebühren** zu erstatten sind.

Der zunehmende Konkurrenzdruck bei allen freien Berufen hat zu zahlreichen Gerichtsentscheidungen in den letzten Jahren geführt:

- Das LAG Köln erlaubt **Werbung für Nachsorgeleistungen** im Krankenhaus ([59] und [84]).
- Ein Arzt darf auf seinem **Praxisschild** auf „Akupunktur" hinweisen, wenn durch einen **Zusatz** klargestellt ist, dass es sich nicht um eine durch die Ärztekammer verliehene Qualifikation handelt (Urteil des BVerwG vom 05.04.2001).
- Eine Frauenarztpraxis, die sich auf Fortpflanzungsmedizin spezialisiert hat, darf ein „Wunschkindfest" durch **Sponsoring-Maßnahmen** unterstützen. Gleiches gilt für ein Interview des Arztes bei der Veranstaltung, welches auch durch die Meinungsfreiheit des Art. 5 GG gedeckt ist (Urteil des ÄrzteGH Saarland vom 10.10.2001).
- Ärzte dürfen sich in einem Faltblatt einer Klinik als „**Spezialisten**" für Operationen am Knie und an der Wirbelsäule bezeichnen, wenn sie sich seit Jahrzehnten auf diese Operationen spezialisiert haben und mehrere Tausend davon durchgeführt haben (Beschluss des BVerfG vom 08.01.2002).
- Werbung, die ausschließlich auf **Kundengewinnung** ausgerichtet ist, ist für Zahnärzte nicht gestattet (Beschluss des BGH vom 11.07.2002).
- Für Rechtsanwälte haben die Gerichte im Hinblick auf **Internet-Domain-Bezeichnungen** entschieden, dass u. a. die Domains www.rechtsanwalt.com oder www.immobilienanwalt.de unzulässig sind und gegen wettbewerbsrechtliche Vorschriften (insbesondere § 3 UWG – irreführende Angaben, deren Verwendung nach § 4 UWG sogar strafbar ist) verstoßen, da beim Mandanten die fehlerhafte Vorstellung hervorgerufen werde, es verberge sich hinter der maßgeblichen Adresse der einzige oder zumindest maßgebliche Anbieter.
- Es kann einem Zahnarzt nicht verboten werden, einen **Zahnarztsuchservice** einzurichten (Beschluss des BVerfG vom 18.10.2001).
- Auch negative Arztwerbung, u. a. in **Internet-Bewertungsportalen**, kann veröffentlicht werden. Das Persönlichkeitsrecht oder das informationelle Selbstbestimmungsrecht hindern das nicht. Auch eine bewertete Hebamme hat gegenüber einem Bewertungsportal keinen Löschungsanspruch hinsichtlich gespeicherter Daten und abgegebener Bewertungen (Urteil des LG Düsseldorf vom 09.04.2013).
- Werbung als **„Spitzenmediziner"** und/oder „Top-Experte" im Internetauftritt wurde als **wettbewerbswidrig**, weil marktschreierisch und unsachlich angesehen (Urteil des OLG Karlsruhe vom 07.05.2012).
- Die in einer Hebammenzeitschrift veröffentlichte Werbeaussage, „**Schüßler-Salze**... Sanfte Begleiter in der Schwangerschaft" wurde mit Urteil vom 13.12.2012 durch das OLG Hamm als **irreführend** angesehen, da die beanstandete Werbeaussage auch aus Sicht der angesprochenen Hebammen ein falsches Wirkungsversprechen enthalte.
- Für Rechtsanwälte hat das Bundesverfassungsgericht mit Urteil vom 05.03.2015 entschieden, dass **„Schockwerbung"** auf Kaffeetassen unzulässig ist. Ein Rechtsanwalt hatte auf Tassen u. a. eine Frau gezeigt, die ihr Kind schlägt, darauf hingewiesen, dass „körperliche Züchtigung verboten" sei und seine Kontaktdaten genannt.
- Der Satz **„Zu Risiken und Nebenwirkungen lesen Sie die Packungsbeilage und fragen Sie Ihren Arzt oder Apotheker"** ist im Gesetz über die Werbung auf dem Gebiet des Heilwesens (**Heilmittelwerbegesetz,** HWG, dort § 4 Abs. 3) vorgeschrieben.
- Die naheliegende Möglichkeit, dass sich ein Verbraucher wegen einer zusätzlich angebotenen **kostenlosen Zweitbrille** für ein entsprechendes Angebot entscheidet, ohne zuvor zu prüfen, ob das Angebot eines anderen Unternehmens seinen Bedürfnissen besser entspricht, begründet die für die Anwendung des § 7 Abs. 1 HWG erforderliche abstrakte Gefahr einer **unsachlichen**

Beeinflussung des Werbeadressaten (Urteil des BGH vom 06.11.2014).

- Die Werbung einer Anwaltskanzlei in Google-Adwords-Anzeigen mit einer „**kostenlosen Erstberatung**" bzw. mit einer „kostenlosen Ersteinschätzung" wurde nicht als wettbewerbswidrig angesehen. Es liegt insbesondere **kein „übertriebenes Anlocken"** i. S.d. § 4 Nr. 1 UWG vor. Die Preisgestaltungsfreiheit umfasst auch das Recht, andere Mitbewerber zu unterbieten und sogar einen Dumpingpreis anzubieten, sofern keine Umstände hinzutreten, die die Unlauterkeit begründen (Urteil des LG Essen vom 10.10.2013).
- Auch die **Werbung mit Erfolgszahlen** ist zulässig, solange keine Irreführung zu befürchten ist (Beschluss des BGH vom 09.06.2008).
- Die Werbung für ein Zahngesundheitsprogramm als **deutschlandweit „einziges Vollprogramm"**, bei dem der Patient zahnärztliche Leistungen erhält, ist irreführend und damit unzulässig, wenn nicht alle über die gesetzliche Regelversorgung hinausgehenden Leistungen angeboten werden (Urteil des OLG Hamm vom 24.09.2013).
- Ergänzend siehe: *Marketing als Kommunikation verstehen* [86], *Werbung: Was ist erlaubt?* [119], *Inhalt und Grenzen des ärztlichen Werberechts* [96]

Genehmigt ein Krankenhaus einer bei ihm angestellten Hebamme als **Nebentätigkeit** die freiberufliche Nachsorge für die Zeit nach der Klinikentlassung, so beinhaltet dies auch das Recht der Hebamme, hierfür in Frage kommende Klientinnen in angemessener Form auf ihr Nachsorgeangebot hinzuweisen. Informiert das Krankenhaus die Patientinnen der Geburtshilfeabteilung von sich aus durch **Verteilung eines Merkblattes** darüber, dass und welche seiner Hebammen eine solche freiberufliche Nachsorge anbieten, dürfen einzelne Hebammen hierbei nicht ohne rechtfertigenden Grund unerwähnt bleiben (Urteil des LAG Köln vom 08.06.1999).

Wettbewerbswidrig kann eine **Konkurrenzschutzvereinbarung** sein, wenn einer Hebamme verboten wird, nach Beendigung eines Vertrages über eine Gemeinschaftspraxis zweier Hebammen für die Dauer von zwei Jahren im Umkreis von 25 km um die Praxisstandorte sich als freie Mitarbeiterin oder Gesellschafterin einer Hebammenpraxis niederzulassen und Tätigkeiten und Kooperationen mit Krankenhäusern zu unterlassen. Eine solche Vereinbarung beeinträchtigt die jeweils verpflichtete Hebamme jedenfalls dann in übermäßiger Weise in ihrer Berufsfreiheit und ist damit unwirksam, wenn keine **Karenzentschädigung** vereinbart ist (Urteil des OLG München vom 15.01.2014).

2.7 Rentenversicherungspflicht

Nach § 2 Nr. 3 SGB VI sind auch **selbstständig tätige Hebammen** versicherungspflichtig in der Rentenversicherung (Deutsche Rentenversicherung Bund). Dies gilt auch, wenn die Hebamme angestellt ist und im Rahmen einer Nebentätigkeit freiberuflich tätig ist. Auch für die **ergänzende Tätigkeit** besteht die Verpflichtung, sich bei der Rentenversicherung anzumelden, wenn die Hebamme mit den Einkünften aus ihrer selbstständigen Tätigkeit über der **Geringfügigkeitsgrenze** in Höhe von 450,00 EUR pro Monat liegt.

Die Einbeziehung von Hebammen in die **Renten-Versicherungspflicht** ist nicht verfassungswidrig. Ein Verstoß gegen den Gleichbehandlungsgrundsatz ist für das LSG Sachsen-Anhalt in einem Urteil vom 10.05.2012 nicht zu erkennen.

2.8 Unfallversicherungspflicht

Nach § 2 Abs. 1 Nr. 9 SGB VII ist die Hebamme in der **Unfallversicherung** gesetzlich versichert, da es sich bei ihr um eine Person handelt, die selbstständig im Gesundheitswesen tätig ist. Insoweit hat eine **Anmeldung bei der Berufsgenossenschaft** für Gesundheitsdienst und Wohlfahrtspflege (BGW) zu erfolgen (www.bgw-online.de).

Zusammenfassend zur Freiberuflichkeit:

- *Praxisbuch für Hebammen: Erfolgreich freiberuflich arbeiten* [25]
- www.Hebammen-Mustervorlagen.de

3 Gesetzliche Krankenversicherung und Hebammen-Gebührenvereinbarung

3.1 Gesetzliche Krankenversicherung (SGB V) und Privatpatientin

Die gesetzliche Krankenversicherung ist im Fünften Buch des Sozialgesetzbuchs (SGB V) geregelt. **Mitglied** der gesetzlichen Krankenversicherung ist, wer die gesetzlichen Voraussetzungen (nach §§ 5 ff. SGB V) erfüllt, insbesondere Arbeiter, Angestellte und zu ihrer Berufsausbildung Beschäftigte, die gegen Arbeitsentgelt beschäftigt sind. Alle anderen Personen, insbesondere **Selbstständige** und Personen, die oberhalb der Beitragsbemessungsgrenze verdienen, können sich privat krankenversichern. Grundlage ist dann ein **privatrechtlicher Versicherungsvertrag**, dessen Umfang und Bedingungen sich aus den individuellen Vereinbarungen zwischen den Vertragsparteien ergeben. Die Hebamme kann diese Vereinbarungen nicht kennen und muss es auch nicht.

Dies hat zur Folge, dass die Hebamme als Leistungserbringerin der Krankenkasse im Rahmen der **gesetzlichen** Krankenversicherung direkt mit der Kasse abrechnet (**Sachleistungsprinzip** der gesetzlichen Versicherung), während sie mit privat versicherten Klientinnen **privatrechtliche Behandlungsverträge** nach BGB abschließt und ausschließlich mit der Klientin selbst abrechnet. Eine vertragliche Beziehung zwischen der Hebamme und der privaten Versicherung besteht nicht, sodass von der Versicherung unmittelbar auch keine Zahlung und keine Auskunft verlangt werden kann.

Die Leistungspflicht der Krankenkassen entsteht bereits dadurch, dass die Dienste einer Hebamme in Anspruch genommen werden, da darauf ein gesetzlicher Anspruch besteht (Urteil des BSG vom 21.08.1996). Es kommt nur auf die Aufforderung zur Hilfeleistung durch die leistungsberechtigte versicherte Klientin an.

Auch gesetzlich Versicherte können mit der Hebamme Behandlungsverträge schließen. Dies ist insbesondere dann erforderlich, wenn **Wahlleistungen** gewünscht werden. Hierbei handelt es sich um (Zusatz-)Leistungen, die nicht im Leistungsumfang der gesetzlichen Versicherung enthalten sind (z. B. Fußzonenreflexmassage, Yoga, Babyschwimmen). Dann gelten auch für die gesetzlich Versicherte die allgemeine Regelungen des Behandlungsvertrages nach BGB.

Durch das Pflege-Neuausrichtungsgesetz (PNG) vom 23.10.2012 wurden am 30.10.2012 die noch geltenden (Rest-)Regelungen der **Reichsversicherungsordnung** (RVO) aufgehoben und die dortigen Vorschriften, die als § 199 RVO (Haushaltshilfe) und § 200 RVO (Mutterschaftsgeld) noch enthalten waren, in das SGB V überführt.

Die für Hebammen **maßgeblichen Vorschriften** im SGB V finden sich in den §§ 24 ff. SGB V:

- § 24 – Medizinische Vorsorge für Mütter und Väter
- § 24a – Empfängnisverhütung
- § 24b – Schwangerschaftsabbruch und Sterilisation
- § 24c – Leistungen bei Schwangerschaft und Mutterschaft

Die Leistungen bei Schwangerschaft und Mutterschaft umfassen

1. ärztliche Betreuung und Hebammenhilfe,
2. Versorgung mit Arznei-, Verband-, Heil- und Hilfsmitteln,
3. Entbindung,
4. häusliche Pflege,
5. Haushaltshilfe,
6. Mutterschaftsgeld.

- § 24d – Ärztliche Betreuung und Hebammenhilfe
- § 24e – Versorgung mit Arznei-, Verband-, Heil- und Hilfsmitteln
- § 24f – Entbindung
- § 24g – Häusliche Pflege
- § 24h – Haushaltshilfe
- § 24i – Mutterschaftsgeld

Die Hebamme darf die **Notwendigkeit** der Haushaltshilfe **bescheinigen** (Urteil des SG München vom 07.05.2008).

Eine Übersicht über die „**Künstliche Befruchtung** in der gesetzlichen Krankenversicherung" findet sich in der NJW 2015 [116]. **Sterilität** ist keine Krankheit und daher keine Behandlung nach SGB V erforderlich. Die Krankenkassen können die Kosten hierfür auf die Hälfte kürzen (Beschluss des BVerfG vom 27.01.2009).

3.2 Gebührenregelungen

Die Hebammenhilfe-Gebührenverordnung regelte bis 31.07.2007 die Leistungen der **freiberuflichen Hebammen** im Rahmen der Hebammenhilfe in der gesetzlichen Krankenversicherung (§ 1 HebGV a. F.). Hierbei handelte es sich um eine **gesetzliche** Regelung der Hebammengebühren im Rahmen der gesetzlichen Krankenversicherung.

Seit 2007 sind die Gebühren nicht mehr in einem Gesetz, sondern in einem Vertrag geregelt.

2007 bestand erstmals die Möglichkeit, eine **Vereinbarung nach § 134a SGB V** (Versorgung mit Hebammenhilfe) zu schließen. § 134a SGB V gibt den beteiligten Spitzenverbänden die Möglichkeit, Gebührenfragen selbst zu regeln und hierzu **Verträge über die Versorgung mit Hebammenhilfe** zu schließen. Dies haben die Berufsverbände der Hebammen und die Spitzenverbände der Krankenkassen zum 01.08.2007 durch den „**Vertrag über die Versorgung mit Hebammenhilfe nach § 134a SGB V**" getan. Die Vertragspartner hatten dabei den Bedarf der Versicherten an Hebammenhilfe unter Einbeziehung der in § 24f Satz 2 SGB V geregelten Wahlfreiheit der Versicherten und deren Qualität, dem Grundsatz der Beitragssatzstabilität sowie die berechtigten wirtschaftlichen Interessen der freiberuflich tätigen Hebammen zu berücksichtigen (§ 134a Abs. 1 SGB V).

Der Vertrag regelt insbesondere:

- die Einzelheiten der Versorgung der Versicherten mit abrechnungsfähigen Leistungen der Hebammenhilfe durch freiberuflich tätige Hebammen gemäß § 134a Abs. 1 SGB V
- die Vergütung der Hebammenleistungen (**Hebammen-Vergütungsvereinbarung**, Anlage 1)
- die Abrechnung von Hebammenleistungen (Anlage 2)
- die Vereinbarung über den Einsatz und die Vergütung von Materialien und Arzneimitteln (Anlage 3)
- die Teilnahme der Hebammen an diesem Vertrag (Anlage 4)

(alles § 1 des Vertrages)

Mitglieder der Berufsverbände treten dem Vertrag automatisch bei, Nichtmitglieder müssen dem Vertrag durch eine **Beitrittserklärung** (Anlage 4.1 zum Vertrag) gegenüber dem GKV-Spitzenverband, Bereich Hebammen, Reinhardtstr. 30, 10 117 Berlin, beitreten.

Praxistipp

Wer aus einem Berufsverband austritt, muss gleichzeitig dem Vertrag wieder durch die Beitrittserklärung beitreten, da sonst nicht mit mehr mit den Krankenkassen abgerechnet werden kann.

Als Folge strafbarer Handlungen einer Hebamme, die die Unzuverlässigkeit zur Ausübung des Berufs ergeben, kommt nicht nur der Widerruf der Berufserlaubnis in Betracht. Die Spitzenverbände der Krankenkassen können unter den Voraussetzungen des § 17 des Vertrags nach § 134a SGB V bei schwer wiegenden oder wiederholten Vertragsverstößen die Hebamme auch **aus dem Vertrag ausschließen**. Die freiberufliche Hebamme ist dann zwar noch im Besitz ihrer Berufserlaubnis, sie kann jedoch nicht mehr im Rahmen der gesetzlichen Krankenversicherung behandeln und abrechnen.

Es gilt die **Hebammen-Vergütungsvereinbarung** als Anlage 1 zum Vertrag nach § 134a SGB V als Grundlage für die Abrechnung freiberuflicher Hebammen in der gesetzlichen Krankenversicherung.

Die umfangreichste **Kommentierung zu dieser Vergütungsvereinbarung**, die das vorliegende Buch nicht ersetzen kann, findet sich im *Hebammengebührenrecht* [52].

3.3 Einzelheiten der Gebührenvereinbarung

In § 1 findet sich der Anwendungsbereich, in § 2 die Erstattung der Auslagen, in § 3 das Wegegeld, in § 4 die Abrechnung mit der Versichertenbestätigung und in § 5 die Zahlung von Zuschlägen.

3.3.1 Anwendungsbereich

Die Vergütungen für die Leistungen der **freiberuflichen Hebammen** im Rahmen der Hebammenhilfe in der gesetzlichen Krankenversicherung bestimmen sich nach der **Vergütungsvereinbarung**. Die Leistungen können nur unmittelbar mit den Krankenkassen abgerechnet werden (Sachleistungsprinzip). Dies gilt nicht für Wahlleistungen.

Der Klientin und der Krankenkasse dürfen durch die Hebamme keine Mehrkosten für die durch den Vertrag geregelten Leistungen in Rechnung gestellt werden. Die Gebühren der Hebamme nach dem Gebührenverzeichnis gelten als Vertragspreise und sind nach dem **Sach- und Dienstleistungsprinzip** der gesetzlichen Krankenversicherung (s. o.) nach § 2 Abs. 2 Satz 1 SGB V zu erbringen. Die Hebamme muss die Klientin – auch im Rahmen der gesetzlichen Aufklärungsverpflichtung – darauf hinweisen, dass Leistungen, die nicht mit den im Vertrag geregelten Leistungen abgegolten sind (sog. **Wahlleistungen**), der Klientin gesondert in Rechnung gestellt und von den Krankenkassen nicht erstattet werden (§ 1 der Vergütungsvereinbarung). **Mehrkosten** kann die Hebamme daher nur im Rahmen einer Einzelvereinbarung mit der Patientin (**Honorarvereinbarung**) von dieser direkt verlangen (so auch Horschitz [60], mit vorherige Aufklärung über die Zuzahlung).

Praxistipp
Hinsichtlich der Wahlleistungen schließt die Hebamme auch mit der gesetzlich versicherten Klientin einen gesonderten Behandlungsvertrag.

Allgemeine **Praxiskosten** sind mit den Vergütungen nach der Vergütungsvereinbarung abgegolten. Sie können nicht mehr gesondert abgerechnet werden. Es ist der Hebamme daher nicht möglich, zusätzliche allgemeine Pauschalen für z. B. eine hohe Praxismiete in einer 1a-Lage zu verlangen, etwa vergleichbar mit der Aufnahmegebühr in einem Fitness-Studio.

3.3.2 Auslagen

Die Hebamme kann als **Auslagen** neben den einzelnen Gebühren nach der Gebührenvereinbarung die ihr entstandenen Kosten die für die Vorsorgeuntersuchung der Schwangeren, für die Hilfe bei Schwangerschaftsbeschwerden oder Wehen, für die Hilfe bei einer Geburt, für die Überwachung des Wochenbettverlaufs sowie für die zur Unterstützung bei Stillschwierigkeiten notwendigen Materialien und apothekenpflichtigen Arzneimittel berechnen, die mit ihrer Anwendung verbraucht sind oder zur weiteren Verwendung überlassen werden (§ 2 der Vergütungsvereinbarung).

Die Hebamme muss auch Materialien für ihre Tätigkeit bereit halten, die durch die Gebühren nach dem Gebührenverzeichnis alleine nicht abgegolten sind. Dazu gehören u. a. Krankenunterlagen, Einmalhandschuhe, Kanülen, Spritzen, Einmalkatheter, Klistiere, Absauger, Kompressen, Zellstoffwatte, Nabelklemmen, Desinfektionsmittel, Öle, Essenzen, Salben (amtliche Begründung zu § 3 HebGV a. F.).

Dabei ist auf **wirtschaftliche Beschaffung** zu achten (so auch § 11 des **Vertrags über die Versorgung mit Hebammenhilfe nach § 134a SGB V)**. Es muss bei mehreren Alternativen die günstigste Beschaffung gewählt werden (Mengenrabatte, Großhandelspreise etc.). Dieser Gedanke findet sich auch in §§ 12, 70 SGB V **(Wirtschaftlichkeitsgebot),** wonach die Krankenkassen und die Leistungserbringer eine bedarfsgerechte und gleichmäßige, dem allgemein anerkannten Stand der medizinischen Erkenntnisse entsprechende Versorgung der Versicherten zu gewährleisten haben. Die Versorgung der Versicherten muss ausreichend und zweckmäßig sein, sie darf das Maß des Notwendigen nicht überschreiten und muss in der fachlich gebotenen Qualität sowie wirtschaftlich erbracht werden. Wenn allerdings die Krankenkasse die Notwendigkeit des Einsatzes von Materialien nicht grundsätzlich bestreitet, muss sie die Kosten auch dann erstatten, wenn sie ihr als zu hoch erscheinen (Urteil des SG Dortmund vom 22.12.1999).

Praxistipp

Die wirtschaftliche Beschaffung darf allerdings nicht dazu führen, dass die Hebamme gezwungen wird, billige Ramschprodukte einzukaufen, mit denen sie ihren Behandlungsauftrag nicht erfüllen kann. Behandlungsstandards dürfen nicht missachtet werden, da dies insbesondere nicht nur Schadensersatzansprüche der Klientin, sondern auch eine strafrechtliche Haftung der Hebamme zur Folge haben kann.

Lebensmittel sowie Diätetika nach § 1 des Lebensmittel- und Bedarfsgegenständegesetzes sowie **Kosmetika** und **Körperpflegeprodukte** können nicht zu Lasten der gesetzlichen Krankenversicherung abgerechnet werden. Solche Produkte können nur direkt mit der Klientin abgerechnet werden. Hierüber ist sie zuvor aufzuklären.

Auslagen für mit der Anwendung verbrauchten oder zur weiteren Verwendung überlassenen **Materialien** sind ausschließlich als **Pauschalen** ohne Einzelnachweis abzurechnen, wenn im zeitlichen Zusammenhang mit der Inanspruchnahme der Hebamme Material **verbraucht** wurde.

Die Pauschalen richten sich nach einzelnen Gebührentatbeständen des Gebührenverzeichnisses (z. B. Nr. 3 400 für jede einzelne Vorsorgeuntersuchung; Nr. 3 600 für die Hilfe bei einer Geburt; nach Nr. 3 800 für die gesamte Zeit der aufsuchenden Wochenbettbetreuung, wenn diese nicht mehr als vier Tage nach der Geburt begonnen wird). Zusätzlich zu den Pauschalen für Materialienbedarf können die entstandenen Kosten für apothekenpflichtige **Arzneimittel** berechnet werden, sofern diese Arzneimittel verbraucht oder zur weiteren Verwendung überlassen wurden. Für diese Arzneimittel trägt die Krankenkasse die der Hebamme tatsächlich entstandenen Kosten, höchstens bis zur Höhe des Betrages, der sich nach der Arzneimittel-Preisverordnung ergibt. Die Arzneimittel sind in der Abrechnung **einzeln aufzulisten** (Einzelheiten, insbesondere die Arten der Medikamente, ergeben sich aus § 2 Abs. 4–6 der Vergütungsvereinbarung). Arzneimittel, die der homöopathischen oder anthroposophischen Therapierichtung zugeordnet werden, können nur gegenüber der Krankenkasse berechnet werden, wenn aus dem jeweiligen Arzneimittelbild Wirkungen und Anwendungen ableitbar sind, die in den Tätigkeitsbereich der Hebammenhilfe fallen.

3.3.3 Wegegeld

Die Hebamme erhält für jeden Besuch aus Anlass einer abrechnungsfähigen Leistung **Wegegeld**.

Merke

„Besuch" ist hierbei nicht nur der Hausbesuch, sondern jedes Aufsuchen der Schwangeren oder Wöchnerin zum Zwecke der Hilfsleistung an einem Ort, der nicht die Wohnung der Hebamme oder der Ort ist, den die Hebamme zur Ausübung ihres Berufs regelmäßig aufsucht.

Hierdurch sind auch **Zeitversäumnisse** abgegolten. Ein gesondertes Abwesenheitsgeld, wie dies z. B. bei Rechtsanwälten bekannt ist, kann mit den Krankenkassen nicht abgerechnet werden. Wege zwischen der Wohnung oder Praxis der Hebamme, der Weg zum Krankenhaus zur Ableistung eines Schichtdienstes mit Anwesenheitspflicht, Wege zu Kursstätten sowie zu durchgeführten Sprechstunden in Einrichtungen sind nicht berechnungsfähig (§ 3 Abs. 1 der Vergütungsvereinbarung).

Bei Benutzung **öffentlicher Verkehrsmittel** werden die tatsächlichen Fahrkosten erstattet oder eine Pauschale nach den Nummern 3 350, 3 351 sowie 3 352. Sonst ist das Wegegeld abhängig von der zurückgelegten Entfernung: Bei einer Entfernung von nicht mehr als zwei Kilometern zwischen der Wohnung oder Praxis der Hebamme und der Stelle der Leistung gelten die Nummern 3 000, 3 001 und 3 002 (bei Nacht Nr. 3 100, 3 101 und 3 102). Bei einer Entfernung von mehr als zwei Kilometern gelten die Nummern 3 200, 3 201 und 3 202 (bei Nacht Nr. 3 300, 3 301 und 3 302).

Hat eine andere als die **nächstwohnende Hebamme** Hilfe geleistet, so kann die Krankenkasse die Zahlung des dadurch entstehenden Mehrbetrages an Wegegeld ablehnen, wenn der Weg von der Stelle der Leistung zur Wohnung oder Praxis der anderen Hebamme mehr als 20 Kilometer länger ist als zur Wohnung oder Praxis der nächstwohnenden Hebamme (§ 3 Abs. 3 der Vergütungsvereinbarung). Diese Regelung wurde zugunsten der Krankenversicherungen aus Spargesichtspunkten eingeführt, um zu gewährleisten, dass stets die nächstwohnende Hebamme Hilfe leistet. Zusätzliche Kosten, die dadurch entstehen, dass die Schwangere oder Wöchnerin eine Hebamme ihrer Wahl beauftragt, die nicht ihre nächstwohnende Hebamme ist, werden also durch die Krankenversicherung erst einmal nicht erstattet.

Praxistipp
Entsprechende Mehrkosten kann die Hebamme daher nur im Rahmen einer Einzelvereinbarung mit der Klientin (Honorarvereinbarung) von dieser direkt verlangen (auch bei Kassenpatientinnen möglich).

Dies gilt nicht, wenn das Wegegeld anfällt, weil mehrere Hebammen die Dienstleistungen in einem Krankenhaus nach einem vereinbarten Einsatzplan ausführen oder wenn die Zuziehung der anderen Hebamme nach der **besonderen Lage des Falles** aus anderen Gründen gerechtfertigt war, wenn sie z. B. die nächste Expertin für ein spezielles Gebiet ist. Bei der Entscheidung, ob die Zuziehung einer anderen als der nächstwohnenden Hebamme nach der besonderen Lage des Falls gerechtfertigt ist, sind sowohl das Wirtschaftlichkeitsgebot als auch bei der Schwangeren bzw. Mutter vorliegende **besondere Umstände** zu berücksichtigen (Urteil des LSG Rheinland-Pfalz vom 23.09.2010). In der amtlichen Begründung zu § 4 HebGV a. F. heißt es: „Nach der besonderen Lage des Falles ist die Zuziehung einer weiter entfernt wohnenden Hebamme insbesondere bei einer geplanten Hausgeburt einschließlich Vor- und Nachsorge gerechtfertigt, solange nur verhältnismäßig wenige Hebammen **Hausgeburten** durchführen" ([58], S. 83).

Das LSG Niedersachsen-Bremen hat daher durch Urteil vom 21.05.2014 entschieden, dass unabhängig von der Frage einer näher wohnenden Hebamme auch unter Berücksichtigung der **Toleranzgrenze** von 20 Kilometern das **volle Wegegeld** im Fall einer **Hausgeburt** zu bezahlen ist, da die „empirisch nachweisbare Seltenheit von Hausgeburten (unter ein Prozent der Gesamt-Geburtenzahl) und die zur Durchführung von Hausgeburten bereiten Hebammen (deutlich weniger als fünf Prozent) auch eine mehr als nur geringfügige Überschreitung der Toleranzgrenze im Einzelfall rechtfertigen".

Gleiches gilt, wenn die Klientin wünscht, die vorgeburtlichen, geburtlichen und nachgeburtlichen **Leistungen „aus einer Hand"** zu erhalten, wenn die Entfernungen nicht wesentlich überschritten werden (Urteil des LSG NRW vom 26.06.2008).

Praxistipp
Es ist beim Wegegeld stets die kürzeste Strecke zu wählen. Die längere Strecke kommt in Frage, wenn sie eine wesentliche Zeitersparnis mit sich bringt (Urteil des SG Dortmund vom 19.05.1998).

Besucht die Hebamme mehrere Frauen auf einem Weg, ist das Wegegeld insgesamt nur einmal und nur **anteilig** nach dem Verhältnis der zurückgelegten Gesamtstrecke zu der Zahl der besuchten Frauen zu berechnen. Die auf der „Tour" zurückgelegte Gesamtstrecke wird daher durch die Anzahl der besuchten Klientinnen geteilt.

Merke
Es kann sich – auch aus steuerlichen Gesichtspunkten – die Führung eines Fahrtenbuchs anbieten (Einzelheiten bei Horschitz [61]).

Für die Abrechnung ist es unerheblich, wie die Hebamme einen Besuchsweg zurücklegt (amtliche Begründung zu § 4 HebGV a. F.).

3.3.4 Nachweis über erbrachte Leistungen und Auslagen

Die erbrachten Leistungen sind spätestens am Tage nach der Leistungserbringung von der Klientin unter Angabe der Art der Leistung, des Datums sowie der Uhrzeit der Leistungserbringung und, soweit dies für die Höhe der Vergütung der Leistung von Bedeutung ist, die Dauer der Leistung durch Unterschrift zu bestätigen bzw. zu quittieren (**Versichertenbestätigung**). Bei stationärem Aufenthalt der Versicherten ist eine einmalige Unterschrift zur Bestätigung der an einem Tag empfangenen Leistungen ausreichend (§ 4 der Gebührenvereinbarung). Am Tag der Entlassung muss die letzte von der Hebamme erbrachte Leistung quittiert werden.

Die Hebamme hat die Versichertenbestätigung bei der Abrechnung mit der Krankenkasse beizufügen. Die Modalitäten zur Versichertenbestätigung ergeben sich aus Anhang A zu Anlage 1.

Dort sind u. a. unter Ziffer 3 auch die **Ausnahmen von der Quittierungspflicht** geregelt. Von der Quittierungspflicht werden folgende Leistungsnummern ausgenommen: Nr. 0100, 0101, 0102 Beratung der Schwangeren, auch mittels Kommunikationsmedium, Nr. 2300, 2301, 2302 Beratung der Wöchnerin mittels Kommunikationsmedium, Nr. 2900 Beratung der Mutter bei Stillschwierigkeiten oder Ernährungsproblemen des Säuglings mittels Kommunikationsmedium sowie die Zuschläge Zwillinge (Nr. 1500, 1501 oder 1502; 2200, 2201 oder 2202, 2820), 1. Hausbesuch (Nr. 1900) und Naht (Nr. 1400, 1401 oder 1402).

Liegt eine Versichertenbestätigung nicht vor, so ist dies von der Hebamme zu begründen. Mögliche besondere Gründe können z. B. Tod oder Bewusstlosigkeit der Frau, ungeplantes Verlassen des Krankenhauses vor Unterschriftsleistung (eilige Verlegung, Verlegung des Kindes bei Nacht, Klientin fährt mit) oder Analphabetismus bzw. Verständigungsprobleme mit Verweigerung der Unterschriftsleistung sein. Ersatzweise kann auch die Unterschrift eines Angehörigen der Versicherten oder einer Ärztin/eines Arztes eingeholt werden.

3.3.5 Zuschläge

Erfolgen die Leistungen der Hebamme zur **Nachtzeit**, an **Samstagen** ab 12 Uhr sowie an **Sonn- und Feiertagen**, erhöht sich die Gebühr um einen Zuschlag von 20 %. Als **Nacht** im Sinne dieses Vertrages gilt die Zeit von 20.00 Uhr bis 8.00 Uhr (§ 5 der Gebührenvereinbarung).

3.3.6 Leistungsverzeichnis

Die Einzelheiten der Abrechnungstatbestände ergeben sich aus dem **Leistungsverzeichnis** zur Hebammen-Vergütungsvereinbarung (Anlage 1 zum Vertrag nach § 134a SGB V ([52], S. 231 ff.).

3.4 Versicherungskarte

Legt die Patientin eine (noch) **gültige Versicherungskarte** vor, kann sich die gesetzliche Krankenversicherung nicht darauf berufen, die Patientin sei nicht mehr bei ihr versichert. Die Kasse muss den **Rechnungsbetrag trotzdem zahlen**, da der Hebamme nicht eine Prüfungspflicht hinsichtlich des Bestehens oder Nichtbestehens des der Karte zugrunde liegenden Versicherungsverhältnisses auferlegt ist. Das **Bundessozialgerichts** hat in seinem Urteil vom 17.04.1996 (AZ: 3 RK 19/95) dazu Folgendes ausgeführt: „Kann die Versicherte einer gesetzlichen Krankenkasse einen auf ihren Namen lautenden Versicherungsausweis vorlegen, so hat die Krankenkasse die Kosten eines Leistungserbringers zu erstatten, die dieser im Vertrauen auf das Bestehen eines Versicherungsverhältnisses erbringt." Grund für diese Entscheidung ist die Tatsache, dass der Leistungserbringer keine Möglichkeit hat, die Berechtigung des Führens der Versicherungskarte nachzuprüfen.

Praxistipp

Formulierungsvorschlag eines Schreibens an die Krankenkasse

„Sozialgerichte haben in der Vergangenheit entschieden (u. a. Urteil des Bundessozialgericht vom 17.04.1996, Az.: 3 RK 19/95, und Sozialgericht München, Az.: S 19 KR 503/98, Hebammenforum 2000: 436), dass sich die Krankenversicherung in den Fällen, in denen eine Versicherte der Hebamme ordnungsgemäße Versicherungsdaten vorlegt, von der Leistungspflicht nicht dadurch befreien kann, indem sie behauptet, die Patientin sei nicht mehr Mitglied der Krankenkasse gewesen."

Die Klientin, die eine solche Karte verwendet, macht sich wegen **Betrugs strafbar** (Beschluss des OLG Hamm vom 09.03.2006).

3.5 Selbstzahlerin/Privatpatientin

Für alle Klientinnen, die nicht Mitglied einer gesetzlichen Krankenkasse sind, gelten die (Selbstzahler-) Gebührenordnungen des jeweiligen Bundeslandes, in dem die Behandlung erbracht wird. Die **Privatgebühren** gelten damit insbesondere für Privatpatientinnen und für alle Klientinnen, für die ein anderer Kostenträger zuständig ist (z. B. Sozialamt, Polizei, Bundeswehr).

Die Abrechnung der Leistungen gegenüber **Asylbewerberinnen** geschieht nach dem **Asylbewerberleistungsgesetz**. Der Vorgang ist einer Abrechnung mit dem Sozialamt vergleichbar, sodass die Behandlungskosten als laufende Hilfe zum Lebensunterhalt erstattet werden. Auch hier lohnt es sich, beim zuständigen Sozialamt **vor** der Behandlung eine Kostendeckungszusage einzuholen, um keine Leistungen zu erbringen, die dann vom zuständigen Amt im Rahmen des Existenzminimums nicht erstattet werden (Einzelheiten in Hebammenforum 2015, 348).

Einige Bundesländer nehmen in den jeweiligen Gebührenordnungen Bezug auf die jeweils aktuelle Kassen-Vergütungsvereinbarung, einige auf ein eigenes Leistungsverzeichnis und einige auf die (nicht mehr gültige, ehemals gesetzliche) Hebammengebührenverordnung (HebGV).

Zentraler Gedanke dieser Gebührenordnungen ist die Möglichkeit der Erhöhung der Gebühren aus der gesetzlichen Krankenversicherung um einen bestimmten Satz hinsichtlich der Leistung, des Wegegelds, der Materialpauschalen und der Betriebskostenpauschale. Diese Sätze variieren von Bundesland zu Bundesland zwischen dem 1,8-, 1,9- und 2,0-fachen Satz, wobei in einer Vielzahl von Fällen bei Wegegeld und Materialpauschalen keine Erhöhung stattfindet (Tagesaktuelle Einzelheiten zu den einzelnen Sätzen und Gebührenordnungen finden sich unter www.HebRech.de).

Allen Gebührenordnungen ist gemeinsam, dass der Erhöhungssatz nach den besonderen Umständen des einzelnen Falles, insbesondere nach der Schwierigkeit und dem Zeitaufwand der Leistung zu bemessen ist (sonst beträgt die Mittelgebühr den 1,5- bzw. 1,4-fachen Satz, [97]: 571). Die besondere Schwierigkeit und der außergewöhnliche Zeitaufwand sind zu dokumentieren, damit der Klientin gegenüber ein entsprechender Nachweis geführt werden kann, falls sie die Berechtigung der Erhöhung bestreiten sollte. In den Fällen der ärztlichen Anordnung besonderer Maßnahmen liegen in der Regel besondere (Erhöhungs-)Umstände vor.

Merke
Die Gebührenansprüche der Hebamme gegenüber Privatpatientinnen verjähren nach den allgemeinen zivilrechtlichen Vorschriften. Die Verjährungsfrist beträgt daher für Gebührenansprüche aus dem Behandlungsvertrag drei Jahre (§ 195 BGB).

Diese Frist beginnt mit dem Ende des Jahres, in dem der Anspruch entstanden ist und die Hebamme von den den Anspruch begründenden Umständen (dem Abschluss des Dienstvertrags und der Behandlung) und der Person des Schuldners (der Klientin) Kenntnis erlangt hat oder ohne grobe Fahrlässigkeit hätte erlangen müssen (§ 199 Abs. 1 BGB).

Merke
Ansprüche gegenüber den Krankenkassen verjähren in vier Jahren nach Ablauf des Kalenderjahres, in dem sie entstanden sind (§ 45 SGB I).

Krankenkassen sind verpflichtet, im Fall des Verzugs auch **Zinsen** zu bezahlen. Dies gilt für Verzugszinsen (Urteile des BSG vom 23.05.2006, 19.04.2007 und 15.11.2007) und Prozesszinsen (Urteile des BSG vom 28.09.2005 und 23.03.2006).

3.6 Regelungen im Behandlungsvertrag

Unter Berücksichtigung dieser Umstände und im Bemühen, auch gegenüber der Klientin durch eindeutige vertragliche Regelungen für Rechtssicherheit zu sorgen, empfehlen sich in einem **Behandlungsvertrag** u. a. folgende Regelungen.

Beispiele für einzelne Formulierungen im Behandlungsvertrag:

- Sofern kein gesetzlicher Krankenversicherungsschutz besteht oder **Wahlleistungen** in Anspruch genommen werden, besteht nach Maßgabe der jeweils geltenden gesetzlichen Vorschriften keine Leistungspflicht eines öffentlich-rechtlichen Kostenträgers (z. B. Krankenkasse etc.). In diesen Fällen ist die Vertragspartnerin als **Selbstzahlerin** zur Zahlung der Hebammenvergütung verpflichtet.

- Für die Kosten der Teilnahme an dem vereinbarten **Kurs** leistet die Vertragspartnerin eine **Sicherheitsleistung** in Höhe von ... EUR. Dieser Betrag wird ihr durch die Hebamme nach Kursende und nach Zahlungseingang der vollständigen Kursgebühren zurückerstattet.
- Falls die Inanspruchnahme der Hebamme nach **Häufigkeit** oder Umfang die nach der Hebammen-Gebührenvereinbarung abzurechnenden Leistungen übersteigt, wird die Hebamme die Vertragspartnerin insoweit vorher unterrichten. Die Vertragspartnerin bestätigt, darüber belehrt worden zu sein, dass sie verpflichtet ist, diese Kosten dann selbst zu übernehmen und privat zu bezahlen.
- Falls die Krankenkasse die Bezahlung von anfallenden umfangreichen **Wegegeldern** ablehnen sollte, ist die Vertragspartnerin bereit und verpflichtet, diese selbst privat zu übernehmen.
- Neben den Gebühren der Hebammen-Gebührenvereinbarung wird zwischen den Parteien folgende **zusätzliche Vergütung** vereinbart (z. B. Akupunktur, Yoga, Babyschwimmen):
  Leistung: .... Vergütung hierfür: ....
- Auch diese Leistungen können nicht mit einer gesetzlichen Krankenversicherung abgerechnet werden und werden der Vertragspartnerin privat in Rechnung gestellt.
- Die Vertragspartnerin bestätigt, darüber hinaus belehrt worden zu sein, dass die Erstattung der Hebammengebühren im Rahmen einer privaten Krankenversicherung jeweils von den Einzelheiten des geschlossenen **Versicherungsvertrages** der Vertragspartnerin abhängt, von dessen Inhalt die Hebamme keine Kenntnis hat.
- Die Vertragspartnerin bestätigt, hinsichtlich eines **Vorgesprächs** noch bei keiner anderen Hebamme vorstellig gewesen zu sein, da diese Gebühr eines Vorgesprächs bei jeder Schwangeren nur einmal im Umfang von bis höchstens 90 Minuten, bei geplanter Geburt zu Hause oder in einer von Hebammen geleiteten Einrichtung ein weiteres Mal im Umfang von bis zu 90 Minuten abrechnungsfähig ist. Anderenfalls ist die Vertragspartnerin verpflichtet, die entsprechenden Gebühren selbst zu zahlen.
- Die Vertragspartnerin bestätigt, die Hebamme über alle Leistungen informiert zu haben, die sie bei einer anderen Hebamme in Anspruch nimmt bzw. bereits genommen hat.
- Die Vertragspartnerin verpflichtet sich, der Hebamme auf die private Gebührenrechnung einen **Gebührenvorschuss** in Höhe von ... EUR zu bezahlen.

3.7 Fallbeispiele aus der Praxis

Praxistipp

Unklare Erstattungsfragen sollten vor der Verordnung mit der jeweiligen Krankenkasse geklärt werden.

- Es besteht ein Vergütungsanspruch nach dem Gebührenverzeichnis, wenn die Hebamme ärztlich angeordnete Tag- und Nachtwachen zum Zwecke der **Überwachung der Fototherapie** durchführt (Urteil des LSG NRW vom 16.11.1995 und SG Dortmund vom 01.04.2009).
- **Milchpumpenzubehör** (Schlauchsystem. Ventil, Sauger, Flaschenreiniger etc.) sind im Rahmen des § 3 HebGV a. F. als **Auslagen** zu erstatten (Urteil des SozG München vom 06.03.1995). Die Zur-Verfügung-Stellung des Milchpumpenzubehörs ist durch die Behandlungskompetenz der Hebamme gedeckt (nach der heutigen Gebührenvereinbarung **fraglich**, [52], S. 195–199).
- Erhält eine Hebamme die **Geburtsgebühr** und ist innerhalb der letzten 10 Stunden vor der Entbindung eine weitere Hebamme tätig geworden, erhält diese Hebamme die Gebühren für Hilfeleistungen bei Schwangerschaftsbeschwerden und Wehen (Urteil des BSG vom 21.08.1996).
- Nr. 4 und 5 des (alten) Gebührenverzeichnisses vergüten nicht die **Zeit,** sondern die **Leistung** und können daher auch parallel während des gleichen Zeitraums geltend gemacht werden (Urteil des SG Nürnberg vom 21.05.1999).
- Die Abrechnung der **Akupunkturanwendung** darf nur bei einem Nachweis der Fachkunde erfolgen. Da sie eine medizinisch notwendige Heilbehandlung darstellt, sind die Kosten auch dann zu erstatten, wenn vorher keine konven-

tionelle Therapie versucht wurde (Urteil des LG Kleve vom 16.02.1994).

- Bei der **Erstuntersuchung von Neugeborenen (U 1)** und einer Blutabnahme zur TSH-Bestimmung handelt es sich um Leistungen zur Früherkennung von Krankheiten von Kindern nach § 26 SGB V. Besteht keine Familienversicherung sind diese Kosten mit der Krankenversicherung des Kindes abzurechnen.
- Bei einem **Schwangerschaftsabbruch** hat die Versicherte keinen Anspruch auf Hebammenhilfe und die Hebamme hat daher auch keinen Gebührenanspruch nach der HebGV (Urteil des BSG vom 15.01.1986).
- Eine Beratung mittels **Kommunikationsmedium** (insbesondere telefonische Beratung) durch die Hebamme ist in den ersten 10 Tagen nach der Geburt unbeschränkt berechenbar. Einer Abrechenbarkeit der Beratung mittels Kommunikationsmedium steht nicht entgegen, dass am selben Tag bereits ein Hausbesuch durchgeführt und berechnet wurde (Urteil des SG Darmstadt vom 03.12.2009).
- Aus einer kassenärztlichen Behandlung kann der Honoraranspruch gegen die Kassenpatientin nur dann direkt bei ihr geltend gemacht werden, wenn ausdrücklich die Behandlung als **Privatpatientin** vereinbart worden ist (Urteil des AG Nordhorn vom 07.12.1998).
- **Honorarklagen** gegen eine Kassenpatientin, die es versäumt hat, die erforderlichen Krankenscheine vorzulegen, sind vor den Zivilgerichten (nicht dem Sozialgericht) zu erheben (Urteil des AG Köln vom 04.11.1994).
- Eine **stationäre Notfallbehandlung** einer Versicherten in einem nicht zugelassenen Krankenhaus ist auch eine Sachleistung der Krankenversicherung. Es besteht ein Anspruch gegen die Krankenversicherung, nicht unmittelbar gegen die Versicherte (Urteil des BSG vom 09.10.2001).
- Bei einer Geburt können **mehrere Hebammen** tätig werden ([52]], S. 199 f.).

3.8 Praxistipps und Lehren aus Mahnverfahren

- **Sofort** nach erbrachter Leistung ist die **Zahlungsbereitschaft** eines (redlichen) Schuldners am größten. Sie sinkt, je länger die erbrachte Leistung zurückliegt, da diese „zur Normalität" geworden ist (das Auto fährt ja wieder) oder sie ist vielleicht schon nicht mehr vorhanden ist (der gelieferte Wein ist getrunken). Das gilt auch für Hebammen.
- Am Schluss der Rechnung sollte ein **eindeutiger Zahlungstermin** genannt sein (z. B. zahlbar bis 15.10.20..). Nicht praktikabel sind Formulierungen wie etwa „zahlbar 14 Tage nach Erhalt der Rechnung". Fristen (z. B. für den Verzugs- und Zinsbeginn) sind dann nicht zu berechnen, da nicht bekannt ist, wann die Rechnung der Klientin zugegangen ist.
- Ein vorbereitetes **Überweisungsformular** erleichtert die Zahlung und ist gleichzeitig eine sichtbare Erinnerung bei der Patientin, dass eine Rechnung noch nicht bezahlt ist.
- Werden Zahlungen angeboten, sollte ein genaues **Zahlungsziel** vereinbart werden. Das Gespräch sollte unbedingt schriftlich bestätigt werden („In unserem Gespräch sagten Sie mir verbindlich zu, dass .....").
- Es können auch zumutbare **Raten** – eventuell gegen Verzinsung – akzeptiert werden. Dabei sollte die erste Rate unbedingt sofort erbracht werden, um die Zahlungswilligkeit und -fähigkeit zu dokumentieren. Alles andere sind vielmals nur leere Versprechungen und Hinhaltetaktik. Die **Ratenzahlungsvereinbarung** sollte schriftlich bestätigt werden und eine Verfallklausel beinhalten, d. h., bei Ausbleiben einer Rate wird sofort die Gesamtforderung in einem Betrag fällig.
- Die Hebamme hat nicht die Möglichkeit klassischer Sicherungsmöglichkeiten wie ein Eigentumsvorbehalt bei Kaufvertrag, einem Zurückbehaltungsrecht an erbrachten Leistungen (das Kind kann nicht wieder zurück in den Mutterleib) oder eine Abtretung von Ansprüchen zur Sicherung. Daher sollte sich auch die Hebamme durch **Vorschuss** und **Kaution** (insbesondere bei

Kursangeboten) schützen. Kann eine Rechnungsbetrag mit einem bereits geleisteten Vorschuss verrechnet werden, muss die Hebamme diesem Geld schon nicht mehr „hinterherlaufen".

- Es empfiehlt sich **nicht, Mahnschreiben durchzunummerieren** (z. B. „1. Mahnung"). Die nicht zahlungsbereite Klientin wird auf die 2. oder 3. Mahnung warten und die Rechnung erst einmal zur Seite legen und sich folglich erst recht Zeit lassen. Wer „knapp bei Kasse" ist, verzögert die Zahlung, solange es geht und erfüllt nur die Verpflichtungen, die gerade am dringendsten sind.
- Es kann ratsam sein, eine **Strafanzeige** anzudrohen oder zu erstatten. Oftmals stellt die Staatsanwaltschaft das Ermittlungsverfahren nach erfolgter **Schadenswiedergutmachung**, d. h. Zahlung des Rechnungsbetrags, wegen geringen Verschuldens ein. Die Klientin wird daher das Ermittlungsverfahren erst „wieder los", wenn sie die Auflage erfüllt und die Rechnung als Schadenswiedergutmachung bezahlt. Allerdings darf die Androhung einer Strafanzeige wiederum keine Nötigung sein. Es sollte der Klientin in einem freundlichen Schreiben Gelegenheit gegeben werden, den Verdacht eines Betruges durch Zahlung auszuräumen.
- Die Hebamme ist **nicht verpflichtet**, von sich aus eine **dritte Stelle zu suchen** (z. B. Beihilfestelle oder Dienstherrn der Klientin, z. B. Bundeswehr) und dieser gegenüber die Zahlung durchzusetzen (Urteil des AG Bad Hersfeld vom 12.07.2011).

4 Vertragsrecht und zivilrechtliche Haftung

Das **Bürgerliche Gesetzbuch (BGB)** ist die Hauptrechtsquelle des Bürgerlichen Rechts als Teil des Privatrechts, welches die Rechtsbeziehung verschiedener Rechtssubjekte untereinander regelt. Das BGB wurde ursprünglich am 18.08.1896 ausgefertigt und trat am 1. Januar 1900 in Kraft. Die letzte große Änderung des BGB wurde mit der sog. **Schuldrechtsreform** vom 26.11.2001 zum 01.01.2002 vorgenommen. Im August 2002 trat außerdem eine umfangreiche Reform des **Schadensersatzrechts** in Kraft, insbesondere mit Auswirkungen auf das Recht des **Schmerzensgeldes.**

Diese Vorschriften sind für Hebammen deshalb wichtig, da sich eine Haftung nach dem BGB sowohl aus **vertraglichen** Vereinbarungen (insbesondere aus den Regelungen des Behandlungsvertrages §§ 630a ff. BGB, neu seit Februar 2013), als auch aus dem Recht der sog. **unerlaubten Handlung** (§§ 823 ff. BGB) ergeben kann. Außerdem ist es für die freiberuflich tätige Hebamme von größter Bedeutung, zu wissen, unter welchen Voraussetzungen **Verträge** mit Klientinnen geschlossen und wieder gelöst werden können bzw. welche **Haftungsrisiken** in einzelnen **Vertragsformulierungen** verborgen sind.

Das Bürgerliche Gesetzbuch ist in fünf Bücher unterteilt.

a) Im **Allgemeinen Teil** sind verschiedene, allgemeingültige Rechtsgrundsätze „vor die Klammer gezogen", um sie nicht bei allen einzelnen Rechtsverhältnissen gesondert wiederholen zu müssen (Form, Geschäftsfähigkeit, Anfechtung, Vertragsvoraussetzungen etc.).
b) Das **Schuldrecht** regelt das Zustandekommen und den Inhalt von Schuldverhältnissen und charakterisiert einzelne Schuldverhältnisse bzw. Vertragsarten (u. a. Behandlungsvertrag).
c) Im **Sachenrecht** sind die Rechtsbeziehungen zwischen Personen und Sachen geregelt (insbesondere Regelungen des Besitzes, des Inhalts und der Übertragung des Eigentums und verschiedener Rechte an Grundstücken).
d) Im **Familienrecht** befinden sich u. a. Regelungen über die Eingehung, Aufhebung und Folgen der Ehe und verwandtschaftlicher Beziehungen sowie Vormundschafts- bzw. Betreuungsvorschriften.
e) Im **Erbrecht** sind Fragen der Erbfolge, der rechtlichen Stellung der Erben und Fragen des Testaments und des Erbvertrages geregelt.

Es wird zwischen einer strafrechtlichen (Öffentliches Recht – staatlicher Strafanspruch) und einer zivilrechtlichen Haftung unterschieden. Auch wenn der Täter einer Körperverletzung durch die **Strafabteilung** des zuständigen Amts- oder Landgerichts rechtskräftig bestraft worden ist, ist er daneben noch verpflichtet, den dem Opfer entstandenen Schaden zu ersetzen. Das Strafgericht entscheidet hierüber nicht. Das fällt in die Zuständigkeit der **Zivilabteilung** des jeweiligen Amts- oder Landgerichts. Eine Ausnahme besteht nur, wenn das Opfer im sog. Adhäsionsverfahren bereits im Strafverfahren gegen seinen Schädiger einen entsprechenden Antrag gestellt hat (§§ 403 ff. StPO).

Während im Strafverfahren die Staatsanwaltschaft alle Umstände ermittelt, muss sich im Rahmen der zivilrechtlichen Haftung der Geschädigte selbst um seinen Schadensersatz bzw. sein Schmerzensgeld kümmern und alle Umstände darlegen und beweisen. Grundlage hierfür können Pflichtverletzungen aus dem Behandlungsvertrag oder sog. unerlaubte Handlungen (§ 823 BGB) sein. Nach § 823 Abs. 1 BGB ist derjenige, der vorsätzlich oder fahrlässig das Leben, den Körper, die Gesundheit, die Freiheit, das Eigentum oder ein sonstiges Recht eines anderen widerrechtlich verletzt, dem anderen zum Ersatz des daraus entstehenden Schadens verpflichtet. Für unerlaubte Handlungen ist kein Vertrag erforderlich.

4.1 Allgemeine Vertragsvoraussetzungen

2013 wurde der Behandlungsvertrag als eigenständige Vertragsart und Unterfall des Dienstvertrags in das BGB eingefügt (§§ 630a ff. BGB). Auch beim Zustandekommen eines Behandlungsvertrages gelten einige **allgemeine Rechtsgrundsätze**.

4.1.1 Vertragsfreiheit

Grundsätzlich herrscht in der Bundesrepublik Deutschland **Vertragsfreiheit** (sog. Privatautonomie, § 311 Abs. 1 BGB) als Teil der freien Entfaltung der Persönlichkeit (Art. 2 GG). Vertragsfreiheit bedeutet Abschluss- und Gestaltungsfreiheit sowie grundsätzlich auch Formfreiheit. Ein **Abschlusszwang** besteht bei Monopolbetrieben (z. B. Lieferung von Strom und Gas; Personentransport; Monopol- und Pflichtleistungen der Post; in der Pflegeversicherung) und in Notsituationen (z. B. Verkauf von Lebensmitteln und Arzneimitteln im eingeschneiten Bergdorf).

Die Vertragsfreiheit ist durch **Nichtigkeitsvorschriften** eingeschränkt. Ein Rechtsgeschäft, das gegen ein **gesetzliches Verbot** verstößt, ist nichtig (§ 134 BGB). Nichtige Rechtsgeschäfte liegen z. B. in folgenden Fällen vor:

- bei einem Verstoß gegen das Abtreibungsverbot, wenn das Beratungsgespräch nach § 219 StGB nicht durchgeführt wurde (Urteil des OLG Bremen vom 18.10.1983),
- bei Abgabe von verschreibungspflichtigen Arzneimitteln ohne Rezept,
- wenn ein Arbeitsvertrag trotz bestehendem absolutem Beschäftigungsverbot abgeschlossen wird (BAGE 3, 311),
- bei einem Verzicht auf die Lohnfortzahlung entgegen den Regelungen des Entgeltfortzahlungsgesetzes (EFZG; Urteil des BAG vom 20.08.1980),
- bei Verkauf einer Kassenarztpraxis an einen Arzt ohne Kassenzulassung,
- bei Zusicherung von Einkünften für strafbare Heilmittelwerbung, da Verstoß gegen das Heilmittelwerbegesetz,
- bei einer Abtretung von Honoraransprüchen, die auf einer der Schweigepflicht unterliegenden Tätigkeit beruhen (Urteil des BGH vom 05.12.1995),
- bei Verträgen über Organhandel (Verstoß gegen § 17 Transplantationsgesetz) und
- allgemein bei Verstoß gegen Strafgesetze.
- Auch die Berufsausübung ohne die erforderliche Zulassung kann, wie im Fall eines Heilpraktikers bereits entschieden (Urteil des OLG München vom 29.02.1984), die Nichtigkeit des Vertrages zur Folge haben.

Nichtig ist auch ein Rechtsgeschäft, das gegen die **guten Sitten** verstößt (§ 138 Abs. 1 BGB) bzw. **wucherisch** ist, indem jemand unter Ausbeutung einer Zwangslage, der Unerfahrenheit, des Mangels an Urteilsvermögen oder der erheblichen Willensschwäche eines anderen sich oder einem Dritten für eine Leistung Vermögensvorteile versprechen oder gewähren lässt, die in einem auffälligen **Missverhältnis** zur Leistung stehen (§ 138 Abs. 2 BGB). Dies ist nach ständiger Rechtsprechung u. a. der Fall, wenn der Wert der Leistung den Wert der Gegenleistung um 100 % übersteigt („Grenze des Doppelten"). Ein **auffälliges Missverhältnis** zwischen dem Wert der Arbeitsleistung und der Vergütungshöhe liegt nach Auffassung des Bundesarbeitsgerichts z. B. vor, wenn die Arbeitsvergütung nicht einmal zwei Drittel der üblicherweise gezahlten Vergütung erreicht (Urteil des BAG vom 17.12.2014). Diese Entscheidung ist insbesondere für **Berufsanfängerinnen** interessant.

Ein Rechtsgeschäft ist **sittenwidrig,** wenn es gegen das Anstandsgefühl aller „billig und gerecht Denkenden" verstößt. Diese Formulierung ist allerdings stark dem Wandel der Moralvorstellungen in der Bevölkerung unterworfen und stets im Fluss. Während in der Vergangenheit z. B. Verträge mit Prostituierten stets als sittenwidrig und damit als nichtig angesehen wurden, ist diese Auffassung durch das Gesetz zur Regelung der Rechtsverhältnisse der Prostituierten **(Prostitutionsgesetz,** ProstG) vom 20.12.2001 überholt. Auch Maßnahmen zur **Empfängnisverhütung** sind nicht sittenwidrig. Sie verstoßen auch nicht gegen ein Verbotsgesetz. Kaufverträge über Kondome sind daher ebenso wirksam wie Verträge über Sterilisationsmaßnahmen.

Sittenwidrig sind u. a.:

- Ein Krankenhausaufnahmevertrag mit einem nicht behandlungsbedürftigen Querschnittsgelähmten, der den hohen Pflegeaufwand selbst zu tragen hat (BGHZ 102, 106, 110).
- Knebelungsverträge, durch die die wirtschaftliche Freiheit ganz oder wesentlich eingeschränkt wird.

- Ein Leihmuttervertrag, der auch gegen § 13a bis d des Adoptionsvermittlungsgesetzes verstößt (zur **Adoption** vgl. auch §§ 1741 ff. BGB).
- Ein entgeltlicher Vertrag über die Verschaffung einer Adoptionsmöglichkeit (Urteil des BGH vom 10.10.1996).
- Ein Vertrag über Entgeltzusagen für die Vermittlung von Patienten (Urteil des OLG Hamm vom 22.10.1984, Urteil des BGH vom 22.01.1986).
- Die Zuwendung unangemessener Vorteile unter Ausnutzen einer Vertrauensstellung als Arzt oder als Person ähnlicher Stellung (auch als Hebamme).
- Die verbotswidrige Zuweisung gegen ein Pauschalentgelt für Hebammen. Die Entscheidung, in welches Krankenhaus sich die jeweilige Klientin zur Behandlung bzw. Entbindung begibt, darf nicht davon abhängig sein, ob der Hebamme **für die Zuweisung eine Gegenleistung** zufließt oder nicht (Urteil des AG Lüdenscheid vom 15.06.2012).

Auch **Verwaltungsakte** (Entscheidungen der Behörden zur Regelung eines Einzelfalls auf dem Gebiet des öffentlichen Rechts), die gegen die guten Sitten verstoßen, sind nichtig (§ 44 Abs. 2 Nr. 6 VwVfG).

Außerdem kennt das BGB verschiedene **Willensmängel,** die auf die Gültigkeit eines Vertrages Einfluss haben. Es handelt sich dabei um bewusste Willensmängel (§§ 116 bis 118 BGB) und um unbewusste Willensmängel (Anfechtung, §§ 119 bis 120 BGB, s. u.). Eine Willenserklärung ist allerdings nicht deshalb nichtig, weil sich der Erklärende insgeheim vorbehält, das Erklärte nicht zu wollen. Die Erklärung ist nur dann nichtig, wenn sie einem anderen gegenüber abzugeben ist und dieser den Vorbehalt kennt (sog. **Geheimer Vorbehalt,** § 116 BGB).

Wird eine Willenserklärung, die einem anderen gegenüber abzugeben ist (empfangsbedürftige Willenserklärung, z. B. Kündigung), mit dessen Einverständnis nur zum Schein abgegeben, so ist sie ebenfalls nichtig. Wird durch ein solches **Scheingeschäft** ein anderes Rechtsgeschäft verdeckt, so finden die für das verdeckte Rechtsgeschäft geltenden Vorschriften Anwendung (§ 117 BGB).

Eine nicht ernstlich gemeinte Willenserklärung, die in der Erwartung abgegeben wird, der Mangel der Ernstlichkeit werde nicht erkannt werden, ist nichtig (§ 118 BGB, sog. **Scherzerklärung**).

4.1.2 Angebot und Annahme eines Vertrages

! Merke

Bei einem Vertrag handelt es sich um ein zweiseitiges Rechtsgeschäft, das durch zwei übereinstimmende Willenserklärungen, das Angebot und dessen Annahme, zustande kommt (§ 311 Abs. 1 BGB).

Bei einem **gegenseitigen Vertrag** werden dabei **Leistung** und **Gegenleistung** ausgetauscht (z. B. beim Kaufvertrag Ware gegen Geld, beim Behandlungsvertrag Behandlung gegen Vergütung).

Eine **Willenserklärung** stellt die Äußerung dessen dar, was nach der Ansicht des Erklärenden geschehen oder nicht geschehen soll, wobei zwischen einem objektiven Element (der Äußerung) und einem subjektiven Element (dem dahinter stehenden Willen) unterschieden wird. Eine entsprechende Willenserklärung kann ausdrücklich („Ich kaufe ...") oder stillschweigend (stummes Legen der Waren auf das Laufband an der Supermarktkasse) erfolgen.

Die Willenserklärung muss **abgegeben** werden und muss dem Empfänger auch **zugehen** (§ 130 Abs. 1 BGB). Hierbei ist es ausreichend, dass die **Kenntnisnahme** möglich und den Umständen nach zu erwarten ist (Urteil des BGH vom 13.02.1980). Briefe (Rechnungen, Kündigungen etc.) im **Hausbriefkasten** gehen nur zu den üblichen Postleerungszeiten zu, nicht z. B. um 23.00 Uhr, da dann nicht mehr üblicherweise mit der Leerung zu rechnen ist. In einem Unternehmen ist ein Zugang nur während der **Geschäftszeiten** möglich (anders bei Behörden mit Nachtbriefkasten und einem Faxanschluss „rund um die Uhr"). Unter Anwesenden, denen ein Schriftstück persönlich übergeben wird, gilt das Gleiche.

Als „zugegangen" gelten:

- **Briefe** mit Aushändigung an den Empfänger oder mit Einwurf in den Briefkasten, sobald mit der nächsten Leerung zu rechnen ist (gilt auch für Einwurfeinschreiben und Telefax, wenn ein wirksamer Ausdruck vorausgesetzt werden kann).

- **Einschreibebriefe** noch **nicht** mit Hinterlassen des Benachrichtigungszettels im Briefkasten, da der Briefträger den Brief wieder mitnimmt und Kenntnisnahme des Briefinhalts nicht einmal theoretisch möglich ist.
- Eine Erklärung im Postfach ab dem nächsten üblichen Abholtermin.
- Ein **Telegramm** mit telefonischer Durchsage, ein **Telefax** erst mit Ausdruck.
- Wenn mittels **E-Mail** am Rechtsverkehr teilgenommen wird, geht die Erklärung mit Eingang im Empfangsbriefkasten des Providers zu (allerdings sehr streitig). Die Kenntnis des Inhalts muss für den Empfänger möglich und nach der Verkehrsanschauung zu erwarten sein.

Merke

Es kommt nicht darauf an, ob die Erklärung auch tatsächlich zur Kenntnis genommen, d. h. gelesen und inhaltlich verstanden wird.

Bei **mündlichen** oder stillschweigenden **Erklärungen unter Anwesenden** gilt, dass der Empfänger die Erklärung nur gehört und wahrgenommen haben muss. Auf das inhaltliche Verstehen kommt es nicht an. Etwas anderes gilt allerdings z. B. bei der medizinischen Aufklärung, bei der der Aufklärende dafür sorgen muss, dass der Aufzuklärende das Gesagte nicht nur akustisch hört, sondern auch inhaltlich versteht. Dafür ist der Aufklärende verantwortlich, sodass er z. B. (bislang noch auf eigene Kosten) für einen Übersetzer zu sorgen hat, wenn er weiß, dass der Patient die deutsche Sprache nicht spricht.

Will die Hebamme daher für sicheren **Zugang** sorgen, bietet sich in erster Linie eine Übergabe des Schriftstücks gegen Unterschrift (**Empfangsbekenntnis**) oder die Zustellung durch **Boten** (kann auch der mitarbeitende Ehemann der Hebamme sein) an. Der Bote muss allerdings wissen, was er übergibt, damit er dies in einem möglichen Gerichtsverfahren auch als Zeuge aussagen kann. Nur bestätigen zu können, einen verschlossenen Briefumschlag eingeworfen zu haben, weist die Zustellung einer Rechnung nicht nach. Der Bote muss daher als Mitarbeiter auch unter Schweigepflicht stehen (§ 203 Abs. 3 StGB).

Merke

Die Hebamme selbst sollte nicht ihre eigene „Botin“ sein, da sie nicht in ihrem eigenen Prozess als ihre eigene Zeugin auftreten kann. Wer selbst Schreiben in einen Briefkasten einwirft, kann dies daher nicht als sein eigener Zeuge bestätigen.

Nicht zu verwechseln ist eine Willenserklärung mit dem **Schweigen im Rechtsverkehr,** dem grundsätzlich kein Erklärungswert, insbesondere keine Zustimmung zukommt.

Dieser Grundsatz ist für den Fall der **Zusendung unverlangt zugesandter Waren** durch § 241a BGB eingeführt worden. Er besagt, dass durch die Lieferung unbestellter Sachen kein Anspruch gegen den Empfänger begründet wird. Einem Schweigen kommt nur im Handelsrecht eine Rechtswirkung zu, da das Schweigen eines Kaufmanns auf einen Antrag über die Besorgung von Geschäften einer Person, mit der er in Geschäftsverbindung steht, als Annahme dieses Antrags gilt. Der Kaufmann ist für den Fall der Ablehnung verpflichtet, unverzüglich zu antworten bzw. den Antrag abzulehnen (§ 362 HGB).

Schließlich sind Willenserklärungen **auszulegen.** Es stellt sich oftmals die Frage, ob überhaupt eine Erklärung vorliegt und welchen Inhalt (wirklichen Willen) sie hat. Gemäß § 133 BGB ist bei der Auslegung einer Willenserklärung der **wirkliche Wille zu erforschen** und nicht an dem buchstäblichen Sinn des Ausdrucks zu haften. Verträge sind so auszulegen, wie Treu und Glauben mit Rücksicht auf die Verkehrssitte es erfordern (§ 157 BGB).

Auslegungsgrundsätze:

- Wortlaut der Erklärung und wirklicher Wille (§ 133 BGB)
- übereinstimmender Geschäftswille beider Parteien
- Begleitumstände der Erklärung (Zeit, Ort der Erklärung; Interessenlage, Zweck der Vereinbarung)
- Treu und Glauben (§ 157 BGB)
- Verkehrssitte und Handelsbrauch
- falsche Bezeichnung durch die Parteien schadet nicht

- Unklarheiten gehen zu Lasten des Verwenders der entsprechenden Formulierung (so auch für Allgemeine Geschäftsbedingungen in § 305c Abs. 2 BGB)

4.1.3 Formvorschriften

Im Vertragsrecht gilt **Formfreiheit,** d. h., eine Willenserklärung kann grundsätzlich in jeder beliebigen Form abgegeben werden, die geeignet ist, den Empfänger zu erreichen und von diesem (mindestens akustisch) verstanden zu werden. Hiervon gibt es jedoch verschiedene, im BGB geregelte **Ausnahmen** aus Gründen des Schutzes vor übereilten Erklärungen und einer Beratungs- und Aufklärungsfunktion.

- § 126 BGB verlangt für den Fall, dass in einer gesetzlichen Vorschrift die **schriftliche Form** vorgeschrieben ist, dass die Urkunde von dem Aussteller eigenhändig durch Namensunterschrift oder mittels notariell beglaubigten Handzeichens unterzeichnet werden muss. Ein Schriftstück per **Telefax** stellt keinen ausreichenden Ersatz des Originalschriftstücks im Sinn der Formvorschriften dar (Urteil des BGH vom 28.01.1993). Die schriftliche Form kann heute durch die **elektronische Form** ersetzt werden (§§ 126 Abs. 3 BGB), wenn sich nicht aus dem Gesetz etwas anderes ergibt. Allerdings muss dabei dem Namen des Ausstellers eine qualifizierte **elektronische Signatur** nach dem Signaturgesetz beigefügt sein (§ 126a BGB). In einigen Fällen ist gemäß § 126b BGB auch die **Textform** zulässig. Hierbei muss eine lesbare Erklärung, in der die Person des Erklärenden genannt ist, auf einem dauerhaften Datenträger (Papier, USB-Stick, CD-Rom etc.) abgegeben werden. Wie bei einem Fax, einem Computerfax oder einer E-Mail (ohne elektronische Signatur) ist dabei eine (Original-)Unterschrift unter dem Text der Erklärung nicht erforderlich.
- In einigen gesetzlichen Vorschriften ist auch die **notarielle Beurkundung** eines Vertrages vorgeschrieben (§ 128 BGB). Das bedeutet, dass zunächst der Antrag und danach die Annahme des Antrags von einem Notar beurkundet werden muss (Beratungsfunktion). Sie ist z. B. beim Grundstücks- oder Hauskauf erforderlich (§ 311b Abs. 1 BGB).
- Ist durch Gesetz die **öffentliche Beglaubigung** einer Erklärung vorgeschrieben, muss die Erklärung insgesamt schriftlich abgefasst und die Unterschrift des Erklärenden durch einen Notar beglaubigt werden (§ 129 Abs. 1 Satz 1 BGB).
- Es kann jedoch auch **im Vertrag vereinbart** werden, eine bestimmte Form einzuhalten (z. B. durch die Formulierung im Arbeitsvertrag, wonach „Änderungen des Vertrags der Schriftform bedürfen“, § 127 BGB).

4.1.4 Geschäftsfähigkeit

Merke
Um eine rechtswirksame Willenserklärung abgeben zu können, muss jeder Vertragspartner geschäftsfähig sein (§§ 104 ff. BGB).

Die **Geschäftsfähigkeit** ist nicht zu verwechseln mit der **Rechtsfähigkeit,** d. h. der Fähigkeit, Träger von Rechten und Pflichten sein zu können. Die Rechtsfähigkeit des Menschen beginnt mit der Vollendung der Geburt (§ 1 BGB). Die **Geburt** im Sinn des § 1 BGB ist dann vollendet, wenn das Kind vollständig aus dem Mutterleib ausgetreten ist. Die Durchtrennung der Nabelschnur ist nicht erforderlich. In diesem Moment muss das Neugeborene wenigstens einen kurzen Moment gelebt haben, d. h., die Lebenszeichen nach § 31 PStGAV gezeigt haben. Auch das kurzzeitige Vorhandensein von Hirnströmen ist als ausreichend angesehen worden.

Ein **Embryo** ist daher nicht rechtsfähig. Allerdings ist ein Embryo **erbfähig,** da derjenige, der zur Zeit des Erbfalls noch nicht lebte, aber bereits gezeugt war, als vor dem Erbfall geboren gilt (§ 1923 Abs. 2 BGB). Er ist auch berechtigt, Unterhalt von einem Schädiger zu verlangen, der den Unterhaltsverpflichteten des Ungeborenen getötet hat, da es gemäß § 844 Abs. 2 Satz 2 BGB auch ausreichend ist, zur Zeit der Verletzung gezeugt zu sein.

Die Rechtsfähigkeit endet mit dem **Tod des Menschen,** d. h., wenn die Gesamtfunktion des Großhirns, des Kleinhirns und des Hirnstamms endgültig und nicht behebbar ausgefallen ist und dauerhaft keine Gehirnkurven mehr geschrieben werden können (so auch § 3 Abs. 2 Nr. 2 TPG).

Außerdem ist jeder parteifähig, der rechtsfähig ist (§ 50 ZPO). **Parteifähigkeit** bedeutet, in einem Rechtsstreit vor Gericht Partei sein zu können.

Hinsichtlich der **Geschäftsfähigkeit** regelt § 104 BGB, dass derjenige **geschäftsunfähig** ist, der nicht das siebte Lebensjahr vollendet hat (unabhängig von seinem Geisteszustand) oder sich in einem, die freie Willensbestimmung ausschließenden Zustand krankhafter Störung der Geistestätigkeit befindet, sofern nicht der Zustand seiner Natur nach ein vorübergehender ist (z. B. durch Bewusstlosigkeit oder Trunkenheit). Die bloße Überforderung mit der Regelung einer Angelegenheit ist kein Krankheitsfall im Sinn der §§ 104 ff. BGB. Das siebte Lebensjahr ist um 0 Uhr des Tages vollendet, an dem das Kind sieben Jahre alt wird (Fristberechnung nach § 187 Abs. 2 BGB).

! Merke

Die Willenserklärung eines Geschäftsunfähigen ist nichtig (§ 105 Abs. 1 BGB), ebenso eine Willenserklärung, die im Zustand der Bewusstlosigkeit oder vorübergehenden Störung der Geistestätigkeit abgegeben wird (§ 105 Abs. 2 BGB).

Nach § 131 Abs. 1 BGB kann eine Willenserklärung nicht einem Geschäftsunfähigen gegenüber, sondern nur dem gesetzlichen Vertreter gegenüber zugehen.

Anders ist die Situation bei einem **Minderjährigen,** der das siebte Lebensjahr, aber noch nicht das achtzehnte Lebensjahr (Volljährigkeit nach § 2 BGB) vollendet hat, da er in seiner **Geschäftsfähigkeit beschränkt** ist (§ 106 BGB). Dies bedeutet, dass er zu einer Willenserklärung (und auch zu einem einseitigen Rechtsgeschäft, § 111 BGB) grundsätzlich der **Einwilligung** (vorheriger Zustimmung, § 183 BGB) **seines gesetzlichen Vertreters** bedarf (§ 107 BGB). Es sei denn, es handelt sich um eine Willenserklärung, durch die er lediglich einen rechtlichen Vorteil erlangt. Bei der Schenkung eines Buchs liegt ein solcher Vorteil unproblematisch vor. Die Schenkung eines Grundstücks ist jedoch nicht lediglich rechtlich vorteilhaft, sondern trotz des unentgeltlichen Charakters der Schenkung mit (Zwangs-)Steuern und Pflichtabgaben verbunden.

In der Praxis problematisch sind die Fälle, in denen ein Minderjähriger einen Vertrag ohne die erforderliche Einwilligung des gesetzlichen Vertreters schließt. Das Geschäft ist **„schwebend unwirksam“.** Fordert der Vertragspartner den gesetzlichen Vertreter zu einer Genehmigung (nachträgliche Zustimmung, § 184 BGB) auf, kann diese nur bis zum Ablauf von zwei Wochen nach dem Empfang der diesbezüglichen Aufforderung erklärt werden. Wird sie nicht erklärt, so gilt sie als verweigert (§ 108 Abs. 2 Satz 2 BGB). Der Vertrag ist in diesen Fällen **ohne Genehmigung** nicht wirksam zustande gekommen. Wird die **Genehmigung erteilt,** war der Vertrag von Anfang an wirksam.

Daneben ist jedoch auch der andere Vertragspartner bis zur Erteilung der Genehmigung zum Widerruf des Vertrages berechtigt (§ 109 Abs. 1 BGB). Die Vorschriften der §§ 108 bis 113 BGB gelten auch im Falle eines unter Betreuung stehenden Volljährigen (sog. Einwilligungsvorbehalt – § 1903 Abs. 1 Satz 2 BGB).

! Merke

Diese Regelungen des Rechts der Geschäftsfähigkeit sind immer dann zu beachten, wenn ein Behandlungsvertrag mit einer schwangeren Minderjährigen abgeschlossen wird. In diesen Fällen ist immer die Genehmigung der Erziehungsberechtigten einzuholen, sonst ist der Vertrag nichtig und es besteht dann ein Vergütungsrisiko.

Wenn Minderjährige Verträge mit Mitteln erfüllen, die ihnen hierfür überlassen worden sind, z. B. mit Taschengeld (§ 110 BGB), dann sind diese Verträge wirksam. Deshalb ist auch ein Vertrag einer 17-Jährigen über Tätowierungen wirksam, wenn sie diese Geldmittel zur freien Verfügung hat (Urteil des AG München vom 17.03.2011). Anderes würde nur gelten, wenn ihr die erforderliche Einsichts- und Urteilsfähigkeit fehlen würde.

Darüber hinaus sind die Geschäftsfähigkeitsregelungen auf geschäftsähnliche Handlungen wie die **Einwilligung in einen medizinischen Heileingriff** nicht anwendbar. Es kommt für die Einwilligung nur darauf an, ob die Klientin eine solche

Verstandesreife bzw. Einsichtsfähigkeit im Rahmen ihrer Entwicklung erreicht hat, dass sie in der Lage ist, die Tragweite ihrer Entscheidungen zu erkennen.

Es wird daher zwischen dem Vertragsabschluss als solchem, zu dem die Minderjährige die Zustimmung der Eltern benötigt, und der **Abwicklung des Vertrags**, z. B. hinsichtlich Einwilligung und Schweigepflicht, zu der die Minderjährige nur ausreichend einsichtsfähig sein muss, aber keine Zustimmung der Eltern benötigt, unterschieden. Auch bei Minderjährigen ist der Arzt grundsätzlich auch gegenüber den Eltern zur Verschwiegenheit verpflichtet (hier: Mitteilung der Schwangerschaft gegenüber den Eltern, Urteil des LG Köln vom 17.08.2008).

Nur im **Notfall** wird eine Klientin zu Lasten der Krankenversicherung ohne Einwilligung behandelt. Bewusstlose Personen können keine Willenserklärungen abgeben. Unabhängig von der Problematik der **„mutmaßlichen Einwilligung"** in die Heilbehandlung kommt ein gesetzliches Schuldverhältnis über die sog. **„Geschäftsführung ohne Auftrag"** (§§ 677 ff. BGB) zustande. Voraussetzung ist dafür, dass die Heilbehandlung im objektiven Interesse des Bewusstlosen und in seinem tatsächlichen bzw. mutmaßlichen Willen erfolgt (somit Heilbehandlung auch nach einem fehlgeschlagenen Suizid). Das Krankenhaus kann in diesen Fällen Aufwendungsersatz verlangen (§ 683 BGB). Würde das Krankenhaus nicht behandeln, läge eine Strafbarkeit wegen unterlassener Hilfeleistung (§ 323c StGB) vor.

4.1.5 Stellvertretung

Willenserklärungen können grundsätzlich **auch im Namen Dritter** für diese abgegeben werden (Ausnahmen: z. B. Eheschließung, § 1311 BGB und Testamentserrichtung, § 2064 BGB).

§ 164 BGB regelt, dass eine Willenserklärung, die jemand innerhalb der ihm zustehenden **Vertretungsmacht** im Namen des Vertretenen abgibt, unmittelbar für und gegen den Vertretenen wirkt. Dabei macht es keinen Unterschied, ob die Erklärung ausdrücklich im Namen des Vertretenen abgegeben wird oder ob dies die Umstände ergeben.

Die Vertretungsmacht wird durch ein Rechtsgeschäft, die sog. **Vollmacht,** eingeräumt (§ 166 Abs. 2 BGB). Die Vollmacht ist eine einseitige empfangsbedürftige Willenserklärung, die an den Bevollmächtigten gerichtet ist und dessen Annahme nicht bedarf. Die Erteilung der Vollmacht ist formfrei möglich (§ 167 Abs. 2 BGB) und kann daher grundsätzlich auch durch schlüssiges Verhalten erfolgen. Sinnvollerweise wird sie aus Nachweisgründen jedoch schriftlich erteilt. Der Umfang der Vollmacht richtet sich nach dem Willen des Vollmachtgebers. Es gelten für die Bevollmächtigung die gleichen Nichtigkeits- und Anfechtungsgründe wie bei allen anderen Willenserklärungen.

Ähnlich wie in den Fällen der beschränkten Geschäftsfähigkeit stellt sich auch bei der Stellvertretung die Frage der **Haftung eines Vertreters ohne Vertretungsmacht.** Nach § 177 BGB hängt in den Fällen, in denen jemand ohne Vertretungsmacht (d. h. ohne durch diesen bevollmächtigt zu sein) im Namen eines anderen einen Vertrag abschließt, die Wirksamkeit des Vertrages von der Genehmigung des Vertretenen ab (**schwebende Unwirksamkeit**). Auch in diesen Fällen kann der Vertretene zur Erklärung über die Genehmigung aufgefordert werden. Er kann die Genehmigung jedoch nur bis zum Ablauf von zwei Wochen nach dem Empfang der Aufforderung erklären. Erklärt er sie nicht, so gilt sie als verweigert (§ 177 Abs. 2 BGB).

Wer in solcher Art und Weise als Vertreter ohne Vertretungsmacht einen Vertrag geschlossen hat, ist, sofern er nicht seine Vertretungsmacht (die Bevollmächtigung) nachweist, dem anderen Vertragspartner nach dessen Wahl entweder zur Erfüllung des Vertrages im eigenen Namen oder zum Schadensersatz verpflichtet, wenn der Vertretene die Genehmigung des Vertrages verweigert. Der Handelnde wird selbst Vertragspartner (§ 179 BGB).

Beispiele:

- Wenn eine Mitarbeiterin der Hebamme für deren Praxis, ohne hierzu bevollmächtigt zu sein, einen Kaufvertrag über eine technische Anlage abschließt und die Hebamme den Vertrag nicht nachträglich genehmigt, haftet die Mitarbeiterin selbst und im eigenen Namen nach § 179 Abs. 1 BGB dem Verkäufer nach dessen Wahl entweder auf Erfüllung (d. h. Abnahme der Anlage und

Zahlung des vollen Kaufpreises) oder auf Zahlung eines Schadensersatzes (in Höhe der Differenz zwischen dem vereinbarten Kaufpreis und dem möglicherweise reduzierten Kaufpreis, der mit einem neuen Vertragspartner vereinbart werden musste, weil es sich z.B. um eine Spezialanfertigung gehandelt hatte).

Praxistipp

Die Hebamme sollte immer in der Lage sein, ihre Vollmacht und deren Umfang nachweisen zu können (am besten schriftlich). Mitunter kann der Umfang der Bevollmächtigung z.B. auch in einer Klausel des Arbeitsvertrags geregelt sein.

- In gleicher Weise muss auch eine Hebamme haften, die für ihre Praxisgemeinschaft Gegenstände erwirbt, ohne von den Kolleginnen hierzu bevollmächtigt worden zu sein.

Sonderfälle:

- Von **Duldungsvollmacht** wird ausgegangen, wenn jemand weiß, dass ein anderer für ihn als Vertreter auftritt, diesen jedoch gewähren lässt.
- Eine **Anscheinsvollmacht** liegt vor, wenn der Vertretene zwar nichts von der Vertretung weiß, dies aber erst durch mangelnde eigene Sorgfalt möglich gemacht hat. Beides führt dazu, dass nur der Vertretene verpflichtet wird.
- Eheleute haften nicht immer für einander. Bei **Eheleuten** ergibt sich die Vertretung aber z.B. aus gesetzlichen Vorschriften, ohne dass darauf hingewiesen werden müsste. § 1357 Abs. 1 BGB regelt, dass jeder Ehegatte (dem Gesetz nach und daher ohne gesonderte Vollmacht) berechtigt ist, Geschäfte zur angemessenen Deckung des Lebensbedarfs der Eheleute mit Wirkung auch für den anderen Ehegatten zu besorgen (sog. **Schlüsselgewalt**). Durch solche Geschäfte werden beide Ehegatten berechtigt und verpflichtet, es sei denn, dass sich aus den Umständen etwas anderes ergibt (z.B. bei kostspieligen, medizinisch nicht notwendigen Wahlleistungen). Bei den Kosten einer Heilbehandlung bzw. der Hebammenhilfe handelt es sich um solche **Geschäfte zur Deckung des Lebensbedarfs** ([92]: § 1357 BGB Rdnr. 14 ff.)

Merke

Aus diesem Grund haftet der Ehemann für die Hebammengebühren, auch wenn er den Behandlungsvertrag nicht mit abgeschlossen hat.

- Ein weiterer Fall der gesetzlichen (Stell-)Vertretung findet sich in § 1629 BGB. Danach umfasst die **elterliche Sorge** die Vertretung des Kindes. Die Eltern vertreten das Kind gemeinschaftlich. Ist eine Willenserklärung gegenüber dem Kind abzugeben, so genügt die Abgabe gegenüber einem Elternteil. Ein Elternteil vertritt das Kind allein, soweit er die elterliche Sorge allein ausübt. Bei Gefahr im Verzug ist jeder Elternteil berechtigt, alle Rechtshandlungen vorzunehmen, die zum Wohl des Kindes notwendig sind. Der andere Elternteil ist darüber unverzüglich zu unterrichten.

Vom Stellvertreter ist der **Bote** zu unterscheiden. Der Bote überbringt lediglich die Erklärung eines anderen. Auch ein Geschäftsunfähiger kann Bote sein, da er keine eigene Erklärung abgibt.

4.2 Behandlungsvertrag

Durch das sog. **Patientenrechtegesetz** vom 25.02.2013 (BGBl. I S.277) wurde das Recht des Behandlungsvertrags erstmals ausdrücklich im BGB geregelt und völlig neu gefasst, nachdem davor der Behandlungsvertrag „nur" als eine Unterart des Dienstvertrags (§§ 611 ff. BGB) qualifiziert wurde. Die Neuregelung ist seit Februar 2013 in Kraft (Zusammenfassung bei Diefenbacher [28]).

Ziel des Gesetzes war es, „Transparenz und Rechtssicherheit hinsichtlich der bereits heute bestehenden umfangreichen Rechte der Patientinnen und Patienten herzustellen, die tatsächliche Durchsetzung dieser Rechte zu verbessern, zugleich Patientinnen und Patienten i.S. einer verbesserten Gesundheitsversorgung zu schützen und insbesondere im Fall eines Behandlungsfehlers stärker zu unterstützen".

Merke

Das Patientenrechtegesetz ist ein Gesetz zum Schutz der Patientenrechte, nicht der Rechte der Hebammen.

Die Neuregelung hat in erster Linie die Sachverhalte und rechtliche Würdigungen berücksichtigt, die in den letzten Jahren durch die Rechtsprechung als Standard bei Behandlungsverträgen festgelegt worden waren.

Merke

Der Behandlungsvertrag ist eine Art des Dienstvertrags (§§ 611, 630a BGB), kein Werkvertrag. Die Hebamme schuldet nur ihren Dienst, nicht einen bestimmten Behandlungserfolg, d. h., die Vergütung wird bereits fällig, wenn der Dienst geleistet ist, nicht erst, wenn ein bestimmter Heilerfolg auch tatsächlich eintritt.

Beim **Werkvertrag** wird dagegen ein bestimmter vertragsgemäßer Erfolg geschuldet. Auch der **Krankenhausbehandlungsvertrag** ist ein Dienstvertrag. An diesem Rechtscharakter ändert auch die Tatsache nichts, dass der Krankenhausträger möglicherweise öffentlich-rechtlich organisiert ist.

Der Behandlungsvertrag einer Hebamme mit ihrer Klientin kommt regelmäßig durch Angebot und Annahme zustande, d. h., die Vertragsparteien müssen sich über die wesentlichen Vertragsbestandteile einigen. Eine **Aufnahme- bzw. Behandlungspflicht** besteht nur in einem konkreten Notfall. Für die Klientin besteht die freie Wahl der Hebamme.

Praxistipp

Die Hebamme muss bei Vertragsabschluss auf **Besonderheiten des Vertrages** hinweisen (z. B. fehlende Erstattungsmöglichkeit der Fahrtkosten bei zu großer Entfernung). Eine Hinweispflicht über die Frage der Kostenübernahme durch eine private Krankenversicherung besteht nicht (Urteil des OLG Düsseldorf vom 20.05.1999).

In § 630a BGB wird durch einen **Behandlungsvertrag** derjenige, der die medizinische Behandlung eines Patienten zusagt (= **Behandelnder**), zur Leistung der versprochenen Behandlung, der andere (= **Patient**) zur Gewährung der vereinbarten Vergütung verpflichtet, soweit nicht ein Dritter zur Zahlung verpflichtet ist.

Nach der Begründung des Gesetzgebers ist unter **„Behandlung"** grundsätzlich eine **Heilbehandlung** zu verstehen. Die Regelungen gelten für Verträge, die eine medizinische Behandlung zum Gegenstand haben. Hierzu sollen – auch wenn es sich bei Frauen und Neugeborenen nicht um Patienten im engeren Sinn handelt und durch die Geburt auch kein „regelwidriger Körperzustand" (so die juristische Definition der **Krankheit**) beseitigt wird – auch Behandlungen durch Hebammen fallen. Lediglich Apotheker, die nicht zur Behandlung von Patienten befugt sind und Tierärzte (da das Gesetz von der Behandlung von Menschen ausgeht) sind von den Regelungen ausgeschlossen.

Es bleibt abzuwarten, inwieweit die Rechtsprechung künftig auch Leistungen von Hebammen z. B. als Familienhebammen oder bei der Beratung und Beurteilung sozialer und seelischer Faktoren (so u. a. in § 2 Abs. 3 HebBO NRW) als „Behandlung" im Sinn dieser Vorschrift ansehen wird.

Ein Behandlungsvertrag wird in der Regel **mündlich** abgeschlossen. Er muss nicht schriftlich abgefasst sein und kann sogar durch schlüssiges Handeln alleine durch die Inanspruchnahme von Hebammenleistungen zustande kommen. Auch wenn ausführliche schriftliche vertragliche Regelungen manche Frauen abschrecken mögen, bietet sich der Abschluss eines schriftlichen Behandlungsvertrags nach wie vor schon aus Nachweisgründen an, insbesondere dann, wenn Leistungen vereinbart werden, die über das übliche und gewöhnliche Maß hinaus gehen und z. B. durch gesetzliche Krankenversicherungen nicht abgedeckt sind.

Auch wenn im Gesetz nicht zwischen privat und gesetzlich krankenversicherten Patienten unterschieden wird, betrifft die Neuregelung im Kern zunächst **privat Krankenversicherte** bzw. **Selbstzahlerinnen**. Diese sind dann auch verpflichtet, die vereinbarte Vergütung zu bezahlen (§ 630b i. V. m. § 612 BGB). Auch wenn eine Hebamme einen schriftlichen Behandlungsvertrag mit einer gesetzlich Krankenversicherten abschließt (insbesondere über Leistungen, die durch die gesetzliche Krankenversicherung nicht übernommen werden, sog. **Wahlleistungen** oder **Individuelle Ge-**

sundheitsleistungen, IGeL), überlagert das Recht der gesetzlichen Krankenversicherung die vertragliche Gestaltung. Dies hat zur Folge, dass keine unmittelbare Vergütungspflicht der gesetzlich Versicherten insoweit besteht, als Behandlungen vorgenommen werden, die von der gesetzlichen Krankenversicherung vergütet werden.

Nach § 630a Abs. 2 hat die Behandlung nach dem zum Zeitpunkt der Behandlung bestehenden, allgemein anerkannten **fachlichen Standards** zu erfolgen, soweit nicht etwas anderes vereinbart ist.

Entscheidend ist hierbei, welche konkreten Anforderungen an die jeweilige Behandlungsgruppe gestellt werden. Hebammen schulden im Regelfall eine andere Art der Behandlung als ein Arzt. Die Regelung in Abs. 2 bedeutet für Hebammen, dass die sich aus dem Berufsstand ergebenden medizinischen Sorgfaltsanforderungen und Standards zu beachten sein sollen, die allerdings nicht denen eines Arztes entsprechen müssen. Im Vergleich beider Behandlungen sind Hebammen jedoch verpflichtet, dieselben Sorgfaltspflichten zu erfüllen wie ein Arzt, der sich einer bestimmten Behandlungsmethode bedient. Insbesondere müssen sie sich darüber hinaus eine ausreichende Sachkunde über die angewendeten Behandlungsmethoden für deren gefahrlose Anwendung aneignen (z. B. Kenntnisse der Akupunktur, falls angewandt).

Im Rahmen der **Vertragsfreiheit** steht es daneben den Vertragsparteien grundsätzlich frei, von gültigen Standards abzuweichen. Im Therapiebereich besteht ein entsprechender Beurteilungs- und Entscheidungsspielraum, der nicht in jedem Fall zu einem Behandlungsfehler führt (z. B. Vereinbarungen über besondere Therapierichtungen sowie die Anwendung experimenteller Methoden nach entsprechender Einwilligung).

Die Neuregelung bestimmt nicht, wer die Behandlung konkret durchführt. Das Gesetz regelt nur, dass eine Vertragspartei eine medizinische Behandlung zusagt. Der die Behandlung Zusagende und der die Behandlung Durchführende können identisch, müssen es jedoch nicht sein (z. B. in Gemeinschaftspraxen, Geburtshäusern oder Partnerschaftsgesellschaften). Allerdings geht § 613 BGB (i. V. m. § 630b BGB) davon aus, dass der zur Dienstleistung Verpflichtete die Dienste im Zweifel **persönlich** zu leisten hat. Die Hebamme kann sich auch **Mitarbeiterinnen** bedienen, da die persönliche Leistungserbringung auch in einer Hebammengemeinschaft freiberuflicher Hebammen erfolgen kann und als persönliche Leistungen auch Leistungen von Hebammen, die in der Gemeinschaft bzw. bei einer einzelnen Hebamme **angestellt** sind, gelten (§ 6 des **Vertrags über die Versorgung mit Hebammenhilfe nach § 134a SGB V**).

Der Klientin steht aus dem Behandlungsvertrag ein **Behandlungsanspruch** zu. Hierzu ist eine Einwilligung der Klientin erforderlich. Die Behandlung endet u. a., wenn die Klientin ihre **Einwilligung** in die Heilbehandlung zurückgenommen hat (was sie gemäß § 630d Abs. 3 BGB jederzeit und ohne Angabe von Gründen formlos kann). Es besteht ein **Zwangsbehandlungsverbot**.

Den Rechten der Klientin stehen auch **Pflichten** gegenüber. Sie ist verpflichtet, als Privatpatientin die Gebührenrechnung als Selbstzahlerin auszugleichen oder einen Krankenschein vorzulegen, wobei die Zuzahlungspflicht zu beachten und die Klientin entsprechend aufzuklären ist. Die Klientin ist grundsätzlich auch verpflichtet, bei Behandlungsmaßnahmen mit dem Behandler **zusammenzuwirken**, um den vertragsgemäßen Erfolg zu erreichen (§ 630c Abs. 1 BGB).

Der Behandlungsvertrag einer Klientin mit dem die Schwangerschaft betreuenden Gynäkologen besteht auch dann fort, wenn sich die Klientin in ein Geburtshaus begibt und der Gynäkologe die Behandlung dort fortsetzt (Urteil des OLG Hamm vom 24.04.2002).

4.2.1 Informations- und Aufklärungspflichten

Regelungen über **Informationspflichten** finden sich in § 630c BGB, Regelungen über **Aufklärungspflichten** in § 630e BGB.

Kritik ausgelöst hat die Tatsache, dass es sich in beiden Vorschriften weitestgehend um identische Formulierungen handelt und im Gesetz nicht eindeutig klargestellt worden ist, was unter „Informationspflichten" und andererseits „Aufklärungspflichten" zu verstehen ist. Unstreitig dürfte lediglich sein, dass es sich bei den „Aufklärungspflichten" um die Art der medizinischen Aufklärung handelt, wie sie bislang durch die Rechtsprechung anerkannt worden ist.

Beiden Vorschriften ist gemeinsam, dass es der Information bzw. Aufklärung dann nicht bedarf, soweit diese ausnahmsweise aufgrund besonderer Umstände entbehrlich ist, insbesondere wenn die Behandlung/Maßnahme unaufschiebbar ist oder der Patient auf die Information/Aufklärung ausdrücklich verzichtet hat (§ 630c Abs. 4 BGB bzw. § 630e Abs. 3 BGB).

Informationspflichten

§ 630c BGB beginnt in Abs. 1 mit der Feststellung, dass Behandelnder und Patient zur Durchführung der Behandlung **zusammenwirken** sollen. Gemeint ist, dass beide Vertragspartner die Behandlung effektiv und einvernehmlich unterstützen, die notwendigen Informationen austauschen und die medizinisch notwendigen Maßnahmen ermöglichen, vorbereiten oder unterstützen sollen. Verstößt der Patient gegen diese Pflicht, kann ihm im Schadensfall ein **Mitverschulden** zugerechnet werden. Die Klientin ist hierbei u. a. verpflichtet, am Heilungsprozess mitzuwirken, Anordnungen und Ratschläge der Hebamme zu befolgen, die verordneten Medikamente einzunehmen und eine mögliche Selbstgefährdung zu vermeiden ([92]: § 630c BGB Rdnr. 2).

Nach § 630c Abs. 2 BGB ist der Behandelnde verpflichtet, dem Patienten **in verständlicher Weise** zum Beginn der Behandlung und – soweit erforderlich – in deren Verlauf sämtliche für die Behandlung wesentlichen Umstände zu erläutern, insbesondere die Diagnose, die voraussichtliche gesundheitliche Entwicklung, die Therapie und die zu und nach der Therapie zu ergreifenden Maßnahmen.

Die Belehrung über eine mögliche **Zuzahlungsverpflichtung** ist in § 630c Abs. 3 BGB geregelt. Der Patient muss vor Beginn der Behandlung über die voraussichtlichen Kosten der Behandlung in **Textform** informiert werden.

Die Informationspflichten sollen die Behandlung im weiteren Sinn, die Aufklärungspflichten die konkrete Behandlung betreffen. Informationspflichten meinen die von der Rechtsprechung entwickelten Grundsätze einer „therapeutischen Aufklärung" bzw. „Sicherungsaufklärung" und stellen daher einen Teilbereich der allgemeinen Aufklärungspflichten dar.

In diesem Zusammenhang ist auf § 280 BGB hinzuweisen (Kap. 4.3.4), wonach derjenige Schadensersatz zu leisten verpflichtet ist, der eine Pflicht aus einem Schuldverhältnis (hier: Behandlungsvertrag) verletzt und diese **Pflichtverletzung** zu vertreten hat. Diese Schadensersatzverpflichtung bedeutet in Ergänzung zu den neuen Vorschriften, dass die Verletzung sämtlicher Informations- und Aufklärungspflichten, die die Hebamme zu vertreten hat, Schadenersatzansprüche der Klientin zur Folge haben werden. Auch die Klientin hat insoweit **Nebenpflichten** wie z. B. Termine einzuhalten bzw. rechtzeitig abzusagen, der Hebamme gefährliche Krankheiten mitzuteilen oder sich in der Hebammenpraxis verkehrsüblich zu verhalten ([92]: § 630a BGB Rdnr. 23).

Während durch die Rechtsprechung die Grenzen einer (klassischen) medizinischen Aufklärungspflicht vergleichsweise streng abgegrenzt sind, haben sich die allgemeinen Informationspflichten bzw. deren Verletzung in den letzten Jahren als wahrer Quell möglicher Schadensersatzverpflichtungen entwickelt (Kap. 4.6.6).

Hierunter fällt u. a. der aus TV-Talkshows bekannte, in der Praxis jedoch eher seltener erforderliche Hinweis, „die Katze nicht in der Mikrowelle zu trocknen". In der Praxis schadensersatzträchtiger sind die Verpflichtungen, darauf hinzuweisen, wie heiß der am Krankenbett servierte Kaffee ist, dass bei scharfem Essbesteck Verletzungsgefahr besteht und ein Patient ggf. zu befragen ist, ob es sich bei ihm um einen Duftallergiker handelt, auf dessen Allergie bei der Gestaltung der Behandlung Rücksicht zu nehmen ist (Urteil des AG Rheinbach vom 19.07.2010).

Im medizinischen Bereich sollen sich diese Informationspflichten auch auf Fragen der Dosierung einer Medikation, etwaiger Unverträglichkeiten und Nebenfolgen, Hinweise auf ein therapiegerechtes Verhalten des Patienten zur Vermeidung einer möglichen Selbstgefährdung, die Einweisung in die Korrektheit eines Verbandswechsels oder in die gefahrlose Benutzung von Gehhilfen beziehen. Einzuhalten sind auch sämtliche **Unfallverhütungsvorschriften** mit Hinweisen auf Notausgänge, Brandschutz und Ähnliches.

Die Fülle möglicher **Informationspflichten** hängt nur gelegentlich vom Intellekt und Wissensstand des Patienten ab. In den letzten Jahren ist feststellbar, dass die Rechtsprechung entsprechende Informationspflichten beharrlich ausweitet und auch die Hebamme mit ganz erheblichen – aus Sicht der Behandler meist unnötigen – Informationspflichten überzieht. Nach **Gerichtsentscheidungen** muss u. a. ein Supermarktbetreiber auf wacklige Gemüsedosen in oberen Regalbereichen, der Betreiber eines Kinderspielplatzes auf die Länge und Absicherung der Zone am Ende der Rutsche und der Betreiber einer Tankstelle darauf hinweisen, dass die Abgabe von Benzin in Wasserflaschen, die Benutzung eines Mobiltelefons unzulässig ist und der Tankende seine körpereigene statische Elektrizität vor dem Tankvorgang am PKW zu entladen hat.

Insbesondere gelten folgende **Informationspflichten** im Rahmen des Behandlungsvertrags:

- Dosis, Unverträglichkeit und Risiko der Medikation (Urteil des BGH vom 15.03.2005)
- Risiko nach Umstellung der Medikation (Urteil des OLG Köln vom 06.06.2012)
- Kontrolluntersuchung bei Befundverschlechterung (Urteil des BGH vom 16.11.2004)
- Nebenwirkungen der Behandlung auf die weitere Lebensweise
- Versagermöglichkeit nach Sterilisation (Urteil des BGH vom 08.07.2008)
- Information über die finanziellen Folgen der Behandlung, insbesondere bei Maßnahmen, die bei Kassenpatienten durch die Kasse nicht gedeckt sind.

Für Hebammen besteht hinsichtlich der Informations- und Aufklärungspflichten das Problem, dass es selten möglich ist, bereits zu Beginn der Beauftragung über alle Gegebenheiten, die im Laufe der Behandlung auftreten können, aufzuklären. Selten weiß die Hebamme bereits bei Vertragsabschluss, in welchem Umfang sie für die Klientin tätig sein wird. Im übrigen schreckt eine vorsorglich nahezu grenzenlose Aufklärung die Klientin eher ab und verunsichert ohne Not.

Aufklärungspflichten

Bei den **Aufklärungspflichten** in § 630e BGB handelt es sich um die bisherige „Eingriffs- und Risikoaufklärung". Die Aufklärung soll nicht medizinisches Detailwissen vermitteln, sondern dem Patienten die Schwere und Tragweite eines etwaigen Eingriffs verdeutlichen. Hierzu gehört insbesondere die Belehrung über bestehende Alternativen zu einer Maßnahme, wobei ein Spannungsfeld zwischen der Therapiefreiheit des Behandelnden und dem Selbstbestimmungsrecht des Patienten bestehen kann. Die Wahrung des Selbstbestimmungsrechts des Patienten erfordert eine Unterrichtung über eine **alternative Behandlungsmöglichkeit**, wenn für eine medizinisch sinnvolle und indizierte Therapie mehrere gleichwertige Behandlungsmöglichkeiten zur Verfügung stehen, die zu jeweils unterschiedlichen Belastungen des Patienten führen oder unterschiedliche Risiken und Erfolgschancen bieten (Beschluss des BGH vom 17.12.2013).

Es ist für die Hebamme wichtig, bei der Aufklärung zwischen der **Geburt als „normales Lebensrisiko"** und den gesteigerten Risiken vom körperlichen (Heil-) Eingriffen zu unterscheiden.

Hinsichtlich der Aufklärungspflichten ist in § 630e Abs.1 BGB geregelt, dass der Behandelnde verpflichtet ist, den Patienten über sämtliche für die Einwilligung wesentlichen Umstände aufzuklären. Dazu gehören insbesondere Art, Umfang, Durchführung, zu erwartende Folgen und Risiken der Maßnahme sowie ihre Notwendigkeit, Dringlichkeit, Eignung und Erfolgsaussichten im Hinblick auf die Diagnose und die Therapie. Bei der Aufklärung ist auch auf Alternativen zur Maßnahme hinzuweisen, wenn mehrere medizinisch gleichermaßen indizierte und übliche Methoden zu wesentlich unterschiedlichen Belastungen, Risiken oder Heilungschancen führen können.

Die Aufklärung wird in Absatz 2 insofern präzisiert, als diese **mündlich** durch den Behandelnden oder eine Person erfolgen muss, die über die zur Durchführung der Maßnahme notwendige Befähigung verfügt (auch eine Hebamme, kein Personal). **Adressat** muss immer die Klientin sein, die in die Behandlung einwilligen soll, es sei denn, sie wäre nicht einwilligungsfähig.

Es kann **lediglich ergänzend** auf **Unterlagen** Bezug genommen werden, die der Patient in Textform (d. h. auch als Kopie oder Formular) erhält. Allerdings ist ein unterzeichnetes Einwilligungsformular – sowohl in positiver als auch in negativer Hinsicht – ein Indiz für den Inhalt des Aufklärungsgesprächs (Urteil des BGH vom 28.01.2014).

Die Aufklärung muss daneben so **rechtzeitig** erfolgen, dass der Patient seine Entscheidung über die Einwilligung wohlüberlegt treffen kann. Schließlich muss die Aufklärung für den Patienten verständlich sein und es müssen ihm Abschriften von Unterlagen, die er im Zusammenhang mit der Aufklärung oder Einwilligung unterzeichnet hat, ausgehändigt werden.

Merke

Die Aufklärung nach § 630e Abs. 2 BGB

- **hat mündlich zu erfolgen (Rückfragen müssen möglich sein),**
- **darf nicht nur mittels eines Aufklärungsbogens erfolgen,**
- **kann nur in einfach gelagerten Fällen auch fernmündlich erfolgen,**
- **kann auf Unterlagen nur ergänzend Bezug nehmen, die in Textform mitgeteilt werden müssen,**
- **muss rechtzeitig vor dem Beginn der beabsichtigten Maßnahme erfolgen,**
- **muss Zeit lassen für eine eingehende Abwägung für und gegen die konkrete Maßnahme und**
- **muss verständlich sein.**
- **Die Klientin hat im „Großen und Ganzen" zu wissen, worin sie einwilligt (Urteil des BGH vom 06.07.2010).**

Die **fehlende oder fehlerhafte Aufklärung** durch die Hebamme stellt nicht nur eine Pflichtverletzung (§ 280 BGB) dar, sondern verhindert auch eine wirksame Einwilligung mit der Folge, dass der körperverletzende Heileingriff **strafbar** ist und eine zivilrechtliche Haftung auf Schadensersatz besteht. Eine eigenständige Aufklärungspflicht trifft die Hebamme jedoch nur in den Bereichen, in denen sie eigenverantwortlich im Rahmen der erlaubten Tätigkeiten und nicht als Hilfsperson eines Arztes tätig wird.

Eine Aufklärung hinsichtlich allgemeiner Lebensrisiken ist nicht erforderlich. Außerdem gilt der Grundsatz „je dringender der Eingriff, desto geringer der Umfang der Aufklärung".

Die Klientin muss den Inhalt und die Tragweite der Aufklärung verstanden haben und ihre Einwilligung aufgrund der durchgeführten Aufklärung erteilen. Bei ausländischen Klientinnen ist für eine **Übersetzung** zu sorgen. Die Ausländerin muss der Aufklärung sprachlich folgen können (Urteil des KG vom 08.05.2008). Missverständnisse müssen ausgeschlossen sein (Urteil des OLG Düsseldorf vom 12.10.1989).

Im Hippokrates Verlag ist das Buch *„Ohne Deutsch im Kreißsaal – Bild-Text-Karten zur Verständigung mit Migrantinnen"* [112] erschienen.

Praxistipp

Bei ausländischen Klientinnen sollte stets eine sprachkundige, vertrauenswürdige Person hinzugezogen und so sichergestellt werden, dass die Aufklärung in vollem Umfang, insbesondere hinsichtlich der Tragweite eines Eingriffs, auch verstanden wird.

Die Aufklärung ist zu **dokumentieren** (u. a. Tag, Zeitpunkt, beteiligte Personen und Inhalt des Aufklärungsgesprächs). Insbesondere ist der Umstand schriftlich festzuhalten, dass die Klientin nach erfolgter Aufklärung die Behandlung bzw. eine Behandlungsalternative ablehnt.

Praxistipp

In Fällen der Ablehnung einer Behandlung empfiehlt es sich, die wörtliche Formulierung der Aufklärung, mindestens jedoch den Inhalt der Aufklärung, niederzuschreiben.

Die **Verharmlosung schwerwiegender Risiken** in einem Aufklärungsmerkblatt wird nicht dadurch ausgeglichen, dass der Patient die Möglichkeit hat, den Arzt zu befragen (Urteil des BGH vom 02.11.1993).

Merke

Eine Schwangere ist stets über die unterschiedlichen Risiken aufzuklären, die sich aus den verschiedenen Entbindungsmethoden ergeben (Urteile des OLG Braunschweig vom 19.12.1986 und des OLG Düsseldorf vom 19.12.1996).

Einzelfälle aus der Rechtsprechung einer Aufklärung über:

- Ein verbleibendes Schwangerschaftsrisiko nach einer Sterilisation.
- Unterschiedliche Verläufe und Risiken nach einer vaginalen und Schnittentbindung, wenn diese ernsthaft in Erwägung zu ziehen ist, insbesondere bei Beckenendlage ([92]: §630e BGB Rdnr. 7 m.w.N.).
- Erhöhtes Schädigungsrisiko bei einer 40-jährigen Frau (Urteil des OLG Düsseldorf vom 28.07.1988).
- Überträgt ein Chefarzt die Risikoaufklärung einem nachgeordnetem Arzt, ist zur Vermeidung der Haftung des Chefarztes darzulegen, welche organisatorischen Maßnahmen ergriffen worden sind, um die ordnungsgemäße Aufklärung des Patienten sicherzustellen (Urteil des BGH vom 07.11.2006).
- Bei einer stattgehabten Schulterdystokie ist die Kindesmutter auf das erhöhte Wiederholungsrisiko einer Schulterdystokie hinzuweisen. Ist wegen des Wiederholungsrisikos vom Arzt zu einer Sectio zu raten und entscheidet sich die Schwangere gleichwohl gegen die Schnittentbindung, so muss die Beratung der Kindesmutter ausführlich sein. Der Inhalt dieses Aufklärungsgespräches ist zu dokumentieren. Für die Aufklärung ist allein das ärztliche Personal verantwortlich und nicht die Hebamme (Urteil des OLG Hamm vom 11.04.2014).
- Unterlässt es der Arzt, den Patienten über die Risiken der Einnahme von Amiodaron (in Gestalt von Herzrhythmusstörungen) hinzuweisen und verlässt der Patient danach die Klinik, so haftet der Arzt für den daraus entstehenden Schaden (schwerer Hirnschaden nach Herzrhythmusstörung) auf Schmerzensgeld und Schadensersatz. Es ist davon auszugehen, dass sich der Patient, der die Erkrankung sehr ernst nahm, bei richtiger Sicherungsaufklärung richtig verhalten und die Klinik nicht verlassen hätte, wodurch der Schaden vermieden worden wäre (Urteil des OLG Köln vom 06.06.2012).
- Ein Geburtshelfer hat über die Möglichkeit der Schnittentbindung nur dann aufzuklären, wenn im konkreten Fall eine medizinische Indikation besteht (Beckenendlage, Missverhältnis zwischen Kindesgröße und mütterlichem Becken, übergroßes Kind etc.). Eine Fehlschätzung des tatsächlichen Geburtsgewichts (hier: 4630 Gramm) belegt kein ärztliches Versäumnis, wenn die vorgeburtlichen Parameter vertretbar gedeutet wurden. Selbst bei einem übergroßen Kind indiziert eine Armplexuslähmung nicht, dass unter der Geburt in unsachgemäßer Weise auf den Nasciturus eingewirkt wurde, wenn dafür kein konkreter Anhalt besteht. Die Schädigung führt daher nicht zu einer Beweiserleichterung oder Beweislastumkehr (Urteil des OLG Koblenz vom 12.06.2008).
- Ist eine Schnittentbindung aufgrund besonderer Umstände relativ indiziert und ist sie deshalb eine echte Alternative zu einer vaginal-operativen Entbindung, besteht eine Pflicht zur Aufklärung der Mutter über die Möglichkeit der Schnittentbindung (Urteil des BGH vom 17.05.2011).
- Ein Arzt, der einen Patienten ausschließlich über den von einem anderen Arzt angeratenen und durchzuführenden Eingriff aufklärt, kann dem Patienten im Falle einer fehlerhaften oder unzureichenden Aufklärung auch aus unerlaubter Handlung haften (Urteil des BGH vom 21.10.2014).
- Bestehen bei der Zwillingsschwangerschaft für Mutter oder Kind im Falle eines Zuwartens erhebliche Risiken, so ist über die Alternative einer primären Schnittentbindung aufzuklären (Urteil des BGH vom 14.09.2004).
- Wenn eine Zweitgebärende ihr erstes Kind durch Kaiserschnitt zur Welt gebracht hat und nun eine natürliche Geburt wünscht, muss der Arzt bei einer Risikolage (trotzdem) über die Möglichkeit einer Sectio aufklären (Urteil des OLG Koblenz vom 18.05.2006).
- Zur Aufklärung bei einer Außenseitermethode siehe Urteil des BGH vom 22.05.2007.
- Literatur:
  - *Informiert, Aufgeklärt, Dokumentiert* [109]
  - *Adäquate Aufklärung vor dem Schnitt* [12]
  - *Hausgeburt: Ehrlich informieren* [3]

Mängel der Aufklärung stellen Pflichtverletzungen dar (§280 BGB), die zur Unwirksamkeit der Einwilligung führen, sodass die getroffenen Maßnahmen als Behandlungsfehler gelten müssen.

Einwilligung

Merke

Körperliche Eingriffe sind nur dann nicht strafbar, wenn die Einwilligung des Verletzten bzw. der Patientin (als Rechtfertigungsgrund) vorliegt.
Eine wirksame Einwilligung kann durch die Klientin jedoch nur dann erfolgen, wenn sie vorher im persönlichen Gespräch aufgeklärt worden ist.

§ 630d Abs. 1 BGB stellt klar, dass der Behandelnde vor Durchführung einer medizinischen Maßnahme, insbesondere eines Eingriffs in den Körper oder die Gesundheit, verpflichtet ist, die **Einwilligung** des Patienten einzuholen. Die stellt eine **Hauptpflicht** des Behandlungsvertrages dar. Ist der Patient einwilligungsunfähig, ist die Einwilligung eines hierzu Berechtigten einzuholen (z. B. der gesetzliche Vertreter bei nicht einsichtsfähigen Minderjährigen). Es gelten die Grundsätze, die bereits für die Einwilligung der Heilbehandlung bzw. Körperverletzung und die dafür erforderliche vorherige Aufklärung galten. Entsprechende Regelungen finden sich bereits in den Landesberufsordnungen der Hebammen oder in § 228 StGB. Insofern wurden diese bereits jahrelang anerkannten Grundsätze nun nur noch in die gesetzlichen Regelungen des Behandlungsvertrags übernommen.

Es ist darauf hinzuweisen, dass sich die Hebamme immer davon überzeugen muss, dass eine Frau über die erforderliche **Einsichts- und Urteilsfähigkeit** verfügt und Art, Bedeutung, Tragweite und Risiken einer Maßnahme erfassen und ihren Willen danach ausrichten kann. Die Prüfung der Einsichtsfähigkeit, die für die Erteilung der Einwilligung – im Gegensatz zum Abschluss eines Behandlungsvertrags, für den Geschäftsfähigkeit erforderlich ist – ausreichend ist, muss durch die Hebamme geprüft und entsprechend dokumentiert werden. Nur wenn die Hebamme zum Ergebnis kommt, dass eine entsprechende Einsichtsfähigkeit, insbesondere einer Minderjährigen, nicht gegeben ist, muss der gesetzliche Vertreter befragt werden.

Aber auch dann kann der Minderjährige ein **Vetorecht** gegen die Einwilligung des gesetzlichen Vertreters haben, wenn Risiken für erhebliche Folgen für die künftige Lebensgestaltung bestehen und der Minderjährige ausreichend urteilsfähig ist (Urteil des BGH vom 10.10.2006).

Die Einwilligungsfähigkeit ist beim erwachsenen Menschen die Regel. Stellt der Patient sie in Abrede, muss er sein Vorbringen **beweisen**, sofern die Gesamtschau der unstreitigen medizinischen Fakten die fehlende Einwilligungsfähigkeit nicht eindeutig indiziert. Einen Erfahrungssatz, dass starke Schmerzen die Einwilligungsfähigkeit immer einschränken oder gar aufheben, gibt es nicht (Urteil des OLG Koblenz vom 01.10.2014). Gleiches gilt für Handlungen der Frau **„unter der Geburt"**.

Voraussetzung für eine Einwilligung ist nach § 630d Abs. 2 BGB die ordnungsgemäße **Aufklärung** nach § 630e BGB (s. o.). Die **Einwilligung** muss auf der Grundlage der Aufklärung erfolgen (Kausalzusammenhang).

Bei der Durchführung einer medizinischen Maßnahme ohne Einwilligung handelt es sich ebenfalls um eine Pflichtverletzung i. S. d. § 280 BGB, die eine entsprechende Schadensersatzverpflichtung zur Folge haben kann.

Kann eine Einwilligung für eine unaufschiebbare Maßnahme nicht rechtzeitig eingeholt werden, darf sie ohne Einwilligung durchgeführt werden, wenn sie dem mutmaßlichen Willen des Patienten entspricht (**mutmaßliche Einwilligung**, insbesondere bei Notfallmaßnahmen oder bei Bewusstlosigkeit des Patienten, § 630d Abs. 1 Satz 3 BGB). Zur Beurteilung der mutmaßlichen Einwilligung sind eventuell Angehörige zu befragen und eine konkrete Lebensgefahr zu prüfen. Eine mutmaßliche Einwilligung ist nicht gegeben, wenn der entgegenstehende Wille der Klientin, z. B. durch ein sog. „Patiententestament" bzw. „Patientenverfügung", bekannt ist. Bei gescheiterten Suizidversuchen ist von einer mutmaßlichen Einwilligung auszugehen, da die Einsichtsfähigkeit zum Zeitpunkt der Tat regelmäßig fehlt.

Dass das Thema Einwilligung nach wie vor aktuell ist, zeigen die neuen Entwicklungen zum Thema „religiös motivierte Beschneidungen" (Urteil des Landgerichts Köln vom 07.05.2012 und der daraus resultierende neu geschaffene § 1631d BGB) und die sich daran anschließende Diskussion, ob Eltern die Einwilligung erteilen dürfen, ihren Kindern Ohrlöcher stechen zu lassen.

Näheres zur Einwilligung findet sich auch in Kap. 8.

Dokumentation

In § 630f BGB wird hinsichtlich der **Dokumentation** der Behandlung im Wesentlichen das gesetzlich fixiert, was ständige Rechtsprechung der letzten Jahre ist. Der Behandelnde ist verpflichtet, zum Zweck der Dokumentation in unmittelbarem zeitlichem Zusammenhang mit der Behandlung eine Patientenakte in Papierform oder elektronisch zu führen (§ 630f Abs. 1 BGB).

Neu hinzugekommen ist die in § 630f Abs. 1 Satz 2 enthaltene Regelung, wonach **Berichtigungen** und **Änderungen** von Eintragungen in der Patientenakte (nur) dann zulässig sind, wenn der ursprüngliche Inhalt erkennbar bleibt. Nicht nur Änderungen als solche müssen erkennbar sein, sondern auch der abgeänderte frühere Inhalt. Dies muss insbesondere auch bei einer elektronisch geführten Patientenakte gewährleistet sein.

In § 630 f Abs. 2 BGB werden exemplarisch Maßnahmen und deren Ergebnisse genannt, die sämtlich aus fachlicher Sicht für die derzeitige und künftige Behandlung wesentlich sind und die in der Dokumentation aufgeführt sein müssen. Es handelt sich hierbei um die Anamnese, Diagnosen, Untersuchungen, Untersuchungsergebnisse, Befunde, Therapien und ihre Wirkungen, Eingriffe und ihre Wirkungen, Einwilligungen und Aufklärungen. Auch Arztbriefe und elektronische Dokumente (Videoaufnahmen etc.) müssen Bestandteil der Dokumentation sein. Aus den Landesberufsordnungen ist den Hebammen bereits bekannt, dass die Dokumentation für die Dauer von 10 Jahren nach Abschluss der Behandlung aufzubewahren ist (u. a. § 6 Abs. 2 HebBO NRW). Heute ist das auch in § 630f Abs. 3 BGB geregelt.

Der Behandlungsablauf muss in der **Krankenakte** festgehalten werden. Dazu gehören insbesondere die Namen der Beteiligten, die Erfassung der Befunde, sämtliche Behandlungsmaßnahmen und veranlasste Leistungen mit Datum und Uhrzeit (welche Person zu welcher Zeit eintrifft und wann ein Wechsel stattfindet; Kennzeichnung der CTG-Ausdrucke mit Datum und Uhrzeit), alle Diagnosen, Art und Dosierung der Medikation, ärztliche Hinweise und Anweisungen hinsichtlich der Behandlung, Besonderheiten der Behandlungsmaßnahmen, ein Operationsbericht, sämtliche Protokolle und Einzelheiten des Heilungsverlaufs. Insbesondere sind auch sämtliche **Zwischenfälle, Belehrungen und Risiken** (Patientin verlässt das Krankenhaus gegen ärztlichen Rat) aufzuführen.

Die Dokumentationspflicht endet erst mit der Beendigung der Behandlung. Die Dokumentation dient insbesondere als Grundlage der **Weiterbehandlung** durch eine andere Hebamme, erfüllt die **Rechenschaftspflicht** der Hebamme, ist Grundlage für die Abrechnung der einzelnen Leistungen und dient in einem Haftpflichtprozess der **Beweissicherung.** Die Dokumentation ist die Grundlage der Beurteilung, ob ein Behandlungsfehler vorliegt.

Merke

Ist die Dokumentation lückenhaft, unleserlich oder wahrheitswidrig, tragen die Hebamme bzw. der Arzt die Beweislast.

Die Verwendung von Symbolen und Stichworten in der Dokumentation ist zulässig. Die Dokumentation muss im **unmittelbaren zeitlichen Zusammenhang** mit den einzelnen Maßnahmen durchgeführt werden.

Dokumentationsmängel bereiten **Schadensersatzansprüche** vor. Eine **fehlerhafte Dokumentation** hat Auswirkungen auf die Beweislast bei der Haftung für Behandlungs- und Aufklärungsfehler nach § 630h Abs. 3 BGB (s. u.). Die Anspruchsgrundlagen ergeben sich aus dem Behandlungsvertrag und gesetzlichen Vorschriften (z. B. § 823 BGB), nicht unmittelbar aus der mangelhaften Dokumentation.

Grundsätzlich ist die Klientin zur Geltendmachung von Schadensersatzansprüchen verpflichtet, die Voraussetzungen eines Behandlungsfehlers **schlüssig vorzutragen.** Ist eine Maßnahme nicht dokumentiert worden, besteht die Vermutung, dass die Maßnahme auch gar nicht durchgeführt worden ist. Kann der Dokumentation insoweit nichts entnommen werden, muss die Hebamme nachweisen, dass ein Behandlungsfehler nicht vorliegt bzw. dass der Schaden auch ohne einen möglichen Behandlungsfehler eingetreten wäre. Die fehlerhafte Dokumentation führt daher zu einer **Beweiserleichterung** zugunsten der Patientin (§ 630h Abs. 3 BGB (S. 62)).

Einzelheiten zur Dokumentation finden sich bei Knobloch und Selow [65].

Einsichtsrecht in Behandlungsunterlagen

In §630g BGB ist geregelt, dass dem Patienten (als Vertragspartner) auf Verlangen unverzüglich **Einsicht** in die ihn betreffende **Patientenakte,** die im Eigentum der Hebamme bzw. des Krankenhauses steht, zu gewähren ist, soweit nicht erhebliche therapeutische oder sonstige erhebliche Gründe entgegenstehen. Der Patient kann Abschriften verlangen, muss aber die entstandenen Kosten erstatten (§630g Abs. 2 BGB). Bis zur Erstattung der Kosten kann die Hebamme eine Zurückbehaltungsrecht an den Papieren geltend machen (ergibt sich aus §811 Abs. 2 BGB). **Röntgenbilder** sind im Original auszuhändigen (Urteil des LG Kiel vom 30.03.2007).

Praxistipp

Kopien von Behandlungsunterlagen sollte die Hebamme erst nach Erstattung der Kopierkosten herausgeben, um nicht noch wochenlang Centbeträgen „nachzulaufen".

Das **Einsichtsrecht** ist u.a. erforderlich, um einen Haftpflichtprozess vorbereiten zu können. Es besteht hinsichtlich naturwissenschaftlich konkretisierter Befunde und Aufzeichnungen über Einzelheiten der Behandlung und deren Verlauf, aber auch bezüglich subjektiver Wertungen und persönlicher Eindrücke der Hebamme ([92]: §630g BGB Rdnr. 3), nicht jedoch persönlichkeitsbezogene Aufzeichnungen die Hebamme betreffend (Urteil des BGH vom 07.11.2013).

Das Einsichtsrecht ist ausgeschlossen, wenn der Einsichtnahme erhebliche therapeutische Gründe (z.B. bei psychiatrischen Behandlungen) oder sonstige erhebliche Rechte Dritter (in der Krankenakte befinden sich bei Minderjährigen problematische Einzelheiten über die Eltern) entgegenstehen.

Gemäß §97 StPO gilt im **strafrechtlichen Ermittlungsverfahren** ein Beschlagnahmeverbot hinsichtlich der Krankenunterlagen. Im **Haftungsprozess** kann die Geschädigte die Herausgabe der Unterlagen von den Behandlern verlangen (§§421 ff. ZPO und §810 BGB).

Das Einsichtsrecht erlischt grundsätzlich mit dem **Tod der Klientin**. Angehörigen und Erben kann die Einsicht verweigert werden, wenn sich die Hebamme aus nachvollziehbaren Gründen der Schweigepflicht (§203 StGB), die dokumentiert sein müssen, an der Offenbarung gehindert sieht.

Beweislast/Haftungsvermutungen

In §630 h BGB werden die durch die Rechtsprechung entwickelten Grundsätze zu **Beweiserleichterungen** im Heilbehandlungsrecht in einer gesetzlichen Regelung zusammen gefasst und auf sämtliche medizinische Behandlungsverträge erstreckt.

Es gilt im Grundsatz, dass die Person, die für sich Schadensersatzansprüche geltend macht, sämtliche Voraussetzungen dieser Schadensersatzansprüche zu beweisen hat. Diese Person ist beweispflichtig, d.h., sie trägt die **Beweislast** für alle ihr günstigen Umstände. Hierunter fallen u.a. der Beweis unterlassener Informationen, der Verletzung einer Aufklärungspflicht oder sämtlicher Umstände eines Behandlungsfehlers. Sollte der Patient behaupten, nicht ordnungsgemäß aufgeklärt worden zu sein und deshalb seine Einwilligung unzutreffenderweise erteilt zu haben, ist er auch noch beweispflichtig dafür, dass er die Einwilligung bei ordnungsgemäßer Aufklärung nicht erteilt hätte. Es sind daher durch die Klientin nicht nur die gesetzlichen Anspruchsvoraussetzungen, sondern insbesondere auch Kausalitätsverknüpfungen und die Schadenshöhe zu beweisen.

§630h BGB enthält im Gegensatz dazu folgende **gesetzliche Vermutungen** zugunsten der Klientin:

- Ein Fehler des Behandelnden wird vermutet, wenn sich ein **allgemeines Behandlungsrisiko** verwirklicht hat, das für den Behandelnden voll beherrschbar war und das zur Verletzung des Lebens, des Körpers oder der Gesundheit des Patienten geführt hat (Absatz 1). Es soll sich hierbei um Risiken handeln, die nach dem Erkennen mit Sicherheit ausgeschlossen werden können. Unerheblich ist, inwieweit das Risiko konkret vermeidbar war. Entscheidend ist lediglich die Zuordnung des Risikos zum Herrschafts- und Organisationsbereich des Behandelnden/der Hebamme (z.B. Hygienemängel in der Praxis, Urteil des BGH vom 20.03.2007). Es wurde bereits darauf hingewiesen, dass die Hebamme oftmals für ein entsprechendes Versagen gar nicht verantwortlich ist, jedoch möglicherweise als „Mithandelnde“ unter diesen „Vermutungstatbestand“ fallen wird. Die Klientin muss in diesen Fällen dann nur beweisen, dass ihre Verletzung durch ein für die Hebamme voll beherrschbares Behandlungsrisiko verwirklicht wurde. Die Hebamme wird künftig daher ein höchstpersönliches Interesse ebenso daran haben müssen, Mängel im Hygienebereich oder Fehler bei der Koordinierung und Organisation der Behandlungsabläufe zu vermeiden, wie den Einsatz medizinisch-technischer Geräte zu überwachen. Andernfalls wird nach der Neuregelung zugunsten der Klientin vermutet, dass die Hebamme ihre medizinischen Behandlungspflichten verletzt hat. Die Hebamme muss dann diese Vermutung durch den Beweis des Gegenteils entkräften. Dies kann u. a. dadurch geschehen, dass der volle Beweis dafür erbracht wird, dass ein Behandlungsfehler nicht vorgelegen hat und es daher nicht zu einer Pflichtverletzung gekommen ist. Liegt im Arzthaftungsprozess bereits ein **Sachverständigengutachten** vor, das einen Behandlungsfehler verneint und nach dem sich ein dem Eingriff innewohnendes nicht voll beherrschbares Risiko verwirklicht hat, trifft den Patienten eine gewisse Substantiierungspflicht. Er muss sich also mit dem Gutachten auseinandersetzen und konkrete Behandlungsfehler des Arztes mindestens im Groben bezeichnen (Urteil des OLG Naumburg vom 08.12.2014).

- Nach Abs. 2 Satz 1 hat die Hebamme zu beweisen, dass sie ordnungsgemäß aufgeklärt und die erforderliche **Einwilligung** eingeholt hat. Die Hebamme muss daher Sorge dafür tragen, durch geeignete Formulare, Unterlagen und Aufklärungspapiere Nachweise zu sichern, ordnungsgemäß aufgeklärt und die Einwilligung eingeholt zu haben. Entsprechende Unterlagen sind zur Dokumentation zu nehmen. Abs. 2 Satz 1 gilt nicht für die oben genannten Informationspflichten nach § 630c BGB. Nach wie vor muss die Klientin beweisen, dass ihre Gesundheitsbeeinträchtigung darauf beruht, dass die Behandlung ohne Aufklärung und/oder Einwilligung durchgeführt wurde. Allein die **Unterzeichnung eines Aufklärungsbogens** durch den Patienten beweist für sich allein jedoch noch nicht, ob der Patient ihn gelesen und verstanden hat, oder dass der Inhalt mit ihm erörtert wurde. Deshalb sind durch das Gericht die angebotenen Beweise für das stattgefundene Aufklärungsgespräch und dessen Inhalt zu erheben (Urteil des OLG Naumburg vom 08.12.2014).
- Sollte eine medizinisch gebotene wesentliche Maßnahme nicht in der **Patientenakte** aufgezeichnet oder die Patientenakte nicht ordnungsgemäß aufbewahrt worden sein, wird gesetzlich vermutet, dass die entsprechende Maßnahme nicht getroffen worden ist (Abs. 3). Auch insoweit müsste die Hebamme das Gegenteil, d. h., die tatsächliche Durchführung der Maßnahme, durch andere Beweismittel als die Dokumentation beweisen. Wenn die Hebamme es unterlässt, eine frühere Schulterdystokie in das **Geburtsjournal** aufzunehmen, wird eine Schadensersatzverpflichtung nur begründet, wenn diese unterlassene Ein- bzw. Übertragung ursächlich für das Unterbleiben eines weiteren Aufklärungsgesprächs und das Unterbleiben dieses Aufklärungsgesprächs ursächlich für das Unterlassen einer Schnittentbindung wäre und durch letztere Schulterdystokie und Armplexusparese vermieden worden wären (Urteil des OLG Bamberg vom 25.04.2005). Das Unterbleiben einer medizinisch gebotenen Dokumentation allein begründet noch keinen Behandlungsfehler, sondern kann lediglich ein **Indiz** für einen Behandlungsfehler sein. Der einfache Befunderhebungsfehler führt lediglich dann zur **Beweiserleichterung**, dass von einem reaktionspflichtigen Befund auszugehen ist, wenn dessen Auffinden durch die unterlassene Befunderhebung hinreichend wahrscheinlich ist (Urteil des OLG Saarbrücken vom 08.11.2006).
- War ein Behandelnder für die von ihm vorgenommene Behandlung nicht befähigt, wird vermutet, dass die **mangelnde Befähigung** für den Eintritt der Verletzung des Lebens, des Körpers oder der Gesundheit ursächlich war (Abs. 4). Diese Vorschrift orientiert sich an der bisherigen Rechtsprechung für Fälle von **„Anfängerfehlern“**. In der Praxis berührt dies u. a. auch Organisations- und Überwachungspflichten der Hebamme gegenüber **Hebammenschülerinnen**. Hebammen haften dann für Schülerinnen nach § 278 BGB im Rahmen des Behand-

lungsvertrags, nach § 831 BGB bei einer unerlaubten Handlung nach § 823 BGB.

- Liegt ein **grober Behandlungsfehler** vor und ist dieser grundsätzlich geeignet, eine Verletzung des Lebens, des Körpers oder der Gesundheit der tatsächlich eingetretenen Art herbeizuführen, wird vermutet, dass der Behandlungsfehler für diese Verletzung ursächlich war (Abs. 5). Diese Vorschrift regelt die bisherige Rechtsprechung des Bundesgerichtshofs zum „groben Behandlungsfehler". Ein **Behandlungsfehler** ist **dann grob**, wenn ein medizinisches Fehlverhalten aus objektiver Sicht nicht mehr verständlich erscheint, weil ein Fehler gegen gesicherte und bewährte medizinische Erkenntnisse und Erfahrungen verstoßen hat und er dem Behandelnden schlechterdings nicht unterlaufen darf (Urteil des BGH vom 25.10.2011). Dies gilt nach der Neuregelung auch bei fundamentalen Diagnosefehlern. So hat der BGH u. a. einen groben Behandlungsfehler darin gesehen, dass die Hebamme nicht sofort einen Arzt hinzugezogen hat, obwohl sie Anzeichen für eine Gefahrensituation erkannt hatte (Beschluss des BGH vom 13.09.2005). Zeigt das vorgeburtliche CTG über zwei Stunden mehrmals kritische Abfälle der Herzfrequenz des Kindes und versäumt der Arzt eine Blutanalyse und rasche Einleitung der Geburt, kann darin ein grober Behandlungsfehler liegen. Wird die Geburt von einer Ärztin mit vierjähriger Berufserfahrung geleitet, können deren grob fehlerhafte Versäumnisse einer Hebamme nicht zugerechnet werden, wenn das Vorgehen der Ärztin sich der Hebamme nicht als schlechterdings unvertretbar mit dem Erfordernis sofortiger Intervention darstellte. Eine **Beweislastumkehr** zum Nachteil der Ärztin erstreckt sich dann nicht ohne Weiteres auf die Hebamme (Urteil des OLG Koblenz vom 03.05.2007). Eine Beweislastumkehr findet auch statt, wenn der Behandelnde es unterlassen hat, einen medizinisch gebotenen Befund rechtzeitig zu erheben oder zu sichern, soweit der Befund mit hinreichender Wahrscheinlichkeit ein Ergebnis erbracht hätte, das Anlass zu weiteren Maßnahmen gegeben hätte, und wenn das Unterlassen solcher Maßnahmen grob fehlerhaft gewesen wäre (§ 630h Abs. 5 Satz 2 BGB).

Der **DHV** weist zu Recht daraufhin, dass den Beweislastregeln eine Unterscheidung zwischen Geburt als natürlichem, jedoch nicht klar zu definierenden Prozess und medizinischen Therapieformen fehlt. Einem nicht klar zu definierenden Prozess kann keine generelle Vermutung eines Behandlungsfehlers folgen, da eine solche Vermutung durch den Behandelnden nicht widerlegt werden kann. Auch ist nicht immer bekannt, ob ein Kind bereits Schäden im Mutterleib aufweist. Wenn nach der Geburt Schäden festgestellt werden, könnte die Beweislastumkehr bedeuten, dass zunächst davon ausgegangen werden müsste, die Schäden seien bei der Geburt durch die Hebamme verursacht worden. Es ist äußerst ungewiss, inwieweit es der Hebamme im Einzelfall gelingen wird, diese – dann gesetzliche – Vermutung zu widerlegen. Dies wird nur durch **sorgfältige Dokumentation** und Sicherung aller Beweise von Beginn der Behandlung an (Dokumentation, Dokumente, Zeugen, Gedächtnisprotokolle etc.) möglich sein.

Beispiele:

- Werden trotz der Hinweise auf einen **vorzeitigen Blasensprung** keine weiteren Untersuchungen vorgenommen, die Schwangere nicht in ein Krankenhaus eingewiesen und diese nicht zu **Kontrolluntersuchungen** aufgefordert, so führt dies im Falle eines behindert geborenen Kindes zu **Beweiserleichterungen** sowohl wegen mangelhafter Befunderhebung, als auch unter dem Gesichtspunkt eines **groben Behandlungsfehlers** (Urteil des OLG Stuttgart vom 02.02.1999).
- Versäumt eine geburtshilfliche Belegklinik, den Belegärzten (und -hebammen) mitzuteilen, wo sich der **Schlüssel für den Operationssaal** befindet, liegt ein **grober Organisationsfehler** vor, der dazu führt, dass die Klinik das (behauptete) Fehlen eines Kausalzusammenhangs zwischen einer verzögerten Schnittentbindung und einer eingetretenen Schädigung beweisen muss (Urteil des OLG Stuttgart vom 13.04.1999).

Beendigung des Behandlungsvertrages

Der Behandlungsvertrag ist beendet, wenn er **erfüllt** ist. Dies ist insbesondere dann der Fall, wenn nach Feststellung der Hebamme oder des Arztes eine weitere Behandlung nicht erforderlich ist.

Die Klientin hat das Recht und die Möglichkeit, ihre Einwilligung in die Heilbehandlung jederzeit zurückzunehmen. Da die **Rücknahme der Einwilligung** eine einseitige Willenserklärung ist, muss die Hebamme der Rücknahme nicht zustimmen. Sie ist an diese Erklärung der Patienten gebunden.

Außerdem kann die Klientin den Behandlungsvertrag gemäß § 627 BGB wegen **fehlenden Vertrauens fristlos kündigen**. Dieses Kündigungsrecht kann in einem Vertrag über einen Rückbildungskurs formularmäßig ausgeschlossen werden (Urteil des AG Nürtingen vom 24.06.1999, **aber str.**). Das Kündigungsrecht nach § 627 BGB besteht auch für die Hebamme. Diese muss jedoch beachten, dass sie die Kündigung nicht zur Unzeit vornimmt (§ 627 Abs. 2 BGB). Dies ist der Fall, wenn sich die Klientin die Hebammendienste nicht rechtzeitig anderweitig besorgen kann.

Ein **wichtiger Grund** für eine (allgemeine) außerordentliche Kündigung des Behandlungsvertrags nach § 626 BGB ist dann gegeben, wenn eine schwere Störung des Vertrauensverhältnisses besteht, aufgrund derer die Fortsetzung des Vertragsverhältnisses für eine Vertragspartei unzumutbar ist.

Auch für die **Hebamme** ist der Vertrag beendet, wenn sie ihn ordnungsgemäß erfüllt hat und die Heilbehandlung abgeschlossen ist. Zu einem früheren Zeitpunkt ist die Beendigung des Vertrages möglich, wenn die Hebamme **überlastet** ist oder wenn sich die Klientin ohne nachvollziehbaren Grund nicht an die Weisungen der Hebamme hält und dadurch den Erfolg der Behandlung gefährdet. Dies ist auch dann der Fall, wenn das **Vertrauensverhältnis** zwischen der Klientin und der Hebamme unwiederbringlich zerstört ist und der Behandlungserfolg nicht mehr eintreten kann.

Straftaten im Verhältnis zwischen Hebamme und Klientin berechtigen beide Seiten, den Behandlungsvertrag außerordentlich zu kündigen, wenn z. B. die Klientin öffentlich wahrheitswidrig verbreitet, die Hebamme behandle falsch oder schlecht.

Schließlich kann der Behandlungsvertrag durch einen einvernehmlichen **Aufhebungsvertrag** zwischen den Vertragsparteien beendet werden.

4.3 Vertragliche Haftung und Leistungsstörungen

Hebammen können sowohl aus einem mit der Klientin geschlossenen **Vertrag** als auch durch sog. unerlaubte Handlungen haften. Bei der **unerlaubten Handlung** (deliktische Haftung) nach § 823 BGB kommt ein gesetzliches Schuldverhältnis auch ohne Vertrag alleine durch Rechtsverletzungen zustande. Beide Haftungsmöglichkeiten bestehen nebeneinander.

4.3.1 Vertragliche Haftung

Eine vertragliche Haftung entsteht durch die **Verletzung von Pflichten**, die sich aus dem geschlossenen Einzelvertrag ergeben (§ 280 BGB).

Vertragliche Pflichten können sich zum einen aus gesetzlichen Vorschriften (z. B. den Regeln über den Verzug, §§ 286 ff. BGB), zum anderen aus den einzelvertraglichen Vereinbarungen der Parteien (u. a. auch aus Allgemeinen Geschäftsbedingungen, §§ 305 ff. BGB) ergeben.

Das sog. „Verschulden bei Vertragsschluss" bzw. bei Vertragsverhandlungen ist in § 311 Abs. 2 BGB geregelt. Ein Schuldverhältnis mit **Rücksichtnahmepflichten** entsteht u. a. auch durch die Aufnahme von Vertragsverhandlungen, die Anbahnung eines Vertrages oder ähnliche geschäftliche Kontakte (z. B. an Werbe-E-Mail hängt ein Computer-Virus).

Beispiel: Pflichtverletzungen mit Schadensersatzansprüchen können sich somit bereits aus der Durchführung von Vorgesprächen ergeben, die lediglich der Anbahnung des Abschlusses eines Behandlungsvertrages dienen sollen. Damit tritt eine Haftung für Falschauskünfte auch im Vorgespräch vor dem Vertragsabschluss ein! Gleiches gilt für Falschangaben auf einer Hebammen-Homepage.

4.3.2 Verantwortlichkeit für eigenes und fremdes Verschulden

Grundsätzlich haftet jeder Vertragspartner für **Vorsatz** und **Fahrlässigkeit** (§ 276 BGB).

- **Fahrlässig** handelt, wer die im Verkehr erforderliche Sorgfalt außer Acht lässt (§ 276 Abs. 2 BGB).
- **Vorsatz** bedeutet Wissen und Wollen. Die Haftung wegen eines Vorsatzes kann dem Schuldner nicht im Voraus erlassen werden (§ 276 Abs. 3 BGB).
- Der Schuldner hat auch für **fremdes Verschulden** einzustehen (§ 278 BGB).

Im Rahmen der vertraglichen Haftung bestimmt § 278 BGB für einen **„Erfüllungsgehilfen"**, dass der Schuldner ein Verschulden seines gesetzlichen Vertreters und der Personen, deren er sich zur Erfüllung seiner Verbindlichkeit bedient (z. B. Mitarbeiterin in einer Hebammenpraxis), in gleichem Umfange zu vertreten hat wie eigenes Verschulden. Hiervon kann sich die Hebamme nicht entlasten.

Bei unerlaubten Handlungen, d. h. ohne Vertrag, gilt etwas anderes. Eine Praxismitarbeiterin ohrfeigt z. B. eine Klientin im Wartezimmer. In einem solchem Fall möchte die Hebamme jedoch für das rechtswidrige Verhalten der Mitarbeiterin, ihrer **„Verrichtungsgehilfin"**, das weder durch die Regelungen des Arbeitsvertrages, noch durch die Anweisungen im Rahmen der Weisungsbefugnis des Arbeitgebers gedeckt ist, nicht eintreten. Gemäß § 831 Abs. 1 Satz 2 BGB tritt die Ersatzpflicht in diesen Fällen allerdings nur dann nicht ein, wenn der Geschäftsherr (die Hebamme als Arbeitgeberin) bei der Auswahl der Mitarbeiterin die erforderliche Sorgfalt beobachtet hat (z. B. durch Vorlage eines polizeilichen Führungszeugnisses) und wenn die Hebamme die Mitarbeiterin ordnungsgemäß überwacht hat (z.B auch durch regelmäßige Fortbildungen) oder der Schaden auch bei Anwendung dieser Sorgfalt entstanden wäre.

Praxistipp

Eine Hebamme kann sich daher entlasten, wenn sie ihre Mitarbeiter ordnungsgemäß **ausgewählt** und **überwacht** hat. Je verantwortungsvoller die Tätigkeit ist, desto sorgfältiger ist auszuwählen – evtl. kann die Frage nach Vorstrafen zulässig sein. Es muss dann aber auch eine ausreichende Organisation im Betrieb zur Überwachung vorhanden sein.

4.3.3 Verzug

Leistet der Schuldner auf eine Mahnung des Gläubigers, die nach dem Eintritt der Fälligkeit erfolgt, den vereinbarten Beitrag nicht, so kommt er durch die Mahnung in **Verzug** (§ 286 Abs. 1 BGB). **Verzug** bedeutet also die Nichtleistung trotz Fälligkeit und Mahnung.

Der **Schuldner einer Geldforderung** (d. h. Gebühren der Hebamme) kommt spätestens dann in Verzug, wenn er den vereinbarten Betrag nicht innerhalb von **dreißig Tagen** nach Fälligkeit und Zugang einer Rechnung oder einer gleichwertigen Zahlungsaufstellung bezahlt. Dies gilt gegenüber einem Schuldner, der Verbraucher ist nur, wenn auf diese Folgen in der Rechnung oder Zahlungsaufstellung besonders hingewiesen worden ist (§ 286 Abs. 3 BGB).

Praxistipp

Verzug tritt bei der Nichtzahlung einer Hebammenrechnung nach dreißig Tagen nur dann „automatisch" ein, wenn auf diese Folge in der Rechnung hingewiesen wurde. Außerdem muss die Hebamme den Zugang der Rechnung bei der Klientin auch nachweisen können. Legt eine Hebamme Wert auf die Zahlung ihrer Rechnung **vor** Ablauf von dreißig Tagen, muss sie die Klientin vorher mahnen und den Zugang der Mahnung bei der Klientin beweisen.

Praxistipp

Formulierungsbeispiel

„Ich weise Sie darauf hin, dass Sie mit der Zahlung meiner Gebührenrechnung spätestens nach Ablauf von 30 Tagen nach Zugang dieser Rechnung in Verzug geraten."

Im Bestreitensfall muss jedoch auch in diesen Fällen immer der **Zugang** der Rechnung nachgewiesen werden.

Die primäre Rechtsfolge des Verzugs ist die Verpflichtung zur Zahlung von **Verzugszinsen** (§ 288 BGB). Der Verzugszinssatz beträgt für das Jahr fünf Prozentpunkte über dem Basiszinssatz. Der **Basiszinssatz** richtet sich nach § 247 BGB und ändert sich halbjährlich zum jeweils 01.01. und 01.07. eines jeden Jahres (aktuell stets auf www.Bundesbank.de). Bei Rechtsgeschäften, an denen ein Verbraucher nicht beteiligt ist (z. B. Forderungen von Hebammen gegenüber Krankenkassen), beträgt der Zinssatz für Entgeltforderungen **neun Prozentpunkte über dem Basiszinssatz**, wobei auch noch höhere Zinsen verlangt werden können, wenn dies nachgewiesen ist (z. B. höhere Kontoüberziehungszinsen, § 288 Abs. 3 BGB). Der Gläubiger einer Entgeltforderung hat bei Verzug des Schuldners, wenn dieser kein Verbraucher ist (z. B. die **Krankenkasse**), außerdem einen Anspruch auf Zahlung einer **Pauschale in Höhe von 40 Euro** (§ 288 Abs. 5 BGB).

Praxistipp

Die Hebamme kann in den Fällen, in denen die **Klientin** nach einer Mahnung nicht bezahlt, ab dem Tag nach dem Ablauf der Mahnfrist zuzüglich zum Rechnungsbetrag 5 % Zinsen über dem Basiszinssatz verlangen und auch einen weitergehenden Zinsschaden (z. B. Kontoüberziehungsgebühr), den sie gegenüber der Klientin aber nachweisen muss, geltend machen. Gegenüber **Krankenkassen** kann auch noch eine Pauschale in Höhe von 40,00 Euro verlangt werden, der Zinssatz beträgt 9 %.

Sekundäre Rechtsfolge des Verzugs ist der **Ersatz des Verzugsschadens** (§ 286 Abs. 1 und 2 BGB). Es gilt außerdem eine **Haftungsverschärfung** gemäß § 287 BGB, wonach der Schuldner (die Klientin) während des Verzugs jede Fahrlässigkeit zu vertreten hat.

Neben den Folgen des Verzugs besteht auch die Möglichkeit des **Rücktritts vom Vertrag** (§ 323 BGB).

Wer in **Annahmeverzug** gerät, muss dennoch die Vergütung bezahlen. Die Hebamme vereinbart z. B. einen Besprechungstermin in der eigenen Praxis mit einer Schwangeren, die dann nicht erscheint, die Hebamme trifft beim vereinbarten Hausbesuch bei der Klientin niemanden an oder die Klientin erscheint nicht zum Kurstermin. In diesen Fällen kann die Hebamme grundsätzlich die entstandenen Gebühren verlangen, da sich die Klientin im Annahmeverzug befand. Für eine zweite Terminvereinbarung muss die Klientin erneut bezahlen, da die Hebamme nicht zur Nachleistung verpflichtet ist (so auch Urteile des LG Hannover vom 11.06.1998 und des AG Tettnang vom 22.05.1999). Andererseits kommt der Hebamme als Dienstverpflichteter (§ 616 BGB) zugute, dass sie ihren Anspruch auf Vergütung auch dann nicht verliert, wenn sie für eine **„verhältnismäßig nicht erhebliche Zeit“** ohne ihr Verschulden an der Dienstleistung verhindert wird (z. B. Zu-spät-Kommen oder Krankheit). Die Vergütung muss dennoch bezahlt werden, ohne dass die Hebamme grundsätzlich zur Nacharbeit verpflichtet wäre.

Praxistipp

Eine Mahnung allein unterbricht nicht die Verjährung. Eine Verjährungsunterbrechung wird u. a. nur durch ein Anerkenntnis oder durch eine gerichtliche Geltendmachung herbeigeführt.

4.3.4 Pflichtverletzung

In § 280 BGB ist geregelt, dass der Gläubiger **Ersatz des Schadens** verlangen kann, der ihm dadurch entsteht, dass der Schuldner eine Pflicht aus dem Schuldverhältnis verletzt.

Es handelt sich dabei grundsätzlich um schuldrechtliche Pflichten aller Art, wie z. B. **Hauptleistungspflichten** (beim Behandlungsvertrag die Heilbehandlung der Klientin und die Zahlung der Vergütung), **Neben- und Schutzpflichten** (z. B. Verletzung von allgemeinen Aufklärungspflichten, fehlende Bedienungsanleitung, Virus in Software etc.) oder Verhaltenspflichten.

Die **Pflichtverletzung** ist eine objektive Größe, die nicht von einem Sorgfaltsverstoß abhängt. Die Pflichtverletzung muss durch den Schuldner (Vertragspartner) oder das Verhalten eines Dritten erfolgen, welches dem Schuldner zuzurechnen ist (§ 278 BGB). Die **Beweislast** liegt beim Vertragspartner, der darzulegen und zu beweisen hat, dass die Pflichtverletzung nicht die Folge eines von ihm zu vertretenden Umstands ist.

Pflichtverletzungen liegen u. a. vor bei: Nichterfüllung oder Schlechterfüllung einer Leistung, Unmöglichkeit einer Leistung oder bei Verzug, Verletzung nachvertraglicher Pflichten (z. B. Fortdauer der Schweigepflicht), Verweigerung der Auskunft über den Kindsvater (Urteil des BGH vom 20.02.2013), unberechtigten Kündigungen, Verletzung von Pflichten zum Schutz vor Gesundheitsschäden, von Schweige- und Geheimhaltungspflichten, von Mitwirkungspflichten und der Verletzung von Berufspflichten, fehlende Hinweise einer Kindesgefährdung auf Plastiktüten oder Verpackungen, eine nicht DIN-gerechten Treppe, sich zu langsam öffnende oder nicht als solche erkennbare Glastüre, nicht sicherer Spielplatz bzw. Spielgeräte in der Praxis, Stolperfallen in der Praxis oder im Treppenhaus dorthin, fehlende Warnhinweise auf Speisen und Getränken, fehlende Schutz- und Warnhinweise zur Einnahme von Medikamenten und auf Nebenwirkungen der Behandlung.

Beispiele aus der Rechtsprechung (übertragen auf Hebammen):

- Haftung für verkehrssicheres **Spielgerät beim Babyschwimmen** (Urteil des AG Bremen vom 23.10.2014 für Schwimmkrake im Bad))
- Sturz durch **„Kabelsalat“** in der Praxis (Urteil des OLG Hamm vom 24.03.2015)
- Nicht gesicherte Gegenstände verletzten Klientin in der Praxis (Urteil des OLG Brandenburg vom 06.07.2010 für den Supermarkt)
- Sturz einer Klientin von der **Behandlungsliege** (Urteil des OLG Naumburg vom 12.07.2012)
- Pflichtwidrige Entfernung eines Bettseitenteils bei einer **sturzgefährdeten Klientin** (Urteil des OLG Bamberg vom 01.08.2011)
- **Duftstoffe in der Praxis** bei Duftallergikerin (Urteil des AG Rheinbach vom 19.07.2010)
- Stolpern über **schlafenden Hund** in der Praxis (Urteil des OLG Hamm vom 15.02.2013 für ein Sportgeschäft)
- Verbrennung durch **heißen Tee** in der Praxis (Urteil des S-H-OLG vom 31.05.2013)
- Besondere Sorgfaltspflichten für **Rollstuhlfahrer** (Urteil des OLG Saarbrücken vom 03.04.2014)

4.3.5 Rücktritt vom Behandlungsvertrag

Erbringt bei einem gegenseitigen Vertrag der Schuldner eine fällige Leistung nicht oder nicht vertragsgemäß, so kann der Gläubiger, wenn er dem Schuldner erfolglos eine angemessene Frist zur Leistung oder Nacherfüllung bestimmt hat, **vom Vertrag zurücktreten** (§ 323 Abs. 1 BGB).

Voraussetzungen für einen wirksamen Rücktritt sind daher

- das Vorliegen einer Pflichtverletzung,
- eine erfolglos abgelaufene Frist zur Leistung oder Nacherfüllung (die evtl. entbehrlich ist, wenn sie bloße „Förmelei“ wäre bzw. es sich um einen zweiten vergeblichen Versuch der Nacherfüllung gehandelt hätte) und
- eine **Rücktrittserklärung** (§ 349 BGB), die dem Vertragspartner zugehen muss.

Als Rechtsfolge des Rücktritts sind die bereits ausgetauschten Leistungen zurückzugewähren bzw. Zug um Zug zu erfüllen (§ 346 ff. BGB).

Merke

Das Recht des Gläubigers, bei einem gegenseitigen Vertrag Schadensersatz zu verlangen, ist durch den Rücktritt nicht ausgeschlossen (§ 325 BGB). Der Vertragspartner kann gleichzeitig vom Vertrag zurücktreten und Schadensersatz wegen Pflichtverletzung verlangen.

4.4 Anfechtung eines Vertrags

Es gibt verschiedene Möglichkeiten, sich von einem Vertrag zu lösen bzw. diesen rückwirkend zu vernichten.

Eine **Willenserklärung** kann unter den Voraussetzungen der §§ 119 ff. BGB nachträglich **angefochten** werden. Das Rechtsgeschäft (auch der Vertrag) ist dann als von Anfang an als **nichtig** anzusehen (§ 142 BGB). Die Anfechtung muss durch eine Erklärung gegenüber dem Empfänger der Willenserklärung erfolgen (§ 143 Abs. 1 BGB).

Eine Anfechtung ist jedoch nur bei Vorliegen bestimmter **Anfechtungsgründe** möglich:

- **Erklärungsirrtum** (§ 119 Abs. 1, 2. Alt. BGB: Verschreiben, Versprechen etc.).
- **Inhaltsirrtum** (§ 119 Abs. 1, 1. Alt. BGB: Irrtum über die Bedeutung der abgegebenen Erklärung; eine vom Empfängerhorizont abweichende Bedeutungsvorstellung, z. B. das Wort „Dutzend" wird falsch gebraucht).
- **Eigenschaftsirrtum** (§ 119 Abs. 2 BGB: Irrtum über eine Eigenschaft/jeden wertbildenden Faktor).
- **Übermittlungsirrtum** (§ 120 BGB) bei unrichtiger Übermittlung, z. B. Rauschen am Telefon.

Die **Anfechtung** hat in den Irrtumsfällen des § 119 BGB **unverzüglich** (d. h. ohne schuldhaftes Zögern, § 121 BGB) zu erfolgen. Außerdem ist der Anfechtende in diesen Fällen verpflichtet, der anderen Partei ihren Schaden zu ersetzen, den diese dadurch erlitten hat, dass sie auf die Gültigkeit der Erklärung vertraut hat (§ 122 BGB).

Darüber hinaus kann eine Willenserklärung auch angefochten werden, wenn ihre Abgabe durch **Täuschung** oder **widerrechtliche Drohung** veranlasst worden ist (§ 123 BGB). Bei einer Täuschung müssen Tatsachen (objektiv nachprüfbare Umstände, nicht nur Werbeaussagen oder Werturteile) vorgespiegelt oder verzerrt werden. Es soll ein Irrtum erzeugt oder unterhalten werden. Auch Täuschung durch Unterlassen bzw. **Verschweigen** ist möglich (z. B. wenn falsche Vorstellungen nicht korrigiert werden). Voraussetzung für ein Verschweigen ist jedoch, dass eine Aufklärungspflicht besteht (vgl. auch Garantenpflicht beim strafrechtlichen Unterlassungsdelikt, Kap. 8.1.1).

Eine solche **Aufklärungspflicht** besteht u. a. nicht über eine besondere Honorarstruktur beim Verkauf einer Arztpraxis (Urteil des BGH vom 13.07.1988: für die Hebammenpraxis muss das Gleiche gelten).

Arglist erfordert einen Täuschungswillen und liegt vor, wenn die Täuschung gerade bezwecken soll, den anderen zur Abgabe einer Willenserklärung zu veranlassen.

Eine **Drohung** liegt dann vor, wenn einem anderen ein Übel in Aussicht gestellt wird, auf dessen Eintritt oder Nichteintritt der Drohende Einfluss zu haben vorgibt. Die Drohung ist **widerrechtlich**, wenn das Mittel oder das Ziel rechtswidrig ist oder die Verknüpfung zwischen Mittel und Zweck verwerflich sind (so auch in § 240 Abs. 2 StGB).

Bei einer Täuschung oder Drohung beträgt die **Anfechtungsfrist ein Jahr** ab dem Zeitpunkt, ab dem die Täuschung bemerkt wurde bzw. an dem die durch die Drohung bewirkte Zwangslage beendet ist (§ 124 BGB).

Bei einem sog. **unbeachtlichen Motivirrtum** (einer einfachen Fehlvorstellung des Erklärenden: „Ein roter Pulli steht mir doch besser als ein blauer.") und einem Kalkulationsirrtum (einer fehlerhaften Preisberechnung durch eine Partei) besteht **keine** Anfechtungsmöglichkeit.

4.5 Widerruf eines Vertrages

Einige Vorschriften im BGB geben dem Verbraucher (der Klientin) die Möglichkeit, die auf den Abschluss des Vertrags gerichtete Willenserklärung gemäß §§ 355 ff. BGB bei sog. **Verbraucherverträgen** (Vertrag zwischen Verbraucher und Unternehmer) zu widerrufen.

Verbraucher ist jede natürliche Person (d. h. jeder Mensch), die ein Rechtsgeschäft zu einem Zwecke abschließt, der weder ihrer gewerblichen noch ihrer selbstständigen beruflichen Tätigkeit zugerechnet werden kann (§ 13 BGB).

Unternehmer ist eine natürliche oder juristische Person oder eine rechtsfähige Personengesellschaft, die beim Abschluss eines Rechtsgeschäfts in Ausübung ihrer gewerblichen oder selbstständigen beruflichen Tätigkeit handelt (§ 14 BGB). Die Hebamme ist Unternehmerin.

4.5.1 Fernabsatzverträge

Bei den **Verbraucherverträgen** handelt es sich um außerhalb von Geschäftsräumen geschlossene Verträge (früher: Haustürgeschäfte, § 312b BGB) und Fernabsatzverträge (§ 312c BGB). **Fernabsatzverträge** sind Verträge, bei denen der Unternehmer oder eine in seinem Namen oder Auftrag handelnde Person und der Verbraucher für die Vertragsverhandlungen und den Vertragsschluss ausschließlich Fernkommunikationsmittel verwenden, es sei denn, dass der Vertragsschluss nicht im Rahmen eines für den Fernabsatz organisierten Vertriebs- oder Dienstleistungssystems erfolgt (§ 312c Abs. 1 BGB). **Fernkommunikationsmittel** im Sinne dieses Gesetzes sind alle Kommunikationsmittel, die zur Anbahnung oder zum Abschluss eines Vertrags eingesetzt werden können, **ohne** dass die Vertragsparteien gleichzeitig körperlich anwesend sind, wie Briefe, Kataloge, Telefonanrufe, Telekopien, E-Mails, über den Mobilfunkdienst versendete Nachrichten (SMS) sowie Rundfunk und Telemedien (Internet) (§ 312c Abs. 2 BGB).

Bei Fernabsatzverträgen bestehen **besondere Informationspflichten** nach §§ 312d ff. BGB und Art. 246a, 246b EGBGB.

4.5.2 Widerrufsrecht

Bei Fernabsatzverträgen wird ein **Widerrufsrecht** eingeräumt (§ 312 g BGB), von dem es jedoch einige Ausnahmen gibt (z. B. bei Lebensmitteln oder Zeitschriften, § 312 g Abs. 2 BGB).

Der Widerruf erfolgt durch Erklärung gegenüber dem Unternehmer. Aus der Erklärung muss der Entschluss des Verbrauchers zum Widerruf des Vertrags eindeutig hervorgehen. Die Widerrufsfrist beträgt 14 Tage. Sie beginnt mit Vertragsschluss, soweit nichts anderes bestimmt ist. Der **Widerruf** muss keine Begründung enthalten. Zur Fristwahrung genügt die **rechtzeitige Absendung** des Widerrufs (und nicht wie bei einseitigen empfangsbedürftigen Willenserklärungen der fristgemäße Zugang).

Das **Muster-Widerrufsformular** findet sich in der Anlage 2 zu Art. 246a § 1 Absatz 2 Satz 1 Nummer 1 des Einführungsgesetzes zum Bürgerlichen Gesetzbuch (EGBGB).

Eine Klientin kann als Verbraucherin Verträge mit einer Hebamme als Unternehmerin dann widerrufen, wenn es sich um sog. **Verbraucherverträge** handelt (§ 355 ff. BGB).

Das Amtsgericht Offenbach hat mit einem Urteil vom 09.10.2013 für Rechtsanwälte angenommen, dass ein für den Fernabsatz organisiertes **Vertriebs- oder Dienstleistungssystem** dann vorliegt, wenn der Unternehmer sich Techniken der Fernkommunikation systematisch zunutze macht. Erst wenn dies bei der Hebamme der Fall ist, droht die Möglichkeit des Widerrufs des Behandlungsvertrags durch die Klientin, wenn der Vertrag ohne gleichzeitige persönliche Anwesenheit von Hebamme und Klientin zustande gekommen ist.

Praxistipp

Um nicht unter die Regelungen der Fernabsatzverträge zu fallen, sollten Behandlungsverträge nicht ausschließlich am Telefon, per E-Mail oder brieflich abgeschlossen werden. Da in diesen Fällen die Vertragspartner nicht gleichzeitig anwesend sind, liegen **Fernabsatzverträge** vor. Die Hebamme sollte daher die Klientinnen zu einem **Beratungsgespräch in die Praxis einbestellen**, sodass der Vertrag erst geschlossen wird, wenn die Einzelheiten, insbesondere der Vertragsinhalt, im persönlichen Gespräch vereinbart sind. Erst dann besteht kein Risiko eines Vertragswiderrufs.

4.5.3 Elektronischer Geschäftsverkehr

Die gleichen Grundsätze gelten im Übrigen, wenn die Hebamme auf dem Gebiet des **elektronischen Geschäftsverkehrs** tätig wird. In § 312j BGB ist dazu geregelt, dass der Unternehmer, der sich zum Zwecke des Abschlusses eines Vertrags über die Lieferung von Waren oder über die Erbringung von Dienstleistungen der Telemedien (Internet) bedient, dem Kunden zusätzlich zu den Belehrungen beim Fernabsatzvertrag u. a. angemessene, wirksame und zugängliche technische Mittel zur Verfügung zu stellen hat, mit deren Hilfe der Kunde **Eingabefehler** (auf der Internetseite) vor der Abgabe seiner Bestellung erkennen und **berichtigen** kann.

Der Unternehmer hat einen Bestellvorgang so zu gestalten, dass der Verbraucher mit seiner Bestellung ausdrücklich bestätigt, dass er sich zu einer Zahlung verpflichtet. Erfolgt die Bestellung über eine **Schaltfläche**, ist die Pflicht des Unternehmers erfüllt, wenn diese Schaltfläche gut lesbar mit nichts anderem als den Wörtern „zahlungspflichtig bestellen" oder mit einer entsprechenden eindeutigen Formulierung beschriftet ist (§ 312j BGB).

4.5.4 Homepage-Impressum

Auch Hebammen bieten Dienste auf eigenen Internetseiten an. In diesen Fällen gilt außerdem das Telemediengesetz (TMG). In §5 TMG sind allgemeine **Informationspflichten** festgeschrieben, die ein Diensteanbieter für geschäftsmäßige Telemedien (Internet) leicht erkennbar, unmittelbar erreichbar und ständig verfügbar halten muss (siehe auch [52]).

Praxistipp

In ihrem Homepage-Impressum muss die Hebamme folgende Informationen bereit halten:

- den Namen und die Anschrift, unter der sie niedergelassen ist,
- Angaben, die eine schnelle elektronische Kontaktaufnahme und unmittelbare Kommunikation mit ihr ermöglichen, einschließlich der E-Mail-Adresse,
- Angaben über den Staat, in dem die Berufsbezeichnung verliehen worden ist („Hebamme Bundesrepublik Deutschland") und die Bezeichnung der berufsrechtlichen Regelungen und dazu, wie diese zugänglich sind (ein Link auf www.Hebammengesetz.de ist ausreichend),
- wenn die Hebamme eine Umsatzsteueridentifikations-Nummer nach § 27a des Umsatzsteuergesetzes besitzt, die Angabe dieser Nummer.
- Das örtlich zuständige Gesundheitsamt als Aufsichtsbehörde.

Sofern die Hebamme diese (Informations-)Pflichten verletzt, besteht für die Patientin nicht nur die Möglichkeit, den Vertrag zu widerrufen, vielmehr handelt es sich auch um eine allgemeine **Pflichtverletzung** des geschlossenen Vertrages (§280 BGB). Außerdem handelt diejenige, die vorsätzlich oder fahrlässig eine solche Information nicht, nicht richtig oder nicht vollständig verfügbar hält, **ordnungswidrig** und kann verpflichtet werden, eine **Geldbuße bis zu 50.000,00 Euro** zu bezahlen (§ 16 TMG).

Eine Zusammenfassung zu „**Hebamme und Internet**" findet sich in *Internetrecht für Hebammen* [29].

4.6 Haftung aus unerlaubter Handlung (Deliktische Haftung aus gesetzlichem Schuldverhältnis)

Nach §823 Abs. 1 BGB ist derjenige, der vorsätzlich oder fahrlässig das Leben, den Körper, die Gesundheit, die Freiheit, das Eigentum oder ein sonstiges Recht eines anderen widerrechtlich verletzt, dem anderen zum Ersatz des daraus entstehenden Schadens verpflichtet (sog. **unerlaubte Handlung**). Ein Vertrag zwischen den Beteiligten ist hierfür nicht erforderlich.

4.6.1 Körper- und Gesundheitsverletzung

Eine **Körper- und Gesundheitsverletzung** liegt dann vor, wenn die körperlichen, geistigen oder seelischen Lebensvorgänge gestört sind oder von den normalen körperlichen Funktionen nachteilig abweichende Zustände hervorgerufen oder gesteigert werden (Urteil des BGH vom 06.12.1988). Das Zufügen von Schmerzen oder tiefgreifende Veränderungen der Befindlichkeit sind nicht erforderlich (Urteil des BGH vom 30.04.1991 hinsichtlich der Verabreichung einer HIV-kontaminierten Blutkonserve; auch Haare scheiden oder Verstrahlung mit Röntgenstrahlen).

Es ist dabei auch nicht erforderlich, dass der Verletzte bereits geboren war.

Das noch nicht geborene Kind ist auch in den **Schutzbereich der Behandlungsverträge** zwischen Mutter, Belegarzt und Belegkrankenhaus einbezogen. Es kann bei Vertragsverletzungen Schadensersatzansprüche im eigenen Namen geltend machen (Urteil des OLG Koblenz vom 26.07.2000).

Strittig ist allerdings, ob das Absterben der Leibesfrucht zugleich eine körperliche Verletzung der Mutter ist. Diese Frage wird im Urteil des OLG Düsseldorf vom 09.11.1987 verneint, da die Leibesfrucht bereits selbstständiges menschliches Leben sei; und im Urteil des OLG Koblenz vom 28.01.1988 bejaht. Ein dadurch bei der Mutter hervorgerufener **Schock** kann immer eine Gesundheitsverletzung darstellen. Gleiches gilt für das Miterleben des Unfalltodes eines nahen Angehörigen oder dessen Tod durch einen ärztlichen Behandlungsfehler und die dadurch verursachte Schädigung der Leibesfrucht (BGHZ 93, 351).

4.6.2 Sorgfaltspflichten von Arzt und Hebamme

Die Sorgfaltspflichten eines **Arztes** (die auch für eine Pflichtverletzung gemäß §280 Abs. 1 BGB von Bedeutung sind) richten sich nach dem medizinischen Standard des jeweiligen Fachgebietes (Urteil des BGH vom 29.11.1994). Die gesundheitliche Integrität der Patienten soll nach den Regeln der ärztlichen Kunst wieder hergestellt werden (Urteil des BGH vom 20.09.1988).

Gleiches gilt auch für **Hebammen,** die ihren Kenntnisstand insbesondere durch Fortbildungsmaßnahmen regelmäßig auffrischen müssen (eine entsprechende Verpflichtung ergibt sich aus den Landesberufsordnungen).

Behandlungsfehler im Sinne der unerlaubten Handlung können sich z. B. ergeben:

- aus überflüssigen, medizinisch nicht indizierten Eingriffen (Urteil des OLG Düsseldorf vom 15.11.1984),
- einer nicht ordnungsgemäßen Lagerung der Frau während der Geburt,
- durch das Hinauszögern eines Eingriffs trotz vorliegender medizinischer Indikation,
- durch das Zurückbleiben eines Fremdkörpers bei einer Operation (BGHZ 4, 138),
- und das Unterlassen der ständigen Überwachung der Patientin bei Risikoanzeichen (z. B. Atemstörung nach einer Operation im Urteil des OLG Düsseldorf vom 30.12.1985).

Für den Arzt ist entschieden, dass es zu seiner **Organisation- und Aufsichtspflicht** gehört, eine Nachtschwester über besondere Gefahren für Patienten zu belehren und sie auf die Art und Notwendigkeit von Maßnahmen hinzuweisen, um Komplikationen sofort zu erkennen. Dies gilt uneingeschränkt auch für die Hebamme, die beim Eintritt ernsthafter Komplikationen den zuständigen Arzt unterrichten muss. Dies ergibt sich auch aus §4 HebG („abgesehen von Notfällen").

Im Rahmen einer medizinischen Behandlung besteht immer die Pflicht zur Verhinderung vermeidbarer **Keimübertragungen** durch die Einhaltung der gebotenen hygienischen Vorsorge (Urteil des BGH vom 08.01.1991).

Einzelheiten ergeben sich auch aus den „Richtlinien des Gemeinsamen Bundesausschusses über die ärztliche Betreuung während der Schwangerschaft und nach der Entbindung – **Mutterschafts-Richtlinien**". Hierbei handelt es sich um Richtlinien, die der Sicherung einer nach den Regeln der ärztlichen Kunst und unter Berücksichtigung des allgemein anerkannten Standes der medizinischen Erkenntnisse ausreichenden, zweckmäßigen und wirtschaftlichen ärztlichen Betreuung der Versicherten während der Schwangerschaft und nach der Entbindung dienen.

4.6.3 Organisationsverschulden

Zahlreiche Haftungsfälle beruhen auf **Organisationsfehlern**. In einer Klinik sind genaue organisatorische Anweisungen für den Einsatz, die Anleitung und die Kontrolle insbesondere unerfahrener Berufsanfänger erforderlich (Urteil des BGH vom 26.04.1988). Kontrolluntersuchungen und ihre **Dokumentation** müssen sichergestellt sein. Gleiches gilt für die Pflicht zur Belehrung der Patienten über notwendige Kontrolluntersuchungen bei der Entlassung aus dem Krankenhaus.

Ein **Organisationsverschulden** ist bei einer Einrichtung (Klinik, Geburtshaus) immer dann gegeben, wenn sie Patienten aufnimmt, ohne über die für die notwendige therapeutische Maßnahme erforderliche technische Ausstattung zu verfügen (Urteil des BGH vom 30.05.1989).

Die eingeteilte Besetzung – insbesondere des Nachtdienstes – muss mit den für ihr Fachgebiet zu erwartenden Notfällen und deren Behandlung vertraut sein. Ein Facharzt muss sofort rufbereit sein.

Beispiele:

- Es muss gewährleistet sein, dass ein Neugeborenes in der **2. Stunde nach der Geburt** alle 10 bis 15 Minuten untersucht wird (Urteil des OLG Köln vom 22.04.1996).
- Der Chefarzt einer Kinderklinik muss organisatorisch sicherstellen, dass **Gummiwärmflaschen** zur Verwendung in Inkubatoren vor jedem Gebrauch äußerlich geprüft werden, dass ihr Anschaffungsdatum erfasst ist und dass sie nach

relativ kurzer Gebrauchsdauer ausgesondert werden (Urteil des BGH vom 01.02.1994).

- Die Überlassung einer **Risikogeburt** an eine Hebamme stellt nach der Rechtsprechung einen schweren (groben) Behandlungsfehler dar (Urteil des OLG Oldenburg vom 24.07.1990).
- Ein **grober Behandlungsfehler** liegt vor, wenn die Hebamme nicht sofort einen Arzt hinzugezogen hat, obwohl sie Anzeichen für eine Gefahrensituation erkannt hatte (Urteil des BGH vom 13.09.2005).
- Eine Hebamme, die es unterlässt, bei einem wegen eines **tiefen Abfalls der Herztonfrequenz** hochpathologischen CTG-Befund sofort den Arzt zu rufen, handelt grob fehlerhaft (Urteil des OLG Oldenburg vom 19.12.2007).
- Weiter Informationen zum **„Übernahme- und Organisationsverschulden"** bei Morgenthal [82].

4.6.4 Beratungs- und Diagnosefehler

Auch **Beratungsfehler** stellen nicht nur vertragliche Pflichtverletzungen, sondern unerlaubte Handlungen dar. Dies gilt insbesondere hinsichtlich der gebotenen Maßnahmen, der Dringlichkeit der Behandlung und auch der Nachbehandlung. Auch bei der Entlassung aus der Klinik oder dem Geburtshaus ist es die Pflicht der Hebamme, die Frau auf mögliche auftretende Komplikationen und die Notwendigkeit von Kontrolluntersuchungen hinzuweisen.

Auch **Diagnosefehler** begründen eine Haftung. Stellt die Hebamme eine unrichtige Diagnose, aufgrund derer der Arzt nicht hinzugezogen wird, ist sie schadensersatzpflichtig.

Weitere Beispiele:

- Behandlungsfehler stellen insbesondere auch die **ungenügende Desinfektion** der Hände der Hebamme oder eine unterbliebene Desinfektion der Haut der Patientinnen im Bereich der Einstichstelle einer Injektion dar. Gleiches gilt für den Verstoß gegen Hygienebestimmungen.
- Eine vaginale statt der verabredeten Schnittentbindung bei unveränderter Beckenendlage des Kindes stellt ebenfalls einen Behandlungsfehler dar (BGHZ 106, 153).
- Gleiches gilt für die operative Entfernung der Gebärmutter ohne medizinische Indikation (Urteil des OLG Hamm vom 14.06.2000).
- Eine vaginale statt der dringend gebotenen Schnittentbindung (Urteil des BGH vom 16.05.2000).
- Das Unterbleiben einer sofort nötigen Schnittentbindung.
- Das Unterlassen der weiteren ärztlichen Überwachung des Geburtsvorgangs trotz eines pathologischen Befundes (Urteil des OLG Oldenburg vom 16.01.1996).
- Die Sauerstoff-Unterversorgung des Kindes während der Geburt (Urteile des OLG Celle vom 28.07.1997, und des OLG Hamm vom 23.04.1997).
- Eine unterlassene Intubationsbeatmung eines scheintoten Säuglings unmittelbar nach der Entbindung ([92] zu § 823, Rdnr. 66 ff.).
- Hinsichtlich **medizinischer Geräte** ist der Nichteinsatz zur Therapie ein Behandlungsfehler (Urteil des BGH vom 30.05.1989).

- Für Hebammen und Pflegeberufe gilt grundsätzlich nichts anderes als für den Arzt (Urteil des BGH vom 16.05.2000).
- Eine Haftung der Hebamme besteht lediglich dann nicht, wenn ein verantwortlicher Arzt anwesend ist (Urteil des OLG Düsseldorf vom 25.11.1999).

Eine **Haftung des Krankenhauses** besteht in erster Linie für Organisations- und Überwachungsfehler, nicht für Fehler eines Belegarztes (Urteil des BGH vom 14.02.1995). Jedes Krankenhaus muss ausreichende Maßnahmen treffen, um für die Bewältigung von Notfällen gewappnet zu sein. Die Untersuchung einer Schwangeren mit Blutungen und Unterbauchschmerzen muss spätestens 15 Minuten nach der Notfallaufnahme, die Schnittentbindung 25 Minuten nach der Indikationsstellung möglich sein (Urteil des OLG Braunschweig vom 18.12.1997). Das Krankenhaus haftet auch für die Überprüfung technischer Geräte auf die Funktionstüchtigkeit hin.

Praxistipp

Auch angestellte Hebammen müssen überprüfen, ob das Krankenhaus, bei dem sie angestellt sind, eine **Berufshaftpflichtversicherung** für sie abgeschlossen hat. Es ist nicht selbstverständlich, dass das Krankenhaus alle Risiken der Hebamme absichert. Die Hebamme sollte sich eine Kopie des **Versicherungsscheins** für ihre Unterlagen geben lassen, insbesondere, da sie auch nach der Beendigung ihrer Tätigkeit für das Krankenhaus in Anspruch genommen werden kann, wenn der Fall noch nicht verjährt ist.

4.6.5 Fallbeispiele aus der Rechtsprechung

- Steht zur **Überwachung eines CTG** nur eine Krankenschwester zur Verfügung, so haftet das Krankenhaus aus **Organisationsverschulden**. Das Krankenhaus muss auch dafür sorgen, dass ein Belegarzt das Krankenpflegepersonal mit Aufgaben betraut, die dessen Kompetenz nicht überschreiten (Urteil des BGH vom 16.04.1996). Ein Belegarzt, der die Leitung der Geburt übernommen hat, haftet für Fehler der Hebamme, die nicht hinreichend mit dem CTG vertraut ist (Urteil des OLG Celle vom 28.07.1997).
- Es gehört zu den Aufgaben der Hebamme, ein CTG aufzuzeichnen und ein **pathologisches CTG** zu erkennen. In diesem Fall hat dann jedoch der Arzt alles Weitere zu veranlassen und den Geburtsfortschritt zu überwachen (Urteil des OLG Oldenburg vom 16.01.1996).
- Die Hebamme muss bei einem **hochpathologischen CTG** den Arzt nicht nur benachrichtigen, sondern sein Kommen auch als „dringlichst" darstellen (Urteil des LG Darmstadt vom 21.04.1994).
- Es liegt ein grober Behandlungsfehler vor, wenn ein Arzt telefonisch anweist, **wehenfördernde Mittel** einzusetzen, ohne dass die Überwachung durch ein CTG-Gerät möglich ist. Auch die Hebamme muss wissen, dass ein solches Vorgehen gegen die Regeln ärztlicher Kunst verstößt. Macht sie dem Arzt keinen entsprechenden Vorhalt, ist sie für den eingetretenen Schaden mitverantwortlich (Urteil des OLG Frankfurt vom 06.04.1990).
- Eine Hebamme hat eine Gebärende, die sich im **Entspannungsbad** befindet, engmaschig zu überwachen. Ein Ertrinkungsunfall muss ausgeschlossen sein. Es ist erforderlich, in **Hörweite** bei geöffneter Tür anwesend zu sein. Der Nahüberwachungsbereich darf nur verlassen werden, wenn auf andere Art und Weise die Überwachung sichergestellt ist (Urteil des LG Heilbronn vom 22.05.1996).
- Ein Neugeborenes muss bei einem erhöhten Risiko für das Auftreten einer **Neugeboreneninfektion** innerhalb der ersten 48 Stunden engmaschig beobachtet werden. Ein Arzt muss für den Notfall sofort greifbar sein (Urteil des OLG Stuttgart vom 04.01.2000).
- Die Hebamme muss einen **Herpes labialis** des Vaters dem anwesenden Arzt mitteilen. Der bloße Hinweis, das Kind dürfe den Mund des Vaters nicht berühren, reicht nicht aus, da eine Übertragung auch durch Sprechen, Husten oder Niesen erfolgen kann. Die Belehrung durch die Hebamme muss immer dem konkreten **Infektionsrisiko** entsprechen (Urteil des OLG Düsseldorf vom 10.07.1997). Es ist jedoch nicht erforderlich, den Vater (immer) auf Infektionskrankheiten zu untersuchen, bevor er den Kreißsaal betreten darf.
- Führen bei einer schwierigen Entwicklung der **Schulter** bei sachgerechtem Vorgehen **Zugkräfte** zu Schädigungen des Kindes, so sind diese schicksalhaft und unvermeidbar. Die Hebamme haftet nicht (Urteil des OLG Hamm vom 20.01.1999).
- Nach einer Entscheidung des OLG Stuttgart endet die Kompetenz der Hebamme beim Auftreten einer **Schulterdystokie.** Es muss sofort ein Facharzt hinzugezogen werden. Hierfür hat auch der Krankenhausträger organisatorisch Sorge zu tragen, wobei die Sicherstellung einer Rufbereitschaft innerhalb des Hauses ausreichen soll (Urteil des OLG Stuttgart vom 15.07.1993).
- Eine freiberufliche **Beleghebamme** ist dafür verantwortlich, dass im Krankenhaus eine **Organisation** geschaffen wird, nach der sie stets ab Beginn der Geburt erreichbar ist (Urteil des LG Heilbronn vom 27.07.1998).
- Die **Nichtverlegung** einer Schwangeren in ein Zentrum der Maximalversorgung (**Perinatalzentrum**) kann grob fehlerhaft sein, wenn mit der

Geburt eines Kindes vor der 28. Schwangerschaftswoche und/oder mit einem Geburtsgewicht von unter 1000 g gerechnet werden muss (Urteil des OLG Oldenburg vom 06.02.2008).

- Nach der Übernahme der Geburt durch den **Belegarzt** ist die angestellte Hebamme ausschließlich dessen **Erfüllungsgehilfin** (§ 278 BGB). Die Hebamme unterliegt dann dem Weisungs- und Direktionsrecht des Belegarztes (Urteil des OLG Karlsruhe vom 13.10.2004). Bei einem Fehlverhalten haftet die Hebamme evtl. selbst und der Belegarzt, der sich ihrer zur Erfüllung seiner eigenen Verbindlichkeit aus dem Behandlungsvertrag bedient hat. Das Krankenhaus haftet dann nicht, wenn die Hebamme nur **Erfüllungsgehilfin des Belegarztes** ist (Urteil des OLG Koblenz vom 26.07.2000 und des BGH vom 07.12.2004), da das Krankenhaus die Leistungen von Belegarzt und Beleghebamme nicht schuldet (so auch Urteil des BGH vom 14.02.1995, das auch klarstellt, dass der Belegarzt auch für Fehler der freiberuflich tätigen Hebamme verantwortlich ist, die die Geburt bei zeitweiliger Abwesenheit des Arztes überwacht). Der Träger des Belegkrankenhauses haftet nur für Fehler der bei ihm angestellten Hebammen, die nicht dem Belegarzt zugerechnet werden können (Urteil des BGH vom 16.05.2000 und des OLG Karlsruhe vom 16.05.2001). Begibt sich eine Patientin auf Veranlassung ihres Frauenarztes zur Entbindung in ein Krankenhaus, in dem dieser **Belegarzt** ist, und nimmt er die **Eingangsuntersuchung** vor, so ist er auch für Fehler verantwortlich, die einer freiberuflich tätigen Hebamme unterlaufen, während sie die Geburt bei zeitweiliger Abwesenheit des Arztes überwacht (s. o.). Der **Träger des Belegkrankenhauses** hat weder für Fehler des Belegarztes noch der Beleghebamme einzustehen, da er deren Leistungen nicht schuldet (Urteil des BGH vom 14.02.1995). Nach Übernahme der Geburtseinleitung und -durchführung durch den Belegarzt (Frauenarzt) wird das hierfür eingesetzte Krankenhauspersonal (Hebamme) für diesen als Erfüllungsgehilfen tätig. Das **Belegkrankenhaus** haftet insoweit nicht vertraglich für deren Fehlverhalten (Urteil des OLG Koblenz vom 26.07.2000).
- Der Arzt, der anstelle des eine Geburt betreuenden Belegarztes absprachegemäß die Geburt weiter leitet, ist als Vertreter des Belegarztes dessen Erfüllungs- und Verrichtungsgehilfe, auch wenn er **selbst Belegarzt** des Krankenhauses ist. Die Hebamme ist nach der Übernahme der Geburtsleitung durch den Arzt Erfüllungs- und Verrichtungsgehilfin des Belegarztes, zu dem die Gebärende vertragliche Beziehungen hat, auch wenn ein anderer Belegarzt als dessen Vertreter tatsächlich tätig ist (Urteil des OLG Stuttgart vom 19.09.2000).
- Für Fehler einer Hebamme muss der in **Rufbereitschaft wartende Belegarzt** erst ab dem Zeitpunkt einstehen, in dem die Leitung der Geburt zu seiner Vertragsaufgabe geworden ist. Durch einen zutreffenden telefonischen Rat wird der Arzt nicht zum verantwortlichen Geburtsleiter. In der bloßen Überschreitung der Entschluss-Entwicklungszeit bei einer Notsectio (hier: um 8 Minuten) liegt nicht ohne Weiteres ein Behandlungsfehler. Außer für Mängel der geburtsrelevanten Ausstattung haftet ein Krankenhaus für **Versäumnisse von Belegarzt und Beleghebamme** selbst dann nicht, wenn die Kindeseltern irrig davon ausgehen, Vertragspartner sei auch der Krankenhausträger. Verabreicht die Hebamme der Gebärenden ein **Medikament**, das in der konkreten Situation absolut kontraindiziert ist (Nasenspray Syntocinon) steht der Einschätzung dieses Fehlers als grob nicht entgegen, dass der gerichtliche Sachverständige die Applikation durch einen Arzt lediglich als „grenzwertig" bezeichnet hat. Anders als dem Arzt ist es der Hebamme nämlich nicht möglich, einer Entgleisung des weiteren Geburtsgeschehens durch sofortige **Notsectio** zu begegnen (Urteil des OLG Koblenz vom 05.02.2009).
- Arbeitet eine **erfahrene Hebamme** mit einer **unerfahrenen Ärztin** zusammen, ist die Hebamme für die Fehlentscheidungen der Ärztin mitverantwortlich, wenn sie diese auf die Fehler nicht aufmerksam gemacht hat (Urteil des AG Demmin vom 23.07.1998). Die unerfahrene Ärztin haftet nur, wenn für sie Fehler der Hebamme erkennbar werden und sie keine Hilfe eines Facharztes hinzuzieht (Urteil des OLG Stuttgart vom 08.07.2003). Allerdings ist eine Hebamme

für Versäumnisse in der Endphase der Entbindung dann nicht verantwortlich, wenn ein(e) ärztliche(r) Geburtshelfer(in) anwesend ist und die Verantwortung für die Entscheidungen trägt (Urteil des OLG Düsseldorf vom 25.11.1999). Das ist allerdings dann nicht der Fall, wenn es sich um eine offensichtliche Fehlbehandlung handelt und eine **Remonstrationspflicht** der Hebamme besteht. Durch Urteil vom 26.04.2007 hat das OLG Düsseldorf entschieden, dass „eine Hebamme zwar von dem Moment an, in dem der Arzt bei der Geburt hinzutritt, dessen Gehilfin ist und seinen Anweisungen Folge zu leisten hat. Dies bedeutet indessen nicht, dass sie sich dem Arzt jederzeit und in jeder Situation völlig unterordnen muss oder darf. Die **„Hierarchie“ endet** dann, wenn die Hebamme aufgrund ihrer eigenen geburtshilflichen Ausbildung erkennen muss, dass das Vorgehen des Arztes vollkommen regelwidrig und unverständlich ist. In diesem Fall darf die Hebamme nicht alles mitmachen oder zulassen, was der Arzt anordnet oder auch unterlässt. Arbeiten bei einer Geburt eine **Assistenzärztin mit über vierjähriger Berufserfahrung** und eine Hebamme zusammen und wird bei pathologischen Vorgängen zu spät reagiert, ist dafür die Ärztin verantwortlich und nicht die Hebamme (Urteil des OLG Koblenz vom 19.04.2007).

- Eine Hebamme darf sich nicht auf **telefonische Anordnungen eines Arztes** verlassen, der die Schwangere nicht einmal gesehen hat (Urteil des OLG Frankfurt/Main vom 06.04.1990).
- Im Falle der Aufnahme einer Schwangeren im Krankenhaus mit Blutungen und Unterbauchschmerzen muss eine Untersuchung innerhalb von 15 Minuten und eine möglicherweise notwendige **Schnittentbindung** innerhalb von 20 bis 25 Minuten sichergestellt sein (Urteil des OLG Braunschweig vom 18.12.1997).
- Die Entwicklung einer **Frühgeborenen-Retinopathie**, die nicht selten zur Erblindung führt, stellt eine bekannte Gefahr für ein frühgeborenes Kind dar, die alle Behandler beachten und für die sie entsprechende Maßnahmen treffen müssen (Urteil des OLG Düsseldorf vom 21.09.1995).
- Eine Hebamme, die im Fall einer **Beckenendlage** vertretbar auf eine Kaiserschnittoperation verzichtet, da sie eine vaginale Entbindung bevorzugt, muss die Frau entsprechend aufklären und belehren und eine entsprechende Einwilligung einholen (Urteil des OLG Düsseldorf vom 19.12.1996).
- Eine Verkehrssicherungspflichtverletzung der Hebamme liegt vor, wenn diese eine **überhitzte Wärmflasche** neben die Wanne legt, in der das Neugeborene gebadet werden soll. Sie muss damit rechnen, dass sich das Neugeborene dadurch verbrennt (Urteil des BGH vom 22.02.1966).
- Ein grobes Fehlverhalten liegt vor, wenn bei einer mehrere Stunden nach der Geburt eintretenden **bläulichen Verfärbung** von Gesicht und Händen eines Neugeborenen nicht unverzüglich ein Arzt hinzugezogen, sondern vielmehr nur eine Verlegung des Säuglings in ein Kinderkrankenhaus veranlasst wird (Urteil des OLG München vom 20.06.1996).
- Geht bei der Geburt **grünlich verfärbtes Fruchtwasser** ab, gilt dies als Leitsymptom für eine möglicherweise auftretende Sauerstoffmangelsituation, was eine unverzügliche Schnittentbindung und weitere Untersuchungen unter Einsatz der Apparatemedizin indiziert (Urteil des OLG Oldenburg vom 18.10.1989).
- Zeigt das vorgeburtliche CTG über zwei Stunden mehrmals **kritische Abfälle der Herzfrequenz** des Kindes und versäumt der Arzt eine Blutanalyse und rasche Einleitung der Geburt, kann darin ein grober Behandlungsfehler liegen. Wird die Geburt von einer Ärztin mit vierjähriger Berufserfahrung geleitet, können deren grob fehlerhafte Versäumnisse einer Hebamme nicht zugerechnet werden, wenn das Vorgehen der Ärztin sich der Hebamme nicht als schlechterdings unvertretbar mit dem Erfordernis sofortiger Intervention darstellte (s. o.). Eine **Beweislastumkehr** zum Nachteil der Ärztin erstreckt sich daher nicht ohne Weiteres auf die Hebamme (Urteil des OLG Koblenz vom 03.05.2007).
- Lässt sich etwa ab der 33. Schwangerschaftswoche **kein wesentliches Wachstum** des Kindes im Mutterleib mehr feststellen, erfordert die Schwangerenbetreuung durch den Frauenarzt ein verstärktes **Risikomanagement**, insbesondere zusätzliche Untersuchungen. Vor allem bei Nikotin- und Alkoholmissbrauch während der Schwangerschaft muss der Frauenarzt das Wachstum des Kindes ständig im Auge behalten.

Bei erkennbaren **Entwicklungsstörungen** muss er gegebenenfalls Spezialisten hinzuziehen und z. B. die Schwangere in ein Perinatalzentrum einweisen. Das Unterlassen derartiger Maßnahmen kann ein grober Behandlungsfehler sein, der bei einem später festgestellten kindlichen Hirnschaden (hinsichtlich des Ursachenzusammenhangs) eine **Beweislastumkehr** zum Nachteil des Frauenarztes zur Folge hat (Urteil des OLG München vom 25.01.2001).

- Es ist grob fehlerhaft, d. h. verstößt gegen elementare Grundsätze der Geburtshilfe, wenn eine Hebamme eine Risikogeburt im Rahmen einer Hausgeburt betreut. Es wurde als schwerwiegender Fehler und Fehlverhalten einer Hebamme angesehen, dass die freiberuflich tätige Hebamme der werdenden Mutter angeboten hatte, eine vaginale Entbindung aus **Beckenendlage** zu Hause durchzuführen (Urteil des OLG Frankfurt vom 15.10.2013). Dieser Fall ist in den Landesberufsordnungen ausdrücklich geregelt (Kap. 2.4.3).

Praxistipp

Vorhalte gegenüber dem Arzt müssen unbedingt dokumentiert werden. Es muss darauf geachtet werden, dass die Hebamme in diesen Fällen vom Versicherungsschutz der Haftpflichtversicherung des Belegarztes mit umfasst ist. Sie sollte sich vergewissern und die entsprechenden Nachweise durch den Arzt vorlegen lassen.

4.6.6 Schadensersatz

§ 249 Abs. 1 BGB bestimmt, dass im Wege des Schadensersatzes der Zustand herzustellen ist, der bestehen würde, wenn der zum Ersatz verpflichtende Umstand nicht eingetreten wäre (Grundsatz der Naturalrestitution). Gemäß § 250 BGB kann der Gläubiger dem Ersatzpflichtigen zur **Wiederherstellung** eine angemessene Frist nennen und erklären, dass er die Wiederherstellung nach dem Fristablauf ablehne. In diesem Fall ist dann **Schadensersatz in Geld** zu zahlen. Wenn die Wiederherstellung nicht möglich ist, ist der Ersatzpflichtige ohne Fristsetzung sofort in Geld zu entschädigen (§ 251 Abs. 1 BGB). Gleiches gilt, wenn die Wiederherstellung nur mit einem unverhältnismäßig großen Aufwand möglich wäre (§ 251 Abs. 2 BGB).

Da – insbesondere bei Beschädigung von Sachen – von dem Ersatzpflichtigen heute nicht mehr verlangt wird, den beschädigten oder zerstörten Gegenstand in den ursprünglichen Zustand zurückzuversetzen (was meist auch an der notwendigen Sachkunde des Ersatzpflichtigen scheitert), gilt heute fast ausschließlich der **Grundsatz des Geldersatzes** (§ 249 Abs. 2 BGB). Bei der Verletzung einer Person oder der Beschädigung einer Sache kann der Geschädigte statt der Herstellung des ursprünglichen Zustandes den dazu erforderlichen Geldbetrag verlangen.

Mehrwertsteuer ist nach der neuesten Rechtsänderung nur dann noch zu ersetzen, wenn und soweit sie tatsächlich angefallen ist (§ 249 Abs. 2 Satz 2 BGB).

Praxistipp

Es muss darauf geachtet werden, dass auch beim Kauf gebrauchter Ersatzwaren die **Mehrwertsteuer** auf der Rechnung ausgewiesen ist, da die Versicherung diese nur bei einer gesonderten Ausweisung auch tatsächlich bezahlt.

Gemäß § 252 BGB werden auch **entgangener Gewinn und Verdienstausfall** ersetzt, jedoch nicht unbegrenzt. Ein Schadensersatzanspruch wegen eines Behandlungsfehlers bei der Geburt, der zu einer Schwerstbehinderung des Kindes geführt hat, ist z. B. durch den Unterhaltsbedarf für das Kind begrenzt. Ein Verdienstausfall der Eltern, der diesen durch die Betreuung des Kindes entsteht, wird nicht ersetzt (Urteil des BGH vom 04.03.1997).

Nach § 254 BGB wird ein mögliches **Mitverschulden** des Geschädigten im Rahmen einer Quote berücksichtigt. Der Geschädigte ist darüber hinaus zur **Schadensminderung** verpflichtet, er darf keinen Gewinn aus dem schädigenden Ereignis ziehen.

4.6.7 Schmerzensgeld

In Fällen einer Verletzung des Körpers, der Gesundheit, der Freiheit oder der sexuellen Selbstbestimmung kann wegen eines Schadens, der nicht Vermögensschaden ist, „eine billige **Entschädigung in Geld**“ gefordert werden“ (§ 253 Abs. 2

BGB). Unter „billig" ist hier nicht „preiswert" oder „niedrig" zu verstehen. Die Höhe des Betrages orientiert sich vielmehr an der „Billigkeit".

Der Schmerzensgeldanspruch kann bei **Bagatellverletzungen**, wenn das Wohlbefinden nur kurzfristig und unerheblich beeinträchtigt worden ist, entfallen. Bagatellverletzungen sind u. a. nicht objektivierbare leichte HWS-Verletzungen ersten Grades, Kopfschmerzen, Schleimhautreizungen, oberflächliche Weichteilverletzungen (Abschürfungen), leichte Zerrungen und Stauchungen ([92]: § 253 BGB Rdnr. 14).

Der Schmerzensgeldanspruch ist **vererblich** und **übertragbar.**

Für die **Höhe des Schmerzensgeldes** sind die Art des Eingriffs, der Umfang und die Dauer der Schmerzen, mögliche erlittene Entstellungen und weitere Eingriffe, die wirtschaftlichen Verhältnisse der Beteiligten, der Grad des (Mit-)Verschuldens und die Gesundheitsprognose zu berücksichtigen. Schmerzensgeld hat insoweit eine **Ausgleichs- und Genugtuungsfunktion.** Hierbei spielen insbesondere der Grad des Verschuldens des Schädigers, der Anlass der Verletzungshandlung, die wirtschaftlichen Verhältnisse und mögliche Spätfolgen eine Rolle.

Konkrete Schmerzensgeldsummen sind im Gesetz nicht geregelt. Vielmehr orientiert sich die Rechtsprechung hinsichtlich der Höhe der Schmerzensgeldforderungen an bereits entschiedenen vergleichbaren oder ähnlich gelagerten Fällen.

Fallbeispiele aus der Rechtsprechung:

- 10.000,00 EUR und 100,00 EUR monatliche Rente nach einer vaginalen Entbindung ohne Aufklärung über die Möglichkeit eines Kaiserschnitts im Falle einer Lähmung des Neugeborenen (Urteil des OLG Düsseldorf in OLG-R 1995, 110).
- 33.000,00 EUR bei einer Vakuumextraktion statt eines Kaiserschnitts und eines dadurch schwergeschädigten neugeborenen Säuglings (Urteil des OLG Stuttgart in OLG-R 1997, 53).
- 50.000,00 EUR bei einer vaginalen Entbindung statt eines Kaiserschnitts und Erb'scher Lähmung des Neugeborenen (Urteil des OLG Hamm in OLG-R 1996, 201).
- 50.000,00 EUR und 360,00 EUR monatliche Rente bei fehlender Abklärung des Verdachts einer EPH-Gestose mit zu später operativer Geburtsbeendigung, was zu Tetraspastik mit Krämpfen und Störungen der Sprachentwicklung beim Neugeborenen geführt hat (Urteil des OLG Köln in OLG-R 1993, 53).
- 90.000,00 EUR und 500,00 EUR monatliche Rente bei einem Sauerstoffmangel unter der Geburt, der zu geistigen und körperlichen Schäden des Neugeborenen geführt hat (Urteil des OLG Celle vom 28.07.1997).
- Bis zu 175.000,00 EUR und 325,00 EUR monatliche Rente bei multiplen Funktionsstörungen des Neugeborenen mit irreversiblem Hirnschaden (Urteil des OLG Köln vom 12.06.1995).
- Wegen einer von den behandelnden Ärzten übersehenen **Uterusruptur** hat das in Folge der Geburt geistig behinderte Kind einen Anspruch auf Schmerzensgeld in Höhe von EUR 250.000,00 EUR gegen die behandelnden Gynäkologen sowie Anspruch auf Ersatz der künftigen Schäden (Urteil des LG Freiburg vom 03.08.2007).
- Das *Landgericht Bonn* hat durch Urteil vom 28.01.2013 entschieden, dass ein aufgrund einer fehlerhaften geburtshilflichen Behandlung hirngeschädigter Patient vom Krankenhausträger, in dem die fehlerhafte geburtshilfliche Behandlung stattgefunden hat, sowie von den beteiligten Ärzten ein Schmerzensgeld in Höhe von 400.000,00 EUR verlangen kann.
- Führt ein grober **ärztlicher Behandlungsfehler** bei der Geburt zu schwersten Schäden, kann ein Schmerzensgeld von 500.000 EUR gerechtfertigt sein (Urteil des OLG Hamm vom 16.01.2002). In diesem Fall waren bereits vor der Aufnahme in das Krankenhaus pathologische CTG-Befunde festgestellt worden. Trotzdem hatte sich der zuständige Oberarzt nicht um die Geburt gekümmert, sondern die Überwachung einem Arzt im Praktikum und einer Hebamme überlassen. Das OLG hielt das hohe Schmerzensgeld für gerechtfertigt, da es sich um denkbar **schwerste Schädigungen** gehandelt hatte, die zu einer weitgehenden Zerstörung der Persönlichkeit des Jungen, seiner Wahrnehmungs- und Empfindungsfähigkeit geführt haben.

- Mit Urteil vom 06.05.2009 sprach das Landgericht Gera einem Kläger 600.000,00 EUR Schmerzensgeld zu, da dieser infolge eines verzögerten medizinisch dringend gebotenen Kaiserschnittes einen **schweren Hirnschaden** erlitten hatte. Bei vitaler kindlicher Gefährdung in einem Perinatalzentrum ist ein Zeitbedarf von mehr als 20 Minuten nicht akzeptabel und als grober Behandlungsfehler anzusehen.

Auch eine **vorzeitige Geburt** kann Schmerzensgeldansprüche rechtfertigen:

- 400,00 EUR Schmerzensgeld in einem Fall **vorzeitiger Wehentätigkeit** in der 27. SSW, ausgelöst durch einen Verkehrsunfall. Die Schwangere musste acht Tage stationär im Krankenhaus bleiben, bevor festgestellt werden konnte, dass die Schwangerschaft intakt verläuft (Urteil des AG Charlottenburg vom 12.06.1980).
- 750,00 EUR wurden bei vorzeitig eintretenden schmerzhaften **Geburtswehen,** ebenfalls durch einen Verkehrsunfall ausgelöst, die nicht zu Schädigungsfolgen führten, bewilligt (Urteil des LG Düsseldorf vom 25.03.1982).
- 2.000,00 EUR Schmerzensgeld wurden bei einem Verkehrsunfall bewilligt, in dessen Folge sechs Wochen nach dem Unfall eine **Frühgeburt** eintrat, wobei das Kind kurz danach starb (Urteil des LG Saarbrücken vom 11.07.1977).
- 5.000,00 EUR wurden bei der **Totgeburt** eines Kindes in der 25. SSW anlässlich eines Verkehrsunfalls entschieden, wobei die Frau unter Angstträumen, tagsüber unter Angstzuständen und später an steter Unruhe litt (Urteil des LG Lüneburg vom 26.07.1983).
- 5.000,00 EUR wurden zum Ausgleich der seelischen und körperlichen Belastung bei der Geburt eines Kindes mit **Down-Syndrom (Trisomie 21)** infolge eines ärztlichen Kunstfehlers bewilligt (Urteil des OLG Celle vom 09.03.1987).
- Einer Hebamme, die in der 11. SSW eine **Fehlgeburt** aufgrund eines Verkehrsunfalls erlitt, wurden 3.500,00 EUR Schmerzensgeld bewilligt (Urteil des LG Berlin vom 23.04.1996), insbesondere, da sie nach dem Verkehrsunfall unter erheblichen **depressiven Verstimmungen** litt. Nach drei Jahren musste sie ihren Beruf aufgeben und hatte bei der Urteilsverkündung mehr als drei Jahre nach der Fehlgeburt noch Angstträume und Weinanfälle [48].

4.6.8 Das ungewollte „Kind als Schaden“

Der Bundesgerichtshof hat (u. a. durch Urteil vom 18.06.2002) Voraussetzungen eines **Schadensersatzanspruchs** aufgestellt, unter denen den Eltern der **Unterhaltsaufwand** für ein Kind zu ersetzen ist, das mit schweren Behinderungen zur Welt kommt. Grundsätzlich muss der Arzt die Eltern über erkennbare Gefahren einer Schädigung des ungeborenen Kindes aufklären. Bezieht sich der Behandlungsvertrag auch auf die pränatale Untersuchung in der Schwangerschaftsbetreuung, kann ein solcher Vertrag Grundlage für den Anspruch gegen den Arzt auf Erstattung des gesamten Unterhaltsbedarfs des Kindes sein, das mit schweren Behinderungen zur Welt kommt. Erforderlich ist jedoch auch eine **Kausalität des Behandlungsfehlers** für eine (im genannten Fall erforderliche) Nichtdurchführung eines rechtmäßigen Schwangerschaftsabbruchs.

Das OLG Hamm hatte zuvor noch durch das Urteil vom 05.09.2001 entschieden, dass der Arzt nicht dazu verpflichtet sei, die Schwangere auf die Möglichkeit eines Schwangerschaftsabbruchs hinzuweisen. Die **Pränataldiagnostik** sei nicht darauf gerichtet, jeden denkbaren kindlichen Schaden auszuschließen, sondern beschränke sich auf das Erkennen kindlicher **Schwerstschäden.** Der den Eltern zu ersetzende Schaden erfasst dann die kausal auf den unterbliebenen Schwangerschaftsabbruch zurückzuführenden Belastungen mit dem **Unterhaltsaufwand** des Kindes (im Einzelnen [92]: § 249 BGB Rdnr. 72 ff.). Ein **Verdienstausfall** der Eltern, der diesen durch die Betreuung des Kindes entsteht, wird nicht ersetzt (Urteil des BGH vom 04.03.1997). Auch **Beerdigungskosten** des Kindes, die durch einen Schwangerschaftsabbruch nicht entstanden wären, werden nicht ersetzt.

Gleiche Grundsätze fanden in folgenden Fällen Anwendung:

- Der Gynäkologe haftet wegen einer Schwangerschaft nach einer **erfolglosen Sterilisation** (Urteil des BGH vom 08.07.2008).
- Bringt eine Frau nach einer Sterilitätsbehandlung gesunde Vierlinge zur Welt, so ist dies mit

den Fällen eines „planwidrig geborenen Kindes" nicht vergleichbar, da die Mehrlingsgefahr bei einer Stimulationsbehandlung bekannt ist und es keine Rolle spielt, dass die Schwangere darauf vertraut hat, das Mehrlingsrisiko würde sich nicht verwirklichen (Urteil des OLG Hamm vom 30.09.1992).

- Die mit der Geburt eines nicht gewollten Kindes (ein Arzt hatte einen Schwangerschaftstest nicht angeordnet und der Frau war die Schwangerschaft aufgrund ihrer unregelmäßigen Zyklen nicht aufgefallen) für die Eltern verbundenen wirtschaftlichen Belastungen (insbesondere **Unterhaltsleistungen**) sind nur dann als ersatzpflichtiger Schaden auszugleichen, wenn der Schutz vor solchen Belastungen Gegenstand des jeweiligen Behandlungs- oder Beratungsvertrages war (Urteil des BGH vom 15.02.2000).
- Kein Schadensersatzanspruch gegen den Arzt besteht, wenn diesem vorgeworfen wird, eine Schwangerschaft fehlerhaft nicht erkannt zu haben und die Frau daher nicht von der Möglichkeit einer **Abtreibung** nach § 218a Abs. 1 StGB habe Gebrauch machen können, da diese Abtreibung zwar straflos ist, aber rechtswidrig bleibt (Urteil des BGH vom 18.06.2002 und Beschluss des OLG Oldenburg vom 18.11.2014). Dies ist auch bei einer **Zwillingsschwangerschaft** zu prüfen (Urteil des BGH vom 04.12.2001). Es muss auch stets geprüft werden, ob die Gefahr für die Mutter **nicht auch anders** als durch einen Schwangerschaftsabbruch hätte beseitigt werden können (Urteil des BGH vom 31.01.2006).
- Kein Schadensersatz wird gezahlt, wenn der Schwangerschaftsabbruch aufgrund der **Beratungsregelung** zwar misslingt, jedoch ein gesundes Kind zur Welt kommt. Diese Fälle sind mit den Fällen fehlgeschlagener Sterilisation nicht vergleichbar (Urteil des OLG Nürnberg vom 14.11.2008).

Eine Haftung für **„Mängel" bei Adoptionen** besteht nicht. Das OLG Frankfurt/Main hat durch Urteil vom 21.05.2014 eine Haftung des Jugendamts wegen unzureichender Aufklärung über gesundheitliche Risiken bei zwei Kindern abgelehnt. Dies aber nur, weil im konkreten Fall nicht nachgewiesen werden konnte, dass das Jugendamt von den Gesundheitsgefahren wusste.

4.7 Verjährungsvorschriften

4.7.1 Regelmäßige Verjährungsfrist

Ansprüche, d. h., von einem anderen ein Tun oder Unterlassen zu verlangen, **verjähren** (§ 194 Abs. 1 BGB). Das bedeutet, dass der Schuldner berechtigt ist, nach Eintritt der Verjährung die Leistung zu verweigern (§ 214 Abs. 1 BGB).

Verjährung bezeichnet die Zeitspanne, nach deren Ablauf eine Leistung verweigert werden kann.
Die **regelmäßige Verjährungsfrist** beträgt gemäß § 195 BGB **drei Jahre.**

Dieser dreijährigen Verjährungsfrist unterliegen fast alle vertraglichen Erfüllungsansprüche, insbesondere die Ansprüche aus einem Kaufvertrag, Werkvertrag und Dienstvertrag bzw. aus dem Behandlungsvertrag der Hebamme (auf Vergütung). Auch ein Anspruch auf die Erteilung einer Rechnung mit gesondert ausgewiesener Mehrwertsteuer (BGHZ 120, 315), ein Darlehensanspruch (BGHZ 71, 322) und der Anspruch des Vermieters/Verpächters auf Zahlung der Miete/Pacht und auf Rückgabe der Mietsache/Pachtsache verjähren in drei Jahren.

Auch **Schadensersatzansprüche,** egal ob sie auf vertraglicher oder auf der Grundlage einer unerlaubten Handlung beruhen, verjähren in drei Jahren.

Die regelmäßige Verjährungsfrist **beginnt** mit dem Schluss des Jahres, in dem der Anspruch entstanden ist und der Gläubiger von den den Anspruch begründenden Umständen und der Person des Schuldners Kenntnis erlangt hat bzw. ohne grobe Fahrlässigkeit hätte erlangen müssen.

Praxistipp
Die Ausstellung einer Rechnung ist keine Fälligkeitsvoraussetzung. Die Verjährung beginnt **nicht** erst mit der Rechnungsstellung.

Nach dem ausdrücklichen Wortlaut des § 199 BGB kommt es auf eine Rechnungsstellung nicht an.

Merke

Faustregel

Die Verjährung beginnt mit dem Ende des Jahres, indem der Berechtigte Kenntnis von „Tat (Geschehen) und Täter (Verpflichtetem)" erlangt.

4.7.2 Ausnahmen

- Die **dreißigjährige** Verjährungsfrist gilt im Rahmen des § 197 BGB, dort insbesondere für **rechtskräftig festgestellte Ansprüche.** Dies bedeutet, dass nach einem Vollstreckungsbescheid oder Gerichtsurteil dreißig Jahre gegen die verurteilte Klientin vorgegangen, d. h. vollstreckt werden kann.

Praxistipp

Auch wenn die Klientin unmittelbar nach der Geburt z. B. wegen Elternzeit kein eigenes Einkommen erzielt, lohnt es sich im Hinblick auf spätere Jahre dennoch, zur Vermeidung der Verjährung und zur Erlangung einer dreißig Jahre gültigen Vollstreckungsurkunde, die eigenen Vergütungsansprüche entsprechend abzusichern, auch wenn Gerichts- und Anwaltskosten zunächst durch die Hebamme ausgelegt werden müssen. Es handelt sich dabei allerdings um Verfahrenskosten, die die Klientin ebenfalls zu erstatten hat.

- **Schadensersatzansprüche,** die auf der Verletzung des Lebens, des Körpers, der Gesundheit oder der Freiheit beruhen, verjähren ohne Rücksicht auf ihre Entstehung und die Kenntnis oder grob fahrlässige Unkenntnis in **dreißig Jahren** von der Begehung der Handlung, der Pflichtverletzung oder einem sonstigen, den Schaden auslösenden Ereignis an (§ 199 Abs. 2 BGB). Diese Regelung gilt sowohl für den Anspruch auf Ersatz eines materiellen Schadens, als auch für den **Schmerzensgeldanspruch.** Diese Verjährungsfrist beginnt mit der Vornahme der Handlung, die den Schadensersatzanspruch begründet. Zum Verjährungsbeginn genügt das Setzen einer Schadensursache, der Schaden muss noch nicht entstanden sein (BGHZ 117, 287).

Alle Ansprüche außer Schadensersatzansprüchen verjähren gemäß § 199 Abs. 4 BGB ohne Rücksicht auf die Kenntnis oder grob fahrlässige Unkenntnis in **zehn Jahren** von ihrer Entstehung an. Es handelt sich dabei um eine **absolute Verjährungsfrist,** bei der es auf die Kenntnis bestimmter Umstände oder bestimmter Handlungen nicht ankommt (Ausnahme: Dreißig-Jahres-Frist). Wird z. B. ein schädigendes Ereignis erst neun Jahre nach dem maßgeblichen Vorfall festgestellt, bedeutet dies trotzdem, dass nach zehn Jahren die absolute Verjährung eintritt. Die regelmäßige Verjährungsfrist von drei Jahren wird dann nicht an die bereits abgelaufenen neun Jahre angehängt (was zu einer zwölfjährigen Verjährungsfrist führen würde).

4.7.3 Hemmung der Verjährung

In vielen Fällen hat der Gläubiger ein Interesse daran, die regelmäßige Verjährungsfrist vor Ablauf der drei Jahre „aufzuhalten". Der Gesetzgeber nennt dies „Hemmung" der Verjährung. Gemäß § 209 BGB bedeutet dies, dass der Zeitraum, während dessen die Verjährung gehemmt ist, in die Verjährungsfrist **nicht** eingerechnet wird.

Gemäß § 203 BGB tritt eine Hemmung der Verjährung in den Fällen, in denen zwischen den Parteien **Verhandlungen über den Anspruch** bestehen, so lange ein, bis der eine oder der andere Teil die Fortsetzung der Verhandlungen (ernsthaft und endgültig) verweigert. Verhandlung ist dabei jeder Meinungsaustausch über den Anspruch oder seine tatsächliche Grundlage zwischen dem Gläubiger und dem Schuldner, wenn nicht sofort erkennbar die Verhandlung abgelehnt wird. **Voraussetzung ist jedoch die Gegenseitigkeit,** d. h., eine Seite muss zur Annahme berechtigt sein, die andere Seite lasse sich auf Diskussionen über die Berechtigung des Anspruchs ein. Allein eine unbeantwortete Anfrage über die Bereitschaft von Verhandlungen reicht hierfür nicht aus. Auch eine formularmäßige Eingangsbestätigung ist noch **keine Verhandlung** im Sinne dieser Vorschrift. Die Hemmung endet durch die Verweigerung der Fortsetzung der Verhandlungen. Es muss sich hierbei um ein klares und ein eindeutiges Verhalten einer Partei handeln (Urteil des BGH vom 30.06.1998).

Praxistipp

Die Hebamme sollte sich **nicht** auf Verhandlungen über Gebührenansprüche einlassen, da diese die Verjährung hemmen und es streitig sein kann, wann die Verhandlungen beendet sind.

§ 204 BGB enthält vierzehn einzelne Punkte, die zur **Hemmung der Verjährung** durch Rechtsverfolgung führen können. Die in der Praxis häufigsten Fälle sind dabei

- die **Erhebung der Klage** auf Leistung oder auf Feststellung eines Anspruchs,
- der Antrag im beschleunigten **gerichtlichen Mahnverfahren** und
- ein Antrag auf Erteilung von **Prozesskostenhilfe**.

Beim **Antrag auf Erlass eines Mahnbescheids** ist es ausreichend, dass der Mahnbescheidsantrag innerhalb der Verjährungsfrist (rechtzeitig vor dem 31.12. oder auch am 31.12. des jeweiligen Jahres) beim Mahngericht eingeht. Regelmäßig erfolgt die Zustellung an den Antragsgegner „demnächst" im Sinne des § 167 ZPO, d. h., nicht die Zustellung des Mahnbescheidsantrags an den Gegner ist entscheidend – auch wenn sie nach Ablauf der Verjährungsfrist durch das Gericht durchgeführt wird – sondern der Zeitpunkt der Antragstellung bei Gericht. Mögliche Verzögerungen im Gerichtsablauf gehen nicht zu Lasten des Antragstellers. Verjährt die Forderung daher am 31.12., ist es ausreichend, wenn der Mahnbescheidsantrag am 31.12. bei Gericht eingeht.

Praxistipp

Es empfiehlt sich dann, einen **Mahnbescheid** zu beantragen, wenn davon ausgegangen werden kann, dass sich der Gegner nicht „wehrt". Muss damit gerechnet werden, dass der Gegner gegen den Mahnbescheid Widerspruch einlegen wird, bringt das Mahnbescheidsverfahren keinen Zeitgewinn und es kann auch gleich Klage erhoben und auf das dann unnötige (vorgeschaltete) gerichtliche Mahnverfahren verzichtet werden. Nur wenn kein Rechtsmittel eingelegt wird, erlässt das Gericht einen **Vollstreckungsbescheid**, aus dem – wie aus einem Urteil – sofort gegen den Schuldner vollstreckt werden kann.

Die Verjährung von **Ansprüchen zwischen Ehegatten** ist so lange gehemmt, solange die Ehe besteht (§ 207 Abs. 1 BGB). Dies gilt auch für Ansprüche zwischen Lebenspartnern, solange die Lebenspartnerschaft besteht und zwischen Eltern und Kindern für die Dauer der Minderjährigkeit der Kinder. Die Verjährung von Ansprüchen wegen einer **Verletzung der sexuellen Selbstbestimmung** ist bis zur Vollendung des 21. Lebensjahres des Geschädigten gehemmt (§ 208 Satz 1 BGB). Über diesen Zeitpunkt hinaus ist sie in den Fällen, in denen der Geschädigte mit dem Täter in häuslicher Gemeinschaft lebt, bis zur Beendigung der häuslichen Gemeinschaft gehemmt.

4.8 Gewährleistung am Beispiel des Kaufrechts

Häufigster Vertragstyp des täglichen Lebens und bei der Führung einer freiberuflichen Hebammenpraxis ist der **Kaufvertrag**. Die **Hauptpflichten** der Parteien eines Kaufvertrags sind in § 433 BGB geregelt. Durch den Kaufvertrag wird der Verkäufer einer Sache verpflichtet, dem Käufer die Sache zu übergeben und das Eigentum an der Sache zu verschaffen. Der Käufer ist verpflichtet, dem Verkäufer den vereinbarten Kaufpreis zu zahlen und die gekaufte Sache abzunehmen. Diese Vorschrift gilt sowohl für neue und gebrauchte Sachen, Einzelstücke, Massenprodukte als auch für noch herzustellende Sachen.

4.8.1 Mangelhafte Leistung

Ist die Sache **mangelhaft,** so kann der Käufer (der Käufer, nicht der Verkäufer hat ein Wahlrecht)

- eine **Nacherfüllung** verlangen, das ist z. B. die Beseitigung des Mangels oder die Lieferung einer mangelfreien Sache, wobei der Verkäufer die zum Zwecke der Nacherfüllung erforderlichen Aufwendungen, insbesondere Transport-, Wege-, Arbeits- und Materialkosten zu tragen hat,
- vom Vertrag **zurücktreten** (§§ 440, 323 und 326 Abs. 5 BGB) oder
- den Kaufpreis **mindern** (§ 441 BGB) oder

- **Schadensersatz** (Mangelhaftigkeit der Kaufsache ist Pflichtverletzung nach § 280 BGB!) verlangen.

Ein **Mangel** im Sinne der gesetzlichen Gewährleistungsvorschriften liegt dann vor, wenn die Sache bei der Übergabe an den Käufer nicht die zwischen den Parteien **vereinbarte Beschaffenheit** besitzt (§ 434 Abs. 1 BGB). Wenn im Rahmen der Geschäfte des täglichen Lebens nichts gesondert vereinbart wurde, hat die Sache Sachmängel, wenn sie sich nicht für die nach dem Vertrag vorausgesetzte Verwendung eignet. Zu dieser Beschaffenheit gehören auch Eigenschaften, die der Käufer nach den öffentlichen Äußerungen des Verkäufers und des Herstellers insbesondere in der **Werbung** (auch Angaben auf der Sache selbst) erwarten kann. Ein Sachmangel ist auch dann gegeben, wenn die vereinbarte Montage durch den Verkäufer oder dessen Erfüllungsgehilfen unsachgemäß durchgeführt worden ist und wenn die **Montageanleitung** mangelhaft ist (es sei denn, die Sache ist fehlerfrei montiert worden). Ein Sachmangel liegt schließlich auch vor, wenn der Verkäufer eine andere Sache oder eine zu geringe Menge liefert. Auch unerhebliche Mängel stellen Sachmängel dar. Ein Rücktritt vom Vertrag ist allerdings nur bei erheblichen Mängeln möglich (§ 323 Abs. 5 S. 2 BGB).

Die **Kenntnis** des Mangels durch den Käufer zum Zeitpunkt des Kaufvertragsabschlusses schließt die Gewährleistung aus (§ 442 Abs. 1 BGB).

Bei grob fahrlässiger Unkenntnis (Mängel hätten sofort ins Auge fallen müssen) bestehen nur dann Ansprüche, wenn der Mangel arglistig verschwiegen wurde oder eine Beschaffenheit garantiert wurde, die aufgrund des Mangels in Wahrheit gar nicht vorhanden war.

Unmögliches muss jedoch nicht geleistet werden (§ 275 Abs. 1 BGB). Dies gilt z. B. für die Lieferung eines Ersatzes bei einem Unikat (z. B. Gemälde) und die Zulässigkeit der Ersatzlieferung, wenn zur Nachbesserung z. B. ein ganzer Produktionsablauf gestoppt werden müsste, um eine in der Produktionsstraße hergestellte Schraube nachzubessern. Der Verkäufer hat daher gemäß § 439 Abs. 3 BGB die Möglichkeit der **Unverhältnismäßigkeitseinrede,** d. h., er kann die vom Käufer gewählte Form der Nacherfüllung ablehnen.

Konnte der Mangel durch den Verkäufer nicht beseitigt und auch keine mangelfreie Sache geliefert werden, wurde nicht vertragsgemäß erfüllt. Der Käufer hat dann die Möglichkeit des Rücktritts (§ 323 BGB), der Minderung (§ 441 BGB) oder des Schadensersatzes (§ 280 BGB). Für Rücktritt und Minderung ist ergänzend stets Voraussetzung, dass der Käufer dem Verkäufer eine angemessene **Frist zur Nacherfüllung** gesetzt hat und diese Frist erfolglos abgelaufen ist. Erst danach kann die Erklärung des Rücktritts oder der Minderung erfolgen (§ 440 BGB; **erfolgloser zweiter Nacherfüllungsversuch).** Die Fristsetzung ist lediglich entbehrlich, wenn die Nacherfüllung unmöglich ist (§§ 275, 326 Abs. 5 BGB), der Verkäufer die Nacherfüllung ernsthaft und endgültig verweigert (§§ 323 Abs. 2 Nr. 1, 440 BGB), der Verkäufer verspätet liefert, obwohl die Parteien im Kaufvertrag vereinbart haben, dass die Lieferung der Sache nur innerhalb einer bestimmten Frist erfolgen kann oder eine spätere Leistung für den Käufer kein Interesse hat (**Fixgeschäft,** z. B. Brautkleid, Taxi zum Flughafen; §§ 323 Abs. 2 Nr. 2 BGB), die Nacherfüllung fehlgeschlagen ist (§ 440 Satz 1 BGB, regelmäßig nach zwei vergeblichen Versuchen) oder die Nacherfüllung für den Käufer unzumutbar ist (§§ 323 Abs. 2 Nr. 3, 440 Satz 1 BGB).

Der Käufer kann vom Verkäufer statt der Nacherfüllung jedoch auch **Schadensersatz** verlangen (§§ 437 Nr. 3, 280 ff. BGB). Voraussetzungen hierfür sind eine **Pflichtverletzung** des Verkäufers (d. h. Übergabe einer mangelhaften Sache), eine Verantwortlichkeit des Verkäufers (Vorsatz und Fahrlässigkeit im Gegensatz zur verschuldensunabhängigen Gewährleistungshaftung; bei Gewährung einer Garantie haftet der Verkäufer sogar ohne Verschulden), eine angemessene Frist zur Nacherfüllung und der erfolglose Ablauf der Frist. In diesen Fällen muss der Verkäufer Schadensersatz leisten, d. h., der Käufer soll so gestellt werden, als ob vertragsgemäß erfüllt worden wäre, und es sollen vergebliche Aufwendungen ersetzt werden (§§ 437 Nr. 3, 284 BGB, z. B. unnötige Notarkosten). Der Schadensersatzanspruch tritt dann an die Stelle des Erfüllungsanspruchs. Der Käufer kann wählen, ob er die mangelhafte Sache behält und vom Verkäufer lediglich die Differenz zum vertragsgemäßen Zustand verlangt (kleiner Schadensersatz) oder die Leistung ablehnt und sein gesamtes Interesse am Erhalt einer mangelfreien Kaufsache verlangt (großer Schadensersatz – nur bei erheblichen Mängeln möglich, § 281 Abs. 1 S. 3 BGB).

4.8.2 Garantie

Eine **Garantie** ist gegeben, wenn der Verkäufer oder ein Dritter ausdrücklich oder stillschweigend eine bestimmte Beschaffenheit einer Sache oder die Haltbarkeit für eine bestimmte Dauer verspricht. Eine **Haltbarkeitsgarantie** (auch „Verkäufergarantie") bedeutet, dass Mangelfreiheit für einen Zeitraum oder eine bestimmte Nutzungsdauer (z. B. Kilometerleistung eines Pkw) zugesagt wird. Die Rechte des Käufers bestehen in diesen Fällen unabhängig davon, ob ein Mangel schon zum Zeitpunkt der Übergabe der Kaufsache vorhanden war.

Beschaffenheitsgarantie (auch „Herstellergarantie") bedeutet, dass bestimmte, durch den Hersteller oder Importeur zugesicherte Eigenschaften einer Ware in den Kaufvertrag einbezogen werden, wobei der Zeitpunkt der Übergabe von Bedeutung ist.

Eine Garantie kann auch stillschweigend durch **öffentliche Werbung** für die Haltbarkeit des Produkts gewährt werden. Es ist davon auszugehen, dass der Käufer das Angebot zur Garantievereinbarung durch den Kauf annimmt.

4.8.3 Verjährung der Ansprüche

Gewährleistungsansprüche für bewegliche Sachen **verjähren** nach § 438 Abs. 1 Nr. 3 BGB ab der Ablieferung regelmäßig in **zwei Jahren** (§ 200 S. 1 BGB).

> **Praxistipp**
> Beim **Gebrauchtwarenkauf** von Privat an Privat (Verbraucher an Verbraucher) kann die Gewährleistung ausgeschlossen werden. Beim Kauf vom gewerblichen Händler (Unternehmer an Verbraucher) kann die Gewährleistung dagegen nicht ausgeschlossen, sondern lediglich auf mindestens ein Jahr verkürzt werden (§ 475 Abs. 2 BGB, sog. „Verbrauchsgüterkauf").

Eine **Kaufpreisforderung** verjährt in der allgemeinen Verjährungsfrist von drei Jahren (Kap. 4.7), unabhängig davon, ob an dem Kaufvertrag Unternehmer oder Verbraucher beteiligt sind (§ 195 BGB). Die Frist beginnt regelmäßig mit der Fälligkeit.

4.9 Allgemeine Geschäftsbedingungen

Von großer praktischer Bedeutung, auch für die freiberuflich tätige Hebamme, ist das Recht der Allgemeinen Geschäftsbedingungen (sog. „Kleingedrucktes").

Allgemeine Geschäftsbedingungen (AGB) sind alle für eine Vielzahl von Verträgen vorformulierten Vertragsbedingungen, die eine Vertragspartei (der Verwender) der anderen Vertragspartei bei Abschluss eines Vertrages stellt (§ 305 BGB). Sie werden nur dann Bestandteil des Vertrages, wenn ausdrücklich auf sie hingewiesen wird oder wenn sie durch einen deutlich sichtbaren Aushang zur Kenntnis genommen werden können (§ 305 Abs. 2 BGB).

> **Behandlungsbedingungen** im Behandlungsvertrag sind ebenso Allgemeine Geschäftsbedingungen wie ein vorgedruckter Miet- oder Kaufvertrag.

Eine **Wahlleistungsvereinbarung** kann grundsätzlich auch **formularmäßig** getroffen werden (Urteil des BGH vom 20.12.2007).

In den Allgemeinen Geschäftsbedingungen **unzulässig** sind insbesondere:

- Eine Bestimmung, die vorsieht, dass eine Erklärung des Verwenders von besonderer Bedeutung dem anderen Vertragsteil als zugegangen gilt (§ 308 Nr. 6 BGB).
- Eine Bestimmung, durch die der Verwender von der gesetzlichen Forderung freigestellt wird, den anderen Vertragsteil zu mahnen oder ihm eine Frist für die Leistung oder Nacherfüllung zu setzen (§ 309 Nr. 4 BGB).
- Die Vereinbarung eines pauschalierten Anspruchs des Verwenders auf Schadensersatz oder Ersatz einer Wertminderung, wenn die Pauschale den zu erwartenden Schaden oder

die gewöhnlich eintretende Wertminderung übersteigt oder dem anderen Vertragsteil nicht ausdrücklich der Nachweis gestattet wird, ein Schaden oder eine Wertminderung sei überhaupt nicht entstanden oder wesentlich niedriger als die Pauschale (§ 309 Nr. 5 BGB).

- Ein Ausschluss oder eine Begrenzung der Haftung für Schäden aus der Verletzung des Lebens, des Körpers oder der Gesundheit, die auf einer fahrlässigen Pflichtverletzung des Verwenders oder seines gesetzlichen Vertreters oder Erfüllungsgehilfen beruhen (§ 309 Nr. 7 a BGB).
- Ein Ausschluss oder eine Begrenzung der Haftung für sonstige Schäden, die auf einer grob fahrlässigen Pflichtverletzung des Verwenders oder seines gesetzlichen Vertreters oder Erfüllungsgehilfen beruhen (§ 309 Nr. 7 b BGB).

Merke
Eine Hebamme kann daher ihre Haftung für Körperverletzungen nicht in „Behandlungsbedingungen" ausschließen.

4.10 Verträge im Belegsystem

4.10.1 Allgemeines im SGB V

In der gesetzliche Krankenversicherung (SGB V) findet sich ein Hinweis auf das Belegsystem in § 121 Abs. 2, 3 SGB V (**Förderung des Belegsystems**). Danach sind **Belegärzte** im Sinne dieses Gesetzes nicht am Krankenhaus angestellte Vertragsärzte, die berechtigt sind, ihre Patienten (Belegpatienten) im Krankenhaus unter Inanspruchnahme der hierfür bereitgestellten Dienste, Einrichtungen und Mittel vollstationär oder teilstationär zu behandeln, ohne hierfür vom Krankenhaus eine Vergütung zu erhalten. Die belegärztlichen Leistungen werden aus der vertragsärztlichen Gesamtvergütung vergütet (Abs. 3). Gleiches gilt für **Beleghebammen**. In § 2 der Bundespflegesatzverordnung ist u. a. geregelt, dass zu den Krankenhausleistungen nicht die Leistungen der Belegärzte (§ 18 des Krankenhausentgeltgesetzes) gehören. **§ 134a Abs. 1c SGB V** kennt die Beleghebamme. Nach dieser Vorschrift sind Vergütungsanpassungen auch für Geburten durch Beleghebammen zu zahlen.

4.10.2 Belegvertrag

Die Rechtsbeziehungen zwischen der Beleghebamme und dem Krankenhaus werden durch den **Belegvertrag** geregelt. Dieser ist ein **gemischter Vertrag** mit Elementen der Leihe, des Dienstverschaffungsvertrags und des Gesellschaftsrechts und in der Regel ein **Rahmenvertrag**. Er ist kein Behandlungs- und kein Dienstvertrag, da keine Vergütung bezahlt wird. Die Beleghebamme ist **freiberuflich** tätig und **keine Arbeitnehmerin** des Krankenhauses (u. a. Urteil des LAG Düsseldorf vom 03.09.2009). Arbeitsrecht mit seinen Schutzgesetzen findet daher keine Anwendung.

Das Krankenhaus ist für die Infrastruktur, die Pflege und die „Hotel"-Leistungen zuständig, die Beleghebamme für die Behandlung (nur) im Rahmen der Geburtshilfe.

Der unbefristete Belegvertrag kann nach allgemeinen Grundsätzen eines **Dauerschuldverhältnisses** ordentlich unter Einhaltung einer Frist oder außerordentlich bei Vorliegen eines wichtigen Grundes (§ 626 BGB analog) gekündigt werden. Ein zwischen einer Hebamme und einem Krankenhausträger abgeschlossener Vertrag als **Beleghebamme** unterliegt als **freies Dienstverhältnis** der Besetzungsbestimmung des § 626 BGB. Bei Ausspruch einer **außerordentlichen Kündigung** ist die Frist des § 626 Abs. 2 S. 1 BGB (d. h. zwei Wochen) zu wahren (Urteil des OLG Saarbrücken vom 13.07.2010). Schon ein **einmaliger Sorgfaltspflichtverstoß** einer Hebamme, der zu einer Geburt mit tödlichem Ausgang führt, kann den Krankenhausträger zur fristlosen Kündigung des Belegvertrages berechtigen (Urteil des LG Stralsund vom 12.01.1994).

4.10.3 Arten der Krankenhausverträge

Totaler Krankenhausvertrag

Parteien des **totalen Krankenhaus(aufnahme)vertrags** sind die Klientin und der Krankenhausträger. Der Krankenhausträger verpflichtet sich – als alleiniger Vertragspartner – zur Unterbringung, pflegerischen Betreuung und medizinischen Versorgung der Klientin (= gemischter Vertrag mit vorwiegend dienstvertraglichen Elementen). Es haftet aus diesem Vertrag nur der Krankenhausträger. Er ist **alleiniger Vertragspartner** der Klientin. Er hat für das Verschulden aller Klinikmitarbeiter, auch der **angestellten** Hebammen nach § 278 BGB einzustehen. Insbesondere besteht die Haftung für Organisationsverschulden. Begeht eine angestellte Hebamme einen Behandlungsfehler, haftet der Krankenhausträger für diesen Schaden.

Gespaltener Krankenhausvertrag

Beim **gespaltenen Krankenhaus(aufnahme)vertrag** schuldet der Krankenhausträger der Klientin die Unterbringung sowie die pflegerischen und einfachen medizinischen Leistungen. Die **eigentliche Behandlung** im Rahmen der Geburtshilfe wird nur von der Hebamme geschuldet. Insofern haftet das Krankenhaus nicht für die Hebamme. In diesen Fällen werden sowohl der Krankenhausträger als auch die Hebamme Vertragspartner der Klientin für die jeweils von ihnen geschuldeten Leistungen.

Beim gespaltenen Krankenhausaufnahmevertrag haftet der Krankenhausträger nur für die ordnungsgemäße Unterbringung sowie die pflegerische und basismedizinische Versorgung der Klientin, wozu aber auch ärztliche Leistungen, z. B. des Bereitschaftsdienstes, gehören können. Nach Übernahme der Geburtseinleitung bzw. -durchführung durch den Belegarzt wird das hierfür eingesetzte Krankenhauspersonal (in diesem Fall die Hebamme) für diesen als Erfüllungsgehilfin (§ 278 BGB) tätig. Das Belegkrankenhaus haftet daher nicht vertraglich für deren Fehlverhalten (Urteil des OLG Koblenz vom 26.07.2000). Die Beleghebamme haftet (nur) für ihre eigenen vertragsgemäßen Leistungen, auch gegenüber dem Kind als **„Vertrag mit Schutzwirkung zugunsten Dritter“**, nicht jedoch für Angestellte des Krankenhauses.

Die Hebamme schließt einen **eigenen Behandlungsvertrag** mit der Klientin zur Haftungsabgrenzung vom Krankenhaus. Es gelten die allgemeinen Regelungen über den Behandlungsvertrag nach §§ 630a ff. BGB. Die Beleghebamme ist keine Arbeitnehmerin des Krankenhauses und auch keine arbeitnehmerähnliche Person (Urteil des BAG vom 21.02.2007). Sie darf nicht scheinselbstständig sein. Arbeitsschutzgesetze finden im Verhältnis der Beleghebamme zum Krankenhaus keine Anwendung. Die Beleghebamme rechnet direkt mit der Klientin bzw. ihrer gesetzlichen Krankenkasse ab.

5 Dokumentation

Cäcilie Fey, Patricia Gruber, Regine Knobloch, Matthias Diefenbacher

5.1 Grundsätze der Dokumentation

Regine Knobloch

Das Dokumentieren ist ein fester Bestandteil jeder Leistungserbringung in der Hebammentätigkeit. Regelungen, die die Dokumentation betreffen, finden sich in

- den Hebammen-Berufsordnungen der Länder bzw. den Landeshebammengesetzen
- dem Patientenrechtegesetz im Bürgerlichen Gesetzbuch (§§ 630a-h BGB; Kap. 4). Durch das Patientenrechtegesetz werden Rechte und Pflichten zwischen Patient und Behandler klar geregelt. Es wird Augenhöhe hergestellt.
- dem Vertrag zur Versorgung mit Hebammenhilfe nach § 134a SGB V, dort Anlage 3 Qualitätsvereinbarung unter der Grundlage von Anlage 1.2 Leistungsbeschreibung

Für die Arbeit der Hebamme erfüllt die Dokumentation **5 Funktionen**:

1. sie ist Arbeitsmittel im Sinne einer Gedächtnisstütze
2. sie macht Hebammenarbeit sichtbar
3. sie dient der Herstellung bzw. Verbesserung der Information, Kommunikation und Kooperation und ist somit ein wesentlicher Bestandteil der Qualitätssicherung
4. sie dient der Beweissicherung bei Schadensfällen
5. sie erleichtert die Abrechnung und ist ein Nachweis der Abrechnungsfähigkeit der erbrachten Leistung

Merke

In einer guten Dokumentation werden Befunde und Maßnahmen vollständig, wahr, nachvollziehbar, lesbar und verständlich dargestellt. Verläufe werden sichtbar gemacht.

Wie dokumentieren? Geschrieben wird am besten mit einem Kuli, damit das Geschriebene nicht ausradierbar ist und nicht durch Flüssigkeiten verwischen kann. Eine nicht zutreffende Notiz wird gestrichen, das Durchgestrichene soll noch lesbar bleiben. Auch im eigenen Interesse sollte das Niedergeschriebene leserlich sein.

Wird die **Dokumentation mit dem Computer** erfasst, muss sichergestellt sein, dass erkennbar ist, wer die Dokumente wann angelegt hat, wann sie zuletzt geändert wurden. Die Dokumente müssen außerdem bis zum Ende der Aufbewahrungsfrist gelesen werden können.

Die **Aufbewahrungsfrist** ist in den Berufsordnungen der Länder geregelt. Sie hat Vorrang vor dem Patientenrechtegesetz. In der Regel sind 10 Jahre vorgeschrieben, vereinzelt jedoch auch 30 Jahre. Davon unabhängig kann die Haftungsfrist wegen eines Behandlungsfehlers erst nach 30 Jahren verjähren, weshalb eine Aufbewahrung von 30 Jahren empfohlen wird ([122]; Kap. 4.7).

Ein vollständiger Eintrag enthält:

- Datum und Uhrzeit
- den Befund
- Rat und Empfehlungen
- ggf. Information und Aufklärung
- ggf. Maßnahmen, Behandlung und Arzneimittelgaben mit Begründung
- ggf. die Dringlichkeit, mit der auf die erforderlichen Maßnahmen hingewiesen wird
- ggf. Einwilligung der Frau bzw. das Ergebnis von Empfehlungen der Hebamme und den Möglichkeiten der Frau (Herstellung von Adhärenz)
- den Verlauf bei einem Folgebesuch
- bei der Arbeit im Team oder in der Klinik ein Namenskürzel

Es reicht aus, wenn schlagwortartig dokumentiert wird und das Geschriebene für Fachpersonal verständlich ist.

Wird ein Befund erhoben, wird das Ergebnis der Untersuchung dokumentiert, nicht die Art der Untersuchung, vorausgesetzt, sie weicht nicht von der üblichen Vorgehensweise, dem Hebammenstandard, ab.

Beispiel für das, was nicht notiert wird

Bei der äußeren Untersuchung des Bauches der Schwangeren ist es nicht notwendig „1. Handgriff nach Leopold" zu schreiben, sondern lediglich das Ergebnis, also etwa „Rb-2".

Beispiel für Hilfe bei Beschwerden

Eine Frau kommt wegen Schmerzen auf der linken Poseite, die die Rückseite des Beins hinunterstrahlen, zu Ihnen.
Sie stellen Folgendes fest: „Schmerzen entlang des Ischiasnervs re, Ausstrahlung bis zur Ferse, keine Blockierung des ISG. Verschlimmerung durch Tragen des 2-Jährigen" (= Befund).
Sie üben mit der Frau: „Haltung, Sitzen, Aufstehen, Heben, Tragen korrigiert nach Standard" (= Maßnahme).
Sie treffen eine Vereinbarung: „Wiedervorstellung am Freitag. Bei Verschlimmerung → Arzt/Osteopathie" (= Empfehlung).

Beispiel für eine Notiz als Gedächtnisstütze

Eine Frau berichtet Ihnen beim Besuch von ihrem anstrengenden 2-Jährigen. Sie weiß, was sie benötigt und entlastet sich damit, indem Sie Ihnen die Situation schildert.
In diesem Fall können Sie eine kurze Notiz machen wie „2-Jähriger anstrengend empfunden" als Gedächtnisstütze, um die Patientin beim nächsten Besuch danach zu fragen (Kommt sie besser klar? Hat die Situation Auswirkung auf ihr Befinden?).

Beispiel, wenn die Frau Persönliches schildert:

Die Frau berichtet Ihnen von massiven Konflikten mit dem Partner. Ausreichend für die (Hebammen-)Dokumentation ist ein Stichwort wie „Konflikte mit Partner (Befund), Beratungsstelle empfohlen (Empfehlung)", da die Hebamme keine psychologische Beratung durchführt, wie etwa ein Psychotherapeut.
Die Hebamme notiert, was für die Hebammentätigkeit relevant ist.
Ergänzend kann sie jedoch auf einem Extrablatt Einzelheiten notieren, in denen sie auch subjektive Eindrücke festhält. Dieses Extrablatt ist nicht Bestandteil der Dokumentation, es ist wie ein Gedächtnisprotokoll als persönliches Dokument zu sehen, in das die Frau kein Einsichtsrecht hat.

Das Geschriebene enthält Tatsachen und Messbares. Daneben wird das subjektive Befinden der Frau beschrieben. Dokumentiert wird das, was die Frau sagt, und zwar in ihren Worten, ohne zu interpretieren. Beispiel: „Fühlt sich „aufgedreht", kann nicht schlafen, lag 4 Std. wach, jetzt wie unter Strom."

Wird ein **Formular mit Vorgaben** verwendet, werden die Angaben dort eingetragen, wo sie im Formular dafür vorgesehen sind. Bei Formularen, in denen Kästchen bzw. Felder auszufüllen sind, werden Angaben in den dafür bestimmten Kästchen gemacht, soweit dies vom Umfang her möglich ist. Wenn keine Untersuchung stattgefunden hat, wird das Feld gestrichen. Ein leeres Feld lässt Fragen aufkommen: wurde der Eintrag vergessen? War er kontrollbedürftig und sollte später eingetragen werden? Wurde er absichtlich nicht eingetragen?

Die Hebamme verwendet **klare Formulierungen**. Sie beschreibt Tatsachen (▸ **Tab. 5.1**).

Dokumentiert wird auf **Formularen** und Einlegeblättern, die mit dem Namen der Frau gekennzeichnet sind, bei Verwechslungsgefahr auch mit dem Geburtsdatum der Frau.

Dokumentiert wird zeitnah, also während eines Hausbesuchs, nach jeder Untersuchung, nach jedem Telefonat und nach jeder anderen Tätigkeit. Das Dokumentieren nach dem Besuch im Auto, nach der Rückkehr nach Hause oder am Ende eines Dienstes in der Klinik ist nicht zeitnah.

Während eines Notfalls sollten zumindest, wenn möglich, von einer helfenden Person markante Uhrzeiten festgehalten werden. Diese können auf dem nächstbesten Zettel oder dem laufenden CTG-Streifen notiert und nach Bewältigung des Notfalls in die Akte übertragen werden. Werden Notizen zu einer telefonischen Beratung auf einem Zettel oder im Kalender gemacht, weil die Hebamme gerade unterwegs ist und die Akte der Frau sich woanders befindet als die Hebamme, werden diese Notizen nach der Rückkehr in die Akte der Frau übertragen. Notizen auf Zetteln sind der Akte beizulegen, auch wenn es sich dabei um ein blutverschmiertes Handschuhpapier handelt.

Dokumentieren kann man üben. Ein Qualitätszirkel ist ein guter Ort für eine gegenseitige Supervision. Anonymisierte Dokumentationen können

▶ **Tab. 5.1** Beispiele für Tatsachen und Interpretationen/Bewertungen/Vages.

Tatsachen/Fakten = gute Dokumentation	Interpretation/Bewertung/unklare Aussage = nicht ausreichende Dokumentation
Anleitung der Frau gelingt nicht	Frau ist unkooperativ
Partner schreit: Kümmern Sie sich um meine Frau.	Partner ist aggressiv
RR 90/70, P: 100, kaltschweißig	Kreislauf instabil
HT BL 135 spm 3 Min. gehört, KB, keine Dez.	HT gut
3 deutlich nasse Windeln, Urin noch etwas dunkel	Urin +
6 schwere, nasse Windeln, Urin hell (gesehen beim Wickeln)	Urin +
Kind hat in den letzten 24 Std. zweimal getrunken (19.00 Uhr, 5.00 Uhr)	Kind hat selten getrunken
3 450 g (10 g über Geburtsgewicht)	Kind hat zugenommen
pflaumengroße, dunkelrote Rötung am oberen äußeren Quadranten, druckdolent, knotig, hart	Brust rot
Rötung weniger dunkel, noch pflaumengroß, sehr viel weicher, weniger schmerzhaft	besser
Gesicht und Körper leicht gelb	Ikterus +

ausgetauscht und Rückmeldung an die Kollegin gegeben werden.

Dokumentation eines Zwischenfalls Als ersten Schritt nach einem Zwischenfall sollte die Dokumentation geprüft und gegebenenfalls vervollständigt werden. Insbesondere sollten die Uhrzeiten geprüft werden und ob alle Befunde und Arztrufe mit Begründungen und der Dringlichkeit enthalten sind.

Nachtrag Empfehlenswert ist auch, die Dokumentation einen Tag später noch einmal durchzusehen. Möglicherweise fällt auf, dass etwas vergessen wurde, etwa, den Befund des CTGs in die Akte zu übertragen oder die Uhrzeit, wann der Arzt nach dem Ruf eingetroffen ist. Dies sollte dann in einem Nachtrag ergänzt werden. Ein **Nachtrag** zeichnet sich durch einen zeitlich deutlichen Abstand zum Ereignis aus, etwa am nächsten Tag. Er ist als solcher kenntlich zu machen und zu begründen.

Der Nachtrag (▶ **Tab. 5.2**) enthält

- Datum, Uhrzeit,
- die Überschrift „Nachtrag",
- eine Begründung für den Nachtrag,
- das, was vergessen wurde,
- eine Unterschrift.

Je nach Brisanz des Nachtrags sollte ein Zeuge mit unterschreiben.

Beispiel eines Eintrags auf einer Karteikarte nach einem Wochenbettbesuch

„5.12.2015, 19.35 Uhr Nachtrag zum Eintrag von heute 10.20 Uhr wegen Ruf zu einer Geburt: Maßnahmen wurden nicht konsequent von der Frau durchgeführt, da das ältere Kind viel Zuwendung eingefordert hat. Haushaltshilfe besprochen. Partner bleibt ab morgen zu Hause. Tel. mit Heb. Anna vereinbart, macht weiteren Besuch ca. 16.00 –17.00 Uhr. Ggf. Unterschrift der Verfasserin"

Beispiel im Geburtsbericht

„1.12.2015 7.50 Uhr Nachtrag Fehlendes wurde beim heutigen gemeinsamen Durchlesen bemerkt: 21.14 Uhr Arztruf wegen path. CTG, Uhrzeit belegt im Telefonprotokoll, 21.20 Uhr 2. Arztruf wg. path. CTG, dringend! 21.23 Uhr Ankunft Arzt. Hebamme Anna Meyer, Unterschrift. Zeuge: Mira Schmid, Hebamme, Unterschrift"

Ist etwas nicht gut gelaufen, sollte die Hebamme die Geburtsdokumentation zeitnah kopieren. Es kommt immer wieder vor, dass Originaldokumentationen oder CTGs verschwinden. Manchmal taucht die Dokumentation in neuer Version wie-

▶ **Tab. 5.2** Nachtrag und Gedächtnisprotokoll.

	Nachtrag	Gedächtnisprotokoll
zeitlicher Abstand zum Geschehen	möglichst gering, z. B. nächster Arbeitstag	auch länger, „soweit das Gedächtnis reicht“
Inhalt	chronologischer Ablauf der Ereignisse und Maßnahmen mit Begründungen = **Dokumentation**	Schreiben „aus dem Kopf aufs Papier“, auch Eindrücke und Gefühle = **persönliche Aufzeichnung**
Formalien	braucht Datum, Uhrzeit, Begründung, Unterschrift, ggf. Zeugin	keine Form erforderlich, Datum der Erstellung bzw. Ergänzung sinnvoll
Änderung möglich	nein, keine weitere Bearbeitung gestattet	ja, jederzeit, Grundlage für Stellungnahmen, Erklärungen
Aufbewahrung	gehört zur Dokumentation	getrennt von Akte an einem sicheren Ort

der auf. Es kommt auch vor, dass Kolleginnen unter Druck gesetzt werden, die Dokumentation zu ändern. In einem solchen Fall sollte die Hebamme sich anwaltlich beraten lassen. Auf keinen Fall sollte die Dokumentation verfälscht werden!

Eine maschinen- bzw. computergeschriebene Abschrift der eigenen Dokumentation hilft, das Handgeschriebene noch nach Jahren eindeutig nachvollziehen zu können. Abkürzungen sollten in einer Legende erklärt werden.

Außerdem sollte die Hebamme ein ausführliches Gedächtnisprotokoll (▶ **Tab. 5.2**) erstellen. Es ist ein ganz persönliches Dokument und gehört **nicht in die Akte**. Je näher am Geschehen das Gedächtnisprotokoll erstellt wird, desto konkreter ist die Erinnerung. Das Aufgeschriebene kann den Anwalt, der die Hebamme vertreten soll, bei der Verteidigung unterstützen oder kann als Grundlage für Stellungnahmen dienen. Hier können besondere Umstände festgehalten werden, wie die gleichzeitige Betreuung mehrerer Frauen oder Konflikte mit der Frau, Angehörigen oder Kollegen und Ärzten. Ein Gedächtnisprotokoll kann auch der emotionalen Entlastung dienen. Jeder Eintrag ins Gedächtnisprotokoll sollte mindestens ein Datum enthalten.

Stellungnahmen können vom Krankenhaus oder der Versicherung zu einem Geburtsverlauf angefordert werden. Bevor die Hebamme eine Stellungnahme abgibt, kann sie (als Mitglied des DHV) mit einer Sachverständigen über den Inhalt sprechen und eine Rückmeldung einholen. Ist die Hebamme angestellt und zusätzlich über den DHV versichert, sollte die Stellungnahme auch mit der Versicherung über den DHV abgestimmt werden, bevor diese in der Klinik abgegeben wird. Beleghebammen sollten zunächst Rücksprache mit ihrer Versicherung halten.

5.1.1 Dokumentation vereinfachen

Die Dokumentation kann vereinfacht werden. Bei typischen Beratungsthemen wie „Ernährung in der Schwangerschaft bei Gestationsdiabetes“, „Vorgehen bei Überschreiten des errechneten Termins“, „SIDS-Prophylaxe“, „Stillvorbereitung“ oder Möglichkeiten des Geburtsbeginns können Standards (bzw. **Arbeitsanleitungen** [AA]) im Qualitätsmanagementhandbuch hinterlegt werden (Kap. 5.1.2), sodass in der Dokumentation darauf verwiesen werden kann. Abweichungen vom Standard, also der üblichen Vorgehensweise, müssen jedoch extra beschrieben werden.

Beispiel

„Möglichkeiten des Geburtsbeginns besprochen (regelmäßige Wehen alle 5 Min., Blasensprung, FW-Farbe, Schleimabgang), Achten auf Blutung, Kindsbewegungen und Befinden, bei jeglicher Unsicherheit Anruf in der Klinik.“

Verkürzt könnte der Eintrag auch lauten: „Geburtsbeginn und worauf achten bespr. nach AA, bei jeglicher Unsicherheit Tel. Kl.“

Je bedeutsamer eine Beratung ist, desto ausführlicher sollte niedergeschrieben werden, was gesagt wurde.

Kommt eine Schwangere mit Kontraktionen in die Klinik, weil sie unsicher ist und nicht einschätzen kann, ob die Geburt bereits begonnen hat,

▶ **Tab. 5.3** Beispiele für Abkürzungen.

Abkürzung	
dd.	druckdolent
Kl.	Klinik
GG	Geburtsgewicht
AA	Arbeitsanleitung
ISG	Iliosakralgelenk
KB	Kindsbewegungen
Strd.	Standard
BL	Baseline
BS	Blasensprung

könnte ein verkürzter Eintrag im Nachhinein Fragen aufwerfen, was tatsächlich gesagt wurde.

Praxistipp

Abkürzungen

In den Formulierungen in der obigen Liste wurde aus Gründen der Verständlichkeit vieles ausgeschrieben, was im Alltag abgekürzt werden kann. Abkürzungen sollten in einem Abkürzungsverzeichnis im Qualitätshandbuch hinterlegt werden, damit auch noch nach Jahren nachvollziehbar bleibt, was damit gemeint war (▶ **Tab. 5.3**).

5.1.2 Qualitätsmanagement (QM)

Jede Hebamme soll ihre Arbeit bzw. ihre Leistungen mit einer bestimmten, nachvollziehbaren und nachweisbaren Qualität erbringen. „Qualitätsmanagement ist ein System, das einen darin unterstützt, erbrachte Qualität zu erkennen, sichtbar und damit überprüfbar zu machen und ggf. zu verbessern – und damit ist es eine hervorragende Arbeitshilfe im beruflichen Alltag." [75] Angestellte Hebammen sind in das QM der Klinik bzw. in das ihres Arbeitgebers eingebunden und haben sich nach diesen Vorgaben zu richten. Die freiberufliche Hebamme muss ihr QM selbst einrichten, erstellen und weiterentwickeln. Die Anlage 3 Qualitätsvereinbarung zum Vertrag nach § 134a SGB V regelt, welche Maßnahmen zur Erzielung der Prozess-, Struktur- und Ergebnisqualität getroffen werden sollen. Um diese Anforderungen zu strukturieren, soll sie ein Qualitätsmanagementhandbuch anlegen. Im Vertrag nach § 134a SGBV mit den Krankenkassen werden die Mindestanforderungen beschrieben:

- Portfolio (Vita, Leistungsangebote)
- rechtliche Grundlagen
- Arbeitsmaterialien und Hygiene
- Dokumentation und Archivierung
- Leistungsbeschreibung (Prozessdarstellung)
- Fort- und Weiterbildung.

Die zu erstellenden Dokumente können als Dateien im PC oder ausgedruckt in einem Ordner abgelegt werden. Der DHV bietet seinen Mitgliedern ein QM-System nach DIN EN ISO 9001:2008 an, das als Grundlage für die individuelle Bearbeitung dienen kann. Es kann jedoch auch ein anderes System verwendet werden, wie etwa DIN EN 15224:2012.

Mitgliedern des DHV stehen auf der Website zahlreiche Dokumente für das Qualitätsmanagement zur Verfügung (www.hebammenverband.de/Mitgliederbereich/Qualitätsmanagement). Wer eine Fortbildung im Qualitätsnetzwerk des Hebammenverbandes Niedersachsen besucht hat, hat Zugriff auf viele praktische Arbeitshilfen, die bereits von Hebammen in Qualitätszirkeln erarbeitet wurden (www.qualitaetimwochenbett.de).

5.1.3 Vorlagen zur Dokumentation

Es gibt verschiedene Anbieter von Dokumentationsformularen. Hier finden Sie eine Auswahl: Verschiedene Dokumentationsformulare bietet der Elwin Staude Verlag an: von Karteikarten mit Einlageblättern, die nach Bedarf eingelegt werden können, bis zu einem Dokumentationssystem, bei dem jedem Tätigkeitsbereich ein Einzelformular zugeordnet ist (www.staudeverlag.de). Karteikarten mit einem Schnellhefter, in den DIN-A 4 Formulare eingeheftet werden können, können im Mabuse-Verlag (www.mabuseverlag.de) bestellt werden. Einlageblätter können unter www.weleda-akademie.de heruntergeladen werden. Die Firma pädia (www.paedia.de) bietet Hebammen Wochenbettbetreuungsbögen als Servicematerial an. Der Deutsche Hebammenverband gibt eine Karteikarte für die Schwangeren- und Wochenbettbetreuung heraus (www.hebammenverband.de).

Die Karteikarten und Formulare können zum Teil auf den Internetseiten der Anbieter angeschaut oder als Probeexemplar angefordert werden.

Auch die Anbieter von Abrechnungsprogrammen und Abrechnungszentralen bieten Formulare an, die in das System integriert sind und ausgedruckt werden können, beispielsweise bei Hebammen-AZH (www.hebammen-azh.de), HebRech (www.hebrech.de) oder Lucky Midwife (www.luckymidwife.de).

Hilfreich sind auch Assessment-Instrumente wie z. B. für die erweiterte manuelle Diagnostik von Hähnlein [49]. Das Formular erleichtert die Befundung, weil die einzelnen Kriterien, die eingeschätzt und beurteilt werden sollen, bereits vorgegeben sind und lediglich angekreuzt werden müssen.

In der Karteikarte des DHV findet sich ein Still-Evaluationsbogen und 2012 wurde ein Verlaufsbogen für die frühe Eröffnungsphase in der Deutschen Hebammenzeitung vorgestellt [74].

Ein hervorragendes Instrument ist auch der „Modified early obstetric warning score" (MEOWS), der in der peripartalen Phase geburtshilfliche Patientinnen frühzeitig identifizieren kann und hilft, sie rechtzeitig zu behandeln (nach [41]).

Entsprechen die standardisierten Formulare der Anbieter überhaupt nicht den Vorstellungen der Hebamme, kann sie ein eigenes erstellen. Dieses muss dann regelmäßig auf Aktualität und Vollständigkeit geprüft und im Qualitätshandbuch abgelegt werden. In Zusammenarbeit und im Austausch mit anderen Hebammen – z. B. in Qualitätszirkeln – lassen sich wertvolle Hinweise zur Verbesserung gewinnen.

5.2 Exkurs: Elektronische Dokumentation

Matthias Diefenbacher

Nach § 630f BGB ist jede Behandelnde – auch die Hebamme – verpflichtet, zum Zweck der Dokumentation in unmittelbarem zeitlichen Zusammenhang mit der Behandlung eine Patientenakte in Papierform oder elektronisch zu führen. Berichtigungen und Änderungen von Eintragungen in der Patientenakte sind nur zulässig, wenn neben dem ursprünglichen Inhalt erkennbar bleibt, wann sie vorgenommen worden sind. Dies ist auch für elektronisch geführte Patientenakten sicherzustellen. Die Hebamme hat nach § 630f Abs. 3 BGB die Patientenakte für die Dauer von zehn Jahren nach Abschluss der Behandlung aufzubewahren. Auch das gilt im Fall der elektronisch geführten Dokumentation.

Bei der elektronisch geführten Dokumentation ergeben sich einige Besonderheiten und Risiken.

1. Gesetzliche Vorschriften

Wie auch bei der „herkömmlichen" Dokumentation sind die gesetzlichen Vorschriften des Datenschutzes und der Schweigepflicht einzuhalten. Die Hebamme muss die Patientendaten vor unberechtigtem Zugriff Dritter schützen.

2. Schweigepflicht

Diese Regelungen gelten nach § 203 Abs. 3 StGB auch für die berufsmäßig tätigen Gehilfen und die Personen, die bei der Hebamme zur Vorbereitung auf den Beruf tätig sind.

Probleme können sich hierbei bei den Personen ergeben, zu denen der Berufsgeheimnisträger bestimmte Handlungen ausgelagert hat (z. B. bei Sekretariatsdiensten, Abrechnungszentren oder EDV-Dienstleistern). Es ist daher im Rahmen der EDV-Organisation durch geeignete Maßnahmen (z. B. Verschlüsselung von Daten) darauf zu achten, dass auch insoweit die Schweigepflicht gewahrt wird. Eine, wenn in der Praxis auch aufwändige Möglichkeit ist, eine Einverständniserklärung (Schweigepflichtenbindungserklärung) der Patientin (allerdings für jeden einzelnen Fall) einzuholen.

3. Datenschutz

Das Bundesdatenschutzgesetz regelt den generellen Umgang mit personenbezogenen Daten.

Grundsätzlich darf die Hebamme die Daten ihrer Patientin in der EDV als Mittel für die Erfüllung ihrer eigenen Geschäftszwecke speichern und verarbeiten. Die Daten dürfen so lange gespeichert werden, wie es die Aufbewahrungspflichten der Dokumentation bzw. der Abrechnungsunterlagen verlangen.

Wenn Patientendaten auf einem Computer gespeichert sind, gelten wesentlich strengere Sicherheitskriterien als für privat genutzte PC. Es ist sicherzustellen, dass die Sicherheitsvorkehrungen den aktuellen Sicherheitsstandards entsprechen (Virenscanner, Firewall etc.).

Bedenklich ist die Situation, wenn der PC mit den Patientendaten auch von anderen Personen genutzt wird. Hierbei muss sichergestellt werden, dass diese Personen keinen Einblick in die Patientendaten nehmen können (es sei denn, es handelt sich um Gehilfen (S. 92)). Es ist daher zu raten, für die Patientendaten einen separaten PC zu benutzen.

Gleiches gilt, wenn ein Techniker bei einem Defekt am Computer arbeiten muss. Er ist zu beaufsichtigen. Insbesondere bei einer Fernwartung muss die Hebamme alle Tätigkeiten des Technikers am Bildschirm mitverfolgen können. Der Techniker darf keinen Einblick in die vertraulichen Daten nehmen können.

Darüber hinaus muss beachtet werden, dass im Fall des Verkaufs oder der Entsorgung alter Computer die Festplatten mit den Patientinnen-Daten, die auch nach normaler „Löschung" jederzeit wiederhergestellt werden können, verlässlich vernichtet sind bzw. die Festplatte ausgebaut und zerstört worden ist.

4. Auslagerung („Outsourcing") an Dienstleister ohne gesetzliche Schweigepflicht

Die Hebamme könnte Sekretariatsdienste auslagern, d. h., durch auswärtige Sekretariatsdienstleister erledigen lassen. Auch hier stellt sich, z. B. bereits bei der Entgegennahme eines Telefonanrufs einer Patientin, das Problem der Einhaltung der Schweigepflicht. Als Gehilfen stehen auch diese „Mitarbeiter" nach § 203 Abs. 3 StGB unter Schweigepflicht. Sie sind allerdings zu Beginn der Tätigkeit bzw. Geschäftsbeziehung mittels einer Verschwiegenheitsverpflichtungserklärung über ihre Schweigepflicht zu belehren.

Würde die Hebamme z. B. Telefonanrufe durch eine Anrufweiterleitung an eine dritte Stelle weiterleiten und dort Personen für die Hebamme mit Patientinnen Gespräche führen, müssen diese Personen wissen, dass sie als Gehilfen ebenfalls unter Schweigepflicht stehen. Das gilt lediglich dann nicht, wenn es sich um Weiterleitungen zu an der Behandlung unmittelbar beteiligten Personen handelt (so auch in den meisten Landesberufsordnungen).

Sorgt die Hebamme nicht im gebotenen Maß für die Einhaltung der Schweigepflicht- und Datenschutzregelungen, macht sie sich nicht nur ggf. schadensersatzpflichtig, sondern auch strafbar (§ 203 StGB, § 44 BDSG).

5. Diebstahl von Computern

Bei einem Einbruch in eine Hebammenpraxis mit Papier-Dokumentation lässt der Dieb in der Regel die Dokumentation liegen. Sie hat für ihn keinen Wert. Anders sieht es mit Computern, externen Festplatten etc. aus. Diese Gegenstände können mit wenig Aufwand zu Geld gemacht werden, unabhängig, welche Daten sich auf den Datenträgern befinden und der Tatsache, dass diese Daten für den Dieb keine Bedeutung haben. Im Fall des Diebstahls verliert die Hebamme jedoch ihre gesamte Dokumentation und möglicherweise auch ihre gesamte Existenzgrundlage (Daten zur Abrechnung etc.). Unabhängig von der Mühen der Wiederherstellung solcher Daten muss die Hebamme daher ein Interesse daran haben, die Daten extern (bei einem externen Server oder in der „Cloud") zu sichern. Dabei muss aus den oben genannten Gründen allerdings wiederum gewährleistet sein, das sämtliche Schweigepflicht- und Datenschutzvorschriften eingehalten werden. Es darf Dritten nicht möglich sein, auf die Daten in der „Cloud" zugreifen zu können – auch nicht dem EDV-Dienstleister. Für eine entsprechende Verschlüsselung der Daten ist durch die Hebamme zu sorgen.

6. „Cyber-Angriffe"

Für eine weitere Verunsicherung bei der Nutzung (ausschließlich) elektronischer Akten sorgen Presseberichte, wonach „Hacker" Angriffe gegen Krankenhaus-EDV-Systeme führen.

So wurde im Februar 2016 berichtet, dass das gesamte IT-System eines Krankenhauses in Los Angeles gehackt und so lange unter Verschluss gehalten werden sollte, bis ein Lösegeld bezahlt worden sei. Ärzte kommunizierten in der Folge mit handgeschriebenen Notizen, weil das E-Mail-System nicht mehr funktionierte. Krankengeschichten, Laborbefunde und Bilder von diagnostischen Scans blieben unzugänglich.

Zur gleichen Zeit musste ein Krankenhaus in Nordrhein-Westfalen OP-Termine verschieben, weil die Kliniksoftware durch gezielte Virenangriffe unbrauchbar geworden war und die Täter angekündigt hatten, die aufgespielte Verschlüsselung nur nach Zahlung eines Lösegelds wieder zu entfernen.

Es ist nicht auszuschließen, dass entsprechende Maßnahmen auch gegen einzelne Leistungserbringer im Gesundheitswesen durchgeführt werden, sodass sich die Hebamme durch geeignete Maßnahmen auch vor solchen Angriffen gegen ihre Dokumentation schützen muss.

7. Verlässlichkeit

Es sind Fälle bekannt geworden, dass Dateien aus der „Gründerzeit" des PCs bereits nicht mehr lesbar sind, weil es die Programme zum Darstellen dieser Dateien nicht mehr gibt bzw. die Datenträger (mechanisch) nicht mehr lesbar sind. Die Hebamme muss daher dafür Sorge tragen, dass die Dateien ihrer Dokumentation mindestens innerhalb der gesetzlichen Aufbewahrungsfrist von 10 Jahren lesbar gehalten werden.

Festplatten haben eine Lebensdauer von nur wenigen Jahren, während z. B. für die Betrachtung von Mikrofilmen – in einer gut gekühlten Höhle gelagert – auch nach Jahrhunderten lediglich eine einfache Kerze und eine Lupe (ohne jegliche Elektrizität) benötigt wird.

8. Weitere Gesichtspunkte

- Mangels handschriftlicher Notizen ist die elektronische Dokumentation für jedermann gleichermaßen lesbar (gleiche Abkürzungen und Symbole). Das gilt insbesondere für Kollegen und Gutachter und dient der Transparenz, Eindeutigkeit und Nachvollziehbarkeit von Entscheidungen.
- Die elektronische Dokumentation lässt sich platzsparend archivieren.
- Sie ist an mehreren Orten für mehrere Berechtigte (bei Patientenübergabe, auch interdisziplinär) einsehbar.
- Vereinfachung bei der Speicherung von Fotos und nur hier die Möglichkeit der Aufbewahrung von Filmen.
- Es besteht aber auch die Gefahr nachträglicher Abänderung, ohne dass diese als solche erkennbar wäre (was § 630f Abs. 1 Satz 2 BGB widerspricht). Es muss daher Software benutzt werden, die Änderungen als solche kennzeichnet. Dies mag mit einer qualifizierten elektronischen Signatur und einem „Zeitstempel" in der Software gelingen.
- Es mag das Verlangen geben, „mit der Zeit" zu gehen und sich für die elektronische Dokumentation zu interessieren. Ob sie tatsächlich eingesetzt wird, muss jede Hebamme nach Abwägungen aller Vor- und Nachteile selbst entscheiden.

Praxistipps

Häufige Fragen von Herrn Diefenbacher beantwortet

Wer hat Zugriff auf die Akte? Bei Beleghebammen beispielsweise: muss es in den Vertrag, dass die Hebamme die Akte „haben" darf bzw. eine Kopie davon?

Das gilt jetzt nicht nur für die elektronische Akte. Eine solche Regelung muss nicht notwendigerweise in den Vertrag, da es sich um ein allgemeines Schweigepflichtproblem handelt und sich daher aus dem Gesetz ergibt, z. B. auch aus den Landesberufsordnungen. Alle, die an der Behandlung beteiligt (oder z. B. von der Schweigepflicht entbunden) sind, dürfen Zugriff auf die Akte haben.

CTGs werden zum Archivieren (je nach Archiv) auseinandergerissen, zum Teil in Einzelblätter. Problem: die Reihenfolge stimmt zum Teil nicht und manchmal befinden sich „falsche" CTGs in der Akte, z. B. von anderen Frauen.

Ich rate dem geburtshilflichen Team, bei kritischen Geburten Papierkopien anzufertigen und gut zu dokumentieren. Auch wegen der späteren Lesbarkeit.

Wenn ich in einer elektronischen Akte einen Nachtrag mache, bsp. um 19:30 Uhr ergänze ich etwas zu 17:15 Uhr, muss da auch eine Begründung hin, warum ich das mache?

Das Gesetz verlangt es nicht ausdrücklich, aus Gründen der Nachvollziehbarkeit und Nachweisbarkeit würde ich es machen.

Ein PC stürzt in der Klinik ab, es wird daher handschriftlich dokumentiert. Muss dies im PC nachgetragen werden? Oder sollen handschriftliche Zettel dazugelegt werden?

Da in § 630f BGB Papierform „oder" elektronische Form geregelt ist und nicht „entweder-oder", reicht es meiner Meinung nach aus, beides gleichzeitig (Zettel dazulegen) zu führen. Sicherlich will man aber immer alles zusammenhaben, sodass sich auch das Nachtragen anbietet. Das Gesetz verlangt es nicht. Ich persönlich würde als zusätzliches Merkmal noch fordern, dass alles logisch und ohne Lücken in sich geschlossen ist. Anders wäre es z. B. bei der elektronischen Buchhaltung. Hier sind die handschriftlichen Zahlen in die EDV nachzutragen, da das Programm sonst nicht alles berechnen kann. Das ist bei der Dokumentation nicht der Fall.

Es häufen sich die Fragen zu Videoaufnahmen während der Geburt mit Smartphone etc. Einige Hebammen merken dies gar nicht, sondern es wird einfach draufgehalten. Extrembericht: es wurde eine „Liveübertragung" per Skype ins Wartezimmer gemacht, wo sich die ganze Verwandtschaft aufhielt. Was ist zu beachten und wie können sich die geburtshilflichen Teams davor schützen?

Auch wieder ein Schweigepflichtproblem. Die Patientin entbindet durch die Duldung der Aufnahmen konkludent von der Schweigepflicht. Will sich die Hebamme nicht bei Facebook wiederfinden, müsste sie widersprechen. Merkt sie es nicht, stünden ihr nach dem Bemerken Unterlassungsansprüche wegen Verletzung des Rechts am eigenen Bild und ihres Persönlichkeitsrechts zu. (Gleiches gilt für Babybilder im Internet, zu deren Veröffentlichung die Eltern keine Genehmigung erteilt haben.)

Dürfen Hebammen Fotos auf Facebook oder in anderen Foren posten, um (sinnvollerweise) auf die desolaten Zustände in den Kliniken aufmerksam zu machen? Oder ist das eine Verletzung der Schweigepflicht?

Wenn die Namen der Patientinnen nicht lesbar sind, ist es wohl kein Schweigepflichtproblem. Es werden aber arbeitsrechtlich evtl. Betriebsgeheimnisse veröffentlicht und gegen die Treuepflicht des Arbeitnehmers gegenüber dem Arbeitgeber verstoßen.

5.3 Interprofessionelle Zusammenarbeit

5.3.1 Grundlagen der Zusammenarbeit

Cäcilie Fey

Hebammen arbeiten im Rahmen ihrer Tätigkeiten mit vielen verschiedenen Professionen zusammen, egal ob sie im Bereich der Schwangerenbetreuung, während der Geburt oder im Wochenbett tätig sind. Nicht immer kann hier eine gelungene Zusammenarbeit beobachtet werden. Viele Fehler, die zu unerwünschten Ereignissen führen, hängen mit schlechter Kooperation und Kommunikation zwischen Berufsgruppen zusammen ([104]: 78).

„Die Weltgesundheitsorganisation (WHO) und der Sachverständigenrat zur Begutachtung der Entwicklung im Gesundheitswesen (SVR) sehen in der Zusammenarbeit verschiedener Berufsgruppen die Basis für ein gutes Gesundheitsoutcome." ([83]: 554)

Hier muss im Interesse der zu betreuenden Frauen, Neugeborenen und werdenden Eltern ein gelungener Umgang mit den weiteren Berufsgruppen erfolgen. Für die Nachvollziehbarkeit der Situationen werden die wichtigsten Inhalte in die Dokumentation übernommen.

Für die klinische Hebammentätigkeit wird die Zusammenarbeit in den meisten Fällen durch Dienstanweisungen des ärztlichen Direktors geregelt. Diese gelten für die angestellten Hebammen. Die Besonderheit eines Hebammenkreißsaales ist es, dass die zuständigen, meist angestellten Hebammen eigenverantwortlich physiologische Geburten betreuen ([23]:11). Für das Tätigwerden der Beleghebammen gelten die Vereinbarungen des Belegvertrages.

Die jeweiligen Berufsordnungen verpflichten Hebammen und Ärzte gleichermaßen zur Dokumentation ihrer Tätigkeit (vgl. [11]).

In der Dokumentation stellen die Schnittstellen zwischen der Hebammenbetreuung und der ärztlichen Betreuung eine besondere Herausforderung dar. Aus forensischen Gründen sollten diese Bereiche besonders gründlich ausgeführt werden. In der Dokumentation wird jede Information an die ärztlichen Mitarbeiter festgehalten, in welcher Form und mit welchem Inhalt diese Information geflossen ist.

Eine telefonische Anordnung kann aus räumlichen Gründen nicht durch den Arzt selbst dokumentiert werden. Diese Inhalte werden durch die Hebamme in das geburtshilfliche Journal/Partogramm eingetragen. Der Arzt zeichnet die Richtigkeit der Dokumentation der Hebamme zum nächstmöglichen Zeitpunkt durch seine Unterschrift ab.

Muss ein Arzt von der Hebamme zu der Betreuung einer Frau hinzu gezogen werden, wird die Art der Information – ob der Arzt persönlich oder per Telefon kontaktiert worden ist – vermerkt. Es werden der Inhalt der Information und die Dringlichkeit der Hinzuziehung, wie ausgesprochen, dokumentiert.

Beispiel

Telefonische Information an Dr. Müller wegen späten Dezelerationen bei Frau H. mit verzögerter Erholung. Gegenmaßnahmen haben keinen Erfolg gebracht. Sofortige Anwesenheit im Kreißsaal nötig.

Beispiel

Direkte Information an Dr. Huber: Bei Frau M. schneidet der Kopf ein, bei kräftiger Wehentätigkeit, zur Geburt kommen.

Wenn das Eintreffen des Arztes auf sich warten lässt, insbesondere in kritischen Situationen, darf die Hebammen nicht untätig bleiben ([1]: 127). Ihr weiteres Tun, wie z. B. die Information des übergeordneten Dienstes, in der Regel des Oberarztes, wird mit den entsprechenden Zeiten und der Dringlichkeit in der geburtshilflichen Dokumentation niedergeschrieben. Die Hebamme sollte belegen, dass sie alles unternommen hat, in der Notsituation den ärztlichen Dienst herbei zu bekommen.

Im Geburtsverlauf kann wechselseitig von den Beteiligten dokumentiert werden. Die Beteiligten kennzeichnen Ihre Einträge so, dass jeder weiß, welche Person gehandelt und dokumentiert hat ([66]: 32). Die Geburt an sich wird von der Hebamme oder dem Arzt dokumentiert und von beiden unterschrieben. Eine weitere Möglichkeit ist es, dass der Bericht von beiden Beteiligten gemeinsam erstellt wird.

Eine Änderung in der Dokumentation kann nur durchgeführt werden, wenn die ursprüngliche Version lesbar bleibt, unabhängig, von der Form der Niederschrift (§630f Abs. 1). Dies gilt auch, wenn die Hebamme von einem Arzt oder auch von den Eltern gedrängt wird, eine neue Version der Dokumentation zu erstellen. „Da schriftliche Aufzeichnungen Urkunden darstellen, dürfen sie nach ihrem Abschluss nicht mehr verändert werden, sonst ist der Tatbestand der Urkundenfälschung erfüllt." ([1]: 226). Eine fehlende, fehlerhafte oder unzureichende Dokumentation kann zeitnah auch nachträglich ergänzt oder kommentiert werden. Dies ist nur möglich, wenn hierzu Angaben des Verfassers, Datum und Uhrzeit vermerkt sind ([1]: 226).

5.3.2 Delegation ärztlicher Tätigkeiten

Patricia Gruber

Aufgrund des Ärztemangels hat sich die Aufgabenumverteilung aus der personellen Not heraus ohne strukturierte Schulungen der Hebammen in den Kreißsaal eingeschlichen. Viele Hebammen und auch Pflegende übernehmen Aufgaben, die normalerweise ein Arzt durchführen würde. Grundsätzlich gibt es Aufgaben, die problemlos von Hebammen übernommen werden können, wie z. B. die Blutentnahme, denn diese Tätigkeit wird auch in der Ausbildung vermittelt.

Schwierig wird es, wenn aufgrund des Personalmangels und des gleichzeitigen Sparzwangs, Tätigkeiten übernommen werden, die nicht delegierbar sind.

Im geburtshilflichen Alltag ist es vielerorts immer noch üblich, ärztliche Tätigkeiten auf „Zuruf" durchzuführen, ein Arzt müsste z. B. die PDA aufspritzen, operiert aber gerade und bittet die Hebamme, dies eben mal zu übernehmen.

Grundsätzlich dürfen ärztliche Tätigkeiten delegiert werden, wenn vorher die Voraussetzungen geklärt und geschaffen wurden. Denn käme es zu einem evtl. Behandlungsfehler, könnte sich die Hebamme, die die Delegation übernommen hat, nicht damit herausreden, dass diese Tätigkeit gar nicht Inhalt ihrer Ausbildung war. „Für die Delegation ärztlicher Leistungen wird allerdings gelten, dass die Pflegekraft, die in einer ärztlichen Leistung tätig ist, die ihr delegiert worden ist, durchaus den vorbenannten Facharztstandard erreichen muss. Sie kann sich eben nicht darauf berufen, dass sie mit anderen Pflegekräften zu vergleichen ist, da sie nämlich die Tätigkeit des Arztes delegiert erhalten hat, sie wird wie ein Arzt tätig und nicht wie eine Pflegekraft." [85]

Prinzipiell spricht nichts dagegen, dass Hebammen gewisse ärztliche Tätigkeiten „übernehmen", wenn vorher geklärt ist, ob sie für diese Tätigkeit qualifiziert und haftpflichtversichert sind, dafür Zeit haben und nicht ihre originäre Hebammentätigkeit dabei hinauszögern oder gar weglassen müssen.

Grundsätzlich gilt: Die **Anordnungsverantwortung** hat der Arzt, die **Durchführungsverantwortung** trägt die Hebamme. Hebammen sollten nur Tätigkeiten übernehmen, deren Folgen sie bei einem möglichen Notfall auch beherrschen können.

Folgendes Procedere muss, bevor ärztliche Leistungen delegiert werden können, durchgeführt werden:

> **„Die Anordnungsverantwortung**: *Dem Arzt obliegt einmal die Anordnungsverantwortung für die von ihm für erforderlich gehaltene Maßnahme (zum Beispiel Medikamentengabe, Blutentnahme, Injektion). Auch wird wie gehabt diese Anordnung schriftlich angeordnet. Zum anderen muss er die Qualifikation der zu beauftragenden Hebamme verantwortlich feststellen; sie muss das notwendige Wissen und Können besitzen (zum Beispiel Ausbildung in der Pharmakologie sowie Punktions- und Injektionstechnik), um die Aufgabe korrekt ausführen zu können. Dies kann in Teamschulungen stattfinden.*
> **Die Übernahmeverantwortung:** *Die Hebamme muss in einer gesunden Selbsteinschätzung prüfen, ob sie sich qualifiziert fühlt, die übertragene Aufgabe fehlerfrei auszuführen. Fehlen klare ärztliche Angaben, besteht die Pflicht zur Nachfrage! Eine Hebamme kann und muss die Befolgung einer Anordnung verweigern, wenn sie sich fachlich nicht oder nicht ausreichend qualifiziert fühlt (Remonstrationspflicht).*
> **Die Durchführungsverantwortung:** *Für die Durchführung muss die Qualifikation durch den Arzt festgestellt sein. Nicht jede Hebamme kann zum Beispiel einen Venenzugang legen bzw. hat es erlernt. Die schriftliche Bestätigung dieser Qualifikation erscheint zweckmäßig. Diese darf nur an einzelne Personen übertragen werden (nicht an ein Team!).*
> *Die tätig werdende Person trägt immer die Verantwortung für die technisch richtige Durchführung. Sie kann für fehlerhaftes Handeln zivilrechtlich, arbeitsrechtlich und/oder strafrechtlich zur Verantwortung gezogen werden.“ [45]*

Zu beachten sind zwei weitere wichtige Punkte:

1. Die fortlaufende Prüfung des Delegationsempfängers:

> *„Auch hier gilt ein Verhältnismäßigkeitsgrundsatz. Je komplexer die Leistung und je riskanter sie für den Patienten ist, desto häufiger müssen die entsprechenden Leistungen überprüft werden.“ ([85]: 45)*

2. Die Einwilligung des Patienten:

> *„Damit gilt, dass die Einwilligung des Patienten nur dann straf- und haftungsbefreiend erfolgen kann, wenn dem Patienten erklärt wurde, dass eine Delegation von Leistungen an einen nicht ärztlichen Mitarbeiter erfolgt und dessen Einwilligung das Einverständnis hierzu umfasst hat.“ ([85]: 45)*

Inzwischen gibt es in vielen Kliniken „Befähigungsnachweise“ oder schriftliche Vereinbarungen, die auch im persönlichen Portfolio abgeheftet werden können und somit eine Weiterqualifizierung aufzeigen (▶ **Abb. 5.1**).

5.3.3 Remonstration

Patricia Gruber

> *„Verstößt eine ärztliche Anweisung gegen die anerkannten Regeln der Geburtshilfe, hat die Hebamme oder der Entbindungspfleger die Ärztin oder den Arzt nachdrücklich darauf hinzuweisen und den Hinweis zu dokumentieren. Erkennt die Ärztin oder der Arzt den Einwand der Hebamme oder des Entbindungspflegers nicht an, hat die Hebamme oder der Entbindungspfleger gegebenenfalls die ärztliche Vorgesetzte oder den ärztlichen Vorgesetzten der Ärztin oder des Arztes zu informieren und auf deren oder dessen Hinzuziehung zu bestehen. Soweit es die geburtshilfliche Situation erlaubt, kann die Hebamme oder der Entbindungspfleger die Durchführung der ärztlichen Anweisung verweigern.“ (Berufsordnung für Hebammen und Entbindungspfleger (HebBO) Berlin vom 9. November 2010, § 2, Absatz 4).*

proCompliance

Dokumentierte Qualitätssicherung A29

Befähigungsnachweis

Frau/Herrn **geb. am:** ☐☐.☐☐.☐☐

wird hiermit jederzeit widerruflich die Berechtigung erteilt, in der/den Abteilung(en)/Klinik(en)

nachfolgend gekennzeichnete Tätigkeiten selbständig auszuführen*:

*) Bitte Entsprechendes ankreuzen bzw. die **nicht** übertragenen Tätigkeiten durchstreichen!

- ☐ subkutane Injektionen
- ☐ intramuskuläre Injektionen
- ☐ intravenöse Injektionen
- ☐ Injektionen in periphervenös liegende Kanülen und Katheter
- ☐ Injektionen in zentralvenös liegende Katheter
- ☐ Infusionen
- ☐ Legen einer periphervenösen Verweilkanüle
- ☐ venöse Blutentnahmen
- ☐ venöse Blutentnahmen aus Kanülen und Kathetern
- ☐ arterielle Blutentnahmen
- ☐ arterielle Blutentnahmen aus Kanülen und Kathetern
- ☐ Anlage eines Gipsverbands
- ☐ Sonstiges/Nähere Beschreibung der Tätigkeit (z.B. prätransfusionelle Blutentnahme):

Der Leitende Arzt der Abeilung/Klinik bzw. der beauftragte Arzt bestätigt nach sorgfältiger persönlicher Prüfung, dass sie/er über die nötigen Kenntnisse und Fähigkeiten verfügt, um die bezeichneten Tätigkeiten fachgerecht ausführen zu können.

Dieser Befähigungsnachweis behält seine Gültigkeit: ☐ für ____ Monate ☐ für 1 Jahr ☐ auf Dauer.

Daneben bestehende Dienstanweisungen und Anwendungsvorschriften bezüglich der bezeichneten Tätigkeit sind zu beachten.

Ort/Datum

Unterschrift des Leitenden Arztes der Abteilung/Klinik bzw. des beauftragten Arztes

Unterschrift der Gesundheits- und Krankenpflegerin/des Gesundheits- und Krankenpflegers bzw. der Krankenschwester/des Krankenpflegers/der Hebamme (Bitte die zutreffende Berufsbezeichnung unterstreichen)

▸ **Abb. 5.1** Befähigungsnachweis. (Mit freundlicher Genehmigung von proCompliance in Thieme Compliance GmbH)

Allerdings darf es sich nicht um einen Notfall handeln, in dem von der Hebamme die erforderliche und für sie selbst zumutbare Hilfe verlangt wird. Anderenfalls würde sie sich wegen Unterlassener Hilfeleistung strafbar machen (§ 323c StGB). Insbesondere kann sich eine Hebamme nicht darauf berufen, sie habe „nur Befehle befolgt".

Auch während des Notfalls ist zu remonstrieren, um sich in der Dokumentation abzusichern. Das ist erst einmal unabhängig davon, dass die Hebamme – wenn sie über die entsprechenden Kenntnisse verfügt – im Notfall trotzdem handeln muss, um Hilfe zu leisten.

Nicht in jeder Hebammenberufsordnung steht in dieser Deutlichkeit, was eine Hebamme tun kann und soll, wenn die ärztlichen Entscheidungen Gefahr für Mutter oder Kind bedeuten könnten.

Die Hierarchien in vielen Kliniken und das heutige Haftungsrecht bzw. die Berufsordnungen für Hebammen widersprechen sich hier. So haften Hebammen für Fehler des Arztes mit, wenn es sich um unerfahrene Ärzte handelt, oder wenn sie hätten erkennen können, dass es sich um eine Fehlbehandlung handelt. Die Hebamme hat hier eine Remonstrationspflicht. Übt sie diese jedoch aus, so hat dies nicht selten arbeitsrechtliche Konsequenzen, besonders dann, wenn trotz der Remonstration alles gut gegangen ist.

„Eingefleischte Hierarchien, Respekt, Furcht vor negativen Konsequenzen, Resignation, seinen Vorgesetzten nicht bloßstellen zu wollen, blindes Vertrauen in ihn – das sind die häufigsten Gründe, weshalb Ärzte oder Pflegekräfte Bedenken nicht vorbringen. Für Patienten kann das fatal sein." [40]

Fallbeispiel
Schulterdystokie

Oberarzt ordnet bei einer seit 2 Minuten bestehenden Schulterdystokie an, den Handgriff nach Kristeller (Druck vom Fundusbereich in Richtung Beckenausgang) auszuüben. Hebamme remonstriert („weigert" sich dies zu tun) mit dem Vorschlag, dass dies bei einer Schulterdystokie nicht lege artis sei – sie würde das Gaskinmanöver (Umdrehen der Frau in den Vierfüßlerstand) empfehlen. Oberarzt ordnet erneut den Handgriff nach Kristeller an, Hebamme führt dies nicht aus. Nach weiteren 2 Minuten, Rubin II (innere Rotation der vorderen kindlichen Schulter) durch Oberarzt und Kristellerhilfe durch die anwesende Assistenzärztin, wird ein Junge geboren.

Wie könnte dieses Fallbeispiel von hier aus weiter gehen?

- Der Hebamme wird vorgeworfen, dass sie schuld daran ist, dass es dem Kind schlecht geht, weil sie sich geweigert hat, die ärztliche Anordnung auszuführen. → Möglicher Haftungsfall.
- Der Hebamme wird vorgeworfen, eine ärztliche Anweisung nicht durchgeführt zu haben, denn trotz der Kristellerhilfe ist das Kind gesund. → Mögliche Abmahnung.
- Sie wird vom Chefarzt für ihre „Zivilcourage" gelobt, soll sich beim nächsten Mal aber ein bisschen zurückhalten, denn es sei ja trotzdem alles gut gegangen. → Mögliche Resignation der Hebamme.
- Interdisziplinäre Fallbesprechung. Ergebnis: Chefarzt ordnet Fortbildung für alle zum Thema Schulterdystokie an und erstellt Handlungsempfehlung. → Mögliche Konflikte werden aufgearbeitet.

„Im Allgemeinen gilt jedoch: Auch eine Hebamme hat, selbst bei Anwesenheit eines Arztes, Verantwortung zu tragen, wenn der Arzt eindeutig die Regeln der Geburtsleitung missachtet. Sie kann sich nicht dadurch exkulpieren, dass die Geburtsleitung beim anwesenden Arzt liegt (vgl. auch OLG Düsseldorf, Urteil vom 26.04.07, I-8 U 37/05). In solchen Fällen trifft die Hebamme nämlich eine Remonstrationspflicht (vgl. BGH, Urteil vom 07.12.04, VI ZR 212/03). Kommt sie dieser Pflicht nicht nach, handelt auch sie fehlerhaft." [80]

Die Schwierigkeit der Remonstrationspflicht ist, dass sie eine Gratwanderung bedeutet, weil niemand der anwesenden Geburtshelfer weiß, wie es ausgehen wird bzw. ob trotz fehlerhafter Behandlung „alles gut geht". Trotzdem wird dies sowohl von Hebammen als auch von Pflegenden – also den Mitarbeiterinnen, die in der Klinikhierarchie eher nicht an prominenter Stelle stehen – erwartet. Gleichzeitig könnte dies das Personal in übergeordneten oder Führungspositionen als Herabsetzung ihrer Kompetenz empfinden.

Remonstration ist ein veraltetes Wort für Einwand erheben oder vorbringen, Bedenken äußern, einen kritischen Vorbehalt haben oder eine abweichende Auffassung in einer bestimmten Sache äußern. Der Begriff kommt ursprünglich aus dem Beamtenrecht, das ihn aus dem Lateinischen ableitete von *re* = wieder und *monstrare* = zeigen.

Der Begriff „Remonstrationspflicht" ist vielleicht für die Medizin daher etwas irreführend. Bei der vorliegenden Remonstrationspflicht geht es nicht um ein **Protestieren** gegenüber einer Autorität, sondern es handelt sich um einen Einwand in die Behandlung des Arztes zum Schutz des Patienten (und vielleicht auch des Arztes).

Ein „Einwand" ist bei folgenden Situationen denkbar:

- Arzt ist unschlüssig oder untätig.
- Die Anordnung des Arztes/Ärztin ist spärlich und/oder unverständlich (Sprache).
- Arzt ordnet eine falsche Behandlung an.
- Arzt führt eine falsche Maßnahme durch.
- Arzt ist nicht „bei der Sache" (Überarbeitung, Angst, Alkohol).

In Krankenhäusern gibt es Hierarchien, und zwar anhand der Qualifikationen der einzelnen Berufsgruppen in einem geburtshilflichen Team. Wenn ein geburtshilflicher Arzt immer wieder seine Entscheidungen und Anordnungen vor Hebammen oder Pflegenden rechtfertigen müsste, würde möglicherweise die Versorgung der Patientinnen insuffizient.

> *„Von ärztlichen Standesvertretern wird immer wieder beschworen, dass der Arzt für ein fehlerhaftes Verhalten der Hebammen hafte. Eine solche Haftung ist noch nirgends judiziert. Wohl aber gibt es ein Urteil, in dem die Hebamme für die kritiklose Übernahme eines Fehlverhaltens eines Arztes zur Haftung herangezogen wurde. Das Urteil zeigt deutlich, dass die Hebamme keinesfalls kritiklos Anordnungen der Ärzte befolgen darf. Ist sie davon überzeugt, dass diese Anordnungen medizinisch unhaltbar sind, dann ist sie verpflichtet, den Arzt auf die Unhaltbarkeit bzw. Zweifelhaftigkeit seiner Anordnung hinzuweisen. Gleiches gilt, wenn die Hebamme zu bemerken glaubt, dass der Arzt ein bestehendes Risiko noch nicht erkannt oder nicht hinreichend gewürdigt hat. Auch hier muss sie ihm den Risikofall deutlich vor Augen halten. Dies gilt insbesondere bei telefonischen Anordnungen, bei denen sich der Arzt von dem Zustand einer Schwangeren noch nicht selbst überzeugt hat." [55]*

Von einer Hebamme aber wird heutzutage erwartet, dass sie ggf. remonstriert und dies möglicherweise auch noch in einer Notfallsituation. Sie muss also einerseits die Fähigkeit haben, medizinische und rechtliche Folgen vorauszusehen und sie bewerten können, und dann andererseits entscheiden, ob sie Handeln oder Nichthandeln soll.

Welche Maßnahmen könnten aus dem Dilemma führen?

- Das gemeinsame Ziel: Es geht um das Wohl von Mutter und Kind (Kap. 5.3.1).
- Jede Berufsgruppe hat ihre Berechtigung und Fähigkeiten (Hebammen + Ärzte).
- Interdisziplinäre Trainings am Phantom oder Simulationstrainings durchführen, flache Hierarchien schaffen, damit alle ihre Kompetenzen einbringen können.
- Hauseigene CIRS-System nutzen → Qualitäts- und Riskmanagement.
- Fallbesprechungen (auch best-practice-Geburten, nicht nur problematische Fälle).
- Evidenzbasierte Handlungsempfehlungen als Kreißsaalstandard (z. B. „kein Druck von oben bei Schulterdystokie").

Folgendes könnte durchgeführt und dokumentiert werden:

- Grundsätzlich gilt, sachlich zu dokumentieren – auch in den Fällen, bei denen die Meinungen auseinandergehen.
- Beispiele: Arzt wurde gerufen, kommt nicht. Statt „kommt nicht" eher „**erneute** Info" oder „**erneut** gerufen" dokumentieren. → Dies lässt die Möglichkeit zu, dass er nicht kommen konnte und nicht, dass er nicht kommen *wollte*.
- Die Hebamme ist sich sicher, dass diese Maßnahme nicht dem geburtshilflichen Standard entspricht. Obwohl sie darauf hinweist, besteht der Arzt weiter auf seinen Anordnungen. Lösung: die nächsthöhere Hierarchiestufe rufen, also beispielsweise einen (weiteren) Oberarzt oder den Chefarzt hinzuziehen.

Folgendes Vorgehen wird in dem Artikel „Widersprich dem Chef und rette Leben“ [40] empfohlen:
„Fragen ist Gold“ – Tipps, wie man widerspricht:

- Bewusst verfolgen, was gemacht wird und mitdenken. Nicht davon ausgehen, dass der andere schon weiß, was er tut; aber nicht zu misstrauisch sein.
- Nur widersprechen, wenn man die Sicherheit erhöhen möchte. Sich nicht von persönlichen Animositäten leiten lassen: Es kommt nicht darauf an, wer im Recht ist, sondern was richtig ist.
- Wenn etwas nicht dem entspricht, was man erwartet, oder wenn man ein unbehagliches Bauchgefühl hat: die Bedenken äußern. In Betracht ziehen, dass man selbst falsch liegen könnte.
- Nicht herumdrucksen, nicht um den Brei herumreden oder mit Gesten wie Augenbrauenrunzeln seine Missbilligung ausdrücken.
- Antwort vom Gegenüber einfordern: „Was denken Sie darüber?“

Stufenweise vorgehen:

1. Stufe: Ich-Botschaften formulieren, Bedenken klar und präzise vorbringen, nicht angriffig. „Ich habe gelernt, dass ... – jetzt aber sehe ich, dass... Weshalb?“ oder „Ich habe gelesen, dass...“ Frage nicht in den Raum stellen, sondern gezielt an eine Person.
2. Stufe: Kommt keine befriedigende Antwort, nachhaken, bis die Bedenken ausgeräumt wurden: „Es lässt mir keine Ruhe...“; „Ich bin beunruhigt, weil...“
3. Stufe: Ultimatum stellen und Alternativen aufzeigen: „Sie haben jetzt noch einen Versuch, dann...“ oder „Ich sehe jetzt zwei Möglichkeiten: Entweder Sie erklären mir ... oder ich ...“
4. Stufe: Den anderen vor die Tür schicken, sich bei einer anderen Person Hilfe holen.“ [40], s. a. aktuell [30]

5.4
Dokumentation in der Praxis

5.4.1 CTG-Dokumentation

Patricia Gruber

Wer jemals einen Thermopapier-Beleg (Quittung) mehrere Tage im Portemonnaie, in Klarsichtfolie oder auf der Fensterbank aufbewahrt hat, weiß, wie begrenzt die Haltbarkeit solcher Dokumente sein kann. Licht (auch Kunstlicht), Tesafilm, chemische Weichmacher und Desinfektionsmittel schaden dem Thermopapier. Nur unter gewissen Voraussetzungen, die die CTG-Hersteller in ihren jeweiligen Gebrauchsanweisungen beschreiben, können CTGs auch nach längerer Zeit noch lesbar sein.

Spannend dürfte es sein, stichprobenartig nachzuprüfen, wie es um den Zustand der CTGs im Archiv tatsächlich steht, auch dann, wenn gesagt wird, dass diese eingescannt werden. Denn es wird das eingescannt, was die Mitarbeiter im Archiv erhalten.

Wer auf Nummer sicher gehen will, sollte von jedem CTG (bzw. von den „kritischen Phasen“) eine Kopie auf Normalpapier anfertigen, um eine langfristige Lesbarkeit sicherzustellen. Und natürlich sollte jedes CTG, unabhängig davon, ob es direkt im Computer archiviert wird, im Geburtsverlauf dokumentiert werden. Manchmal sieht ein direkt abgespeichertes CTG nicht gleich aus, wie dasselbe CTG auf dem Originalpapier des Gerätes (▸ **Abb. 5.2**).

Jeder CTG-Streifen muss mit dem Namen der Schwangeren, bei mehreren gleichen Namen noch Vorname und Geburtsdatum, beschriftet werden bzw. per Computer eingegeben werden. Es können auch Aufkleber benutzt werden, vorausgesetzt, sie können nicht rückstandsfrei entfernt werden.

Wenn das CTG-Gerät nicht automatisch Datum und Uhrzeit druckt, muss dies auch zu Beginn und am Ende jeder CTG-Registrierung handschriftlich vermerkt werden.

Das CTG selbst kann auch als Notizpapier mit Zeitfunktion genutzt werden. Dies erleichtert die zeitliche Zuordnung der Maßnahmen und damit die spätere Dokumentation. Doch sollte in diesem Zusammenhang unbedingt darauf geachtet werden, dass Datum und Uhrzeit auf dem CTG mit den

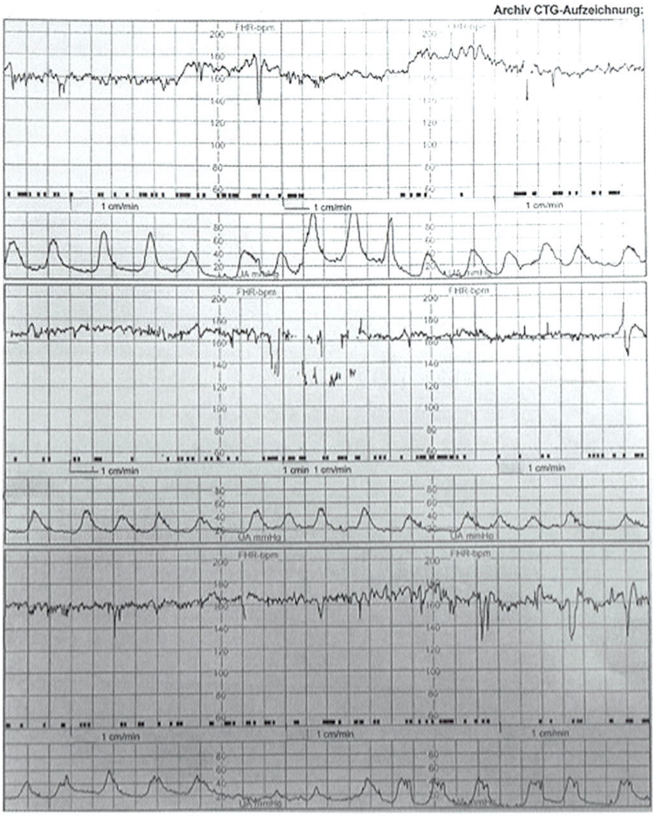

▶ **Abb. 5.2** Die grobe Skalierung in 20er-Schritten könnte möglicherweise zu einer anderen CTG-Interpretation führen.

anderen Uhren im Kreißsaal identisch sind. Besonders nach geburtshilflichen Notfällen sind unterschiedliche Uhrzeiten ein großes Problem bei der gemeinsamen Dokumentation, das kann zu unnötigen Konflikten im Team führen.

„Korrigiert die Hebamme nachträglich die Uhrzeit auf dem CTG handschriftlich, wird sie sich vor Gericht dafür rechtfertigen müssen, da die auf dem CTG abgedruckte Uhrzeit den Charakter einer Urkunde besitzt.“ [71]

Wenn auf dem CTG-Papier dokumentiert wird, sollte dies nur mit Abkürzungen oder Stichwörtern erfolgen, zu große Schrift und/oder zu viele Notizen könnten die Lesbarkeit beeinträchtigen (▶ **Abb. 5.3**, ▶ **Abb. 5.4**).

Alle Notizen inkl. Beschreibung und Bewertung des CTGs werden im Geburtsverlauf bzw. Partogramm dokumentiert. „FHF siehe CTG“ oder „CTG o. B.“ reicht nicht aus.

Folgende Parameter werden beschrieben: Basalfrequenz, Oszillation, Dezelerationen, Akzelerationen, Wehentätigkeit und evtl. daraus resultierende Handlungen. Wenn sich das CTG im weiteren Verlauf nicht verändert, kann auf die Vorbefundung verwiesen werden oder auf die Veränderung eines Parameters und dessen Konsequenz. Bei Veränderungen mehrerer Beurteilungskriterien wird eine komplette Neubefundung empfohlen.

Welcher CTG-Score als Grundlage für die CTG-Beurteilung in den jeweiligen Kliniken eingesetzt wird, ist nach wie vor nicht einheitlich definiert, ein Vorteil jedoch ist, wenn das gesamte Team „die gleiche Sprache“ spricht.

Die DGGG (Deutsche Gesellschaft für Gynäkologie und Geburtshilfe) empfiehlt den FIGO-Score:

„Die FIGO-Guidelines sind sowohl ante- wie subpartual einsetzbar. Sobald eines der angegebenen Kriterien als suspekt bzw. pathologisch definiert ist, gilt das gesamte CTG als suspekt bzw. patholo-

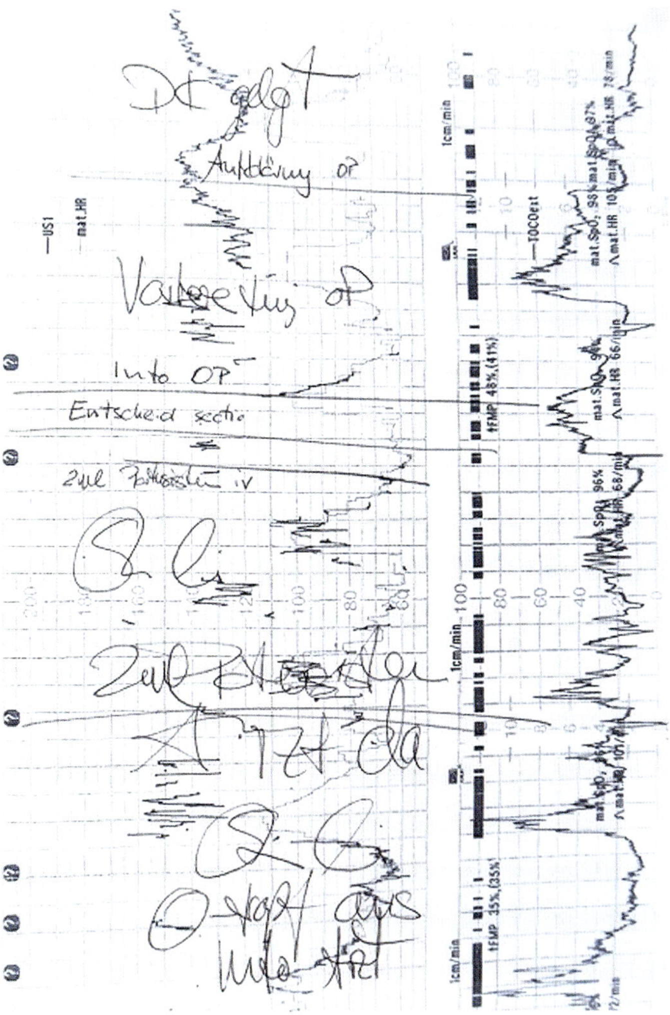

▶ **Abb. 5.3** Dokumentation auf dem CTG-Papier: Beeinträchtigung der Lesbarkeit.

gisch. Es wird ebenfalls beim Zusammentreffen zweier suspekter Kriterien als pathologisch eingestuft (vgl. Tabelle 5). Der FIGO-Score ist bisher der einzige auf breitem Konsens beruhende Score.“ [22]

Beim FIGO-Score gibt es z. B. nicht mehr DIP 0, 1 oder 2, sondern variable, frühe oder späte Dezelerationen. Auch wird die Oszillation nicht mehr „als undulatorisch“, sondern mit > 5spm oder < 5spm angegeben.

Da die heutige CTG-Technologie nicht immer gewährleisten kann, dass auch wirklich die kindliche Herzfrequenz registriert wird und nicht etwa die mütterliche oder sonstige Artefakte, wird sogar von den Herstellern empfohlen, parallel zu der Herzfrequenzregistrierung den mütterlichen Puls zu palpieren, auch dann, wenn der mütterliche Puls parallel aufgezeichnet wird. So heiß es in der Gebrauchsanleitung für das Avalon Fetalmonitoring:

Warnung

Regelmäßig den mütterlichen Puls mit dem Signal aus dem Monitorlautsprecher vergleichen; so wird gewährleistet, dass tatsächlich die fetale Herzfrequenz überwacht wird. Eine verdoppelte oder erhöhte mütterliche Herzfrequenz nicht mit der FHF verwechseln.

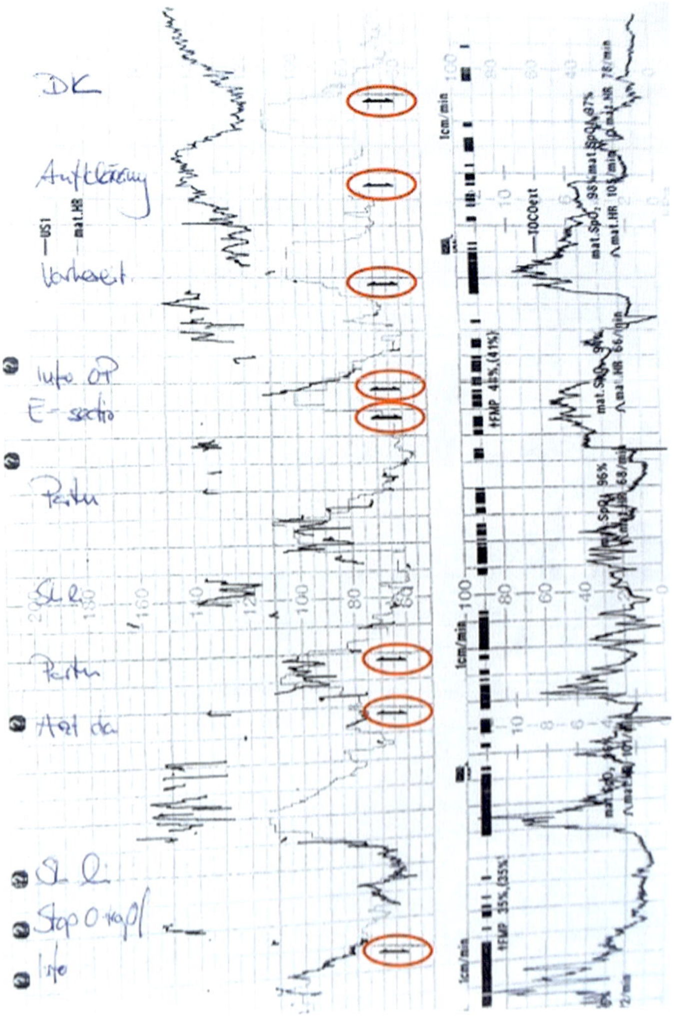

▶ **Abb. 5.4** Regelrechte Dokumentation auf dem CTG-Papier: Auch der Marker des Geräts kann genutzt werden.

Das Gleiche gilt für die Wehentätigkeit, besonders wenn Wehenmittel verabreicht werden. Zum einen kann während einer Wehe der mütterliche Puls beschleunigt sein. Zum anderen muss die Wehentätigkeit korrekt festgestellt werden, um Überstimulation durch Wehenmittelgabe zu vermeiden. Beides wird z. B. wie folgt dokumentiert: „Wehen werden im CTG schlecht aufgezeichnet, daher palpiert, WTK alle 3 min für 45 sec. MP palpiert 98/min".

Wenn das CTG extern über eine längere Zeit schlecht oder unzureichend abzuleiten ist, **muss** mit einem anderen Hilfsmittel die FHF überprüft werden. Dies gilt besonders in der Austreibungsphase und beim Einsatz von Wehenmitteln. Es reicht nicht aus in der Dokumentation zu vermerken, HTs schlecht ableitbar, weil ..., sondern das geburtshilfliche Team muss sich vergewissern, dass es dem Ungeborenen gut geht, indem mit einem Dopton, Pinard, einer KSE oder mit einer Ultraschalluntersuchung die kindliche Herzfrequenz festgestellt wird (Kap. 5.4.5).

5.4.2 Auskultation

Regine Knobloch

Die intermittierende Auskultation bei Frauen mit geringem Geburtsrisiko gilt dort als Mittel der Wahl, wo eine Hebamme nur eine Gebärende betreut. Für die Auskultation eignen sich sowohl ein

Hörrohr (Pinard-Stethoskop) als auch ein Dopplergerät, häufig auch als Dopton bezeichnet. Um das Gehörte richtig interpretieren zu können, bedarf es einiger Übung und der Auseinandersetzung mit den Grenzen.

Bei Beginn der Geburtsbetreuung soll sich die Hebamme neben der Beurteilung des Befindens der Gebärenden ein umfassendes Bild vom vitalen Zustand des Ungeborenen machen durch äußere Untersuchung, Ertasten von Kindsbewegungen, der Wehentätigkeit und der Beschreibung der kindlichen Herztöne.

Zunächst wird die Baseline bestimmt und die Reaktion der Herztöne auf die Wehen. Die **Baseline** wird außerhalb einer Wehe bestimmt, wenn das Kind sich gerade nicht bewegt. Die **Herztöne** werden mindestens 60 Sekunden lang gezählt.

Werden die Herztöne mit dem Dopton gehört, zeigt das Gerät, ähnlich wie beim CTG, eine Schwankungsbreite, die **Oszillation**. Man sollte sich jedoch nicht ausschließlich auf die Anzeige des Geräts verlassen, da die Anzeige ähnlich unzuverlässig ist wie die Aufzeichnungen des Ultraschallabnehmers beim CTG.

Beim Hören der Herztöne mit dem Dopton wird gleichzeitig der mütterliche Puls radial getastet, um eine Übereinstimmung auszuschließen.

Dokumentiert wird eine Zahl, beim Dopton der Mittelwert des auf der Digitalanzeige gesehenen höchsten und tiefsten Wertes als eine Zahl.

Eine wichtige Information über den Zustand des Kindes ist die Beobachtung von Kindsbewegungen. Wenn das Kind sich bewegt, erhöht sich in der Regel auch sein Herzschlag. Deshalb können statt „Akzelerationen" „Kindsbewegungen" („KB") dokumentiert werden.

Ein als normal einzustufender **Rhythmus** hat eine gewisse Variabilität. Auffällig wäre ein monotoner Schlag, der auf dem CTG am ehesten als silente Kurve zu erkennen ist.

Dezelerationen sind als Abfallen der Basalfrequenz um mehr als 15 SpM über einen Zeitraum von mehr als 15 Sekunden zu hören. Bedeutsam ist das Erkennen der späten Dezelerationen.

Darüber, **wie oft Herztöne kontrolliert werden** sollten, liegen unterschiedliche internationale Empfehlungen vor. Die häufigste empfohlene Vorgehensweise empfiehlt in der aktiven Eröffnungsphase alle 15 Min. und alle 5 Min. in der aktiven Austreibungsphase.

Auch für das **Wann bzw. in welchem Bezug zur Wehe** auskultiert werden soll, sind die Empfehlungen unterschiedlich. Meist wird empfohlen direkt nach der Wehe zu hören, in der aktuellsten Leitlinie von FIGO 2015 wird empfohlen, ab dem Höhepunkt der Wehe mindestens 60 Sekunden lang zu hören. Späte Dezelerationen sollen sicher ausgeschlossen werden.

Werden die Herztöne in einem fortlaufenden Text (Geburtsbericht) dokumentiert, kann ein Ansteigen der Baseline leicht übersehen werden, insbesondere wenn sich die Herzfrequenz innerhalb der normalen Herzfrequenz (110–160 SpM) befindet. Ein Ansteigen der Baseline ist in einem Partogramm deutlicher zu erkennen.

Die Wehen werden häufig nicht ausreichend dargestellt, obwohl die Hebamme sie wahrnimmt oder auch gerade weil die Wahrnehmung der Wehen ihr so selbstverständlich erscheint, dass Aufzeichnungen darüber nicht angefertigt werden.

Wehen können als leicht, mäßig, kräftig, stark o. Ä. bezeichnet werden, ihre Dauer kann in Sekunden aufgezeichnet werden. Neben der Stärke der Wehen ist die Häufigkeit von Bedeutung. Die Angabe von z. B. „Wehen alle 3 Minuten" wird von Hebammen unterschiedlich interpretiert. Sie kann eine Pause von 3 Minuten oder die Zeitspanne von Wehenbeginn zu Wehenbeginn (oder auch Wehenakme zu Wehenakme) meinen. Die Anzahl der Wehen sollte deshalb besser in „Anzahl in 10-Minuten"-Werten angegeben werden. Dadurch ist eine hyperfrequente Wehenstörung leichter erkennbar: Mehr als 5 Wehen in 10 Minuten sind pathologisch (FIGO 2015). Hilfreich ist eine grafische Darstellung der Wehen in einem Partogramm.

Um die Dokumentation zu vereinfachen, sollte sich die Hebamme eine Arbeitsanleitung erstellen, in der sie festlegt, wie sie bei der Überwachung des Kindes mit Auskultation vorgeht.

Mehr zu CTG, Fehlerquellen und Auskultation siehe „CTG verstehen – bewerten – dokumentieren" [46] und [79].

5.4.3 Schulterdystokie

Cäcilie Fey

Die Schulterdystokie ist ein Geburtsstillstand nach Geburt des Kopfes infolge ungenügender Schulterdrehung. Im Deutschland werden zwei Formen unterschieden.

- hoher Schultergeradstand = Schulterdystokie im Beckeneingang
- tiefer Schulterquerstand = Schulterdystokie im Beckenausgang ([51]: 426)

Der englische Sprachraum beschreibt den tiefen Schulterquerstand nicht als Schulterdystokie.

Im weiteren Verlauf wird nur vom hohen Schultergeradstand gesprochen.

Dieser gehört zu den seltenen, geburtshilflichen Notfällen. In der Leitlinie der Deutschen Gesellschaft für Gynäkologie und Geburtshilfe von 2010 wird die mittlere Inzidenz mit 0,5 % angegeben. Gnirs führt hierzu aus, dass eine Schulterdystokie bei jeder 140. vaginalen Geburt auftritt ([44]: 966).

Bei den gerichtlichen Auseinandersetzungen sind Anspruchsstellungen nach dieser Schulterproblematik sehr oft zu beobachten. Juristen weisen darauf hin, dass nach jeder Schulterdystokie mit einer Anspruchsstellung der Eltern zu rechnen ist. Aus diesem Grund ist es zwingend notwendig, eine Schulterdystokie mit dem größten Maß an fachlichem Wissen, Routine, Souveränität und Teamgeist zu meistern. Zeitnah ist diese Situation in einer professionellen, nachvollziehbaren Dokumentation abzubilden, nach dem Grundsatz „was dokumentiert ist, wird als erbracht angesehen". Eventuelle Ansprüche in einem Rechtsstreit bedeuten nicht automatisch eine Verurteilung der Hebamme.

Bei einer gerichtlichen Auseinandersetzung ist zu prüfen, ob vor oder während der Geburt Hinweise auf eine mögliche Schulterdystokie vorlagen, bzw. die Mutter bei vorliegenden Risikohinweisen rechtzeitig über die Alternative einer Schnittentbindung aufgeklärt wurde. Sind nach dem Auftreten einer Schulterdystokie die richtigen Manöver zur Entwicklung des Kindes durchgeführt worden ([51]: 650)? Sind Aufklärung und die Manöver richtig eingesetzt worden, haben die beteiligten Hebammen eine große Chance, die Ansprüche der Eltern in einer außergerichtlichen oder gerichtlichen Auseinandersetzung abzuwehren.

Wie in allen Bereichen der Hebammenarbeit ist die gründliche Erstellung einer Anamnese der Frau ein wichtiger Grundstock für das Tätigwerden. Durch diese Erhebung können evtl. vorhandene begünstigende Faktoren identifiziert werden. Hierzu zählen:

- Diabetes mellitus der Mutter
- Mehrgebärende, das Risiko steigt linear mit zunehmender Parität
- Thoraxdurchmesser - BIP > 15 mm
- Adipositas
- Gewichtszunahme über 15 kg in der Schwangerschaft
- Zustand nach Schulterdystokie ([15]: 237)

Eine Makrosomie mit einem Schätzgewicht über 4 000 g erhöht in Verbindung mit den vorgenannten Faktoren das Risiko zur Schulterdystokie (DGGG).

Das OLG Bamberg hat in einem Urteil auf dem Jahre 2005 die Haftung wegen unzureichender Dokumentation des Geburtsvorganges festgestellt. In diesem Fall hatte die Hebamme die erforderliche Übernahme der Eintragung Schulterdystokie bei einer vorangegangen Geburt vom Mutterpass nicht in das Geburtsjournal übernommen [88].

Aus der Dokumentation sollte auch hervorgehen, dass alle Maßnahmen, die eine Schulterdystokie provozieren, unterlassen worden sind. Dazu zählen alle Schritte, die dem Kopf die normale Rotation nicht ermöglichen:

- forcierte Leitung der Austreibungsperiode
- operative vaginale Geburtsbeendigungen
- Unterstützung mit einer unphysiologischen Wehenstimmulation
- Handgriff nach Kristeller sorgt ebenfalls für einen schnelleren Kopfaustritt und kann die physiologische Drehung des kindlichen Kopfes behindern ([53]: 147)

Nach einer Schulterdystokie dokumentieren Arzt und Hebamme als Team gemeinsam den Ablauf und unterschreiben das Protokoll. Damit wird vermieden, dass aufgrund unterschiedlicher Wahrnehmungen differente Aussagen entstehen und die tatsächliche Situation eine Beweisführung für die klagende Seite erschwert.

Der alleinige Hinweis „erschwerte Schulterentwicklung" oder Schulterdystokie genügt den Anforderungen an eine aktuelle, ausreichende Dokumentation nicht. In der Vergangenheit wurde eine Schulterdystokie durch den Begriff erschwerte Schulterentwicklung geschönt. Erforderlich sind Beschreibungen, welche Manöver von wem und wann durchgeführt worden sind, vom Beginn der Diagnosestellung Schulterdystokie bis zur Erstversorgung des Neugeborenen. Werden geeignete Schritte zur Lösung einer Schulterdystokie angewandt und diese auch fachlich richtig durchgeführt, so kann nicht von einem Behandlungsfehler ausgegangen werden, auch wenn eine Schädigung des Kindes zu verzeichnen ist.

Diese Dokumentation muss einem sachverständigen Unbeteiligten die Möglichkeit geben, das Wichtigste des Geburtsablaufes im Wesentlichen nachvollziehen zu können. Hierbei sind die Zeitangaben wichtig, insbesondere für die Geburt des Kopfes und die Geburt des Kindes, um diesen Zeitraum genau definieren zu können.

Des Weiteren sollten Maßnahmen, die zwar erwogen, aber nicht durchgeführt worden sind, dokumentiert werden. Hierzu zählt das Anlegen einer Episiotomie. Vor Jahren wurde der Dammschnitt als Mittel der ersten Wahl zur Behebung einer Schulterdystokie in den Standards definiert. Inzwischen wurde das Manöver nach McRoberts als erste Maßnahme in den meisten Standards festgelegt. Trotzdem kann das Ausführen einer Episiotomie nötig sein, um innere Manöver durchführen zu können. Ist aber aus Platzgründen kein Dammschnitt nötig, sollte dies in der Dokumentation vermerkt werden.

Beispiel für Dokumentation

Anlage einer Episiotomie nicht nötig, da ausreichend Platz vorhanden war ([53]:150).
Oder: „Es ist ein Dammriss II Grades bei Kopfgeburt entstanden, deswegen Verzicht auf eine Episiotomie."

Diese Angaben gehören zu den erwogenen, aber doch nicht ausgeführten Maßnahmen bei einer Geburt. Wurde eine Episiotomie durchgeführt, wird diese selbstverständlich mit dem Namen des Ausführenden in der Dokumentation so beschrieben.

Ein weiteres starkes Augenmerk wird von den gegnerischen Anwälten auf einen ggf. noch vorhandenen Wehentropf gerichtet. Wenn hier nicht niedergeschrieben worden ist, dass die Infusion zur Wehenunterstützung nach der Diagnosestellung Schulterdystokie abgestellt worden ist, wird die Tatsache angenommen, dass das Oxytocin weiter eingelaufen ist und die Schulter durch die dadurch entstehenden Wehen weiter auf die Symphyse aufgepresst wird. Die gegnerische Seite wird durch dieses Unterlassen einen Behandlungsfehler formulieren mit der Folge der schweren Schädigung des Kindes. Deshalb sollte nach der Diagnosestellung in der Dokumentation die Beendigung der wehenfördernden Infusion notiert werden.

Der häufigste Vorwurf in gerichtlichen Verhandlungen ist, dass die Hebamme oder der Arzt so stark am Kopf des Kindes gezogen hätten, dass dadurch die Schädigung des Kindes zu beklagen sei. Ein Zug am Kopf kann die Problemstellung der nicht ausrotierten Schulter nicht lösen. Aus diesem Grund sollten die Manipulationen am kindlichen Kopf unterlassen werden.

Die Leitlinie der Deutschen Gesellschaft für Gynäkologie und Geburtshilfe vermerkt zur Schulterdystokie: „trotz vorsichtiger Traktion am Kopf nach kaudal und dorsal kann die anteriore Schulter nicht entwickelt werden" (DGGG: 2010). Dies sollte kritisch hinterfragt werden. Stitely beschreibt, dass nach der Diagnosestellung hoher Schultergeradstand sämtliche exogene und endogenen Kräfte, hierzu zählt auch das Ziehen am Kopf des Kindes, unterlassen werden müssen ([114]: 198).

Ebenso kritisch wird vor Gericht die Durchführung des Kristeller-Handgriffes gesehen. Solange die Schulter nicht sicher gelöst ist, ist dieser absolut kontraindiziert, da dadurch die Schulter weiter auf die Symphyse der Frau aufgedrückt wird und eine Schädigung des Kindes noch zunimmt. Effektiv kann der Handgriff nach Kristeller werden, wenn die Schulter zweifellos gelöst ist und aufgrund der fehlenden Wehen das Kind nicht entwickelt werden kann und alle anderen Möglichkeiten erfolglos geblieben sind. Aus der Dokumentation muss eindeutig hervorgehen, dass die Schulter zum Zeitpunkt der Durchführung des Kristeller Handgriffes nicht mehr auf der Symphyse verkeilt war. Es ist selbstredend, dass dieser

Handgriff nicht mit dem Ellenbogen, sondern durch den Druck beider Hände auf den Fundus mit Druck Richtung Beckenboden ausgeführt wurde.

Ein weiterer Vorwurf durch die Eltern bzw. durch die vertretenden Rechtsanwälte ist, dass im Geburtsraum Hektik ausgebrochen sei. Zum einem sollte das Überwinden der Schulterdystokie in jährlichen Übungen bzw. im Simulationstraining geübt werden, um ein sicheres Handeln zu gewährleisten. Zum anderen kann in der Dokumentation durch eine entsprechende Wortwahl der Eindruck von Hektik vermeiden werden (z. B. „rasches, aber nicht hektisches Umlagern in den Vierfüßlerstand/Gaskin-Manöver").

Hebammenkolleginnen berichten immer wieder, dass in ihrer Klinik das Lösen einer Schulterdystokie nicht durch eine Hebamme durchgeführt werden sollte, sondern dem Arzt vorbehalten ist. Das Oberlandesgericht Hamm führt hierzu aus: die Entwicklung einer Schulterdystokie gehört zur Kompetenz einer Hebamme [91]. In der Praxis hat sich folgender Grundsatz bewährt: die Erfahrenste leitet die Lösung der Schulterdystokie. Aus der gemeinsamen Dokumentation muss eindeutig hervorgehen, wer welche Maßnahmen durchgeführt hat. Zwingend ist aber bei einer Schulterdystokie, den Facharzt in den Kreißsaal zu rufen. Auch wenn dieser mit einer großen Wahrscheinlichkeit nach der Geburt des Kindes im Geburtsraum eintreffen wird. Das Informieren des ärztlichen Dienstes wird wie sein Eintreffen in der Dokumentation festgehalten. „Tritt eine Schulterdystokie auf, dann hat die Hebamme alle Hebel in Bewegung zu setzten, um den Arzt zu verständigen." ([23]: 10). Auch die Informationen an die Pädiater und Anästhesisten wird mit den Angaben der Zeiten oder in der zeitlichen Abfolge protokolliert.

Inzwischen belegen neuere Forschungsergebnisse, dass eine Schädigung des Plexus brachialis bei Neugeborenen nicht in jedem Fall Folge einer Schulterdystokie sein muss ([111]: 1072). Dies wurde in einem Urteil des Oberlandesgerichtes Hamm berücksichtigt. Hier konnte aufgrund der Dokumentation kein fehlerhaftes Verhalten nachgewiesen werden [90].

Die meisten klinischen und auch außerklinischen Abteilungen haben zum Thema Schulterdystokie einen Standard erstellt. Diese Schriftstücke regeln den Ablauf dieser Schulterproblematik genau. Hier kann auch eine Vorlage für die Dokumentation hinterlegt werden, um im Bedarfsfall eine Arbeitshilfe für das geburtshilfliche Team zu haben. Diese kann selbstverständlich nur ein „Grundgerüst" für die Dokumentation darstellen und muss um die aktuellen Gegebenheiten erweitert werden.

Folgende Punkte werden vermerkt:

- Wann trat das Geburtshindernis auf? Uhrzeit bei Geburt des Kopfes
- Welche Diagnose? Hoher Geradstand oder tiefer Querstand der Schultern, ggf. Uhrzeit der Diagnosestellung angeben.
- Wehentätigkeit beschreiben (meist keine für 1–5 Min.)
- Oxytocintropf abgestellt? Uhrzeit und Dosis einer evtl. Tokolyse
- Wann wurde der Facharzt, die Pädiater, die Anästhesie, eine Hebammenkollegin gerufen? Eintreffzeit der Personen im Geburtsraum
- Was hat die Hebamme/Ärztin getan und mit welchem Erfolg? Alle Maßnahmen und Manöver chronologisch nennen, außerdem wer welche Maßnahme durchgeführt hat.
- Welche Schulter wurde zuerst geboren? Wann wurde das Kind in welchem Zustand geboren? Geburtszeit, Apgar- und pH-Wert
- Erstversorgung des Kindes, durch Kinderärzte oder das geburtshilfliche Team? Kindliche Besonderheiten speziell in Hinblick auf typische Verletzungen nach einer Schulterdystokie, bzw. die Beobachtung normaler kindlicher Bewegungsabläufe

Nach einer Schulterdystokie sollte ein Gespräch mit den Eltern über die geburtshilfliche Besonderheit geführt werden. Hierbei wird mit Zeit und Ruhe den Eltern die Notwendigkeit und die Durchführung der Maßnahmen bei der Geburt Ihres Kindes erklärt. Fragen werden beantwortet und weitere Gesprächsbereitschaft signalisiert. Die wichtigsten Inhalte dieses Gespräches werden in die geburtshilfliche Dokumentation mit eingetragen. Zusätzlich wird die Dauer des Gespräches mit vermerkt.

Die Dokumentation der Schulterdystokie wird sorgfältig, chronologisch und besonders ausführlich dokumentiert, falls möglich einschließlich der Zeiten ([15]: 242).

Der Grundsatz hierzu ist: Die professionelle Hebammenarbeit endet mit einer qualitativ hochwertigen, widerspruchsfreien und nachvollziehbaren Dokumentation.

5.4.4 Reanimation des Neugeborenen

Patricia Gruber

Die Neugeborenen-Reanimation ist hier exemplarisch aufgeführt, um zu zeigen, was bei Notfällen wichtig ist und was wie dokumentiert werden soll.

Die im Jahr 2010 veröffentlichte europäische Leitlinie zur Reanimation von Neugeborenen [125] wurde auch in deutscher Sprache publiziert und galt als Handlungsempfehlung auch in diesem Sprachraum. Inzwischen gibt es zu dieser Leitlinie eine überarbeitet Version aus 2015; zu finden ist sie unter: www.grc-org.de/leitlinien2015; Kapitel 7: Die Versorgung und Reanimation des Neugeborenen. Das in diesen Publikationen empfohlene Vorgehen unterscheidet sich in einigen Aspekten von den vorher gültigen Leitlinien. Dadurch kann anhand der Dokumentation einer Reanimation nachvollzogen werden, ob diese nach den zur Zeit des Vorfalls gültigen Empfehlungen vorgegangen wurde.

Fallbeispiel

Beispiel einer Dokumentation einer Neugeborenen-Reanimation (alter Standard)

9.49 Uhr: Spontangeburt eines schlappen, blassen Mädchens aus I.HHL. Zunächst Entwicklung auf den Bauch, sofort abgenabelt, es folgt grün-braunes FW → mehrfach Rachen, Nase und tief abgesaugt, Kind stimuliert. Kind regt sich nicht, HF um die 85/min.
9.50 Uhr: Kind zum Reatisch, abgetrocknet und Tuch gewechselt, erneut mehrfach elektrisch abgesaugt, Kind niest und hustet, HF weiter um 85/min, O_2-Vorlage, Kind wird rosiger, Tonus und Atmung immer noch schlapp → Info Pädiater und Beginn mit Herzdruckmassage, weiter O_2-Gabe
9.52 Uhr: Pädiater da → Übergabe der Versorgung des Kindes an Pädiatrie

Anhand der oben dokumentierten Maßnahmen kann der Sachverständige bei haftungsrechtlichen Auseinandersetzungen jetzt Rückschlüsse ziehen, ob die neusten wissenschaftlichen Erkenntnisse zum Zeitpunkt der Behandlung bekannt waren und auch durchgeführt wurden.

Sofern die obige Dokumentation bei einem Vorfall nach 2010 angefertigt wurde, lassen sowohl das tiefe Absaugen, als auch die O_2-Vorlage und die Herzdruckmassage dies eher bezweifeln; diese Maßnahmen würden zum heutigen Zeitpunkt nicht auf eine Behandlung „lege artis" (nach den Regeln der Kunst) schließen lassen.

Das tiefe Absaugen wäre seit den Empfehlungen von 2010 sogar falsch: „Wird abgesaugt, ist zu bedenken, dass zu heftiges oropharyngeales Absaugen das Einsetzen einer suffizienten Spontanatmung verzögern und zu einem Laryngospasmus sowie zu einer vagalen Bradykardie führen kann." [125]

Auch in der aktuellen deutschen Leitlinie (einer S2k) von 2012 „Betreuung von gesunden reifen Neugeborenen in der Geburtsklinik" steht Folgendes:

> *„2.2.1. Absaugen*
> *Ein vitales, spontan atmendes Neugeborenes ohne Verlegung der Atemwege soll nicht abgesaugt werden. Selbst bei grünem Fruchtwasser bietet Absaugen nach Durchtritt des Kopfes, aber vor dem ersten Schrei, vor dem Hintergrund der Ergebnisse einer großen in Südamerika durchgeführten Studie, keine Vorteile (39).*
> *Absaugen ist für das Kind unangenehm, kann zu Schleimhautläsionen führen und reflektorisch Bradykardien und Apnoen verursachen (7).*
> *Reife Neugeborene, die nach elektiver Sektio abgesaugt wurden, zeigten einen langsameren Anstieg der Sauerstoffsättigung nach Geburt im Vergleich zu einer Kontrollgruppe von Neugeborenen, die nicht abgesaugt wurden (16).*
> *Der Einsatz von zusätzlichem Sauerstoff im Kreißsaal bei Neugeborenen ohne Bradykardie sollte nur unter pulsoximetrischer Überwachung und unter Berücksichtigung der niedrigen Normwerte für die Sauerstoffsättigung der ersten 10 Lebensminuten erfolgen (32, 34)."* [7]

„Da sich die Medizin als Wissenschaft ständig weiterentwickelt, führt dies zu einer laufenden Veränderung des Standards, so dass der pointierte Satz gilt: „Der Standard von heute ist der Behandlungsfehler von morgen." [32]

Das Hamburgische Hebammengesetz regelt in §3 Abs. 1 und 2, dass Hebammen und Entbindungspfleger verpflichtet sind:
„1. ihren Beruf gewissenhaft und dem jeweiligen Stand der Wissenschaft entsprechend auszuüben, um die Gesundheit von Mutter und Kind zu schützen,
2. sich regelmäßig beruflich fortzubilden." [50]

Sowohl Hebammen als auch Ärzte haben eine gesetzliche Fortbildungspflicht. Dieses erlangte Wissen muss sich sowohl in der Praxis (Standard erstellen) als auch in der Dokumentation widerspiegeln (Kap. 5.1).

Daher kann die Aussage, dass nach dem üblichen Muster vorgegangen wurde („das haben wir immer schon so gemacht") möglicherweise haftungsrechtliche Konsequenzen nach sich ziehen.

Fallbeispiel

Beispiel einer Dokumentation einer Neugeborenen-Reanimation nach aktuellem wissenschaftlichem Stand

9:49 Uhr: Spontangeburt eines schlappen, blassen Mädchens aus I.HHL. Zunächst Entwicklung auf den Bauch, Nabelschnurpuls HF um die 85/min., Überprüfung mit dem Stethoskop: idem. Kind atmet nicht, vorsichtig abgetrocknet und zugedeckt. Grün-braunes FW aus dem Mund gewischt. Kind regt sich nicht
9:50 Uhr: Kind abgenabelt, Info Pädiater, 5 initiale langsame Atemhübe mit Maske, Brustkorb bewegt sich, HF um 85/min, Kind niest, hustet und wird rosiger, Tonus schwach, Atmung noch unregelmäßig → Sättigungsmonitor angeschlossen SpO2 bei 70 %
9:52 Uhr Pädiater da → Übergabe der Versorgung des Kindes an Pädiatrie

5.4.5 Verlegung von Mutter und Kind

Regine Knobloch

Bei einer Verlegung wird die Schwangere, Gebärende, das Neugeborene oder auch Wöchnerin von zu Hause, einem Geburtshaus oder von einer Klinik in eine andere Klinik, meist eines höheren Levels verlegt. Mit einem guten Verlegungsmanagement sollen alle für die weitere Behandlung und Betreuung notwendigen Informationen an die Weiterbehandelnden weitergegeben werden. Diese Informationen sind grundlegende Voraussetzung für einen reibungslosen Ablauf.

Die folgenden Ausführungen zielen auf die Situation der freiberuflichen, außerklinisch tätigen Hebamme mit und ohne Geburtshilfe. Für die Verlegung von Klinik zu Klinik sind die Arbeitsanweisungen in der Klinik festzulegen und zu berücksichtigen.

Bevor die freiberufliche außerklinische Hebamme ihre Tätigkeit aufnimmt, also vor dem ersten möglichen Einsatz sollte sie die Gegebenheiten vor Ort kennen, Absprachen treffen und Handlungspläne gemeinsam innerhalb ihres Hebammenteams und mit den Schnittstellen erarbeiten. Schnittstellen sind die Rettungsleitstelle und die Kliniken vor Ort. Es ist hilfreich wenn sich die Kooperationspartner persönlich kennen, zumindest voneinander wissen.

Vereinbarungen mit der Rettungsleitstelle In einem Gespräch mit der Rettungsleitstelle kann geklärt werden, welche konkreten Möglichkeiten vor Ort vorhanden sind, etwa welche Fahrzeuge zur Verfügung stehen; wie lange der Notarzt braucht, bis er vor Ort ist; welches Transportmittel angefordert werden sollte (z. B. sollte in manchen ländlichen Regionen bei einem Notfall wie einer Atonie ein Hubschrauber angefordert werden). Vereinbarungen können darüber getroffen werden, welche Klinik in der Regel angefahren wird und in welchen Fällen es möglich ist, eine Wunschklinik anzufahren. Es können auch „Brenn-" oder „Codeworte" vereinbart werden, wie „Bradykardie", „Atonie", „Neugeborenennotfall", die klar definiert sein müssen, damit die Gegenseite sofort weiß, worauf sie sich einrichten muss. Bei einem Codewort muss demjenigen, der es ausspricht, und demjenigen, der es hört, klar sein, was zu tun ist. Das vereinbarte Verfahren soll auch in einer Verfahrensanleitung niedergeschrieben und im Qualitätshandbuch hinterlegt werden. Jedem neuen Mitarbeiter müssen diese Dokumente bekannt sein.

Der Austausch der Rettungsleitstelle mit außerklinisch arbeitenden Hebammen kann für beide Seiten gewinnbringend sein. Häufig sind Rettungskräfte froh, von der Hebamme etwas über den Verlauf einer normalen Geburt zu erfahren, ebenso weiß die Hebamme gern, welche Maßnahmen in

Notfällen sinnvoll sind. Gegenseitige Fortbildung kann die Qualität der eigenen Arbeit verbessern. Der Austausch kann Konkurrenzgerangel in der Notsituation vermeiden. Wer die Verantwortung trägt, ist abhängig vom Einzelfall. Bei einem Notruf ist das derjenige, der sich besser auskennt. In der Regel sind das bei geburtshilflichen Problemen eher die Hebamme, bei vitalen Problemen eher die Rettungsfachkräfte bzw. der Notarzt. So kann in der Notsituation mit gegenseitigem Respekt vor dem Wissen des anderen das vorhandene Wissen auch optimal eingesetzt werden [100].

Themen für eine gegenseitige Fortbildung können sein:

- Hebammen:
  - Ablauf einer normalen Geburt
  - Typische Probleme, die eine Verlegung erfordern
  - Besonderheiten bei Verlegungen wie spezielle Lagerung z. B. bei Nabelschnurvorfall oder pathologischen Herztönen
  - Befugnisse der Hebamme nach der Berufsordnung
- Rettungsfachkräfte:
  - Erfordernisse bei vital bedrohenden Zuständen
  - Erfordernisse nach den Krankentransport-Richtlinien; Verfahren mit Transportschein u. Ä.
  - Ausstattung und Besatzung der Einsatzfahrzeuge
  - Befugnisse Rettungs- und Notfallsanitäter
  - Befugnisse Notarzt

Anforderung von Hilfe Bei der Anforderung von Hilfe und bei der Übergabe an die Rettungsfachkräfte und die Klinik sind strukturierte klare Aussagen erforderlich.

Beim Anruf der Rettungsleitstelle kann der Sachverhalt anhand der „5-W-Fragen" rasch übermittelt werden:

1. **Wer** ruft an? Name, evtl. Berufsbezeichnung
2. **Wo** soll Rettung hinkommen? Adresse, Wegbeschreibung, auch auf Besonderheiten hinweisen wie Baustellen und Umleitungen, Rückrufnummer angeben
3. **Was** ist passiert? geplante Hausgeburt am ET, leichte Wehentätigkeit
4. **Welcher Art?** Bradykardie des Ungeborenen, Blutung der Mutter, Kreislauf der Mutter noch stabil?
5. **Warten** auf Rückfragen

Bei Hausgeburten sollte ein Blatt vorbereitet werden mit allen wichtigen Telefonnummern und den „5 Ws". Auch die Adresse der Frau mit einer exakten Wegbeschreibung sollte hier aufgeschrieben sein, um in einer Notsituation korrekte Angaben machen zu können. Wenn irgend möglich sollte bei der Anforderung von Hilfe nicht der nächste Angehörige der Frau die Hilfe anfordern, sondern die Hebamme selbst. Wenn die Hebamme allein vor Ort ist, also ohne 2. Hebamme und keine Hand für das Halten des Telefons frei hat, ist es besser, eine andere Person die 112 wählen und sich den Hörer an Ohr halten zu lassen, um dann eine strukturierte Angabe zu machen, statt diese Aufgabe einem Angehörigen zu überlassen.

Falls es in der Wohnung eine festen Platz für ein Telefon gibt, wird die Liste sinnvollerweise da aufgehängt oder liegt griffbereit, geschützt in einer Klarsichthülle, evtl. auf farbigem Papier ausgedruckt, damit sie gleich ins Auge fällt.

Eine freiberufliche Hebamme hat diese Liste griffbereit in ihrer Hebammentasche.

In einem Geburtshaus befindet sich diese Notrufliste neben dem Telefon im Gebärraum oder an einer ins Auge fallenden Stelle. Geburtshäuser sollen eine möglichst detaillierte Wegbeschreibung zum Geburtshaus der Rettungsleitstelle zur Verfügung stellen.

Für die Abläufe stellt der DHV seinen Mitgliedern auf der Website unter www.hebammenverband.de/Mitgliederbereich/Qualitätsmanagement/Arbeitsanleitungen/Formulare mit einer Arbeitsanweisung „Notfallverlegung Frau" und „Notfallverlegung Kind" zur Verfügung.

Nach einem Notruf über die Rettungsleitstelle ist es empfehlenswert, dass die Hebamme auch die Klinik informiert, wenn klar ist, in welche Klinik verlegt wird.

Die **Klinik wird nach folgendem Schema informiert**:

- **Wer** ruft an? Eigenen Name nennen, Funktion (Hebamme)
- **Mit wem** spreche ich? Name, Funktion (Hebamme, Ärztin, Oberärztin) notieren

- **Was** ist passiert: kurz der Verlauf, Grund der Verlegung; evtl. Einschätzung, was nötig ist (Sectiovorbereitung?)

Dokumentiert wird die Anrufzeit, welcher Anschluss, Name und Funktion des Gesprächspartners und die gegebene Info in Stichworten.

Dokumentationsbeispiel

14.1.2016 4.16 Uhr Ruf 112 wg. Atonie, BV bisher 800 ml, RR 90/60, P:100, NA dringend angefordert
4.17 Uhr Info Klinik, KRS, Heb. Winter, Infos wie an 112, bitte Vorbereitungen treffen
4.18 Uhr 3 IE Syntocinon in 250 ml Sterofundin
4.25 Uhr Ankunft RTW mit Notfallsanitäter (NFS), Übergabe: Atonie, BV bisher 800 ml, RR 95/70, P: 100, Uterus mäßig kontr., 2 Fi über N, leichte Blutung
4.27 Uhr Ankunft NA, Übergabe wie oben. Uteruskontrolle Hebamme, Kreislaufstabilisierung NA/Sani. 500 ml Sterofundin mit 40 IE Syntocinon (NA) in 2. Zugang
4.29 Uhr Verlegungsbogen ausgefüllt
4.31 Uhr Ut. idem, Halten des Ut + Massage, eiförmiges Koagel mit kontinuierlich leichter Blutung
4.35 Abfahrt, Heb. AB begleitet im RTW

Praxistipp
Checkliste Dokumentation

- Uhrzeiten!
  - Notruf
  - Information Klinik
  - Ankunft RTW und NA
  - Abfahrt RTW
  - Ankunft in Klinik
- Was wurde angefordert?
- Dringlichkeit
- Kontaktperson(en) Klinik

Absprachen mit der Klinik Eine persönliche Vorstellung der freiberuflichen Hebamme in der potenziellen Verlegungsklinik ist obligat. Jeder Kooperationspartner soll die ihm wichtigen Dinge dem anderen erklären. Vereinbarungen, die in einem Gespräch getroffen werden, sollten in einem Protokoll festgehalten werden oder besser in einer Kooperationsvereinbarung niedergelegt werden. Diese Vereinbarungen sind Teil des Qualitätsmanagements und werden im Qualitätsordner hinterlegt.

Übergabe in der Klinik Die übergebende Hebamme soll berichten, wie der Verlauf bisher war (wenn es sich um eine Geburt handelt: Gravida/Para, SSW, Geburtsbeginn, ggf. aktive EP seit, ggf. aktive AP seit, Blasensprung seit, Fruchtwasserfarbe?), aus welchem Grund verlegt wurde (Erschöpfung der Mutter, Blasensprung ohne Wehentätigkeit seit, auffällige Herztöne, Blutung o. a.) und wie die Situation jetzt eingeschätzt wird (Frau wünscht PDA, rasche Entbindung erforderlich o. a.). Die Kreißsaalhebamme sollte ergänzende Fragen stellen, wenn Informationen fehlen.

Praxistipp
Checkliste Übergabe an den Kreißsaal

- Mutterpass und Versichertenkarte
- ausgefüllter Verlegungsbogen
- Bericht über
  - den bisherigen Verlauf
  - Verlegungsgrund
  - Situation jetzt

Ein ausgefülltes Beispiel für einen Übergabebericht einer verlegten Hausgeburt ist zu finden in *Dokumentation im Hebammenalltag*. Ein Formular finden DHV-Mitglieder auf der Website des DHV unter www.hebammenverband.de/Mitgliederbereich/Qualitätsmanagement/Formulare/Verlegungsbogen Frau und Verlegungsbogen Kind.

Wenn die externe Hebamme die Frau auch im Kreißsaal weiter begleiten möchte, sollte zwingend geregelt werden, in welcher Funktion die Hebamme bleibt und wer für die Betreuung der Frau zuständig ist.

Fallbeispiel

Eine externe Hebamme kommt mit einer Gebärenden unangemeldet in die Klinik wegen protrahierter EP, MM 8 cm, zu Hause frühe Dezelerationen mit dem Dopton gehört, die Frau ist erschöpft. Die Klinikhebamme hat noch eine andere Frau unter der Geburt zu betreuen. Sie ist froh, dass die externe Hebamme bleibt. Die externe Hebamme schließt das CTG an und misst den Blutdruck. Die nächsten 2 Stunden bleibt die Hebamme mit der Gebärenden allein.

Dieser Fall ist aus haftungsrechtlicher Sicht problematisch: Die Frau befindet sich in der Klinik, wird jedoch von der externen Hebamme betreut, die keine vertraglichen Vereinbarungen mit der Klinik hat und der die Abläufe in der Klinik nicht bekannt sind. In dieser Situation ist völlig unklar, wer hier die Verantwortung hat. Das kann dazu führen, dass notwendige Untersuchungen oder Eingriffe nicht oder nur verzögert erfolgen.

Klarheit in dieser Situation würde bestehen, wenn die Hebamme mit der Frau in der Schwangerschaft bereits vereinbart hat, wie die Betreuung bei einer Verlegung in die Klinik ausgestaltet werden soll. Will die Hebamme die Gebärende in der Klinik weiterbetreuen, ist hierfür eine vertragliche Vereinbarung mit der Klinik erforderlich. In diesem Belegvertrag werden die Rechte und Pflichten als Beleghebamme geregelt. Besteht keine vertragliche Vereinbarung mit der Klinik, sollte die Hebamme sich von der Frau verabschieden. Bleibt sie als Ausnahmefall trotzdem einmal als Begleitperson, sollte mit der Gebärenden und dem Klinikpersonal besprochen werden, dass die Verantwortung mit Aufnahme in der Klinik der diensthabenden Hebamme bzw. den Ärzten übergeben wird und es sollte deutlich gemacht werden, dass die Hebamme lediglich als Begleitperson der Frau anwesend ist. Die externe Hebamme behält jedoch ihre Remonstrationspflicht (Kap. 5.3.3). Das bedeutet, dass sie weiter Mit-Verantwortung trägt, wenn sie erkennt, dass hier fachlich falsch gehandelt wird.

Praxistipp

Checkliste Absprachen mit der Klinik

- Hebamme macht sich bekannt (über die Leitung)
- kennt Gepflogenheiten vor Ort, mit allen relevanten Telefonnummern
- Belegvertrag, wenn externe Hebamme weiterbetreuen will (vor der 1. Geburt!)
- ohne Belegvertrag: externe Hebamme übergibt der diensthabenden Hebamme
- Wenn externe Hebamme im Einzelfall als Begleitung der Frau bleiben will:
  → klare Vereinbarung, in welcher Funktion sie anwesend ist gegenüber dem Klinikpersonal und der Frau und schriftliches Niederlegen dieser Vereinbarung
  → Remonstrationspflicht beachten, schwierige haftungsrechtliche Situation

Besser werden Nicht immer klappt alles reibungslos. Typische Fehlerquellen und Probleme in der Zusammenarbeit zwischen Hebamme und Rettungsleitstelle und Hebamme und Kliniken sind:

- unklare Aussagen
- fehlende Absprachen
- nicht ausreichend bekannte Abläufe
- ungeklärte Zuständigkeiten bzw. Verantwortlichkeit
- fehlende bzw. unvollständige Kommunikation
- fachliche Einschätzung bei Notfällen
- nicht vollständige Dokumentation

Ist einmal etwas nicht gut gelaufen, kann eine Fallbesprechung helfen, in Zukunft ähnliche Situationen zu vermeiden. Konflikte sollten möglichst nicht vor dem Patienten ausgetragen werden. Besser sollte in einem zeitlichen Abstand mit einer Vorbereitung auf dieses Gespräch über die Situation gesprochen werden, mit dem Ziel, die Zusammenarbeit zum Wohle der Betreuten zu verbessern, hier sollten dann auch Fehler – ohne persönliche Vorwürfe – angesprochen werden können.

Eine regelmäßige Nachbesprechung mit der Überprüfung der Abläufe kann dazu beitragen, eine erforderliche Veränderung oder Nachbesserung zeitnah zu erwirken. Zu einer Nachbesprechung kann auch gehören, sich gegenseitiges Lob auszusprechen, wenn der Ablauf optimal verlaufen ist. Auch die Nutzung von Lernsystemen wie das CIRLS (Critical Incident Reporting and Learning System) „Fälle für Alle“ für Hebammen [34] und das CIRS (Critical Incident Reporting System) „Notfallmedizin“ [18] bieten hilfreiche Unterstützung, die eigene Arbeit zu verbessern

Externe Hebammen können regelmäßig (z. B. 1 × jährlich) von der Klinik und der Rettungsleitstelle eingeladen werden zu einem informatorischen Gespräch (was hat sich geändert?) Das ist auch im Hinblick auf wechselndes Personal von Bedeutung, da mit dem Weggang von Fachkräften trotz vorhandener Prozessbeschreibungen und Arbeitsanweisungen auch ein Teil des Wissens verloren gehen kann.

Die Dokumente im Qualitätshandbuch müssen regelmäßig überprüft werden, in Hebammenteams sollte jemand bestimmt werden, der für diese Aufgabe verantwortlich ist. Ein Formular für die Verlegung, der Verlegungsbogen, sollte sich immer in der Hebammentasche befinden.

5.4.6 Hyperbilirubinämie

Cäcilie Fey

Ungefähr zwei Drittel der gesunden, reifgeborenen Neugeborenen in Deutschland zeigen in den ersten Lebenstagen eine gelbliche Hautverfärbung. Die Herausforderung in der Hebammenbetreuung ist es hierbei, aus der großen Zahl der Neugeborenen mit einem physiologischen Ikterus die Kinder zu erkennen, die eine gefährliche Hyperbilirubinämie mit einem Risiko zur Bilirubinenzephalopathie entwickeln. Im Jahresbericht von 2005 befasste sich die Erhebungseinheit für seltene pädiatrische Erkrankungen in Deutschland zum letzten Mal mit der Hyperbilirubinämie des Neugeborenen und gab die Fallzahl für Deutschland mit 2–7 Kernikterusfällen pro Jahr an (ESPED:16). Die Grenze zwischen einem physiologischen und einem pathologischen Verlauf ist nicht immer leicht zu ziehen, setzt aber eine frühzeitige Identifikation von Neugeborenen mit hohen bzw. mit rasch steigenden Bilirubinwerten voraus (AWMF: 2). Im Extremfall kann es zu einem Kernikterus mit schweren Behinderungen kommen. Hierbei wird oftmals die schnelle, toxische Wirkung des Bilirubins unterschätzt. Bei der Einschätzung der Gelbfärbung hilft eine exakte Dokumentation.

Da die Übergänge von einem physiologischen zu einem pathologischen Ikterus fließen sind, muss die Hebamme sehr sorgfältig arbeiten. Die wichtigsten Informationen im Vorfeld können in der Anamneseerstellung gewonnen werden. Risikofaktoren für einen pathologischen Ikterus mit nachfolgender Hirnschädigung sind in erster Linie: Unreife, Übersäuerung wie bei einem niedrigem Apgar und Sauerstoffmangel ([62]: 1949). Harder beschreibt hierzu noch weiter Risikopunkte: Kinder von Diabetikerinnen, Infektionen oder Sepsis, Hypothyreose oder Galaktosämie des Kindes ([113]: 690). Bei jedem Neugeborenen muss mit dem Auftreten bzw. mit einer raschen Steigerung der Gelbfärbung gerechnet werden. Die Abwesenheit von Risikofaktoren schließt einen pathologischen Anstieg der Bilirubinkonzentrationen nicht aus ([6]).

Erste Informationen kann der Hebammenbrief nach einer klinischen Geburt, der für die weiter betreuende Hebamme erstellt wird, geben. In diesem Bericht sollte auch das Entlassungsgewicht des Kindes vermerkt werden, damit die Gewichtsentwicklung gut beobachtet werden kann ([99]:116, 117). Hier sollten Angaben über die klinischen Werte der Bilirubinüberwachung eingetragen sein. Sind hierzu keine Aussagen notiert, kann eine telefonische Nachfrage in der Geburtsklinik weitere Informationen liefern. Diese telefonischen Berichte werden in der eigenen Dokumentation der weiter betreuenden Hebamme festgehalten. Ebenso ist es wichtig, bei einem Wechsel in der Hebammenbetreuung durch eine gute, wenn möglich schriftliche, Übergabe die Schnittstellenproblematik zu vermeiden. Durch eine vollständige Übergabe kann eine kontinuierliche Betreuung des Kindes und der Mutter erfolgen. Die Schriftform weist die professionelle Übergabe nach. Die übernehmende Hebamme darf sich aber nicht alleine auf diese Angaben verlassen. Sie sollte selbst für sich eine Anamnese mit den wichtigsten Punkten erstellen und die Angaben auf vorhandene Antikörper kontrollieren.

Das Neugeborene sollte in der Zeit der Gelbfärbung, insbesondere in der Phase des Anstieges und dem Anfang des Abfalles der Gelbfärbung täglich gesehen und eingeschätzt werden. In seltenen Fällen kann auch eine zweimal tägliche Abschätzung der Bilirubinentwicklung nötig sein. Nur so kann ein rasanter Anstieg des Bilirubins festgestellt und die entscheidenden Maßnahmen können eingeleitet werden. Die Gelbfärbung muss dabei im Zusammenhang mit dem Zustand des Kindes, des Lebenstages und der Gewichtsentwicklung gesehen werden ([36]: 261). Eine Hyperbilirubinämie kann durch einen Flüssigkeits- und auch durch einen Energiemangel verstärkt werden, dies wird durch einen Gewichtsverlust oder eine fehlende Gewichtszunahme auffällig wird ([10]: 107). Dementsprechend muss in der Dokumentation auf diese Punkte ausreichend eingegangen werden.

Für eine grobe Einschätzung der Gelbfärbung können die Angaben von Illing verwendet werden:

- Zeigt sich die Gelbfärbung in den Skleren des Neugeborenen, kann von einem Bilirubinwert von 2–4 mg/dl ausgegangen werden.
- Erscheint die Stirn gelb, muss ein Wert von über 10 mg/dl angenommen werden.
- Ist die Gelbfärbung am Stamm des Kindes sichtbar, ist der Bilirubinwert über 12 mg/dl.
- Sind auch die Beine gelb, ist der Wert mit über 14 mg/dl anzunehmen. ([62]: 199)

Diese Einordnung kann nur eine ungefähre Eingruppierung des Gelbsuchtwertes angeben. Bei der Beurteilung der Gelbfärbung muss zudem beachtet werden, dass Neugeborene mit einem Eltern- oder Großelternteil nicht europäischen Abstammung eine dunklere Grundhautfarbe haben können, als Kinder zentraleuropäischer Eltern. Die exakte Bestimmung des Bilirubinwertes ist bei allen Kindern ist nur durch eine Blutentnahme sicher möglich.

Hilfreich für die Bewertung ist die Kontrolle der Ausscheidungen, in Bezug auf die Farbe und Menge des Stuhlganges und des Urins, bzw. das Führen eines Stillprotokolls, insbesondere die Häufigkeit der Mahlzeiten. Dieses Protokoll kann in die eigene Dokumentation übernommen werden und kann als entsprechender Nachweis herangezogen werden.

Die Eltern des Kindes erhalten eine Anleitung und Aufklärung über die Besonderheiten eines gelben Kindes. Für diese Informationen kann eine Kopiervorlage aus dem Hebammenforum verwendet werden ([64]: 215). Die Gelbfärbung kann am besten an einer mit der Fingerspitze komprimierten Hautstelle beobachtet werden, bevor die Rekapillarisierung wieder eintritt. Dies können auch die Eltern durchführen, um zu beurteilen, wann sich die Situation verändert und ein zusätzlicher Kontakt zur Hebamme erforderlich werden bzw. wann das Kind bei einem Kinderarzt oder in der Klinik vorgestellt werden sollte. Sie sollten Informationen erhalten, wann die Norm überschritten ist und was im Bedarfsfall zu tun ist ([95]: 216).

Diese Absprachen mit den Eltern müssen dokumentiert werden. Dazu kann auch ein Aufklärungsblatt mit den wichtigsten Inhalten über die Hyperbilirubinämie hilfreich sein. Die Dokumentation „Infoblatt ausgehändigt und Schwerpunkte angesprochen“ ist diesem Fall ausreichend nachvollziehbar. Bei verweigerndem oder ablehnendem Verhalten der Eltern muss sehr gut und nachvollziehbar dokumentiert werden, dass die Eltern auf die möglichen Folgen für das Neugeborene als mögliche Folge der Verweigerung aufgeklärt wurden. Empfehlenswert ist das Hinzuziehen von Zeugen und deren namentliche Dokumentation. In der Regel ist es aber ausreichend, die Eltern über die Besonderheit und die erdenklichen Folgen einer Hyperbilirubinämie aufzuklären.

„Neugeborenes gelb“, ist keine genügende, vollständige oder nachvollziehbare Dokumentation. Ebenso wenig reicht das Abhaken auf den Dokumentationsvorlagen bzw. die Kästchen dort abzuhaken oder standardisiert auszufüllen. Hier wird eine lückenlose, nachvollziehbare widerspruchsfreie Dokumentation im Fließtext empfohlen, weil diese die Gesamtsituation bewusster erscheinen lässt und die Zusammenhänge der einzelnen Anzeichen und Symptome deutlicher werden. Der Qualitätszirkel Isernhagen in Niedersachsen hat zu diesem Thema einen guten Dokumentationsbogen für Mitglieder entworfen. ([95]: 216).

Bei jedem Hausbesuch müssen Angaben über Intensität, Ausbreitung und Lokalisation der beobachteten Gelbfärbung dokumentiert werden. Insbesondere die Dynamik und die daraus abgeleiteten Maßnahmen sind niederzuschreiben. Das Verhalten des Kindes wie Schlaf-wach-Rhythmus, Trinkverhalten, Allgemeinzustand und Reaktionsverhalten sind zu notieren. Ebenso werden die Ausscheidungsfrequenz und -menge sowie die Färbung von Urin und Stuhl eingetragen. Stillproben sind nicht ausreichend, hier müssen engmaschige Gewichtskontrollen durchgeführt werden, um eine ausreichende Zunahme des Gewichts zu sichern. Die Ergebnisse werden mit in die Dokumentation aufgenommen ([73]: 92). Diese intensive Dokumentation wird so lange durchgeführt, bis des Ikterus sicher abgeklungen ist ([13]: 199).

Fallbeispiel

Beispiel einer Dokumentation

Anamnese. 2. Kind. Die große Schwester wurde am Termin geboren und der Wochenbettverlauf war ohne therapiepflichtige Gelbfärbung, bei ausschließlicher Muttermilchernährung. Aktuelle Schwangerschaft: Geburt 38 + 0 Schwangerschaftswochen,

männlich, Geburtsgewicht 2970 g, Apgar 9/10/10, NapH: 7,35.
Entlassung am 4. Wochenbetttag. Vermerktes Gewicht im Entlassungsbericht 2880 g, keine Angaben zur Hyperbilirubinämie.
1. Wochenbettbesuch am Entlassungstag um 18.00 Uhr. NG zeigt eine leichte Gelbfärbung am Kopf und in den Skleren. Guter Allgemeinzustand. NG trinkt effektiv. Stillmahlzeit wurde gesehen. Vier nasse und mit Übergangsstuhl gefüllte Windeln. Absprache mit den Eltern: NG alle 3–4 Stunden anlegen auf eine gute Nahrungsaufnahme achten, bei Bedarf das Kind wecken. Neugeborenes ausreichend warm halten. Lethargiezeichen, schrilles Schreien und Bedeutung eines evtl. Fiebers erklärt und die Notwendigkeit einer blutigen Bilirubinkontrolle.
5. Lebenstag: Gelbfärbung leicht ansteigend, jetzt auch am Stamm, NG im gutem AZ, wacht von alleine alle ca. 3 Stunden auf und trinkt effektiv. 6 nasse Windeln in 24 Stunden, Muttermilchstuhl. Gewicht 2900 g. NG hat wache Phasen, ist am ganzen Körper warm. Eltern sind sicher im Umgang mit der Situation.
6. Lebenstag: NG trinkt ca. alle 3 Stunden, war am Vormittag 2 Stunden wach. Gelbfärbung dezent angestiegen, mindestens 6 gut gefüllte Windeln mit Urin und Muttermilchstuhl. NG erscheint in einem guten AZ, wach, gut temperiert
7. Lebenstag: Gelbfärbung gleichbleibend, trinkt alle ca. 3 Stunden. NG im gutem AZ, warm, Gewicht 2950 g, reichlich Urin und Muttermilchstuhl
8. Lebenstag: Wöchnerin ruft vor dem vereinbarten Termin an, dass das NG heute beeinträchtigt erscheint. Große Schwester hatte erbrochen, Fragestellung Infekt beim Neugeborenen. Sofortiger Hausbesuch nicht möglich. Nach Beratung, gemeinsamer Endschluss: Vorstellung in der Kinderklinik. Anruf nach dem Klinikbesuch: Bili 17 mg/dl. NG in der Klinik unauffällig und danach auch, kein weiterer Betreuungsbedarf von Seiten der Klinik bei stabilen Befunden.
9. Lebenstag: Gelbfärbung zeigt sich rückläufig; NG warm und im guten AZ, mindestens sechs nasse Windeln und eine Nahrungsaufnahme alle 3–4 Stunden. Im den weiteren Wochenbettbesuchen zeigte sich der Verlauf der Gelbfärbung rückläufig und das NG im gutem AZ.

5.4.7 Fehlendes Einvernehmen (Non Compliance, Non Adherence)

Regine Knobloch

Die Begriffe „Compliance“ (engl. Einhaltung, Befolgung) und „Adherence“ (engl. Einhalten, Therapietreue) oder Adhärenz werden häufig synonym verwendet. Compliance steht allgemein gesprochen für das Befolgen des Patienten von Empfehlungen eines Experten. Damit trägt der Patient einseitig die Verantwortung für das Einhalten der erforderlichen Maßnahmen. Das Konzept von Compliance gilt heute als veraltet.

Das Konzept der Adhärenz basiert auf der gemeinsamen Verantwortung von Patient und Arzt, hier von Frau und Hebamme (vgl. auch § 630c BGB). Die Hebamme informiert und klärt auf zu den Zielen der Maßnahmen und passt sie an die individuellen Möglichkeiten und Bedürfnisse der Frau an. So wirkt die Frau auf ihren Gesundungsprozess bzw. ihre Gesunderhaltung aktiv mit und ist bereit, den Empfehlungen der Hebamme zu folgen.

In § 4 Maßnahmen zur Erzielung der Prozessqualität der Anlage 3 Qualitätsvereinbarung zum Vertrag nach § 134a SGB V ist geregelt, was dokumentiert werden soll, wenn die Frau nicht aufgeklärt werden will oder einzelne notwendige Maßnahmen trotz Aufklärung ablehnt: die Hebamme soll dies dokumentieren und auf eine schriftliche Bestätigung der Frau hinwirken.

Das Gelingen der Abstimmung mit der Frau zu den erforderlichen Maßnahmen ist von weiteren Faktoren abhängig. Zu den relevantesten Faktoren in der Hebammenarbeit gehören:

- Die erforderliche Maßnahme
  - wurde nicht verstanden,
  - war zu aufwändig,
  - wurde vergessen.
- Die Frau hatte keine Unterstützung in ihrem sozialen Umfeld.
- Die Frau hält die Maßnahme für nicht erforderlich.
- Der Frau fehlt das Wissen um die möglichen Konsequenzen.
- Die Frau hat kein Vertrauen in die Hebamme [98].

Gerade wenn die Frau nicht den Empfehlungen der Hebamme folgen will oder gefolgt ist, fehlt häufig eine ausreichende Darstellung der Situation in der Dokumentation. Grundsätzlich sollte Folgendes dokumentiert werden:

- Befund
- erforderliche Maßnahmen, Empfehlungen, Dringlichkeit
- das Ergebnis aus dem Bedürfnis und den Möglichkeiten der Frau und den aus Sicht der Hebamme erforderlichen Maßnahmen
- Wenn Vereinbarungen nicht eingehalten werden konnten: wenn möglich eine Begründung benennen und was getan wurde, um Abhilfe zu schaffen

Fallbeispiel

Verzögerte Behandlung mit schwerwiegenden Folgen: Die erforderliche Maßnahme wird von den Eltern zwar erkannt, jedoch nicht deren Dringlichkeit.

Am 2. Wochenbetttag stellt die Hebamme beim Neugeborenen einen leichten Ikterus fest.

Sie bespricht mit den Eltern, worauf sie achten sollen und wann sie sich melden sollen. Die Eltern beschreiben ihre Sorge vor der Aufnahme in einer Klinik, sie haben belastende Erfahrung mit dem älteren Kind gemacht.

Die Hebamme dokumentiert: „Neugeborenes deutlich gelb am gesamten Körper, schläft viel, wacht aber von selbst auf, aktive Bewegungen, gutes Saugen, Urin konzentriert, wenig Mekonium. Still- und Beobachtungsprotokoll ausgehändigt, Mahlzeiten, Verhalten und Ausscheidungen eintragen, wenn Kd. nicht von selbst wach wird, spätestens alle 2–3 Std. wecken, Kd. braucht Nahrung! Wenn schläfrig, schlapp, trinkt nicht, bitte jederzeit melden! Partner kann unterstützen."

Am nächsten Morgen ruft die Hebamme an, wie es dem Kind geht, da sie überlegt, etwas später zu kommen. Die Eltern erklären, dass das Kind seit einiger Zeit wach sei und dabei starr vor sich hinblicke. Auch habe es seit 6 Stunden nichts mehr getrunken. Sie wollten früher anrufen, haben es aber nicht geschafft.

Die Hebamme dokumentiert: „Kind ist seit 2 Std. wach, starrt vor sich hin, trinkt nicht seit 6 Std., haben nicht geschafft, sich früher zu melden, sollen *sofort* in die Kinderklinik fahren, Partner einverstanden, kündige Familie in KiKlinik an (Dr. X, Aufnahme)."

Nach weiteren 2 Std. erhält die Hebamme einen Anruf von der Kinderklinik, die Eltern seien noch nicht gekommen, ob sich etwas anderes ergeben hätte? Die Hebamme ruft die Eltern an und erreicht den Vater. Dieser erklärt, sie hätten erst mit ihrem Kinderarzt sprechen wollen, der aber gerade nicht erreichbar war und sich zurückmelden wolle. Die Hebamme dokumentiert: „KiKl. ruft an: Eltern noch nicht angekommen! Besprochen: ich rufe Eltern an und sage nochmal in KiKl. Bescheid. Eltern sagen: wollten erst ihren KiArzt sprechen, dieser war nicht erreichbar, Neugeb. unverändert!. Erneut Tel. Dr. X (KiKl.) sie schicken Baby-NAW los."

Die Dokumentation in dieser Situation hat höchste Relevanz. Das Kind hat möglicherweise einen Schaden erlitten. Für die Hebamme ist von großer Bedeutung, dass nachvollziehbar wird, was sie mit den Eltern vereinbart hat und was die Eltern dann unternommen haben. Aus der Dokumentation muss zweifelsfrei hervorgehen, was die Hebamme mit den Eltern besprochen hat und mit welcher Dringlichkeit sie auf die Aufnahme in der Kinderklinik hingewiesen hat.

Im obigen Beispiel hat die Hebamme nachvollziehbar dokumentiert, welche Vereinbarungen getroffen wurden und was die Eltern unternommen haben. Vielleicht hätte bei der ersten Aufforderung zur Fahrt in die Klinik eine Erklärung über die möglichen gesundheitlichen Folgen für das Neugeborene („Schädigung des Gehirns mit schwerster Behinderung") die Eltern eher veranlasst, tatsächlich unverzüglich in die Kinderklinik zu fahren anstatt den Rückruf ihres Kinderarztes abzuwarten.

In einem solchen Fall sollte auch ein Gedächtnisprotokoll (S. 90) angefertigt werden, um alle Umstände festzuhalten, um sich gut zu erinnern, falls Eltern oder die Krankenkasse später Vorwürfe erheben.

Ein typisches Beispiel für einen Konflikt stellt die Situation dar, wenn die Wöchnerin einen Milchstau hat und Adhärenz nicht herstellbar ist. Im folgenden Fallbeispiel hatte die Hebamme zwar bei ihren Besuchen den Befund an der Brust und die Temperatur dokumentiert, jedoch keine Maßnahmen oder Vereinbarungen, die getroffen wurden.

Fallbeispiel

Betreuungsabbruch: Die erforderlichen Maßnahmen werden nicht durchgeführt, weil die Notwendigkeit nicht gesehen wird (zu aufwändig oder vergessen)

Die Hebamme beobachtet einen beginnenden Milchstau etwa sechs Wochen nach der Geburt. Die Mutter fühlt sich etwas schwach, kein Fieber. Die Hebamme spricht mit der Mutter über mögliche Ursachen und erforderliche Maßnahmen zur Behebung des Staus. Sie weist darauf hin, dass es ohne Behandlung zu einer Verschlimmerung (Mastitis) kommen kann. Für den nächsten Tag möchte die Hebamme einen Termin vereinbaren. Die Frau lehnt ab, weil sie selbst einen Termin hat. Auf eine Terminvereinbarung am übernächsten Tag möchte sich die Mutter nicht festlegen. Die Hebamme bittet bei einer Verschlimmerung um sofortige Kontaktaufnahme. Die Frau meldet sich fünf Tage später und vereinbart mit der Hebamme einen Termin für denselben Tag. Sie hatte am Abend zuvor erhöhte Temperatur, heute mehr Schmerzen in der Brust. Die Hebamme sieht eine deutliche Verschlechterung der Brust und bittet die Frau, neben den anderen üblichen Maßnahmen, um das Einhalten von Bettruhe. Auf Nachfragen, ob die Maßnahmen zu jedem Stillen durchgeführt wurden, erklärt die Mutter, sie habe sie lediglich einmal am Tag durchgeführt und ansonsten keine Zeit gehabt. Beim vereinbarten Termin am nächsten Nachmittag findet die Hebamme nur die Großmutter des Kindes mit dem Neugeborenen vor. Die Mutter ist einkaufen gegangen.

In ihrer Dokumentation hätte die Hebamme dies im Fließtext etwa so formulieren können: (nach der Beschreibung der Brust und den Maßnahmen) „...Kontrolle morgen erforderlich, bzw. bei Verschlechterung sofort, Frau lehnt Besuch ab, hat morgen selbst einen Termin, Terminvereinbarung auch für übernächsten Tag abgelehnt (will sich nicht festlegen). Auf die strikte und regelmäßige Einhaltung der besprochenen Maßnahmen hingewiesen, da sonst mit einer weiteren Verschlechterung zu rechnen ist (Gefahr einer Abszessbildung). Die Großmutter könne ihr helfen. Termin für 10.6. (in 3 Tagen) ausgemacht. Bei Verschlechterung (Schmerz, Fieber, Rötung, Schwellung) sofort melden". Beim Besuch 3 Tage später trifft sie erneut nur die Großmutter des Kindes mit dem Neugeborenen an. Sie dokumentiert: „Trotz Terminvereinbarung ist Frau unterwegs. Großmutter betreut das Neugeborene, weitere Betreuung in Frage gestellt, Frau soll nach Rückkehr bitte anrufen, ansonsten betrachte ich die Betreuung als beendet, Hebammenliste vorhanden, bei Verschlimmerung zum Frauenarzt oder in die Klinik".

An diesem Beispiel wird deutlich, wie wichtig das Festhalten der Vereinbarungen ist. Sind in der Dokumentation nur die tatsächlich stattgefundenen Besuche dokumentiert, ist Monate später kaum mehr nachvollziehbar, warum die Besuche bei beginnendem Milchstau so spärlich stattgefunden haben. Ist kein Einvernehmen mit der Frau herzustellen, kann die Hebamme die weitere Betreuung ablehnen. Sie sollte jedoch aufzeigen, an wen sich die Frau alternativ wenden kann.

Auch die Frau kann eine weitere Betreuung ablehnen. Eine Betreuung durch die Hebamme kann nicht erzwungen werden. Liegt ein konkreter Verdacht oder Hinweis auf eine Gewalttat oder Kindswohlgefährdung vor und Wiederholungsgefahr, tritt als letzter Schritt die Schweigepflicht gegenüber dem Jugendamt bzw. der Polizei zurück (Kap. 8.5).

Wenn die Hebamme aufgrund ihrer Fachkenntnis erkennt, dass bei einer Weigerung der Frau Gefahr für das Leben des Kindes oder der Mutter droht, wird sie mit Nachdruck insistieren müssen und dies auch in ihrer Dokumentation darstellen. Es genügt nicht, zu beschreiben: „Frau verweigert eine Verlegung in die Klinik", insbesondere stellt die Hebamme dar, was sie unternommen hat, um die Frau zu überzeugen, bzw. welche Folgen ein Unterlassen haben könnte.

Eine ablehnende Haltung kann die Hebamme in eine rechtlich schwierige Situation bringen. Sie muss hier abzuwägen, ob sie eine weitere Betreuung ablehnt und die Frau in der Folge überhaupt keine Fachkraft mehr aufsucht oder ob sie die Frau weiter betreut, wohl wissend, dass eine ärztliche Betreuung angezeigt wäre. Die Hebamme sollte sich hier Rat beim Arzt im Gesundheitsamt oder einem Rechtsanwalt einholen.

Fallbeispiel

Ablehnende Haltung der Frau – die erforderliche Maßnahme wird aktiv abgelehnt mit schriftlicher Erklärung und Unterschrift

Die Schwangere ist in der 30. SSW. Seit der letzten Vorsorgeuntersuchung vor vier Wochen ist das Kind nicht mehr gewachsen. Es bewegt sich unverändert kräftig. Das Kind ist gut durch die Bauchdecke zu tasten. Die Fruchtwassermenge ist noch im Normbereich. Die Hebamme macht die Frau auf die Problematik aufmerksam und schlägt eine Kontrolle durch den Gynäkologen vor. Die Frau lehnt kategorisch ab. Die Hebamme dokumentiert ihren Untersuchungsbefund und ihre Empfehlungen. Nicht ausreichend wäre hier neben dem Untersuchungsbefund: „Kontrolle beim Gynäkologen erforderlich, Frau möchte nicht"

Da der Hebamme etwas mulmig ist, lässt sie die Schwangere folgenden Text unterschreiben:

„Ich, Manuela Meier, bin heute am 13.5.16 von Hebamme Eva Adam untersucht worden. Bei der Vorsorgeuntersuchung hat die Hebamme festgestellt, dass mein Kind in den letzten vier Wochen nicht gewachsen ist. Ich bin darüber aufgeklärt worden, dass die Gefahr besteht, dass mein Kind mangelversorgt wird und im schlimmsten Fall sterben kann. Hebamme E.A hat mir dringend eine weiterführende Untersuchung mit Ultraschall zur Feststellung der Versorgung meines Kindes und der Durchblutung der Plazenta bei einem Frauenarzt bzw. im Krankenhaus angeraten. Ich lehne eine ärztliche Untersuchung ab, Unterschrift der Frau." Die Hebamme kann einen Termin mit der Frau in einer Woche vereinbaren. Sie nimmt der Frau das Versprechen ab, sich zu melden, wenn die Kindsbewegungen nachlassen sollten. Nach weiteren 10 Tagen, nachdem das Kind nur wenig gewachsen ist und sich nur noch wenig bewegt, kann die Hebamme die Frau endlich bewegen, sich im Krankenhaus vorzustellen. Dort wird das Kind am gleichen Tag durch Sectio geboren.

Wenn die Frau sich weigert zu unterschreiben, kann die Hebamme dokumentieren: „Unterschrift verweigert". Wenn die Frau unterschieben hat, kann die Hebamme der Frau eine Kopie aushändigen. Rechtlich erforderlich ist dies aber nicht. Wichtig ist, dass sich der Text mit der Unterschrift der Frau in den Unterlagen der Hebamme befindet. Hat die Frau die Unterschrift verweigert, dann ergibt sich für die Hebamme die Frage, ob sie überhaupt die Betreuung fortsetzen will. Die Frau würde sich ja den dringenden Hinweisen der Hebamme widersetzen und ihr gleichzeitig das gesamte Risiko für das Gedeihen des Kindes auferlegen wollen. Diese Verantwortung braucht die Hebamme nicht zu tragen Sie könnte daher die Fortsetzung der Behandlung durchaus ablehnen mit dem Hinweis, an wen die Frau sich wenden kann (andere Hebamme, Frauenarzt, Klinik). Auch dies sollte sie sorgfältig dokumentieren.

Fallbeispiel

Schwierige Situation während der Geburt: die erforderlichen Maßnahmen werden nicht ausreichend verstanden

Manchmal entstehen schwierige Situationen mit der Frau unter der Geburt. Die Gebärende ist nicht erreichbar, sie reagiert ängstlich bis panisch, schlägt um sich, sie ist nicht mehr erreichbar für die Aufforderungen und Hilfestellungen der Hebamme. Wenn es den Geburtsfortschritt hemmt oder der Gesundheitszustand der Frau sich verschlechtert oder die Herztöne des Kindes suspekt oder pathologisch sind, ist festzuhalten, was die Hebamme unternommen hat, um Schaden von Mutter und Kind abzuwehren. Nicht ausreichend wäre „Frau ist unkooperativ". (Dieser Begriff ist außerdem zu vermeiden, weil er eine Bewertung enthält.) Besser wäre: „13.10 Uhr Frau möchte sich nicht berühren lassen, starke Gebärden, dadurch mangelhafte Aufzeichnung der Herztöne im CTG. FHF gut zu hören, BL bei etwa 130 SpM (P: 112), 3 Wehen in 10 Min., kräftig.13.21 Uhr FHF sinkt in Wehe auf 90 SpM und bleibt auch (P:116), zum ruhigen Atmen angehalten, O_2-Gabe, nicht erfolgreich, FHF weiter bei 90 SpM, K im BA, schneidet ein, Frau weiterhin extensive Gestik, kaum ansprechbar, laute und deutliche Aufforderung zum Mitschieben, med. Epi, 13.25 Uhr Kopfgeburt,..."

Aus einem Urteil des Oberlandesgerichts Düsseldorf vom 26.4.2007, Aktenzeichen 8 U 37/05: „Eine Frau, die nicht aus der Badewanne herauskommen will, obwohl die Herztöne des Kindes eine zügige Geburtsbeendigung erfordern, muss die Hebamme mit aller Deutlichkeit auffordern, sich aus der Wanne zu begeben."

Fallbeispiel
Frau geht gegen ärztlichen Rat nach Hause, weil die geplante Maßnahme von der Frau als nicht erforderlich eingeschätzt wird

Eine Schwangere kommt mit einem fraglichen Blasensprung am Termin ohne Wehentätigkeit in die Klinik. Die vaginale Untersuchung ergibt einen unreifen Befund, der Kopf des Kindes befindet sich fest im Beckeneingang. Es geht wenig Fruchtwasser ab. Da es 1.00 Uhr nachts ist, soll die Frau auf Station zum Schlafen, da es in der Klinik so üblich ist. Dies will sie aber nicht. Sie möchte lieber nach Hause zum Schlafen und wieder kommen, wenn die Wehen einsetzen.

Die Hebamme dokumentiert

- den Befund
- das Befinden der Frau
- den genannten Grund, warum sie die Klinik verlassen will
- den Namen der Ärztin, die die Hebamme informiert, Uhrzeit, Inhalt des Gesprächs, deren Anweisungen
- Information, die die Hebamme der Frau bei der Entlassung gibt
- evtl. Name der Begleitperson der Frau

In dem oben genannten Fallbeispiel dokumentierte die Hebamme:

„Frau kommt mit V. a. BS von zu Hause. CTG-Kontrolle: BL 130, undulat. Kurve, keine Dezel., KB pos, Kind bewegt sich „wie immer“, unkoordinierte WT im CTG, Frau spürt leichtes unregelmäßiges Ziehen, Ut. normaler Tonus, I.SL, Rü vorn, SFA: 32 cm, wirkt normal groß, FW-Menge normal, RR 120/80, P: 80, Temp. 36.6 °C. etc. VU (Heb. Müller: Portio 1 cm, med-sacral, MM Finger durchgängig, K fest im BE, PN quer, es geht wenig klares FW ab. Empfehlung: Schlafen auf Station. Frau S. möchte zum Schlafen nach Hause, fühlt sich wohl, Tel. Dr. A. informiert über Befund und Wunsch der Frau. Dr. A ist einverstanden, Frau soll um 8.00 Uhr zum CTG kommen, ggf. Einleitung. Soll sich melden, wenn regelmäßige Wehen auftreten alle 5 Min., oder wenn sie sich unwohl oder unsicher fühlt, Temperaturkontrolle alle 2 Std., Farbwechsel des FW besprochen. Ehemann der Frau ist ebenfalls einverstanden.“

Auch wenn üblich ist, dass bei Blasensprung eine stationäre Aufnahme erfolgt, wären Maßnahmen jedoch nicht vorgesehen gewesen in der Zeit, die die Frau zu Hause verbringen möchte. Wichtig ist hier neben dem Befund auch die Vereinbarung mit der Frau zu dokumentieren sowie die gegebenen Empfehlungen kurz zu skizzieren.

6 Personenstandsgesetz und Familienrecht

6.1 Personenstandsgesetz

Im **Personenstandsgesetz** (PStG) ist geregelt, dass der Personenstand durch das Standesamt (§ 1 Abs. 2 PStG) zu beurkunden ist. **Personenstand** ist hierbei die sich aus den Merkmalen des Familienrechts ergebende Stellung einer Person innerhalb der Rechtsordnung einschließlich ihres Namens (§ 1 Abs. 1 PStG). Der Personenstand umfasst Daten über Geburt, Eheschließung, Begründung einer Lebenspartnerschaft und Tod, die in Registern geführt werden. Es handelt sich dabei um das **Eheregister** (§ 15 PStG), das **Lebenspartnerschaftsregister** (§ 17 PStG), das **Geburtenregister** (§ 21 PStG) und das **Sterberegister** (§ 31 PStG). Die beiden Letzteren sind für die Hebamme von Bedeutung.

6.1.1 Geburtenregister

Die **Geburt** eines Kindes muss dem Standesamt, in dessen Zuständigkeitsbereich es geboren ist, **binnen einer Woche** angezeigt werden (§ 18 Abs. 1 PStG). Es ist das Standesamt zuständig, in dessen Standesamtsbezirk das Kind geboren wurde, d. h., vollständig aus dem Mutterleib ausgetreten ist. Es kommt nicht darauf an, ob auch die Plazenta oder der Mutterkuchen an diesem Ort ausgeschieden wurde oder in einer Klinik an einem anderen Ort entfernt wurde. Ist ein Kind tot geboren, so muss die Anzeige spätestens am dritten auf die Geburt folgenden Werktag erstattet werden (§ 18 Abs. 1 PStG). Bei einer **vertraulichen Geburt** (§ 25 Absatz 1 des Schwangerschaftskonfliktgesetzes, SchKG) sind in der Anzeige auch das Pseudonym der Mutter und die für das Kind gewünschten Vornamen anzugeben (§ 18 Abs. 2 PStG).

Merke

Die Geburt eines Kindes muss dem Standesbeamten, in dessen Bezirk es geboren ist, binnen einer Woche angezeigt werden. Ist ein Kind tot geboren oder in der Geburt verstorben, so muss die Anzeige spätestens am dritten auf die Geburt folgenden Werktag erfolgen.

Die Frage, wann eine **Totgeburt** vorliegt, richtet sich nach § 31 PStV (Kap. 6.1.3).

Im **Geburtenregister** werden die Vornamen und der Geburtsname des Kindes, Ort sowie Tag, Stunde und Minute der Geburt, das Geschlecht des Kindes, die Vornamen und die Familiennamen der Eltern sowie auf Wunsch eines Elternteils seine rechtliche Zugehörigkeit zu einer Religionsgemeinschaft, die eine Körperschaft des öffentlichen Rechts ist, beurkundet (§ 21 Abs. 1 PStG). Diese Angaben müssen daher dem Standesamt gemeldet werden. Die **Vornamen** des Kindes können nachträglich auch bei einem anderen Standesamt als dem, das die Geburt des Kindes beurkundet hat, angezeigt werden (§ 22 Abs. 2 PStG).

Ist ein Kind **tot geboren**, so werden die Angaben mit dem Zusatz aufgenommen, dass das Kind tot geboren ist. Auf Wunsch einer Person, der bei Lebendgeburt des Kindes die Personensorge zugestanden hätte, sind auch Vor- und Geburtsname des Kindes einzutragen (§ 21 Abs. 2 PStG).

Bei einer **vertraulichen Geburt** werden Vor- und Familiennamen der Eltern nicht aufgenommen. Die zuständige Verwaltungsbehörde bestimmt die Vornamen und den Familiennamen des Kindes (§ 21 Abs. 2a PStG).

Zur **Anzeige verpflichtet** ist jeder Elternteil des Kindes, wenn er sorgeberechtigt ist, und nachrangig auch jede andere Person, die bei der Geburt zugegen war oder von der Geburt aus eigenem Wissen unterrichtet ist, dies aber nur, wenn die sorgeberechtigten Eltern an der Anzeige gehindert sind (§ 19 PStG). Die **Hebamme** ist daher dann zur Meldung an das Standesamt verpflichtet, wenn die Eltern, die im Besitz der elterlichen Sorge über das Kind sind, die Meldung nicht selbst durchführen können.

Praxistipp

Es ist für die Hebamme allerdings auch in den Fällen, in denen für sie persönlich keine Meldepflicht besteht, auf jeden Fall sinnvoll, alle Daten bei den Eltern zu erfragen.

Das **Geschlecht eines Neugeborenen** kann problematisch sein. Das Amtsgericht München hatte über den Antrag eines Menschen zu entscheiden, der bei zweigeschlechtlicher Anlage zunächst als Junge mit dem Namen „Michel" (Namen geändert), dann später aber als Mädchen mit dem Namen „Birgit" eingetragen wurde. Der Antragsteller, der sich selbst wieder „Michel" nannte, begehrte im Alter von 23 Jahren eine Änderung der Eintragungen im Geburtenbuch und den Eintrag „zwittrig/intersexuell". Das Amtsgericht lehnte den Antrag mit der Begründung ab, die für eine Berichtigung unzweifelhafte Unrichtigkeit der Eintragung habe nicht vorgelegen (Urteil des AG München vom 13.09.2001). Gesetzlich geregelt ist nur der Fall, dass das Kind weder dem weiblichen noch dem männlichen Geschlecht zugeordnet werden kann und dann der Personenstandsfall ohne eine solche Angabe in das Geburtenregister einzutragen ist (§ 22 Abs. 3 PStG). Für den Sonderfall einer **Geschlechtsumwandlung** hat der BGH am 03.02.2015 entschieden, dass kein Anspruch einer Frau besteht, den vormals männlichen Vornamen im Handelsregister bei ihrer GmbH zu löschen.

Eine berichtigungsfähige Unrichtigkeit des Geburtseintrags liegt dann nicht vor, wenn die Eltern zunächst eine bestimmte Schreibweise eines Vornamens vorgegeben und dies aufgrund einer Intervention der Hebamme einvernehmlich abgeändert haben. In diesem Fall kommt eine **Berichtigung des Geburteneintrags** auch dann **nicht** in Betracht, wenn die Intervention der Hebamme bei den Eltern einen Irrtum über die beabsichtigte Schreibweise des Vornamens hervorgerufen hat (Urteil des OLG Hamm vom 07.12.2011).

Eine **Spezialregelung** findet sich in § 20 PStG. Nach dieser Vorschrift trifft die Verpflichtung zur Anzeige bei **Geburten in Krankenhäusern** und sonstigen Einrichtungen, in denen Geburtshilfe geleistet wird, den Träger der Einrichtung. Die Anzeigeberechtigung der in § 19 PStG genannten Personen bleiben hiervon unberührt. Hierbei genügt eine schriftliche Anzeige in amtlicher Form.

Geburten in sog. **„Babyklappen"** werfen neben adoptions-, straf-, unterhalts-, erb- und sorgerechtlichen Problemen auch das personenstandsrechtliche Problem der Meldung zum Geburtenregister auf. Regelmäßig setzt gemäß § 24 PStG das Jugendamt nach der Anhörung des Gesundheitsamts den vermutlichen Ort und Tag der Geburt fest und bestimmt die Vornamen und den Familiennamen des Kindes. Erst auf deren schriftliche Anordnung trägt der Standesbeamte diese Daten in das Geburtenbuch ein. § 24 PStG gilt dem Wortlaut nach zwar nur für die Fälle, in denen ein neugeborenes Kind gefunden wird (**Findelkind**). Für die „Babyklappe" muss Entsprechendes jedoch ebenfalls gelten. Der Fund des neugeborenen Kindes muss spätestens am folgenden Tag angezeigt werden (§ 24 Abs. 1 PStG).

6.1.2 Sterberegister

Die für Hebammen wichtigen Gesichtspunkte des **Sterberegisters** sind in §§ 28 ff. PStG geregelt. Danach muss der **Tod eines Menschen** dem Standesbeamten, in dessen Bezirk er verstorben ist, spätestens am dritten auf den Tod folgenden Werktag angezeigt werden (§ 28 PStG). Die Anzeige ist mündlich zu erstatten (§ 28 Nr. 1 PStG).

Anzeigepflichtig ist jede Person, die mit dem Verstorbenen in häuslicher Gemeinschaft gelebt hat, oder die Person, in deren Wohnung sich der Sterbefall ereignet hat, oder jede andere Person, die bei dem Tod zugegen war oder von dem Sterbefall aus eigenem Wissen unterrichtet ist. Die Anzeigepflicht besteht nur, wenn eine in der Reihenfolge früher genannte Person nicht vorhanden oder an der Anzeige gehindert ist (§ 29 Abs. 1 PStG).

Für die Anzeige von **Sterbefällen in Krankenhäusern**, Alten- und Pflegeheimen sowie sonstigen Einrichtungen (Geburtshäuser etc.) gelten die gleichen Grundsätze wie beim Geburtenregister (§ 30 Abs. 1 PStG).

Ordnungswidrig handelt, wer vorsätzlich oder fahrlässig die erforderliche Anzeige sowohl zum Geburten-, als auch Sterberegister (auch als Träger einer Einrichtung) nicht, nicht richtig, nicht vollständig, nicht in der vorgeschriebenen Weise oder nicht rechtzeitig erstattet (§ 70 Abs. 1 PStG). Die Ordnungswidrigkeit kann mit einer **Geldbuße** geahndet werden, deren konkrete Höhe im Gesetz offen gelassen wird (§ 70 Abs. 2 PStG).

6.1.3 Verordnung zur Ausführung des Personenstandsgesetzes

Regelungen, wann eine **Lebend-, Tot- oder Fehlgeburt** vorliegt, enthält die Verordnung zur Ausführung des Personenstandsgesetzes (Personenstandsverordnung, PStV). Diese **Ausführungsverordnung** enthält zahlreiche Vorschriften über die Formalien der Anzeigen über Geburt und Tod.

Nach § 31 PStV liegt eine **Lebendgeburt** dann vor, wenn bei einem Kind nach der Scheidung vom Mutterleib entweder das Herz geschlagen oder die Nabelschnur pulsiert oder die natürliche Lungenatmung eingesetzt hat. Für eine Lebendgeburt gelten die beschriebenen allgemeinen Bestimmungen über die Anzeige und Eintragung von Geburten gegenüber dem Standesbeamten.

Eine **Totgeburt** (tot geborenes oder in der Geburt verstorbenes Kind) liegt vor, wenn keines der genannten Lebenszeichen gegeben ist, die Leibesfrucht jedoch mindestens 500 Gramm wiegt.

Hat sich keines der beschriebenen Lebensmerkmale gezeigt und das Gewicht der Leibesfrucht beträgt weniger als 500 Gramm, handelt es sich um eine **Fehlgeburt,** die in den Personenstandsregistern erst einmal nicht beurkundet wird (§ 31 Abs. 3 Satz 2 PStV).

Lebendgeburt
Nach der Trennung von der Mutter entweder Herz geschlagen, Nabelschnur pulsiert oder natürliche Lungenatmung eingesetzt.

Totgeburt
Keines dieser Lebenszeichen, aber Gewicht mindestens 500 Gramm.

Fehlgeburt
Kein Lebenszeichen und Gewicht weniger als 500 Gramm.

Seit 2013 existiert die Regelung, wonach eine **Fehlgeburt** von einer Person, der bei Lebendgeburt die Personensorge zugestanden hätte, dem Standesamt, in dessen Zuständigkeitsbereich die Fehlgeburt erfolgte, angezeigt werden **kann**. In diesem Fall erteilt das Standesamt dem Anzeigenden auf Wunsch eine Bescheinigung. Für Totgeburten gelten die gleichen Regelungen wie für Lebendgeburten.

Nach den landesrechtlichen **Bestattungsgesetzen** müssen Leichen auf Bestattungsplätzen (Friedhöfe für die Erdbestattung nur in ausreichender Entfernung von Wasserversorgungsanlagen und nur auf Böden, die zur Leichenverwesung geeignet und fähig sind) bestattet werden (z. B. § 30 Abs. 1 BestattG B-W). Dazu zählen auch alle tot geborenen Kinder und in der Geburt verstorbenen Leibesfrüchte mit einem Gewicht von mindestens 500 Gramm. **Fehlgeburten** sind auch hiernach tot geborene Kinder und während der Geburt verstorbene Leibesfrüchte mit einem Gewicht unter 500 Gramm. Fehlgeburten sind auf Verlangen eines Elternteils auf Kosten der Eltern zu bestatten. Ist die Geburt in einer Einrichtung erfolgt, hat deren Träger sicherzustellen, dass mindestens ein Elternteil auf diese Bestattungsmöglichkeit hingewiesen wird (möglicherweise auch durch die Hebamme, § 30 Abs. 2 BestattG B-W). Wer einen **privaten Bestattungsplatz** (z. B. im Garten) betreibt, handelt ordnungswidrig (§ 49 BestattG B-W). Bei Verstößen besteht stets die Möglichkeit der Strafbarkeit wegen **Störung der Totenruhe** (§ 168 StGB).

6.1.4 Gerichtliches Verfahren bei Ablehnung einer Amtshandlung

Lehnt der Standesbeamte die Vornahme einer Amtshandlung ab, so kann er auf Antrag der Beteiligten oder der Aufsichtsbehörde durch das Amtsgericht dazu angehalten werden. Der Standesbeamte kann in Zweifelsfällen auch von sich aus die Entscheidung des Amtsgerichts darüber herbeiführen, ob eine Amtshandlung vorzunehmen ist. Für das weitere Verfahren gilt dies als Ablehnung der Amtshandlung (§§ 48 ff. PStG).

Praxistipp
In diesen Fällen ist ein Antrag an das örtlich zuständige Amtsgericht zu stellen, dass der Standesbeamte durch die gerichtliche Entscheidung verpflichtet werde, die von der Antragstellerin begehrte Amtshandlung (z. B. auch Eheschließung bei Verdacht einer Scheinehe) vorzunehmen.

6.1.5 Vertrauliche Geburt

Die früher „anonyme Geburt“ genannte **„vertrauliche Geburt“** ist seit 01.04.2014 in den §§25 ff. Gesetzes zur Vermeidung und Bewältigung von Schwangerschaftskonflikten (**Schwangerschaftskonfliktgesetz,** SchKG) geregelt.

In §25 SchKG findet sich die Regelung über die Beratung zur vertraulichen Geburt. Eine Schwangere, die ihre Identität nicht preisgeben möchte, ist darüber zu informieren, dass eine vertrauliche Geburt möglich ist. Es ist ein ergebnisoffenes **Beratungsgespräch** anzubieten (§ 1 Abs. 4 SchKG).

Das Verfahren ist in §26 SchKG geregelt:

Wünscht die Schwangere eine **vertrauliche Geburt**, wählt sie einen Vor- und einen Familiennamen, unter dem sie im Verfahren der vertraulichen Geburt handelt (**Pseudonym**), und je einen oder mehrere weibliche und einen oder mehrere männliche Vornamen für das Kind. Die **Beratungsstelle** hat einen Nachweis für die Herkunft des Kindes zu erstellen. Dafür überprüft sie die Angaben der Schwangeren anhand eines gültigen, zur Identitätsfeststellung geeigneten Ausweises. Der **Herkunftsnachweis** ist in einem Umschlag so zu verschließen, dass ein unbemerktes Öffnen verhindert wird. Auf dem Umschlag sind die Tatsache, dass er einen Herkunftsnachweis enthält, das Pseudonym, der Geburtsort und das Geburtsdatum des Kindes, der Name und die Anschrift der geburtshilflichen Einrichtung oder der zur Leistung von Geburtshilfe berechtigten Person (**Hebamme**) und die Anschrift der Beratungsstelle zu vermerken. Mit dem Hinweis, dass es sich um eine vertrauliche Geburt handelt, meldet die Beratungsstelle die Schwangere unter deren Pseudonym in einer geburtshilflichen Einrichtung oder bei einer zur Leistung von Geburtshilfe berechtigten Person zur Entbindung an. Diese Einrichtung oder Person kann die Schwangere frei wählen. Nach §29 SchKG hat der Leiter oder die Leiterin einer Einrichtung der Geburtshilfe, die eine Schwangere ohne Feststellung ihrer Identität zur Entbindung aufnimmt, unverzüglich eine Beratungsstelle im örtlichen Einzugsbereich über die Aufnahme zu informieren. Das Gleiche gilt für eine zur Leistung von Geburtshilfe berechtigte Person bei einer Hausgeburt. Die Beratungsstelle teilt bei der Anmeldung die gewählten Vornamen für das Kind mit. In der Folge teilt die Beratungsstelle dem am Geburtsort zuständigen Jugendamt das Pseudonym der Schwangeren, den voraussichtlichen Geburtstermin und die Einrichtung oder die zur Leistung von Geburtshilfe berechtigte Person, bei der die Anmeldung erfolgt ist, mit. Der Leiter oder die Leiterin der Einrichtung der Geburtshilfe, in der die Schwangere geboren hat, teilt der Beratungsstelle unverzüglich das **Geburtsdatum** und den **Geburtsort** des Kindes mit. Das Gleiche gilt bei einer **Hausgeburt** für die zur Leistung von Geburtshilfe berechtigte Person, die Hebamme. Das **Standesamt** teilt dem Bundesamt für Familie und zivilgesellschaftliche Aufgaben den beurkundeten Namen des Kindes zusammen mit dem Pseudonym der Mutter mit.

Mit Vollendung des 16. Lebensjahres hat das vertraulich geborene Kind nach §31 SchKG das Recht, den beim Bundesamt für Familie und zivilgesellschaftliche Aufgaben verwahrten Herkunftsnachweis einzusehen oder Kopien zu verlangen. Die Mutter kann Belange, die dem **Einsichtsrecht** entgegenstehen, ab der Vollendung des 15. Lebensjahres des Kindes unter ihrem Pseudonym erklären. Die Beratungsstelle zeigt der Mutter dann zunächst Hilfsangebote auf und erörtert mit ihr mögliche Maßnahmen zur Abwehr der befürchteten Gefahren. Die Mutter ist darüber zu informieren, dass das Kind sein Einsichtsrecht gerichtlich geltend machen kann.

Die **elterliche Sorge** der Mutter für ein vertraulich geborenes Kind ruht nach §1674a BGB. Ihre elterliche Sorge lebt wieder auf, wenn das Familiengericht feststellt, dass sie die für den Geburtseintrag ihres Kindes erforderlichen Angaben gemacht hat.

Auf der Internetseite www.geburt-vertraulich.de und unter der Telefonnummer 0800–40 40 020 **informiert das Bundesministerium** für Familie, Senioren, Frauen und Jugend über Beratungs- und Hilfeangebote. Einen weiteren Überblick verschaffen Martius und Baier [78] und Morgenthal [81].

6.2 Familienrecht

Für die Beurteilung familiärer Beziehungen und Fragen der elterlichen Sorge nach der Geburt ist die Kenntnis familienrechtlicher Zusammenhänge unerlässlich.

6.2.1 Verwandtschaft

Personen, bei denen eine von der anderen abstammt, sind in gerader Linie **verwandt** (§ 1589 BGB). Personen, die nicht in gerader Linie verwandt sind, aber von derselben dritten Person abstammen (z. B. Geschwister), sind in der Seitenlinie verwandt.

Die Verwandten eines Ehegatten sind mit dem anderen Ehegatten **verschwägert** (§ 1590 Abs. 1 BGB). Gemäß § 1590 Abs. 2 BGB dauert die Schwägerschaft auch dann noch fort, wenn die Ehe, durch die sie begründet wurde, aufgelöst ist.

Ein anderer Begriff ist der der **„Angehörigen"** im Strafrecht. Nach § 11 StGB sind Angehörige Verwandte und Verschwägerte gerader Linie, der Ehegatte, der Lebenspartner, der Verlobte (auch im Sinn des Lebenspartnerschaftsgesetzes), Geschwister, Ehegatten oder Lebenspartner der Geschwister, Geschwister der Ehegatten oder Lebenspartner, und zwar auch dann, wenn die Ehe oder die Lebenspartnerschaft, die die Beziehung begründet hat, nicht mehr besteht oder wenn die Verwandtschaft oder Schwägerschaft erloschen ist, sowie Pflegeeltern und Pflegekinder.

Adoption bedeutet die Herstellung eines nachträglich geschaffenen Eltern-Kind-Verhältnisses, unabhängig von der biologischen Abstammung (§ 1741 Abs. 1 BGB). Voraussetzung hierfür ist stets das Wohl des Kindes und die Erwartung eines Eltern-Kind-Verhältnisses zwischen Annehmenden und dem Kind. Das Kind muss einwilligen. Falls es noch nicht vierzehn Jahre alt oder geschäftsunfähig ist, gilt dies für den gesetzlichen Vertreter (§ 1746 BGB).

6.2.2 Mutter und Vater

Das BGB regelt darüber hinaus auch, wer Mutter und Vater ist.

- **Mutter** eines Kindes ist die Frau, die es geboren hat (§ 1591 BGB).
- **Vater** eines Kindes ist entweder der Mann, der zum Zeitpunkt der Geburt mit der Mutter des Kindes verheiratet war, oder der, der die Vaterschaft anerkannt hat (§§ 1594 ff. BGB) oder dessen Vaterschaft gerichtlich festgestellt worden ist (§ 1592 BGB).

Merke

Ein Kind hat ein Recht darauf, seine Abstammung zu kennen (Beschluss des BVerfG vom 26.04.1994). Es hat einen Auskunftsanspruch gegenüber seiner Mutter, im Falle einer künstlichen Befruchtung auch auf Nennung der Eispenderin (Beschluss des HansOLG Bremen vom 21.07.1999).

Der Anspruch ist sogar durch Zwangsgeld oder Zwangshaft vollstreckbar (§ 888 ZPO).

§ 1592 BGB ist zu entnehmen, dass es für die Vaterschaft im rechtlichen Sinne nicht auf die biologische Abstammung ankommt. Der rechtliche Vater hat die Möglichkeit, die **Vaterschaft anzufechten.** Berechtigt dazu sind nicht nur er, sondern auch die Mutter und das Kind und auch der Mann, der an Eidesstatt versichert, der Mutter während der Empfängniszeit beigewohnt zu haben (§ 1600 BGB). Der **biologische Erzeuger** bildet mit seinem Kind auch eine durch Art. 6 GG geschützte Familie (Beschluss des BVerfG vom 09.04.2003) und hat daher heute auch ein Anfechtungsrecht. Nach § 1686a BGB hat er, wenn er ein ernsthaftes Interesse an dem Kind zeigt, trotz (rechtlicher) Vaterschaft eines anderen Mannes ein **Recht auf Umgang** mit dem Kind, wenn der Umgang dem Kindeswohl dient, und ein Recht auf **Auskunft** von jedem Elternteil über die persönlichen Verhältnisse des Kindes, soweit er ein berechtigtes Interesse hat und dies dem Wohl des Kindes nicht widerspricht.

Das mittels **künstlicher heterologer Insemination** gezeugte Kind kann gegen den Reproduktionsmediziner einen aus den Grundsätzen von Treu und Glauben folgenden Anspruch auf **Auskunft über die Identität des Samenspenders** haben. Dies folgt aus dem Behandlungsvertrag, bei dem es sich um einen Vertrag mit Schutzwirkung zugunsten des Kindes handelt. Der Anspruch setzt kein bestimmtes Mindestalter des Kindes voraus. Ob es dem Reproduktionsmediziner tatsächlich zumutbar ist, Auskunft über die Identität des Samenspenders zu erteilen, ist durch eine auf den konkreten Einzelfall bezogene, umfassende Abwägung der durch die Auskunftserteilung berührten rechtlichen, insbesondere grundrechtlichen, Belange zu klären. Dabei können auch die durch die ärztliche Schweigepflicht geschützten rechtlichen Belange des Samenspenders Berücksichtigung finden. Der Rechtsposition des Kindes, der sein verfassungsrechtlich geschütztes allgemeines Persönlichkeitsrecht zugrunde liegt, wird regelmäßig ein erhebliches Gewicht im Rahmen der Abwägung zukommen (Urteil des BGH vom 28.01.2015).

Allerdings hat der **(Schein-)Vater**, d. h. z. B. der frühere Ehemann der Mutter, nach einem Beschluss des BVerfG vom 24.02.2015 keinen Anspruch gegen die Mutter, geschlechtliche Beziehungen zu einem bestimmten Partner offenbaren zu müssen. Es gibt keine Verpflichtung einer Mutter, zur Durchsetzung eines Regressanspruchs des **Scheinvaters** (§ 1607 Abs. 3 BGB) Auskunft über die Person des mutmaßlichen Vaters des Kindes zu erteilen. Eine **Exhumierung** zur Feststellung der Vaterschaft wurde als zulässig angesehen, da das postmortale Persönlichkeitsrecht regelmäßig hinter das Recht des Kindes auf Kenntnis der eigenen Abstammung zurücktritt (Beschluss des BGH vom 29.10.2014).

Der **gesetzliche Vater** kann seine Vaterschaft beim zuständigen Familiengericht (einer Abteilung des Amtsgerichts) anfechten. Gemäß § 1600 b BGB beträgt die **Frist** hierzu zwei Jahre ab dem Zeitpunkt, in dem der Berechtigte von den Umständen erfährt, die gegen seine Vaterschaft sprechen. Diese Anfechtung ist rechtlich auch sinnvoll, da die rechtliche Vaterschaft insbesondere mit Unterhaltspflichten verbunden ist, die erst dann entfallen, wenn gerichtlich festgestellt ist, dass keine gesetzliche Vaterschaft besteht. Ist der Vater mit seinem Antrag erfolgreich, wird das Kind „vaterlos", da das Feststellungsurteil auf den Tag der Geburt zurückwirkt ([92]: § 1599 Rdnr. 7).

„Vater" bei der Einwilligung zur **Adoption** nach § 1747 BGB kann auch der **Samenspender** sein (Beschluss des BGH vom 18.02.2015).

6.2.3 Rechtsverhältnis zwischen Eltern und Kind – Elterliche Sorge

Nach § 1626 Abs. 1 BGB steht den Eltern die **elterliche Sorge** zu. Das bedeutet, dass diese die Pflicht und das Recht haben, für das minderjährige Kind zu sorgen. Die elterliche Sorge umfasst die Sorge für die Person des Kindes **(Personensorge),** für das Vermögen des Kindes **(Vermögenssorge,** § 1626 Abs. 1 BGB) und die **Vertretung des Kindes** (§ 1629 Abs. 1 BGB).

Merke

Sind die Eltern bei der Geburt des Kindes nicht miteinander verheiratet, so steht ihnen die elterliche Sorge nur dann gemeinsam zu, wenn sie eine entsprechende Sorgeerklärung abgegeben haben oder heiraten oder ihnen das Familiengericht die elterliche Sorge gemeinsam überträgt. Sonst ist die Mutter im Besitz der elterlichen Sorge (§ 1626a BGB).

Die Eltern können die Sorgeerklärungen nur selbst abgeben, dies aber schon vor der Geburt (§ 1626b Abs. 2 BGB). Die Erklärungen und Zustimmungen müssen öffentlich beurkundet werden (§ 1626d BGB). Die **elterliche Sorge** umfasst die Vertretung des Kindes. Die Eltern vertreten das Kind gemeinschaftlich. Wird eine Willenserklärung (z. B. Vertragsangebot) gegenüber dem Kind abgegeben, so genügt die Abgabe gegenüber einem Elternteil (§ 1629 Abs. 1 BGB).

Die **Personensorge** umfasst gemäß § 1631 Abs. 1 BGB insbesondere die Pflicht und das Recht, das Kind zu pflegen, zu erziehen, zu beaufsichtigen und seinen Aufenthalt zu bestimmen.

„Eltern haften für ihre Kinder": Dieser Satz ist so **nicht richtig**. Eltern haften für sich selbst und zwar für die Verletzung ihrer eigenen **Aufsichtspflicht** hinsichtlich ihrer Kinder. Mit Urteil vom 11.06.2015 hat der BGH daher auch entschieden, dass Eltern für das illegale Herunterladen von Musiktiteln ihrer minderjährigen Kinder aus Tauschbörsen nur dann auf Schadensersatz haften, wenn sie ihre Aufsichtspflicht verletzt haben. Sie genügen ihrer Aufsichtspflicht über ein normal entwickeltes Kind regelmäßig, wenn sie das Kind über die Rechtswidrigkeit der Teilnahme an solchen Tauschbörsen belehren und ihm eine Teilnahme verbieten.

Merke
Kinder haben ein Recht auf eine gewaltfreie Erziehung (§ 1631 Abs. 2 BGB).

Körperliche Bestrafungen, seelische Verletzungen und andere entwürdigende Maßnahmen gegenüber Kindern sind unzulässig. Allerdings umfasst die Personensorge seit Ende 2012 auch das Recht, in eine medizinisch nicht erforderliche Beschneidung des nicht einsichts- und urteilsfähigen **männlichen** Kindes einzuwilligen, wenn diese nach den Regeln der ärztlichen Kunst durchgeführt werden soll (§ 1631d BGB). Die **weibliche** Genitalverstümmelung ist seit Ende 2013 nach einem neu in das Strafgesetzbuch eingefügten eigenen Straftatbestand strafbar (§ 226a StGB). Die Kenntnis dieser Zusammenhänge ist für die Hebamme dann von Bedeutung, wenn sie z. B. bei Hausbesuchen Zeugin von Kindesmisshandlungen werden würde.

Gemäß § 1671 Abs. 1 BGB kann jeder Elternteil im Falle des Getrenntlebens beim Familiengericht die **alleinige elterliche Sorge** beantragen. Das Familiengericht muss bei der Entscheidung beachten, dass die Entscheidung dem Wohl des Kindes am besten entspricht. Sofern kein Elternteil die alleinige elterliche Sorge beantragt, bleibt es auch nach Abschluss eines Scheidungsverfahrens bei der gemeinsamen elterlichen Sorge der ehemals verheirateten Eltern.

Gemäß § 1684 Abs. 1 BGB hat das Kind das **Recht auf Umgang mit jedem Elternteil.** Jeder Elternteil ist zum Umgang mit dem Kind verpflichtet und berechtigt. Auch hier wird in der Praxis ein Antrag beim Familiengericht nur dann gestellt, wenn sich die Eltern über ein entsprechendes Besuchsrecht nicht ohne gerichtliche Hilfe einigen können.

Schließlich sind gemäß § 1601 BGB Verwandte in gerader Linie verpflichtet, einander **Unterhalt** zu gewähren. **Unterhaltsberechtigt** ist nur, wer außerstande ist, für seinen Unterhalt aufzukommen (§ 1602 BGB). **Unterhaltspflichtig** ist nicht, wer bei Berücksichtigung seiner sonstigen Verpflichtungen außerstande ist, ohne Gefährdung seines angemessenen eigenen Unterhalts den Unterhalt zu gewähren (§ 1603 BGB). Nach § 1606 BGB sind die Nachkommen vor den Verwandten der aufsteigenden Linie (z. B. Eltern) unterhaltspflichtig.

Beispiel
Die in Not geratene Mutter muss sich zunächst an ihre erwachsenen Kinder, und erst, wenn diese nicht leistungsfähig sind, an ihre eigenen Eltern wenden. Geschwister sind einander nicht unterhaltspflichtig, da sie lediglich in der Seitenlinie verwandt sind.

Die **Höhe des Unterhalts** bemisst sich nach der Lebensstellung des Bedürftigen (angemessener Unterhalt – § 1610 BGB). Die Höhe eines monatlichen Geldbetrags bemisst sich – wie auch beim Ehegattenunterhalt – nach den durch die Rechtsprechung entwickelten Tabellen (sog. **„Düsseldorfer Tabelle“** des OLG Düsseldorf). Ein **minderjähriges Kind** kann von einem Elternteil, mit dem es nicht in einem Haushalt lebt, den Unterhalt als Prozentsatz des jeweiligen Mindestunterhalts verlangen (§ 1612a BGB). Wenn der Unterhaltsverpflichtete nichts mehr bezahlt und der Unterhaltsberechtigte deshalb **Sozialhilfe** in Anspruch nehmen muss, geht gemäß § 93 SGB XII der Unterhaltsanspruch auf den Sozialhilfeträger über.

Neben der elterlichen Sorge gibt es **weitere Formen** einer Ausübung des Sorgerechts.

- Gemäß § 1773 Abs. 1 BGB erhält ein Minderjähriger einen **Vormund**, wenn er nicht unter elterlicher Sorge steht (z. B. als Waisenkind oder im Falle eines Entzugs der elterlichen Sorge für beide Elternteile nach §§ 1666, 1667 BGB). Das Vormundschaftsgericht hat die Vormundschaft von Amts wegen anzuordnen (§ 1774 BGB).

Praxistipp
Ist anzunehmen, dass ein Kind mit seiner Geburt eines Vormunds bedarf, so kann schon vor der Geburt des Kindes ein **Vormund** bestellt werden, wobei die Bestellung mit der Geburt des Kindes wirksam wird.

- Ähnliche Grundsätze gelten in Fällen der Annahme als Kind (**Adoption,** §§ 1741 ff. BGB). Die Annahme als Kind ist zulässig, wenn sie dem Wohl des Kindes dient und zu erwarten ist, dass zwischen dem Annehmenden und dem Kind ein Eltern-Kind-Verhältnis entsteht.

6.2.4 Name des Kindes

Nachname

Das Namensrecht ist ein besonderer Teil des Persönlichkeitsrechts (Art. 2 GG). Grundsätzlich erhält das Kind den **Ehenamen** seiner Eltern als **Geburtsnamen** (§ 1616 BGB). Es handelt sich dabei um den Namen, den die Ehepartner bei der Eheschließung als gemeinsamen Ehenamen benannt haben.

Führen die Eltern keinen Ehenamen und steht ihnen die elterliche Sorge gemeinsam zu, so können sie gegenüber dem Standesbeamten eine Erklärung abgeben, welcher Name der Geburtsname des Kindes sein soll. Es muss sich dabei entweder um den Nachnamen des Vaters oder der Mutter handeln (§ 1617 BGB).

Ein **Doppelname** soll nicht mehr in Betracht kommen (Urteil des BVerfG vom 30.01.2002). Treffen die Eltern binnen eines Monats nach der Geburt des Kindes keine Bestimmung über den Geburtsnamen des Kindes, überträgt das Familiengericht das Bestimmungsrecht einem Elternteil (§ 1617 Abs. 2 BGB). Führen die Eltern keinen Ehenamen und steht die elterliche Sorge nur einem Elternteil zu (wenn z. B. keine Sorgeerklärung abgegeben wurde), so erhält das Kind den Namen, den der sorgeberechtigte Elternteil zum Zeitpunkt der Geburt des Kindes führt (§ 1617a BGB). Nachträgliche Namensänderungen sind möglich (§§ 1617b ff. BGB).

Vorname

Problematisch kann auch die Regelung des **Vornamens** eines Kindes sein. Die Eltern entscheiden hierüber im Rahmen der elterlichen Sorge und sind in der Wahl des Vornamens **grundsätzlich frei** (Beschluss des BGH vom 30.04.2008). Insgesamt muss die Wahl des Vornamens die Persönlichkeit des Kindes und seine Entwicklung achten. Es darf nicht die Gefahr der Lächerlichkeit und Hänselei bestehen.

Beispiel

„Pumuckl-Entscheidung“ durch Beschluss des OLG Zweibrücken vom 16.09.1983: „Das Persönlichkeitsrecht des Kindes und die öffentlichen Interessen verbieten nicht, dass die Eltern für das Kind die Vornamen ‚Philipp Pumuckl‘ wählen.“ Die Charaktereigenschaften der Kunstfigur „Pumuckl“ seien nicht negativ, denn „der große Erfolg der Kunstfigur nicht nur bei Kindern lässt darauf schließen, dass Pumuckls sympathische Eigenschaften die Untugenden vergessen machen“.

Bei Vornamen, die für beide Geschlechter gebräuchlich sind (Maria etc.), ist ein weiterer klärender Vorname zwar wünschenswert, gesetzlich jedoch nicht zwingend. Geben Eltern dem Kind einen nach deutscher Vorstellung geschlechtsneutralen Vornamen, der im Herkunftsland als Mädchenname verwandt wird, verletzt dies nicht die allgemeine Sitte und Ordnung. Der Name ist einzutragen (Beschluss des OLG Stuttgart vom 21.10.2002). Allerdings ist ein **Namensänderungsverfahren** nicht dazu da, Fehler zu korrigieren, die bereits bei der ursprünglichen Namenswahl hätten berücksichtigt werden können. Alleine einen Namen nach einiger Zeit zu bereuen, reicht für eine Namensänderungsverfahren nicht aus (Beschluss des VGH München vom 26.02.2014).

Zulässige Vornamen sind u. a.: Sunshine, Latoya, Margeaux, Winnetou, Lucky Indeko Tao, Windsbraut, November und London (mit je einem weiteren Vornamen), „Bock“ als 3. Vorname eines Mädchens.

Unzulässige Vornamen: Moon, Unit, Schanett (statt Jeanette), Verleihnix, La Toya, Traktora, Seerose, Moewe, Woodstock, Schröder (als Vorname), Kiran für ein Mädchen, da Geschlecht nicht erkennbar (Quelle: Das Standesamt).

Vorsicht

Da entsprechende Entscheidungen durch Amtsgerichte getroffen werden, kann es zu lokal unterschiedlichen Entscheidungen kommen, die überdies auch dem Zeitgeist und dem Wandel von Sitte, Moral und Kultur unterworfen sind.

Auch **zwölf Vornamen** widersprechen dem Kindeswohl, da dies eine erheblich belästigenden Charakter hat und die Selbstidentifikation des Kindes nicht mehr gewährleistet ist (Urteil des BVerfG vom 28.01.2004).

Auf der Homepage der **Namensberatungsstelle** der Philologischen Fakultät der Universität Leipzig findet sich eine Rechtsprechungsübersicht über erlaubte und abgelehnte Vornamen (www.namenberatung.eu/schon-gewusst/namenrecht).

6.2.5 Eheschließung

Die Voraussetzungen der **Eheschließung** finden sich in den §§ 1303 ff. BGB.

Die **Ehemündigkeit** (eine Ehe soll nicht vor Eintritt der Volljährigkeit eingegangen werden; eine Befreiung kann jedoch durch das Familiengericht auf Antrag bereits nach der Vollendung des sechzehnten Lebensjahres eines der Verlobten erteilt werden) ist in § 1303 BGB geregelt. Die **Eheverbote** (u. a. Verbot der Doppelehe, Verbot der Heirat zwischen Verwandten und Verbot in der Regel auch bei Adoption) finden sich in den §§ 1306 ff. BGB. Für die Heirat eines Ausländers in Deutschland ist gemäß 1309 BGB (neben der Geburtsurkunde, einem Aufenthaltsrecht und einem Identitätspapier) ein **Ehefähigkeitszeugnis** (Ledigkeitsbescheinigung) erforderlich.

Die **Eheschließung** erfordert, dass die Eheschließenden vor dem Standesbeamten bei persönlicher und gleichzeitiger Anwesenheit erklären müssen, die Ehe miteinander eingehen zu wollen. Heute werden weder ein Aufgebot noch Trauzeugen gesetzlich verlangt (§§ 1310 ff. BGB).

Die Aufhebung der Ehe beim Vorliegen bestimmter **Aufhebungsgründe** ist in den §§ 1313 ff. BGB geregelt (Eheschließung durch Täuschung, Drohung etc.).

Die **Scheidung** der Ehe richtet sich nach den §§ 1564 ff. BGB und kann nur durch einen gerichtlichen Beschluss auf Antrag eines oder beider Ehegatten erfolgen. Gemäß § 1565 BGB kann eine Ehe geschieden werden, wenn sie **gescheitert** ist. Das ist sie regelmäßig, wenn die eheliche Lebensgemeinschaft der Ehegatten nicht mehr besteht und auch nicht erwartet werden kann, dass die Ehegatten sie wieder herstellen. Leben die Ehegatten noch nicht länger als ein Jahr getrennt, so kann die Ehe geschieden werden, wenn die Fortsetzung der Ehe für den Antragsteller aus Gründen, die in der Person des anderen Ehegatten liegen, eine **unzumutbare Härte** darstellen würde. Im Übrigen wird eine Ehe geschieden, wenn das **Trennungsjahr** abgelaufen ist und beide Ehepartner die Scheidung beantragen oder ihr zustimmen. Nach einer Trennungszeit von drei Jahren ist die Zustimmung des anderen Partners nicht mehr erforderlich (§ 1566 BGB). Entsprechende Regelungen finden sich hinsichtlich **gleichgeschlechtlicher Lebenspartnerschaften** in § 15 des Gesetzes über die Eingetragene Lebenspartnerschaft (Lebenspartnerschaftsgesetzes, LPartG).

6.2.6 Gewaltschutzgesetz

Körperliche und seelische Gewalt finden auch „zu Hause" statt. Zum Schutz vor häuslicher Gewalt sind **Strafanzeigen** gegen den Verursacher kein geeignetes Mittel zur sofortigen Hilfe. Solche Anzeigen bewirken lediglich, dass gegen den Täter ein Ermittlungsverfahren eingeleitet und er für die Begehung von Straftaten bestraft wird. Die Betroffenen – zumeist Frauen und Kinder – sind dadurch jedoch nicht vor weiteren Angriffen geschützt. Die Frauenhäuser und Frauenschutzwohnungen in Deutschland bieten zwar den Frauen Schutz, können jedoch nicht verhindern, dass geschädigte Frauen und Kinder die eigene Wohnung verlassen müssen.

Nach den **Polizeigesetzen** der Länder ist die Polizei, die in Notfällen gerufen wird, jedoch in der Regel berechtigt, eine Person, von der eine Gefahr für andere ausgeht, sofort aus der Wohnung und der unmittelbaren Umgebung der gefährdeten Person zu verweisen. Solche **„Platzverweise"** können auch für mehrere Tage vorgenommen werden, insbesondere, damit sich die Opfer in der Zwischenzeit beraten lassen und eventuell zivilrechtliche Schritte einleiten können.

Praxistipp

Die Hebamme kann im Rahmen ihrer Beratung und Betreuung von Schwangeren und Wöchnerinnen Hinweise auf eine entsprechende Gewaltanwendung erhalten. Sie muss daher wissen, dass neben den genannten polizeilichen Maßnahmen auch zivilrechtliche Maßnahmen getroffen werden können, sofern nicht die Schweigepflicht konkreten Maßnahmen entgegen steht.

Hierbei handelt es sich um **Schutzanordnungen**, wie die Zuweisung der (Ehe-)Wohnung, Schadensersatz- und Schmerzensgeldansprüche, Änderungen des bisherigen Sorgerechts über die Kinder sowie Entscheidungen über die Aussetzung oder Beschränkung eines bestehenden Umgangs- bzw. Besuchsrechts. Geregelt ist dies u. a. im Gesetz zum zivilrechtlichen Schutz vor Gewalttaten und Nachstellungen (**Gewaltschutzgesetz,** GewSchG). Danach soll Opfern häuslicher Gewalt insbesondere die Möglichkeit gegeben werden, die **eigene Wohnung** ohne Anwesenheit des Täters nutzen zu können. Hat eine Person vorsätzlich den Körper, die Gesundheit oder die Freiheit einer anderen Person widerrechtlich verletzt, hat das Gericht auf Antrag der verletzten Person die zur Abwendung weiterer Verletzungen erforderlichen Maßnahmen zu treffen. Die Anordnungen sollen **befristet** werden, wobei die Frist verlängert werden kann. Das Gericht kann insbesondere anordnen, dass der Täter es unterlässt, die Wohnung der verletzten Person zu betreten, sich in einem bestimmten Umkreis der Wohnung der verletzten Person aufzuhalten, zu bestimmende andere Orte aufzusuchen, an denen sich die verletzte Person regelmäßig aufhält (insbesondere den Arbeitsplatz oder Freizeiteinrichtungen, z. B. ein Sportstudio), Verbindung zur verletzten Person, auch unter Verwendung von Fernkommunikationsmitteln, aufzunehmen, oder das Zusammentreffen mit der verletzten Person herbeizuführen, soweit dies nicht zur Wahrnehmung berechtigter Interessen erforderlich ist (z. B. zur Wahrnehmung eines Besuchsrechts der Kinder). Das Gleiche gilt bei Bedrohungen, Eindringen, Belästigungen (§ 1 GewSchG) oder „**Stalking**" (s. auch § 238 StGB).

Entsprechende Entscheidungen treffen die örtlich zuständigen Amtsgerichte, wobei dort die **Familiengerichte** zuständig sind. Entsprechende Gewalttätigkeiten können auch für eine Änderung des Sorge- und Umgangsrechts sprechen. Dabei ist stets das Kindeswohl zu berücksichtigen. Das Familiengericht kann das Umgangsrecht einschränken oder sogar ausschließen, wenn dies für das Kindeswohl erforderlich ist. Insbesondere ist hierbei auch an einen **„betreuten Umgang"** zu denken. Die Besuche der Kinder können an einem neutralen Ort (z. B. beim Kinderschutzbund) im Beisein einer neutralen Person (z. B. ehrenamtlicher Betreuer) erfolgen.

Merke

Wer einer solchen gerichtlich festgelegten Anordnung zuwider handelt, macht sich strafbar und muss mit einer Freiheitsstrafe bis zu einem Jahr oder mit Geldstrafe rechnen (§ 4 GewSchG).

Da es meist keine Tatzeugen gibt, müssen in den gerichtlichen Verfahren die Taten glaubhaft gemacht werden. **Glaubhaftmachung** bedeutet, dass das Gericht davon überzeugt werden muss, dass die Misshandlung, Bedrohung, Belästigung und Verfolgung mit erheblicher Wahrscheinlichkeit stattgefunden hat. Es empfiehlt sich das Führen eines sog. **„Stalking"-Tagebuchs**.

Die Vollziehung der Schutzanordnung kann durch den Gerichtsvollzieher erfolgen. Er kann die Entscheidung mittels unmittelbaren Zwangs unter Beiziehung von Polizeikräften vollstrecken.

6.2.7 Kinderschutzgesetz und Familienhebammen

Seit Ende 2011 gilt das **Gesetz zur Kooperation und Information im Kinderschutz (KKG)**, um das Wohl von Kindern und Jugendlichen zu schützen und ihre körperliche, geistige und seelische Entwicklung zu fördern (§ 1 Abs. 1 KKG). Die Unterstützung der Eltern umfasst bei der Wahrnehmung ihres Erziehungsrechts und ihrer Erziehungsverantwortung durch die staatliche Gemeinschaft insbesondere auch Information, Beratung und Hilfe. Kern ist die Vorhaltung eines möglichst frühzeitigen, koordinierten und multiprofessionellen Angebots im Hinblick auf die Entwicklung von Kindern vor allem in den ersten Lebensjahren für Mütter und Väter sowie schwangere Frauen und werdende Väter (**Frühe Hilfen,** § 1 Abs. 4 KKG).

Familienhebammen haben ihre gesetzliche Grundlage in den „Frühen Hilfen" des KKG (s. auch [2], [77], [112]).

Werden Hebammen in Ausübung ihrer beruflichen Tätigkeit gewichtige Anhaltspunkte für die **Gefährdung des Wohls eines Kindes** oder eines Jugendlichen bekannt, so sollen sie mit dem Kind oder Jugendlichen und den Personensorgeberechtigten die Situation erörtern und, soweit erforderlich, bei den Personensorgeberechtigten auf die Inanspruchnahme von Hilfen hinwirken, soweit hierdurch der wirksame Schutz des Kindes oder des Jugendlichen nicht in Frage gestellt wird (§ 4 Abs. 1 KKG).

Hebammen haben dann zur Einschätzung der **Kindeswohlgefährdung** gegenüber dem Jugendamt Anspruch auf **Beratung** (so auch § 8b SGB VIII). Der Beratungsperson dürfen die dafür erforderlichen Daten übermittelt werden; sie sind zu pseudonymisieren (§ 4 Abs. 2 KKG).

Ist eine Beratung nicht ausreichend, darf die Hebamme dann auch das **Jugendamt informieren** (§ 8a SGB VIII), ohne ihre Schweigepflicht dadurch rechtswidrig zu verletzen (Ausnahme zu § 203 StGB).

Wird das körperliche, **geistige oder seelische Wohl des Kindes** oder sein Vermögen **gefährdet** und sind die Eltern nicht gewillt oder nicht in der Lage, die Gefahr abzuwenden, so hat das Familiengericht die Maßnahmen zu treffen, die zur Abwendung der Gefahr erforderlich sind (§ 1666 BGB). Das Verfahren ist in §§ 157 ff. des Gesetzes über das Verfahren in Familiensachen und in den Angelegenheiten der freiwilligen Gerichtsbarkeit (FamFG) geregelt. Zu den **gerichtlichen Maßnahmen** gehören insbesondere Gebote, öffentliche Hilfen, z. B. Leistungen der Kinder- und Jugendhilfe und der Gesundheitsfürsorge in Anspruch zu nehmen, für die Einhaltung der Schulpflicht zu sorgen und Verbote, Verbindung zum Kind aufzunehmen oder ein Zusammentreffen mit dem Kind herbeizuführen. Das letzte Mittel ist die teilweise oder vollständige **Entziehung der elterlichen Sorge**. Nach § 1666a BGB ist dabei stets der **Verhältnismäßigkeitsgrundsatz** zu beachten. Die gesamte Personensorge darf nur entzogen werden, wenn andere Maßnahmen erfolglos geblieben sind oder wenn anzunehmen ist, dass sie zur Abwendung der Gefahr nicht ausreichen. Solche gerichtlichen Entscheidungen können auch nachträglich wieder geändert werden (§ 1696 BGB).

Zum Konflikt zwischen Kinderschutzgesetz und **Schweigepflicht** siehe Kresse, Rabe [76].

7 Arbeitsrecht

Die Kenntnis arbeitsrechtlicher Vorschriften ist nicht nur für das eigene Arbeitsverhältnis wichtig, sondern auch für die Beratung der Schwangeren und Wöchnerinnen über arbeitsrechtliche Regelungen, Vorschriften aus dem **Mutterschutzrecht**, über die Möglichkeiten und Fristen des Erziehungsgeldbezugs und der Elternzeit und die Auswirkungen einer Schwangerschaft auf Kündigungsvorschriften. Das **Arbeitsrecht** (Sonderrecht der Arbeitnehmer) besteht aus einer Vielzahl einzelner, teilweise sehr kurzer Gesetze, die meist nur ein bestimmtes Regelungsthema haben (Urlaub im Bundesurlaubsgesetz, Lohnfortzahlung im Entgeltfortzahlungsgesetz etc.). Es ist bisher nicht gelungen, ein dem BGB auf dem Gebiet des Zivilrechts oder dem SGB auf dem Gebiet des Sozialrechts vergleichbares Arbeitsgesetzbuch als Summe aller arbeitsrechtlichen Normen zu entwickeln.

7.1 Arbeitsvertrag

Der **Arbeitsvertrag** ist ein gegenseitiges Rechtsgeschäft zwischen einem Arbeitgeber und einem Arbeitnehmer.

Arbeitgeber ist, wer mindestens einen Arbeitnehmer beschäftigt. Es kann sich dabei um eine natürliche Person (einen rechtsfähigen Menschen) oder eine juristische Person (Zusammenschluss von Personen und Sachen mit einer von den Personen losgelösten rechtlichen Selbstständigkeit; meist Gesellschaft) handeln.

Arbeitnehmer sind Arbeiter oder Angestellte, die im Dienste eines anderen, eingegliedert in einen fremden Produktionsbereich, (weisungs-) abhängige (fremdgeplante) und fremdbestimmte Arbeit leisten. Durch diese Merkmale wird der Arbeitnehmer u. a. von Selbstständigen (z. B. freiberuflich tätigen Hebammen), Künstlern und Handelsvertretern (§§ 84 ff. HGB) abgegrenzt.

Gewerbliche Arbeitnehmer sind diejenigen, die in einem der Gewerbeordnung (GewO) unterstehenden Betrieb Arbeit leisten. Nach den Landesverordnungen handelt es sich bei der Hebammentätigkeit nicht um ein Gewerbe (z. B. § 1 Abs. 5 HebBO BW).

Der **Arbeitsvertrag** ist rechtlich ein **Dienstvertrag** gemäß §§ 611 ff. BGB. Durch den Dienstvertrag wird derjenige, der Dienste zusagt, zur Leistung der versprochenen Dienste, der andere Teil zur Gewährung der vereinbarten Vergütung verpflichtet. Gegenstand des Dienstvertrags können **Dienste jeder Art** sein (§ 611 Abs. 2 BGB). Der Dienstvertrag kann grundsätzlich formfrei abgeschlossen werden (anders als z. B. der Ausbildungsvertrag gemäß § 11 Abs. 1 HebG). Die Kündigung eines Arbeitsvertrags muss allerdings immer **schriftlich** ausgesprochen werden (§ 623 BGB).

Der Dienstvertrag ist vom **Werkvertrag** (§§ 631 ff. BGB) zu unterscheiden. Durch den Werkvertrag wird der Unternehmer zur Herstellung des versprochenen Werkes, der Besteller zur Entrichtung der vereinbarten Vergütung verpflichtet. Gegenstand des Werkvertrags kann sowohl die Herstellung oder Veränderung einer Sache als auch ein anderer durch Arbeit oder Dienstleistung herbeizuführender Erfolg sein (§ 631 BGB). Beim Dienstvertrag besteht für den Dienstverpflichteten daher „nur" die Verpflichtung zur bloßen Tätigkeit, während beim Werkvertrag die Herbeiführung eines konkreten Erfolgs (des Werks) geschuldet ist. Die **Behandlung** durch eine Hebamme stellt daher einen **Dienstvertrag** (bei Freiberuflerinnen in der Form des Behandlungsvertrags) dar, da die Hebamme nur die Behandlung als solche, nicht jedoch einen konkreten Heilungserfolg versprechen kann und schuldet.

Eine Hebamme, die aufgrund eines sog. Beleghebammenvertrages in einem Krankenhaus tätig ist, steht in **keinem Arbeitsverhältnis zu dem Krankenhaus** (Urteil des BAG vom 26.06.1991 und LAG Düsseldorf vom 03.09.2009). Außerdem stellt eine selbstständige Hebamme, die aufgrund eines Belegvertrags im Krankenhaus tätig wird, im Verhältnis zum Krankenhausträger **keine arbeitnehmerähnliche Person** dar (Beschluss des BAG vom 21.02.2007).

Keine Arbeitsverträge im rechtlichen Sinn stellen **Gesellschaftsverträge** dar, in denen sich mehrere Personen gegenseitig verpflichten, die Erreichung eines gemeinsamen Zwecks in der durch den Vertrag bestimmten Weise zu fördern (§ 705 BGB, z. B. mehrere Hebammen gründen eine gemeinsame Praxis oder ein Geburtshaus). Hierbei wird zwischen einer **Gemeinschaftspraxis** und einer **Praxisgemeinschaft** unterschieden. Bei der Gemeinschaftspraxis haften alle Gesellschafterinnen, also alle zusammengeschlossenen Hebammen, für alle Verbindlichkeiten, wozu auch Schadensersatzforderungen wegen eines Behandlungsfehlers einer Gesellschafterin gehören, mit ihrem gesamten Privatvermögen. Eine Praxisgemeinschaft stellt dagegen lediglich einen organisatorischen Zusammenschluss mehrerer Praxen dar. Hier besteht keine Mithaftung, es sei denn, es wird nach außen der Eindruck erweckt, es handle sich doch um eine Gemeinschaftspraxis.

Um das Haftungsrisiko für Angehörige der freien Berufe (hierzu zählen auch Hebammen nach § 1 Abs. 2 Satz 2 PartGG) zu minimieren hat der Gesetzgeber 1994 das **Partnerschaftsgesellschaftsgesetz** (PartGG) geschaffen. In einer Partnerschaftsgesellschaft kann nach § 8 Abs. 2 PartGG die **Haftung für berufliche Fehler** im Gesellschaftsvertrag auf den einzelnen Partner **beschränkt** werden, der mit der Bearbeitung befasst ist.

7.2 Befristeter Arbeitsvertrag

Der **befristete Arbeitsvertrag** richtet sich nach dem Gesetz über **Teilzeitarbeit** und befristete Arbeitsverträge (Teilzeit- und Befristungsgesetz, TzBfG). Auch in § 620 BGB ist der **befristete Dienstvertrag** vorgesehen, als das Arbeitsverhältnis mit dem Ablauf der Zeit endet, für die es eingegangen worden ist.

Voraussetzung für die Wirksamkeit eines befristeten Arbeitsverhältnisses ist das Vorliegen eines **sachlichen Grunds** (§ 14 TzBfG).

Damit soll sichergestellt werden, dass nicht durch immer neue kurzfristige Arbeitsverträge z. B. die sechsmonatige Frist zur Geltung des Kündigungsschutzes (Kap. 7.8.3) und verlängerte Kündigungsfristen umgangen oder die Anwartschaft auf Zusatzleistungen wie Betriebsrenten, die regelmäßig an die Dauer der Vertragsverhältnisse geknüpft sind, verhindert werden können. Bei sog. **Kettenarbeitsverträgen** muss jede einzelne Befristung auf ihren sachlichen Grund hin überprüft werden.

Als **sachliche Gründe** sind u. a. anerkannt, wenn:

- der betriebliche Bedarf an der Arbeitsleistung nur vorübergehend besteht (z. B. Saisonkräfte),
- die Befristung im Anschluss an eine Ausbildung oder ein Studium erfolgt, um den Übergang des Arbeitnehmers in eine Anschlussbeschäftigung zu erleichtern,
- der Arbeitnehmer zur Vertretung eines anderen Arbeitnehmers beschäftigt wird (z. B. Schwangerschaftsvertretung),
- die Eigenart der Arbeitsleistung die Befristung rechtfertigt (z. B. zeitlich begrenztes Projekt),
- die Befristung zur Erprobung erfolgt,
- in der Person des Arbeitnehmers liegende Gründe die Befristung rechtfertigen (z. B. nahes Erreichen des Rentenalters, zeitlich befristetes Aufenthaltsrecht eines Ausländers),
- der Arbeitnehmer aus Haushaltsmitteln vergütet wird, die haushaltsrechtlich für eine befristete Beschäftigung bestimmt sind, und er entsprechend beschäftigt wird oder
- die Befristung auf einem gerichtlichen Vergleich beruht.

Ein sachlicher Grund für ein befristetes Arbeitsverhältnis kann sich auch aus gesetzlichen Vorschriften ergeben. Gemäß § 21 des Gesetzes zum Elterngeld und zur Elternzeit (BEEG) besteht ein sachlicher Grund für eine Befristung, wenn ein Arbeitnehmer **zur Vertretung eines anderen Arbeitnehmers** für die Dauer eines Beschäftigungsverbotes nach dem Mutterschutzgesetz, einer Elternzeit, einer auf dem Tarifvertrag, einer Betriebsvereinbarung oder einer einzelvertraglichen Vereinbarung beruhenden Arbeitsfreistellung zur Betreuung eines Kindes eingestellt wird.

Kein sachlicher Grund ist erforderlich, wenn die Beschäftigung bis zu zwei Jahren dauert. Bis zu dieser Gesamtdauer von zwei Jahren ist auch die höchstens dreimalige Verlängerung eines kalendermäßig befristeten Arbeitsvertrages zulässig.

Eine solche Befristung ist allerdings nicht zulässig, wenn mit demselben Arbeitgeber bereits zuvor ein befristetes oder unbefristetes Arbeitsverhältnis bestanden hat (§ 14 Abs. 2 TzBfG).

7.3 Pflichten und Rechte des Arbeitnehmers

Aus dem Arbeitsvertrag ergeben sich für beide Parteien bestimmte Rechte und Pflichten. Der Arbeitnehmer muss seine **Arbeits- bzw. Dienstpflicht** erfüllen, die sich nach dem Inhalt des geschlossenen Arbeitsvertrages richtet (§ 611 Abs. 1 und 2 BGB). Der Arbeitnehmer ist **weisungsgebunden**, insbesondere auch hinsichtlich des Ortes und der Zeit der Arbeit (Einsatzplan), er darf dabei allerdings nicht gegen ein gesetzliches Gebot oder Verbot verstoßen (z. B. Straftaten, Tätigkeiten gegen ärztliche Weisung).

Den Arbeitnehmer trifft außerdem eine **Treuepflicht,** in deren Rahmen er sich für die Interessen des Betriebes einzusetzen hat. Dies äußert sich u. a. auch in der Schweigepflicht und der Wahrung von Betriebsgeheimnissen. Bestandteil der Treuepflicht sind die **Offenbarungspflichten.** Ein verurteilter Straftäter muss die Tatsache der Vorstrafe auf Frage aber nur dann offenbaren, wenn sie in einem unmittelbaren Zusammenhang mit der Arbeitstätigkeit steht (z. B. Panzerknacker bei Sicherheitsfirma oder Bank).

Praxistipp
Eine Schwangere muss die Frage nach einer Schwangerschaft nicht wahrheitsgemäß beantworten bzw. sie darf, ohne arbeitsrechtliche Konsequenzen fürchten zu müssen, lügen, es sei denn, es handelt sich um eine Arbeitstätigkeit, die im Zustand der Schwangerschaft überhaupt nicht möglich wäre (z. B. bei absoluten Berufsverboten nach Mutterschutzgesetz oder bei einer Tätigkeit als Balletttänzerin oder Fotomodell; so auch Urteil des BAG vom 15.10.1992).

Ein **Wettbewerbsverbot** wird während des Arbeitsverhältnisses zu Gunsten des Arbeitgebers angenommen. Nach der Beendigung des Arbeitsverhältnisses ist der Arbeitnehmer grundsätzlich in der Verwertung seiner Arbeitskraft frei. **Mehrarbeit** (Überstunden) zur Verhinderung eines Schadens muss geleistet werden, auch wenn die vertraglich vereinbarte tägliche Arbeitszeit überschritten wird.

Schließlich muss durch den Arbeitnehmer **eine unverzügliche Anzeige der Arbeitsunfähigkeit** gegenüber dem Arbeitgeber erfolgen. Rechtsgrundlage hierfür ist das **Entgeltfortzahlungsgesetz** (dort § 5 EFZG).

Dauert die Arbeitsunfähigkeit länger als drei Kalendertage, hat der Arbeitnehmer eine ärztliche Bescheinigung über das Bestehen der Arbeitsunfähigkeit sowie deren voraussichtliche Dauer spätestens an dem darauffolgenden Arbeitstag vorzulegen. Der Arbeitgeber kann auch schon vor dem dritten Tag eine ärztliche Bescheinigung verlangen (so auch Urteil des BAG vom 14.11.2012).

Dauert die Arbeitsunfähigkeit länger als in der Bescheinigung angegeben, ist der Arbeitnehmer verpflichtet, eine neue ärztliche Bescheinigung vorzulegen.

Eine Zusammenfassung findet sich im **Ratgeber** *Hebammen in der Klinik – Kompetenzen und Tätigkeitsfelder angestellter Hebammen* [24].

7.4 Pflichten und Rechte des Arbeitgebers

Der Arbeitgeber muss eine **Vergütung** bezahlen (§ 611 Abs. 1 BGB). Regelmäßig handelt es sich dabei um die **vertraglich vereinbarte** Vergütung. Die Pflicht zur Zahlung der Vergütung umfasst auch die Pflicht zur Zahlung der (anteiligen) Sozialversicherungsbeiträge. Eine Vergütung gilt als stillschweigend vereinbart, wenn die Dienstleistung den Umständen nach nur gegen eine Vergütung zu erwarten ist (§ 612 BGB).

Bei einem Arbeitsverhältnis darf für gleiche oder für gleichwertige Arbeit nicht wegen des **Geschlechts des Arbeitnehmers** eine geringere Vergütung vereinbart werden als bei einem Arbeitnehmer des anderen Geschlechts. Die Vereinbarung einer geringeren Vergütung wird nicht dadurch gerechtfertigt, dass wegen des Geschlechts des Arbeitnehmers besondere Schutzvorschriften (z. B. Mutterschutzgesetz) gelten. Der Arbeitgeber darf einen Arbeitnehmer bei einer Vereinbarung oder einer Maßnahme, insbesondere bei der Begründung des Arbeitsverhältnisses, beim beruflichen Aufstieg, bei einer Weisung oder einer Kündigung, auch nicht wegen seines Geschlechts benachteiligen. Er darf deshalb einen Arbeitsplatz auch weder öffentlich noch innerhalb des Betriebs nur für Männer oder nur für Frauen ausschreiben, es sei denn, dass ein bestimmtes Geschlecht unverzichtbare Voraussetzung für die Tätigkeit ist (Kap. 7.14).

Der Arbeitgeber ist zur **Lohnfortzahlung** verpflichtet, z. B. an Feiertagen und im Krankheitsfall (EFZG, Kap. 7.5.3). Außerdem muss der Arbeitgeber dem Arbeitnehmer **Urlaub** gewähren. Grund und Umfang richten sich nach dem **Bundesurlaubsgesetz** (Kap. 7.5.2).

Der Treuepflicht des Arbeitnehmers entspricht die **Fürsorgepflicht** des Arbeitgebers. Es wird dabei zwischen gesetzlich geregelten Fürsorgepflichten (u. a. Lohnfortzahlung, Ruhegeld, Urlaub, Sonderzuwendungen), verselbstständigten Arbeitgeberfürsorgepflichten (u. a. Obhuts- und Verwahrungspflicht für durch den Arbeitnehmer notwendigerweise einzubringende Gegenstände) und der allgemeinen Fürsorgepflicht (u. a. Schutzkleidung bereitstellen, Belehrungspflichten, auch über Sozialversicherungen, Verhinderung der Überanstrengung, gesundheitliche Sorge, insbesondere rauchfreier Arbeitsplatz, Schutz des Persönlichkeitsrechts des Arbeitnehmers, Schutz vor Mobbing durch Kollegen) unterschieden.

Schließlich ist der Arbeitgeber verpflichtet, dem Arbeitnehmer Einsicht in dessen **Personalakte** zu gewähren. Der Arbeitnehmer kann hierzu ein Mitglied des Betriebsrats hinzuziehen. Erklärungen des Arbeitnehmers zum Inhalt der Personalakte sind dieser auf sein Verlangen beizufügen. Außerdem hat der Arbeitnehmer einen Anspruch auf **Berichtigung** falscher Angaben in seiner Personalakte und einen entsprechenden gerichtlich durchsetzbaren **Entfernungsanspruch,** z. B. bei einer ungerechtfertigten Abmahnung, die Voraussetzung für eine Kündigung sein könnte.

7.5 Schutzgesetze zugunsten des Arbeitnehmers

7.5.1 Arbeitszeit

Arbeitszeit ist die Zeitspanne, in der der Arbeitnehmer seine Arbeitskraft nach dem Arbeitsvertrag dem Arbeitgeber zur Verfügung stellen muss. Arbeitszeit ist danach die Zeit vom Beginn bis zum Ende der Arbeit ohne die Ruhepausen (§ 2 Abs. 1 Arbeitszeitgesetz, ArbZG).

- **Nachtzeit** ist die Zeit von 23 bis 6 Uhr (in Bäckereien und Konditoreien die Zeit von 22 bis 5 Uhr).
- **Nachtarbeit** ist jede Arbeit, die mehr als zwei Stunden der Nachtzeit umfasst (§ 2 Abs. 4 ArbZG).
- **Nachtarbeitnehmer** sind Arbeitnehmer, die entweder auf Grund ihrer Arbeitszeitgestaltung normalerweise Nachtarbeit in Wechselschicht zu leisten haben oder Nachtarbeit an mindestens 48 Tagen im Kalenderjahr leisten (§ 2 Abs. 5 ArbZG).

Der Grundsatz der Arbeitszeitregelung findet sich in § 3 ArbZG. Danach darf die **werktägliche Arbeitszeit** eines Arbeitnehmers acht Stunden nicht überschreiten. Da Samstag ein Werktag ist, beträgt die gesetzlich zulässige Wochenarbeitszeit 48 Stunden. Sie kann nur dann auf bis zu zehn Stunden täglich verlängert werden, wenn innerhalb von sechs Kalendermonaten oder innerhalb von 24 Wochen im Durchschnitt acht Stunden pro Werktag nicht überschritten werden.

Es werden folgende Dienste unterschieden:

- **Arbeitsbereitschaft** erfordert eine wache Achtsamkeit im Zustand der Entspannung (z. B. Pförtner wartet auf Besucher) und ist Arbeitszeit ([101]: § 156 Rdnr. 19).
- **Bereitschaftsdienst** erfordert, dass sich der Arbeitnehmer im oder außerhalb des Betriebs aufhalten muss, um – sobald es nötig ist – seine Arbeit aufzunehmen, ohne sich im Zustand ständig wacher Aufmerksamkeit zu befinden. Sie ist keine Arbeitszeit ([101]: § 156 Rdnr. 21, z. B. Pförtner hinter verschlossener Türe; (Ersatz-)Busfahrer auf Busreise). Bereitschaftsdienst ist Arbeitszeit ([101]: § 156 Rdnr. 22).

- **Rufbereitschaft** bedeutet die Verpflichtung des Arbeitnehmers, sich an einem selbst bestimmten Ort auf Abruf zur Arbeit bereitzuhalten ([101]: § 156 Rdnr. 24). Das kann auch durch Einschalten des Mobiltelefons gegeben sein. Arbeitszeit ist nur die Zeit des tatsächlichen Erbringens einer Leistung.

Bereitschaftsdienst und Rufbereitschaft sind keine Überstunden und werden daher bei der Berechnung des Urlaubsentgelts nicht berücksichtigt (Urteil des BAG vom 24.10.2000).

- **Mehr-Arbeitszeit** ist die Zeit über die gesetzlich zulässige Arbeitszeit hinaus (d. h. mehr als 8 Stunden pro Tag).
- **Über-Arbeitszeit** ist die Zeit über die übliche Arbeitszeit hinaus.
- **Ruhepausen** sind die im Voraus festgelegten Zeiten der Arbeitszeitunterbrechung (§ 4 ArbZG).
- Bei einer Arbeitszeit von mehr als sechs bis zu neun Stunden betragen diese mindestens 30 Minuten, bei einer Arbeitszeit von mehr als neun Stunden 45 Minuten. Die Ruhepausen können in Zeitabschnitte von jeweils mindestens 15 Minuten aufgeteilt werden.

Länger als sechs Stunden hintereinander dürfen Arbeitnehmer nicht ohne Ruhepause beschäftigt werden.

Pausen müssen vom Arbeitgeber grundsätzlich nach der Uhrzeit festgelegt werden; nur beim Bereitschaftsdienst ist es zulässig, dem Arbeitnehmer vorzuschreiben, dass er sich in bestimmten Räumen aufhalten bzw. für den Arbeitgeber bereithalten muss (Urteil des LAG BW vom 14.10.1998).

Keine Arbeitszeit sind die **Wegezeiten.** Ausnahme: Dienstreisezeit bzw. **Umkleidezeiten** (Urteil des BAG vom 19.09.2012).

§ 5 ArbZG enthält Regelungen über die **Ruhezeit.** Arbeitnehmer müssen nach der Beendigung der täglichen Arbeitszeit eine ununterbrochene Ruhezeit von mindestens elf Stunden haben. Die Dauer dieser Ruhezeit kann in **Krankenhäusern** und anderen Einrichtungen zur Behandlung, Pflege und Betreuung von Personen um bis zu eine Stunde verkürzt werden, wenn jede Verkürzung der Ruhezeit innerhalb eines Kalendermonats oder innerhalb von vier Wochen durch Verlängerung einer anderen Ruhezeit auf mindestens zwölf Stunden ausgeglichen wird. Abweichend hiervon können in Krankenhäusern und anderen Einrichtungen zur Behandlung, Pflege und Betreuung von Personen Kürzungen der Ruhezeit durch Inanspruchnahme des Arbeitnehmers während der Rufbereitschaft, die nicht mehr als die Hälfte der Ruhezeit betragen, zu anderen Zeiten ausgeglichen werden.

In „**außergewöhnlichen Fällen**" darf von den §§ 3 bis 5 ArbZG abgewichen werden, wenn es sich um vorübergehende Arbeiten in Notfällen und in außergewöhnlichen Fällen, die unabhängig vom Willen der Betroffenen eintreten und deren Folgen nicht auf andere Weise zu beseitigen sind (§ 14 ArbZG). Dies ist bei **Notfällen im Kreißsaal** der Fall (s. auch [16], [102], [116]).

Regelungen über **die Nacht- und Schichtarbeit** enthält § 6 ArbZG. Die Arbeitszeit der Nacht- und Schichtarbeitnehmer ist nach gesicherten arbeitswissenschaftlichen Erkenntnissen über die menschengerechte Gestaltung der Arbeit festzulegen. Die werktägliche Arbeitszeit der **Nachtarbeitnehmer** darf acht Stunden nicht überschreiten. Sie kann auf bis zu zehn Stunden nur verlängert werden, wenn abweichend von § 3 ArbZG innerhalb von einem Kalendermonat oder innerhalb von vier Wochen im Durchschnitt acht Stunden werktäglich nicht überschritten werden.

Nachtarbeitnehmer sind berechtigt, sich vor Beginn der Beschäftigung und danach in regelmäßigen Zeitabständen von nicht weniger als drei Jahren **arbeitsmedizinisch untersuchen** zu lassen.

Praxistipp
Nach Vollendung des 50. Lebensjahres steht Nachtarbeitnehmern (auch Hebammen) das Recht auf eine arbeitsmedizinische Untersuchung in Zeitabständen von einem Jahr zu.

Die **Kosten der Untersuchungen** hat der Arbeitgeber zu tragen, sofern er die Untersuchungen den Nachtarbeitnehmern nicht kostenlos durch einen Betriebsarzt oder einen überbetrieblichen Dienst von Betriebsärzten anbietet. § 6 Abs. 4 ArbZG enthält verschiedene Vorschriften, nach denen der

Arbeitgeber den Nachtarbeitnehmer auf dessen Verlangen auf einen für ihn geeigneten Tagesarbeitsplatz umzusetzen hat.

Änderungen von diesen Vorschriften können in einem **Tarifvertrag** oder auf Grund eines Tarifvertrags in einer Betriebs- oder Dienstvereinbarung zugelassen werden (§ 7 ArbZG).

Grundsätzlich dürfen Arbeitnehmer an Sonn- und Feiertagen nicht beschäftigt werden (§ 9 Abs. 1 ArbZG). Ausnahmen für die **Sonn- und Feiertagsarbeit** finden sich in § 10 ArbZG. Dazu gehört die Arbeit in Krankenhäusern und anderen Einrichtungen zur Behandlung, Pflege und Betreuung von Personen. Folge der Sonntagsarbeit ist ein **Ersatzruhetag** (§ 11 Abs. 3 ArbZG). Mindestens 15 Sonntage im Jahr müssen beschäftigungsfrei bleiben (§ 11 Abs. 1 ArbZG).

7.5.2 Urlaub

Nach dem **Bundesurlaubsgesetz** (BUrlG) hat jeder Arbeitnehmer (§ 2 BUrlG) in jedem Kalenderjahr Anspruch auf **bezahlten Erholungsurlaub.** Der Urlaub beträgt jährlich mindestens 24 Werktage (§ 3 Abs. 1 BUrlG). Als Werktage gelten alle Kalendertage, die nicht Sonn- oder gesetzliche Feiertage sind (§ 3 Abs. 2 BUrlG). Diese Regelung geht von einer Sechs-Tage-Woche (Werktage) aus, sodass bei einer Fünf-Tage-Woche ein gesetzlicher Mindesturlaubsanspruch von 20 Tagen pro Jahr besteht.

Praxistipp

Im Arbeitsvertrag sollten als Urlaubstage „Arbeitstage" und nicht „Werktage" vereinbart werden.

Der volle Urlaubsanspruch wird erstmalig nach dem **sechsmonatigen Bestehen** des Arbeitsverhältnisses erworben (§ 4 BUrlG). Der Arbeitnehmer hat für jeden vollen Monat des Bestehens des Arbeitsverhältnisses Anspruch auf ein Zwölftel des Jahresurlaubs (Teilurlaub, § 5 BUrlG).

Während des Urlaubs ist keine dem Urlaubszweck widersprechende Erwerbstätigkeit zulässig (Erholungsprinzip).

Urlaubswünsche des Arbeitnehmers sind zu berücksichtigen, es sei denn, dringende betriebliche Belange (z. B. Saisonarbeit) oder Urlaubswünsche anderer Arbeitnehmer, die unter sozialen Gesichtspunkten den Vorrang verdienen (z. B. Familien mit schulpflichtigen Kindern), stehen entgegen. Der Urlaub ist grundsätzlich **zusammenhängend** zu gewähren, es sei denn, dass dringende betriebliche oder in der Person des Arbeitnehmers liegende Gründe eine Teilung des Urlaubs erforderlich machen. Der Urlaub muss im **laufenden Kalenderjahr** gewährt und genommen werden. Eine Übertragung des Urlaubs auf das nächste Kalenderjahr ist nur zulässig, wenn dringende betriebliche oder in der Person des Arbeitnehmers liegende Gründe dies rechtfertigen. In diesen Fällen muss der Urlaub in den **ersten drei Monaten** des folgenden Kalenderjahrs gewährt und genommen werden. Kann Urlaub aufgrund des Endes des Arbeitsverhältnisses nicht genommen werden, ist er auszuzahlen (§ 7 BUrlG).

Eine bestehende **Krankheit während des Urlaubs** wird auf den Urlaub nicht angerechnet (§ 9 BUrlG). Während der Zeit der krankheitsbedingten Arbeitsunfähigkeit erhält der Arbeitnehmer auch im (ursprünglich geplanten) Urlaub Entgeltfortzahlung. Das Urlaubsentgelt bemisst sich nach dem durchschnittlichen Arbeitsverdienst des Arbeitnehmers in den letzten 13 Wochen vor dem Beginn des Urlaubs mit Ausnahme des zusätzlich für Überstunden gezahlten Arbeitsverdienstes (§ 11 BUrlG).

7.5.3 Lohnfortzahlung im Krankheitsfall

Das Gesetz über die Zahlung des Arbeitsentgelts an Feiertagen und im Krankheitsfall **(Entgeltfortzahlungsgesetz, EFZG)** regelt die Zahlung des Arbeitsentgelts an gesetzlichen Feiertagen und die Fortzahlung des Arbeitsentgelts im Krankheitsfall an Arbeitnehmer (§ 1 Abs. 1 EFZG).

Der arbeitsrechtliche Grundsatz „Ohne Arbeit kein Lohn" wird durch das EFZG durchbrochen. Dies ist auch der Fall bei § 616 BGB, wonach der zur Dienstleistung Verpflichtete den Anspruch auf die Vergütung nicht dadurch verliert, dass er für eine verhältnismäßig nicht erhebliche Zeit durch einen in seiner Person liegenden Grund ohne sein Verschulden an der Dienstleistung verhindert ist. Er muss sich jedoch den Betrag anrechnen lassen, der ihm für die Zeit der Verhinderung aus einer gesetzlichen Kranken- oder Unfallversicherung zukommt.

Eine **Krankheit im rechtlichen Sinne** liegt immer dann vor, wenn es sich um einen regelwidrigen Körper- oder Geisteszustand handelt, der regelmäßig behandlungsbedürftig ist oder zur Arbeitsunfähigkeit führt.

Diese Definition deckt sich nicht mit dem **medizinischen Krankheitsbegriff,** nach dem z. B. auch Schnupfen eine Krankheit darstellt, rechtlich gesehen jedoch weder stets zu behandeln ist, noch regelmäßig eine Arbeitsunfähigkeit zur Folge hat. Als Regelwidrigkeiten werden neben Körperverletzungen auch eine Sucht, Neurosen und Dauerleiden angesehen, die wesentliche Funktionsstörungen verursachen. Auf die Ursachen der Regelwidrigkeit kommt es für den Krankheitsbegriff nicht an (Sportunfälle, Selbstverstümmelung, fehlgeschlagener Selbstmord etc.).

! Merke
Bei einer Schwangerschaft handelt es sich erst dann um einen regelwidrigen Körperzustand, wenn sie nicht mehr regelgerecht verläuft.

Wird ein Arbeitnehmer durch Arbeitsunfähigkeit infolge Krankheit an seiner Arbeitsleistung verhindert, ohne dass ihn ein Verschulden trifft, so hat er Anspruch auf **Entgeltfortzahlung im Krankheitsfall** durch den Arbeitgeber für die Zeit der Arbeitsunfähigkeit bis zur Dauer von sechs Wochen (§ 3 Abs. 1 Satz 1 EFZG; so auch in § 44 SGB V bzgl. Krankengeld). Dieser Anspruch entsteht erst nach einer vierwöchigen ununterbrochenen Dauer des Arbeitsverhältnisses (§ 3 Abs. 3 EFZG).

Die Krankheit muss **kausal** für die Arbeitsunfähigkeit sein. Die **Arbeitsunfähigkeit** wird vom Arzt nach objektiven medizinischen Maßstäben beurteilt ([101]: § 98 Rdnr. 14). Arbeitsunfähigkeit ist auch gegeben, wenn der Arbeitnehmer zu Diagnosezwecken ins Krankenhaus eingewiesen wird oder die Behandlung selbst zur Arbeitsunfähigkeit führt.

Einzelfälle:

- Wenn Schönheitsoperationen zur Arbeitsunfähigkeit führen, liegt keine Krankheit vor, es sei denn, sie werden aus einer medizinischen Indikation heraus durchgeführt.
- Keine Arbeitsunfähigkeit liegt bei ambulanten Arztbesuchen oder dem altersbedingten Nachlassen der Arbeitskraft vor.
- Auch die Unmöglichkeit, den Weg zur Arbeit zurücklegen zu können, stellt aufgrund des eindeutigen Wortlauts des § 3 EFZG („an der Arbeitsleistung verhindert“) keinen Fall der Entgeltfortzahlung dar.

Den Arbeitnehmer darf kein **Verschulden** treffen. Unter „Verschulden“ im Sinn des § 3 Abs. 1 Satz 1 EFZG ist nur ein grober, vorsätzlicher oder besonders leichtfertiger Verstoß zu verstehen, dessen finanzielle Abwälzung auf den Arbeitgeber unbillig wäre (Urteile des BAG vom 11.03.1987, und vom 11.11.1987).

Beispiele:

- Fehlzeiten aufgrund einmaligen Alkoholmissbrauchs, Verkehrsunfälle in alkoholisiertem Zustand (Urteil des BAG vom 11.03.1987), Verstöße gegen Unfallverhütungsvorschriften (z. B. keine Sicherheitskleidung getragen) oder Beteiligung an einer nicht durch einen Rechtfertigungsgrund gerechtfertigten Schlägerei.
- Bei einem Selbstmordversuch will der Arbeitnehmer den Tod und keine Krankheit oder Arbeitsunfähigkeit erreichen; außerdem liegt in der Regel Unzurechnungsfähigkeit vor.
- Alkohol-, Tabletten- und Drogensucht stellen dagegen Krankheiten dar. In diesen Fällen entfällt der Entgeltfortzahlungsanspruch nur dann, wenn diese Krankheit durch schuldhaftes Verhalten entstanden ist.
- Kann eine Krankenschwester aus gesundheitlichen Gründen keine Nachtschichten im Krankenhaus mehr leisten, ist sie deshalb nicht arbeitsunfähig krank. Sie hat Anspruch auf Beschäftigung, ohne für Nachtschichten eingeteilt zu werden (Urteil des BAG vom 09.04.2014).

Nach § 3a EFZG besteht der Lohnfortzahlungsanspruch auch, wenn die Arbeitsunfähigkeit infolge der **Spende von Organen** oder Geweben, die nach den §§8 und 8a des Transplantationsgesetzes erfolgt, eintritt.

Falls die Vergütung dennoch bereits gezahlt wurde, besteht ein **Rückforderungsanspruch des Arbeitgebers** nach den Grundsätzen der ungerechtfertigten Bereicherung (§§812 ff. BGB).

Als **unverschuldete Arbeitsunfähigkeit** gilt auch eine Arbeitsverhinderung, die infolge einer Sterilisation oder eines nicht rechtswidrigen Abbruchs der Schwangerschaft eintritt, wenn die Schwangerschaft innerhalb von zwölf Wochen nach der Empfängnis durch einen Arzt abgebrochen wird, die schwangere Frau den Abbruch verlangt und dem Arzt durch eine Bescheinigung nachgewiesen hat, dass sie sich mindestens drei Tage vor dem Eingriff von einer anerkannten Beratungsstelle hat beraten lassen (§3 Abs. 2 EFZG).

Wird der Arbeitnehmer infolge derselben Krankheit **(Fortsetzungserkrankung)** erneut arbeitsunfähig, so verliert er wegen der erneuten Arbeitsunfähigkeit den Lohnfortzahlungsanspruch für einen weiteren Zeitraum von höchstens sechs Wochen nicht, wenn er vor der erneuten Arbeitsunfähigkeit mindestens sechs Monate nicht infolge derselben Krankheit arbeitsunfähig war oder seit Beginn der ersten Arbeitsunfähigkeit infolge derselben Krankheit eine Frist von zwölf Monaten abgelaufen ist (§3 Abs. 1 Satz 2 EFZG). Falls es sich um eine wiederholte, d. h. „neue" Erkrankung handelt, besteht insofern der volle Entgeltfortzahlungsanspruch.

Die **Höhe** des fortzuzahlenden Arbeitsentgelts richtet sich nach §4 EFZG. Zum Arbeitsentgelt gehören danach nicht das zusätzlich für Überstunden gezahlte Arbeitsentgelt und Leistungen für Aufwendungen des Arbeitnehmers, die nur im Falle seiner Arbeitsfähigkeit anfallen. Erhält der Arbeitnehmer eine auf das Ergebnis der Arbeit abgestellte Vergütung (**Akkordarbeit**), so ist der Durchschnittsverdienst des Arbeitnehmers der Berechnung zugrunde zu legen (§4 Abs. 1 EFZG). Der Anspruch auf Fortzahlung des Arbeitsentgelts für die Dauer von sechs Wochen wird nicht dadurch berührt, dass der Arbeitgeber das Arbeitsverhältnis aus Anlass der Arbeitsunfähigkeit **kündigt.** Das Gleiche gilt, wenn der Arbeitnehmer das Arbeitsverhältnis aus einem vom Arbeitgeber zu vertretenden Grunde kündigt (§8 EFZG). Diese Vorschrift bedeutet, dass es nach der Beendigung des Arbeitsverhältnisses längstens zu einer weiteren Entgeltfortzahlung von sechs Wochen kommen kann, wenn die entsprechenden Voraussetzungen am letzten Tag des Arbeitsverhältnisses vorliegen.

Für Arbeitszeit, die infolge eines **gesetzlichen Feiertages** ausfällt, hat der Arbeitgeber dem Arbeitnehmer das Arbeitsentgelt zu zahlen, das er ohne den Arbeitsausfall erhalten hätte (§2 EFZG).

7.6 Beendigung des Arbeitsverhältnisses

Das Arbeitsverhältnis kann neben einer **Kündigung** auf verschiedene Arten **beendet** werden:

- durch den Tod des Arbeitnehmers
- wegen Nichtigkeit des Vertrages (Sittenwidrigkeit, Anfechtung etc.)
- durch einen einvernehmlichen gegenseitigen Aufhebungsvertrag (evtl. mit Zahlung einer Abfindung)
- durch eine Befristung
- wegen dauernder Erwerbsunfähigkeit des Arbeitnehmers
- durch Erreichen der Altersgrenze

Nicht beendet wird das Arbeitsverhältnis durch:

- Rücktritt vom Vertrag (der beim Dauerschuldverhältnis durch die Kündigung ersetzt wird)
- Krankheit
- Tod des Arbeitgebers
- Betriebsübergang (§613a BGB)
- Insolvenz des Arbeitgebers (Insolvenzverwalter kann kündigen, §113 InsO)
- Arbeitskampf (Streik)

7.7 Aufhebungsvertrag

Durch den **Aufhebungsvertrag** wird das Arbeitsverhältnis einvernehmlich beendet. Er muss gemäß §623 BGB schriftlich geschlossen werden. Der Aufhebungsvertrag bringt zahlreiche arbeitsrechtliche Folgen und Risiken mit sich. Es erlöschen regelmäßig der Urlaubsabgeltungsanspruch und noch offene gesetzliche Urlaubsansprüche.

Praxistipp
Im Aufhebungsvertrag sollte eine Vereinbarung über noch ausstehenden Urlaub getroffen werden.

Bei der Arbeitsagentur tritt hinsichtlich der Gewährung der Leistungen aus der Arbeitslosenversicherung eine sog. **Sperrfrist** (§ 159 SGB III) ein. Während der Sperrzeit (in der Regel zwölf Wochen) ruhen die Ansprüche aus der Arbeitslosenversicherung. **Abfindungen** in einem Aufhebungsvertrag können auf das Arbeitslosengeld gemäß § 158 SGB III angerechnet werden.

Den Arbeitgeber können beim Abschluss eines Aufhebungsvertrages besondere **Aufklärungs- und Belehrungspflichten** gegenüber dem Arbeitnehmer treffen. Dies gilt insbesondere hinsichtlich Fragen der betrieblichen Altersversorgung, wenn die Beendigung des Arbeitsverhältnisses durch einen Aufhebungsvertrag dazu führt, dass Wartezeiten nicht erfüllt werden und dadurch außergewöhnlich hohe Versorgungseinbußen drohen ([101]: § 122 Rdnr. 7). Über die versicherungsrechtlichen Folgen muss der Arbeitgeber den Arbeitnehmer jedoch grundsätzlich nicht ohne Weiteres aufklären ([101]: § 122 Rdnr. 8).

Praxistipp
- Ein Aufhebungsvertrag kann wie alle anderen Verträge nachträglich beseitigt werden. Dieses ist insbesondere durch Anfechtung wegen Irrtums oder widerrechtlicher Drohung durch den Arbeitgeber (§ 123 BGB) möglich.
- Kommt ein Aufhebungsvertrag durch arglistige Täuschung zustande, kann ein Schadensersatzanspruch aus allgemeiner Pflichtverletzung nach § 280 Abs. 1 BGB bestehen. Die Anfechtungsfrist bei Drohung und arglistiger Täuschung beträgt auch im Arbeitsrecht ein Jahr (§ 124 BGB).
- Darüber hinaus kann ein Aufhebungsvertrag auch nichtig sein. Dies ist in allen Fällen der Sittenwidrigkeit und beim Verstoß gegen ein gesetzliches Verbot der Fall.

7.8 Kündigung

Kündigung
Die Kündigung ist eine einseitige empfangsbedürftige und unwiderrufliche Willenserklärung. Sie ist formbedürftig und muss von jeder Seite schriftlich erfolgen. Die elektronische Form ist ausgeschlossen (§ 623 BGB).

7.8.1 Ordentliche Kündigung

Die ordentliche Kündigung richtet sich nach § 622 BGB. Danach kann das Arbeitsverhältnis eines Arbeiters oder eines Angestellten (Arbeitnehmers) mit einer Frist von **vier Wochen** zum Fünfzehnten oder zum Ende eines Kalendermonats gekündigt werden. Für eine Kündigung durch den Arbeitgeber verlängert sich die Kündigungsfrist entsprechend der Dauer des Arbeitsverhältnisses gemäß § 622 BGB auf bis zu sieben Monate zum Ende eines Kalendermonats, wenn das Arbeitsverhältnis zwanzig Jahre bestanden hat. Während einer vereinbarten **Probezeit,** längstens für die Dauer von sechs Monaten, kann das Arbeitsverhältnis mit einer Frist von zwei Wochen gekündigt werden (§ 622 Abs. 3 BGB). Abweichende Regelungen können durch **Tarifvertrag** vereinbart werden (§ 622 Abs. 4 BGB). Allerdings darf die gesetzliche Regelung nicht zum Nachteil des Arbeitnehmers verschlechtert werden. Die Möglichkeiten, durch Einzelvertrag abgekürzte Kündigungsfristen zu vereinbaren, regelt § 622 Abs. 5 BGB.

7.8.2 Außerordentliche Kündigung

Die außerordentliche Kündigung richtet sich nach § 626 BGB. Das Dienst- bzw. Arbeitsverhältnis kann von jedem Vertragsteil aus **wichtigem Grund** ohne Einhaltung einer Kündigungsfrist gekündigt werden, wenn Tatsachen vorliegen, aufgrund derer dem Kündigenden die Fortsetzung des Dienstverhältnisses bis zum Ablauf der Kündigungsfrist oder bis zu der vereinbarten Beendigung des Dienstverhältnisses nicht zugemutet werden kann.

Praxistipp
Die Kündigung kann jedoch nur innerhalb von **zwei Wochen** ab dem Zeitpunkt erfolgen, in dem der Kündigungsberechtigte von den für die Kündigung maßgebenden Tatsachen Kenntnis erlangt hat (§ 626 Abs. 2 BGB).

Der Kündigende muss dem Vertragspartner auf Verlangen den **Kündigungsgrund** unverzüglich schriftlich mitteilen (§ 626 Abs. 2 BGB). Dieser Anspruch erlischt mit Ablauf der **dreiwöchigen Klagefrist** (§§ 4, 13 KSchG, Kap. 7.8.3). Die Wirksamkeit einer außerordentlichen Kündigung wird durch das Arbeitsgericht in zwei Stufen geprüft. Zum einen müssen Tatsachen vorliegen, die an sich geeignet sind, einen wichtigen Grund zu bilden. Zum anderen muss geprüft werden, ob eine Weiterbeschäftigung unter Berücksichtigung aller Umstände des Einzelfalls bis zum Ablauf der Kündigungsfrist zumutbar ist.

Beispiele für wichtige Gründe:

- Einstellungsbetrug: Der Stellenbewerber spiegelt dem Arbeitgeber Tatsachen vor, um die Stelle zu erhalten, obwohl diese nicht zutreffend sind (z. B. Behauptung einer Berufserlaubnis oder bestandener Prüfungen, obwohl entsprechende Abschlüsse nicht vorliegen)
- dauernde oder anhaltende Arbeitsunfähigkeit
- beharrliche Arbeitsverweigerung oder Arbeitsvertragsbruch (auch eigenmächtiger Urlaubsantritt)
- Drohung mit Krankheit
- erhebliche Verletzung der vertraglichen Nebenpflichten
- Verstöße gegen Wettbewerbsverbote
- Gleitzeitmanipulationen und Straftaten aller Art (Verurteilung ist nicht unbedingt erforderlich)

Der dringende Verdacht einer **strafbaren Handlung** kann nur dann eine außerordentliche Kündigung rechtfertigen, wenn der Verdacht das zur Fortsetzung des Arbeitsverhältnisses notwendige Vertrauen in die Rechtschaffenheit des Arbeitnehmers zerstört hat und dieser Umstand eine unerträgliche Belastung des Arbeitsverhältnisses darstellt. Damit sind **Verdachtskündigungen** grundsätzlich zulässig. Voraussetzung hierfür ist jedoch eine ordnungsgemäße Anhörung der Hebamme (Urteil des LAG Hessen vom 17.08.2008 und LAG Hamm vom 30.03.2012). Eine Verdachtskündigung ist auch als ordentliche Kündigung sozial nur gerechtfertigt, wenn Tatsachen vorliegen, die zugleich eine außerordentliche, fristlose Kündigung gerechtfertigt hätten (Urteil des BAG vom 21.11.2013).

Praxistipp
Oftmals wird häufige Unpünktlichkeit als Kündigungsgrund angesehen. Das Bundesarbeitsgericht hat es allerdings nicht als außerordentlichen Kündigungsgrund angesehen, dass ein Arbeitnehmer in anderthalb Jahren 104-mal verspätet zur Arbeit kam und sechsmal abgemahnt wurde. Allein diese Tatsache sei für eine außerordentliche Kündigung nicht ausreichend, es müsse vielmehr außerdem das Vorliegen einer konkreten „betrieblichen" Störung verlangt werden (NZA 1989; 6(7): 261; [101]: § 127 Rdnr. 132).

Eine **Arbeitsverweigerung** aufgrund einer Gewissensentscheidung rechtfertigt nicht immer eine Kündigung, insbesondere, wenn die Hebamme als Arbeitnehmerin z. B. konkret darlegen kann, warum sie aus Gewissensgründen die arbeitsvertraglich geschuldete Leistung nicht erbringen kann (z. B. bei der Mitwirkung an einem Schwangerschaftsabbruch).

Auch **außerdienstliches Verhalten** kann eine außerordentliche Kündigung rechtfertigen, wenn durch das außerdienstliche Verhalten das Arbeitsverhältnis konkret berührt wird (z. B. Werbung für rechtswidrige Schwangerschaftsabbrüche).

Eine **Krankheit** allein kann eine außerordentliche Kündigung nicht rechtfertigen. Dies ist nur dann der Fall, wenn der Arbeitnehmer z. B. eine Arbeitsunfähigkeitsbescheinigung vorlegt, jedoch trotzdem in Restaurants, Bars, Kinos oder bei einer anderweitigen Arbeit angetroffen wird. Sachliche Kritik an betrieblichen Angelegenheiten rechtfertigt keine außerordentliche Kündigung.

Fallbeispiele aus der Rechtsprechung:

- Ein in einem katholischen Krankenhaus beschäftigter Arzt ist verpflichtet, sich öffentlicher Stellungnahmen für den legalen Schwangerschaftsabbruch zu enthalten. Das Grundrecht des Arztes auf Meinungsfreiheit nach Art. 5 GG wird dadurch nicht verletzt ([101]: § 127 Rdnr. 100).

- Ein rechtmäßiger Schwangerschaftsabbruch rechtfertigt die Kündigung der Schwangeren keinesfalls, da insbesondere das Arbeitsverhältnis dadurch nicht berührt wird.

Straftaten, die außerhalb des Arbeitsverhältnisses begangen werden, rechtfertigen eine außerordentliche Kündigung nur dann, wenn sie sich konkret auf das Arbeitsverhältnis auswirken (z. B. Betrug und Diebstahl durch eine Buchhalterin; erhebliche Verkehrsdelikte eines Berufskraftfahrers; Körperverletzungsdelikte an Säuglingen durch eine Hebamme).

Unerlaubte private Telefongespräche und eine unerlaubte private **Internetnutzung** können nach vorheriger Abmahnung eine fristlose Kündigung rechtfertigen ([101]: § 127 Rdnr. 128).

Bei einer außerordentlichen Kündigung ist eine Abmahnung regelmäßig nur bei einem Dauerverhalten oder aus Verhältnismäßigkeitsgesichtspunkten erforderlich ([92]: § 626 Rdnr. 18).

7.8.3 Kündigungsschutz

Merke

Grundsätzlich ist die Kündigung des Arbeitsverhältnisses gegenüber einem Arbeitnehmer rechtsunwirksam, wenn sie sozial ungerechtfertigt ist (§ 1 Abs. 1 KSchG).

Zunächst ist Voraussetzung, dass das Kündigungsschutzgesetz (KSchG) Anwendung findet. Dies ist dann der Fall, wenn das Arbeitsverhältnis im Zeitpunkt des Zugangs der Kündigung ohne Unterbrechung länger als 6 Monate bestanden hat (§ 1 Abs. 1 KSchG) und im Betrieb in der Regel mehr als 10 Mitarbeiter (ausschließlich der Auszubildenden) beschäftigt sind (§ 23 Abs. 1 KSchG).

Sozial ungerechtfertigt ist die Kündigung, wenn sie nicht durch Gründe, die in der **Person** oder in dem **Verhalten** des Arbeitnehmers liegen, oder durch dringende **betriebliche** Erfordernisse, die einer Weiterbeschäftigung des Arbeitnehmers in diesem Betrieb entgegenstehen, bedingt ist (§ 1 Abs. 2 Satz 1 KSchG). Ist einem Arbeitnehmer aus dringenden betrieblichen Erfordernissen gekündigt worden, so ist die Kündigung trotzdem sozial ungerechtfertigt, wenn der Arbeitgeber bei der Auswahl des Arbeitnehmers soziale Gesichtspunkte (Dauer der Betriebszugehörigkeit, das Lebensalter, die Unterhaltspflichten und die Schwerbehinderung des Arbeitnehmers) nicht oder nicht ausreichend berücksichtigt hat (§ 1 Abs. 3 Satz 1 KSchG, **Sozialauswahl).**

Personenbedingte Kündigungsgründe

Personenbedingte Gründe sind solche, die auf den persönlichen Eigenschaften und Fähigkeiten des Arbeitnehmers beruhen (insbesondere mangelnde körperliche und geistige Eignung, fehlende Berufserlaubnis bzw. Abschlüsse, Nichtbestehen einer Prüfung, schwerwiegende Erkrankungen, fortgeschrittenes Alter und dadurch bedingte Abnahme der Leistungsfähigkeit, fehlende Arbeitserlaubnis eines Ausländers etc.). Auch insoweit gilt das **Ultima-Ratio-Prinzip**, wonach der Arbeitgeber die Kündigung nur als letztes Mittel einsetzen darf. Er muss vorher Versetzungsmöglichkeiten, Umschulungs- und Fortbildungsmaßnahmen prüfen ([101]: § 131 Rdnr. 9).

Eine **Krankheit** als personenbedingter Umstand ist alleine nicht geeignet, eine Kündigung zu rechtfertigen. Zur Krankheit muss noch eine erhebliche Dauer der Krankheit dazukommen. Dies muss dazu führen, dass der Arbeitnehmer nicht mehr eingesetzt werden kann und sich an diesem Zustand auch auf absehbare Zeit nichts mehr ändern wird (**negative Zukunftsprognose**). Aus Verhältnismäßigkeitsgesichtspunkten kommt eine Kündigung insbesondere dann in Betracht, wenn es dem Arbeitgeber nicht länger möglich und zumutbar ist, die Krankheit durch Aushilfen oder Überstunden zu überbrücken.

Verhaltensbedingte Kündigungsgründe

Gründe einer **verhaltensbedingten Kündigung** können Vertragsverletzungen, dienstliches und außerdienstliches Verhalten oder das Verhältnis des Arbeitnehmers zu bestimmten Organisationen sein. Dies ist der Fall bei Schlecht- und Minderleistung, Arbeitsverweigerung, Arbeitsversäumnis, bei der Verletzung von Auskunftspflichten bei der Einstellung oder Vorspiegelung nicht vorhandener

Eigenschaften und Fähigkeiten, bei Verletzungen der betrieblichen Ordnung (betriebliche Verhaltenspflichten) durch Annahme von Schmiergeldern oder Vollmachtsmissbrauch oder bei der Verletzung vertraglicher Nebenpflichten ([101]: § 133 Rdnr. 3).

Merke
Voraussetzung einer verhaltensbedingten Kündigung ist stets eine Abmahnung.

Fallbeispiele verhaltensbedingter Kündigungen nach Abmahnung:

- Alkoholgenuss im Dienst trotz Verbots
- Anschwärzen von Arbeitskollegen
- ungerechtfertigte Anzeigen gegen den Arbeitgeber
- Vorenthalten von Arbeitspapieren
- Nichtvorlage einer Arbeitsunfähigkeitsbescheinigung
- beharrliche Arbeitsverweigerung
- Beleidigungen und Straftaten aller Art (auch sog. „Mobbing")
- Verstoß gegen Rauchverbotsvorschriften
- private Telefongespräche und Internetnutzung
- dauernde Unpünktlichkeit
- erhebliche Toilettenverschmutzung
- Urlaubsüberschreitung
- unbefugtes Verlassen des Arbeitsplatzes für eine nicht unerhebliche Zeit
- Vorstrafen nur dann, wenn eine Wiederholungsgefahr besteht und die Strafe nicht schon längere Zeit zurückliegt ([101]: § 133 Rdnr. 55).

Ein **rechtmäßiger Schwangerschaftsabbruch** ist kein Kündigungsgrund, sondern ein Fall der Entgeltfortzahlung (Kap. 7.5.3). Auch eine Weigerung der Mitwirkung an einem rechtmäßigen Schwangerschaftsabbruch rechtfertigt keine Kündigung, da nach § 12 SchKG niemand verpflichtet ist, an einem Schwangerschaftsabbruch mitzuwirken. Das gilt nicht, wenn die Mitwirkung notwendig ist, um von der Schwangeren eine anders nicht abwendbare Gefahr des Todes oder einer schweren Gesundheitsschädigung abzuwenden (Gedanke der unterlassenen Hilfeleistung, § 323c StGB) oder wenn im Arbeitsvertrag ausdrücklich etwas anderes geregelt ist.

Betriebsbedingte Kündigungsgründe

Eine **betriebsbedingte Kündigung** ist gerechtfertigt, wenn eine unternehmerische Entscheidung vorliegt, durch die eine veränderte Arbeitsmenge im Betrieb erledigt wird und die Kündigung dringend erforderlich macht ([101]: § 134). Voraussetzung ist daher eine **unternehmerische Entscheidung**, d. h., die Entwicklung eines unternehmerischen Konzepts zur Angleichung des Personals an den veränderten Arbeitsbedarf (insbesondere Wegfall des Arbeitsplatzes). Weitere Voraussetzung ist das dringende **betriebliche Erfordernis** der Kündigung. Im Rahmen des **Ultima-Ratio-Prinzips** muss auch hier die Kündigung das äußerste Mittel sein. Nach dem Grundsatz der **Verhältnismäßigkeit** ist insbesondere eine Sozialauswahl zu treffen, d. h., aus dem Arbeitnehmerkreis sind diejenigen auszuwählen, die am wenigsten schutzwürdig sind. Kriterien sind hierbei das Alter, die Dauer der Betriebszugehörigkeit und die familiäre Situation.

Merke
Einer allein stehenden Hebamme, die auf eine einjährige Berufstätigkeit zurückblickt, darf im Rahmen der Sozialauswahl eher gekündigt werden als einer allein erziehenden Hebamme mit zwei Kindern nach 15-jähriger Berufstätigkeit.

Nach § 1 Abs. 3 KSchG hat der Arbeitgeber dem Arbeitnehmer auf Verlangen die **Gründe mitzuteilen,** die zu der getroffenen sozialen Auswahl geführt haben. Der Zweck dieses **Auskunftsanspruchs** ist eine Abwägung der Prozessrisiken einer Kündigungsschutzklage. Unter Berücksichtigung der Drei-Wochen-Frist der Kündigungsschutzklage ist der Arbeitgeber daher verpflichtet, diese Auskunft schnellstmöglich zu erteilen, um eine Prüfung der Erfolgsaussichten der Klage zu ermöglichen.

7.9 Klagefrist

Will ein Arbeitnehmer geltend machen, dass eine Kündigung sozial ungerechtfertigt ist, so muss er innerhalb von **drei Wochen** nach Zugang der Kündigung Klage beim Arbeitsgericht auf die Feststellung erheben, dass das Arbeitsverhältnis durch die Kündigung nicht aufgelöst ist (§ 4 KSchG). Diese Regelung stellt einen sehr seltenen Fall einer Drei-Wochen-Frist dar, eine Zeitspanne, die in der Praxis oft übersehen wird.

Merke
Klagen zur Erlangung des Kündigungsschutzes sind innerhalb von drei Wochen ab dem Zugang der Kündigungserklärung beim örtlich zuständigen Arbeitsgericht zu erheben.

Nur in seltenen, gesetzlich ausdrücklich geregelten Fällen ist eine **verspätete Klage** zulässig. War ein Arbeitnehmer nach erfolgter Kündigung trotz Anwendung aller ihm nach Lage der Umstände zuzumutenden Sorgfalt verhindert, die Klage innerhalb von drei Wochen nach dem Zugang der Kündigung zu erheben, so ist auf seinen **Antrag** die Klage nachträglich zuzulassen. Mit dem Antrag muss eine Klageerhebung verbunden sein. Ist die Klage bereits eingereicht, so ist auf sie im Antrag Bezug zu nehmen. Der Antrag muss ferner die Angabe der Tatsachen enthalten, die die nachträgliche Zulassung begründen. Der Antrag ist nur innerhalb von zwei Wochen (weitere wichtige Frist) nach der Behebung des Hindernisses zulässig. Nach Ablauf von sechs Monaten, vom Ende der versäumten Frist an gerechnet, kann der Antrag nicht mehr gestellt werden (§ 5 KSchG; eine ähnliche Regelung findet sich auch beim Kündigungsschutz nach dem Mutterschutzgesetz in § 9 Abs. 1 MuSchG).

Rechtsstreitigkeiten über Arbeitsverhältnisse werden vor den **Arbeitsgerichten** verhandelt. Es handelt sich dabei insbesondere um solche zwischen Arbeitnehmern und Arbeitgebern aus dem Arbeitsverhältnis, über das Bestehen oder Nichtbestehen eines Arbeitsverhältnisses, aus Verhandlungen über die Eingehung eines Arbeitsverhältnisses und aus dessen Nachwirkungen, aus unerlaubten Handlungen, soweit diese mit dem Arbeitsverhältnis im Zusammenhang stehen, und über Arbeitspapiere (§ 2 ArbGG). In diesen Verfahren muss Klage beim **örtlich zuständigen** Arbeitsgericht erhoben werden. Die Zuständigkeit des Arbeitsgerichts besteht auch in den Fällen, in denen möglicherweise zwischen den Parteien streitig ist, ob die Klägerin überhaupt Arbeitnehmerin ist (Beschluss des BAG vom 24.04.1996).

Das Arbeitsgericht setzt sich aus einem Berufsrichter und zwei ehrenamtlichen Richtern, zur Hälfte aus Kreisen der Arbeitnehmer und Arbeitgeber (§ 16 ArbGG) zusammen.

Zunächst wird schnellstmöglich eine **Güteverhandlung** (§ 54 ArbGG) vor dem vorsitzenden Richter einberufen. Insbesondere Verfahren über die Kündigung von Arbeitsverhältnissen sind vorrangig zu erledigen. Der Vorsitzende entscheidet zunächst allein (§ 55 ArbGG). Erst wenn eine gütliche Einigung der Parteien gescheitert ist, wird eine mündliche Verhandlung vor der gesamten Kammer anberaumt.

7.10 Abfindung

Das Arbeitsverhältnis kann auch auf Antrag einer Partei gegen Zahlung einer **Abfindung** aufgelöst werden (§ 9 KSchG).

Abfindung
Eine Abfindung ist eine Entschädigung in Geld für den Verlust des Arbeitsplatzes.

Bei der **Bemessung der Abfindung** sind die Besonderheiten des Einzelfalls zu berücksichtigen: Lebensalter, Dauer der Betriebszugehörigkeit, wirtschaftliche Lage des Arbeitgebers, Familienstand und Alter des Arbeitnehmers, möglicher Verlust von Anwartschaftsrechten hinsichtlich Tantiemen, Gratifikationen und einer Betriebsrente, familiäre Mitarbeit und die Chance, einen neuen Arbeitsplatz zu finden ([101]: § 141 Rdnr. 45).

Praxistipp
Die Arbeitsgerichte gehen bei der Bemessung der Höhe einer Abfindung davon aus, dass für jedes Jahr der Betriebszugehörigkeit ein halbes Monatsgehalt zu bezahlen ist (§ 1a Abs. 2 KSchG).

Voraussetzung hierfür ist, dass die ordentliche Kündigung sozial ungerechtfertigt und damit unwirksam war oder dass für eine außerordentliche Kündigung kein rechtfertigender Grund bestand oder dass die Kündigung gegen die guten Sitten verstößt oder dass die Kündigung aus anderen Gründen unwirksam ist.

Ein Abfindungsanspruch nach § 1a KSchG in der gesetzlichen Höhe entsteht auch dann, wenn der Arbeitgeber dem Arbeitnehmer informatorisch einen **niedrigeren Abfindungsbetrag** genannt hat (Urteil des BAG vom 19.06.2007).

7.11 Zeugnis

Ein **Zeugnis** ist eine Urkunde, die der Dienstverpflichtete bei Beendigung eines dauernden Dienstverhältnisses vom Dienstherrn fordern kann und die Aufschluss über Inhalt und Dauer des Dienstverhältnisses gibt.

§ 630 BGB regelt die **Pflicht zur Zeugniserteilung** in der Art, dass der Arbeitnehmer bei der Beendigung eines dauernden Dienstverhältnisses von dem Arbeitgeber ein schriftliches Zeugnis über das Dienstverhältnis und dessen Dauer fordern kann (sog. **einfaches Zeugnis**). Das Zeugnis muss auf Verlangen auf die Leistungen und die Führung im Dienst ausgeweitet werden (sog. **qualifiziertes Zeugnis**). Die Erteilung des Zeugnisses in elektronischer Form (§ 126a BGB) ist ausgeschlossen.

Der Arbeitgeber ist aus seiner Fürsorgepflicht auch noch bei der Beendigung des Arbeitsverhältnisses verpflichtet, dem Arbeitnehmer die weitere berufliche Tätigkeit nicht zu erschweren. Das Zeugnis ist daher **wohlwollend,** aber auch **wahrheitsgemäß** und **vollständig** zu verfassen ([101]: § 147 Rdnr. 28). Einen Anspruch auf bestimmte Formulierungen gibt es nicht. Dabei ist jedoch nicht unbedingt entscheidend, welche Formulierung im Zeugnis steht, sondern wie sie durch einen potenziellen künftigen Arbeitgeber verstanden wird. § 109 Abs. 2 GewO legt ergänzend fest, dass das Zeugnis **klar und verständlich** formuliert sein muss. Es darf keine Merkmale oder Formulierungen enthalten, die den Zweck haben, eine andere als die aus der äußeren Form oder aus dem Wortlaut ersichtliche Aussage über den Arbeitnehmer zu treffen. Mit dieser Regelung sind versteckte, wertende Formulierungen in Zeugnissen gemeint, die – fremden Sprachen gleich – wie in einem Übersetzungsbuch entschlüsselt werden können und müssen.

Tipps zur Entschlüsselung der „Geheimsprache“ [123] im Arbeitszeugnis:

- „Sie erledigte ihre Aufgaben stets zu unserer vollsten Zufriedenheit.“ = sehr gut,
- „Sie hat ihre Aufgaben stets zu unserer vollen Zufriedenheit erfüllt.“ = gut,
- „Sie hat die ihr übertragenen Arbeiten zu unserer vollen Zufriedenheit erledigt.“ = befriedigend,
- „Sie hat die ihr übertragenden Aufgaben zu unserer Zufriedenheit erledigt.“ = ausreichend,
- „Ihre Leistungen entsprachen weitgehend unseren Erwartungen.“ = mangelhaft,
- „Sie zeigte für ihre Arbeit Verständnis.“ = faul und nichts geleistet.
- „Sie war wegen ihrer Pünktlichkeit ein Vorbild.“ = Totalausfall,
- „Sie hat gewissenhaft gearbeitet.“ = zur Arbeit gekommen, aber nichts geleistet,
- „Sie hat alle Arbeiten mit großem Fleiß und Interesse erledigt.“ = eifrig, aber nicht tüchtig,
- „Im Kollegenkreis galt sie als tolerante Mitarbeiterin.“ = mit Vorgesetzten hatte sie Probleme,
- „Durch ihre Geselligkeit trug sie zur Verbesserung des Betriebsklimas bei.“ = Alkoholikerin.

Die Formulierung „Wir haben Herrn K als sehr interessierten und hoch motivierten Mitarbeiter kennengelernt“ bedeutet nach einem Urteil des BAG vom 15.11.2011, dass die Eigenschaften tatsächlich nicht vorliegen.

Am 18.04.2013 hat das Arbeitsgericht Kiel entschieden, dass ein Arbeitnehmer einen Anspruch auf ein **Zeugnis ohne Geheimzeichen** hat. Ein „**Smiley**“ in der Unterschrift mit **heruntergezogenem Mundwinkel** enthält eine negative Aussage des Arbeitgebers über den Arbeitnehmer, die der Arbeitnehmer nicht hinnehmen muss. In diesem Fall durften auch wahre Tatsachen, die für einen potenziellen Arbeitgeber nicht interessant sind, nicht dazu verwandt werden, den Arbeitnehmer negativ darzustellen (hier: Ergotherapeut ohne Berufsurkunde).

Hat der Arbeitgeber dem Arbeitnehmer im Zeugnis bescheinigt, er habe seine Leistungen „zur vollen Zufriedenheit“ erbracht, hat der Arbeitnehmer im einem Rechtsstreit alle Tatsachen vorzutragen und zu beweisen, die eine bessere Schlussbeurteilung rechtfertigen sollen (Urteil des BAG vom 18.11.2014). Der Arbeitnehmer hat somit die **Beweislast**.

Es besteht auch ein Anspruch auf ein **Zwischenzeugnis**, insbesondere, wenn das Arbeitsverhältnis demnächst gekündigt werden soll und Bewerbungen vorbereitet werden müssen, aber auch bei einer Versetzung in eine andere Abteilung oder beim Besuch von Weiterbildungsmaßnahmen aller Art.

Der Arbeitnehmer kann ein ordnungsgemäßes Zeugnis vor dem **Arbeitsgericht** einklagen. Das Recht auf Erteilung eines Zeugnisses verjährt mangels Spezialvorschriften in der regelmäßigen **Verjährungsfrist** von drei Jahren (§ 195 BGB).

Praxistipp

- Vor einer gerichtlichen Auseinandersetzung empfiehlt sich jedoch stets zunächst ein klärendes Gespräch mit dem Arbeitgeber, um Änderungs- und Formulierungsvorschläge zu diskutieren.
- Es empfiehlt sich, das Zeugnis **unverzüglich** anzufordern, um einem „Gedächtnisschwund" des Arbeitgebers vorzubeugen; der Anspruch könnte sonst auch bereits vor Ablauf der gesetzlichen Verjährungsfrist „verwirkt" sein.
- Auch wer sich sein Zeugnis selbst schreiben darf, muss den „Geheimcode" eines Arbeitszeugnisses kennen, um sich nicht versehentlich selbst etwas „Gutes" zu tun.

Hat ein **wahrheitswidriges** bzw. grob unrichtiges Zeugnis, auf dessen Inhalt sich ein anderer nachweislich verlassen hat, bei diesem zu einem Schaden geführt, ist der Aussteller gemäß § 826 BGB (einer sittenwidrigen vorsätzlichen Schädigung) zum Ersatz des Schadens verpflichtet.

Das LArbG Baden-Württemberg hat durch Urteil vom 09.02.2012 entschieden, dass ein Krankenhaus, das eine Hebamme nach schwerer Erkrankung und Wiederherstellung der Arbeitsfähigkeit gegen ihren Willen nur noch mit administrativen Hilfs- bzw. mit Pflegeaufgaben betreut hat, dies im Zeugnis nicht unter Angabe von Datum (von ... bis ...) erwähnen darf, falls nicht feststeht, dass aus gesundheitlichen Gründen im eigenen Haus, aber auch anderswo eine Tätigkeit als Hebamme nicht mehr möglich ist. Ist die Hebammentätigkeit feststehend nicht mehr möglich, weil die Arbeitnehmerin gesundheitlich dazu nicht mehr in der Lage ist und muss sie deshalb geringerwertig eingesetzt werden, ist der Grund für die Umsetzung anzugeben, um nicht den Anschein der Degradierung aus von der Arbeitnehmerin zu vertretenden Gründen zu erwecken.

Die Arbeitnehmerin hat keinen Anspruch darauf, dass der Arbeitgeber ein Bedauern über das Ausscheiden der Arbeitnehmerin im Zeugnis wiedergibt.

7.12 Schwerbehindertenschutz

Für den Schwerbehindertenschutz maßgeblich ist das Neunte Buch des Sozialgesetzbuchs – Rehabilitation und Teilhabe behinderter Menschen – (SGB IX). Gemäß § 2 SGB IX sind Menschen **behindert**, wenn ihre körperliche Funktion, ihre geistige Fähigkeit oder seelische Gesundheit mit hoher Wahrscheinlichkeit länger als sechs Monate von dem für das Lebensalter typischen Zustand abweicht und daher ihre Teilhabe am Leben in der Gesellschaft beeinträchtigt ist. Sie sind von **Behinderung bedroht,** wenn die Beeinträchtigung zu erwarten ist. Menschen sind darüber hinaus **schwerbehindert** (§§ 68 ff. SGB IX), wenn bei ihnen ein Grad der Behinderung von wenigstens 50 % vorliegt (§ 2 Abs. 2 SGB IX).

Es besteht eine **Beschäftigungspflicht** gemäß § 71 SGB IX. Private und öffentliche Arbeitgeber (Arbeitgeber mit mindestens zwanzig Arbeitsplätzen, § 71 Abs. 1 SGB IX) haben auf wenigstens fünf Prozent der Arbeitsplätzen schwerbehinderte Menschen zu beschäftigen. Dabei sind schwerbehinderte Frauen besonders zu berücksichtigen. Solange Arbeitgeber die vorgeschriebene Zahl schwerbehinderter Menschen nicht beschäftigen, müssen sie für jeden unbesetzten Pflichtarbeitsplatz für schwerbehinderte Menschen monatlich eine **Ausgleichsabgabe** entrichten. Die Zahlung der Ausgleichsabgabe hebt die Pflicht zur Beschäftigung schwerbehinderter Menschen nicht auf und richtet sich nach § 77 SGB IX.

Die Kündigung des Arbeitsverhältnisses eines schwerbehinderten Menschen durch den Arbeitgeber bedarf der vorherigen **Zustimmung des Integrationsamtes** (§85 SGB IX). Die Kündigungsfrist beträgt mindestens vier Wochen (§86 SGB IX). Einzelheiten des Antragsverfahrens lassen sich den §§87 ff. SGB IX entnehmen.

7.13 Mutterschutzgesetz

Zu den Aufgaben der Hebamme gehört auch die Aufklärung und Beratung der werdenden Mutter bzw. Schwangeren, die in einem Arbeitsverhältnis steht, und der Wöchnerin über die Rechte und Möglichkeiten nach dem Gesetz zum Schutz der erwerbstätigen Mutter (**Mutterschutzgesetz, MuSchG**) und dem **Bundeselterngeld- und Elternzeitgesetz** (BEEG).

Nach dem Mutterschutzgesetz ist bei der Gestaltung des Arbeitsplatzes auf das Leben und die Gesundheit der werdenden und stillenden Mutter Rücksicht zu nehmen (§2 MuSchG). Vergleichbare Regelungen finden sich für Beamtinnen in der Verordnung über den Mutterschutz für Beamtinnen des Bundes und die Elternzeit für Beamtinnen und Beamte des Bundes (Mutterschutz- und Elternzeitverordnung, MuSchEltZV). Hiernach findet das Mutterschutzgesetz entsprechende Anwendung.

Beispiele für Regelungen:

- Wer eine werdende oder stillende Mutter beschäftigt, hat bei der Einrichtung und der Unterhaltung des Arbeitsplatzes einschließlich der Maschinen, Werkzeuge und Geräte und bei der Regelung der Beschäftigung die erforderlichen Vorkehrungen und Maßnahmen zum **Schutz von Leben und Gesundheit** der werdenden oder stillenden Mutter zu treffen.
- Wer eine werdende oder stillende Mutter mit Arbeiten beschäftigt, bei denen sie ständig stehen oder gehen muss, hat für sie eine **Sitzgelegenheit zum kurzen Ausruhen** bereitzustellen.
- Wer eine werdende oder stillende Mutter mit Arbeiten beschäftigt, bei denen sie ständig sitzen muss, hat ihr Gelegenheit zu **kurzen Unterbrechungen ihrer Arbeit** zu geben (§2 MuSchG).

7.13.1 Beschäftigungsverbote vor der Geburt

Gemäß §§3 ff. MuSchG bestehen **Beschäftigungsverbote** vor der Entbindung. Werdende Mütter dürfen nicht beschäftigt werden, soweit nach ärztlichem Zeugnis Leben oder Gesundheit von Mutter oder Kind bei der Fortdauer der Beschäftigung gefährdet ist. Außerdem dürfen werdende Mütter **in den letzten sechs Wochen vor der Entbindung** nicht beschäftigt werden, es sei denn, dass sie sich zur Arbeitsleistung ausdrücklich bereit erklären. Diese Erklärung kann jederzeit widerrufen werden (§3 MuSchG).

Verboten sind u. a. (nach §4 MuschG):

- Arbeiten, bei denen regelmäßig Lasten von mehr als 5 kg Gewicht oder gelegentlich Lasten von mehr als 10 kg Gewicht ohne mechanische Hilfsmittel von Hand gehoben, bewegt oder befördert werden,
- nach Ablauf des fünften Monats der Schwangerschaft Arbeiten, bei denen die Schwangere ständig stehen muss, soweit diese Beschäftigung täglich vier Stunden überschreitet,
- Arbeiten mit häufigem erheblichem Strecken oder Beugen,
- Arbeiten, bei denen infolge der Schwangerschaft in besonderem Maß die Gefahr besteht, an einer Berufskrankheit zu erkranken und
- Arbeiten mit erhöhten Unfallgefahren, insbesondere der Gefahr auszugleiten, zu fallen oder abzustürzen.

Grundsätzlich ist es Teil der **Treuepflicht der Arbeitnehmerin,** die eingetretene Schwangerschaft dem Arbeitgeber unverzüglich mitzuteilen. In §5 MuSchG ist durch die Formulierung, wonach werdende Mütter dem Arbeitgeber ihre Schwangerschaft und den mutmaßlichen Tag der Entbindung lediglich mitteilen „sollen“, sobald ihnen ihr Zustand bekannt ist (auf Verlangen des Arbeitgebers sollen sie das Zeugnis eines Arztes oder einer Hebamme vorlegen, §5 Abs. 1 Satz 2 MuSchG), zum Ausdruck gebracht, dass es sich nicht um eine gesetzliche Verpflichtung der Arbeitnehmerin handelt. Allerdings kann der Arbeitgeber nur bei Kenntnis der Schwangerschaft den Arbeitsplatz sachgerecht ausgestalten und die Arbeitsbedingungen und Beschäftigungsverbote regeln. Es entspricht daher durchaus auch dem Interesse der schwangeren Arbeitnehmerin, den Arbeitgeber rechtzeitig zu unterrichten.

Praxistipp

Dem Arbeitgeber sollte die Schwangerschaft rechtzeitig mitgeteilt werden, damit die Regelungen des Mutterschutzgesetzes am Arbeitsplatz auch umgesetzt werden können.

Für die Berechnung der in § 3 Abs. 2 MuSchG **bezeichneten Zeiträume** vor der Entbindung ist das Zeugnis eines Arztes oder einer Hebamme maßgebend (§ 5 Abs. 1 Satz 2, Abs. 2 MuSchG). Das Zeugnis soll den mutmaßlichen Tag der Entbindung angeben. Die **Kosten** für die **Atteste** der Schwangerschaft trägt der Arbeitgeber (§ 5 Abs. 3 MuSchG).

7.13.2 Beschäftigungsverbote nach der Geburt

Mütter dürfen bis zum Ablauf von **acht Wochen,** bei Früh- und Mehrlingsgeburten bis zum Ablauf von zwölf Wochen nach der Entbindung nicht beschäftigt werden. Bei **Frühgeburten** (wenn das Kind ein Geburtsgewicht unter 2500 Gramm hat und unabhängig von der Dauer der Schwangerschaft, Urteil des BAG vom 12.03.1997) und sonstigen vorzeitigen Entbindungen verlängern sich diese Fristen zusätzlich um den Zeitraum der Schutzfrist nach § 3 Abs. 2 MuSchG, der nicht in Anspruch genommen werden konnte (§ 6 Abs. 1 S. 2 MuSchG). Beim **Tod des Kindes** kann die Mutter auf ihr ausdrückliches Verlangen ausnahmsweise schon vor Ablauf dieser Fristen (aber nicht in den ersten zwei Wochen nach der Geburt) wieder beschäftigt werden, wenn nach dem ärztlichen Zeugnis nichts dagegen spricht. Sie kann ihre Erklärung jederzeit widerrufen.

Merke

Beschäftigungsverbote während der Schutzfristen:

- **6 Wochen vor der Entbindung (§ 3 Abs. 2 MuSchG)**
- **8 Wochen nach der Entbindung (§ 6 Abs. 1 MuSchG, bei Früh- und Mehrlingsgeburt: 12 Wochen).**

Die Dauer der Schutzfristen spielt auch für eine Vorschrift im BGB eine Rolle. Nach § 1615 l Abs. 1 BGB hat der **Vater** der Mutter für die Dauer von sechs Wochen vor und acht Wochen nach der Geburt des Kindes **Unterhalt zu gewähren**. Dies gilt auch hinsichtlich der Kosten, die infolge der Schwangerschaft oder der Geburt außerhalb dieses Zeitraums entstehen. Soweit die Mutter einer Erwerbstätigkeit nicht nachgeht, weil sie infolge der Schwangerschaft oder einer durch die Schwangerschaft oder die Geburt verursachten Krankheit dazu außerstande ist, ist der Vater verpflichtet, ihr über die in Absatz 1 Satz 1 bezeichnete Zeit hinaus Unterhalt zu gewähren. Das Gleiche gilt, wenn von der Mutter wegen der Pflege oder Erziehung des Kindes eine Erwerbstätigkeit nicht erwartet werden kann. Die **Unterhaltspflicht** beginnt frühestens vier Monate vor der Geburt; sie besteht mindestens drei Jahre nach der Geburt. Sie verlängert sich, solange und soweit dies der Billigkeit entspricht (§ 1615 l Abs. 2 BGB).

Während der **Schutzfristen** hat die Mutter außerdem Anspruch gegenüber dem Arbeitgeber auf einen **Mutterschutzlohn** (§ 11 MuSchG). Anspruchsberechtigt sind Frauen, die in einem Beschäftigungsverhältnis stehen und kein Mutterschaftsgeld beziehen können. Ihnen ist durch den Arbeitgeber mindestens der Durchschnittsverdienst der letzten dreizehn Wochen oder der letzten drei Monate vor Beginn des Monats, in dem die Schwangerschaft eingetreten ist, weiter zu gewähren, wenn sie wegen eines Beschäftigungsverbots teilweise oder völlig mit der Arbeit aussetzen. Der Arbeitnehmerin sollen durch die Schwangerschaft keine wirtschaftlichen Nachteile erwachsen und sie soll nicht gezwungen werden, entgegen der Beschäftigungsverbote dennoch weiterzuarbeiten. Verdienstkürzungen in dieser Zeit sind zu berücksichtigen (§ 11 Abs. 2 MuSchG).

Merke

Der Anspruch auf Erholungsurlaub besteht ungekürzt.

Für den Anspruch auf bezahlten Erholungsurlaub und dessen Dauer gelten die Ausfallzeiten wegen mutterschutzrechtlicher Beschäftigungsverbote als Beschäftigungszeiten. Hat die Schwangere ihren Urlaub vor Beginn der Beschäftigungsverbote nicht oder nicht vollständig erhalten, so kann sie nach Ablauf der Fristen den **Resturlaub** im laufenden oder im nächsten Urlaubsjahr beanspruchen (§ 17 MuSchG).

Bei der Wiederaufnahme der Arbeit ist ausreichend **Stillzeit** zu gewähren.

> **Merke**
> **Stillenden Müttern ist vom Arbeitgeber auf ihr Verlangen die zum Stillen erforderliche Zeit, mindestens aber zweimal täglich eine halbe Stunde oder einmal täglich eine Stunde, freizugeben (§ 7 Abs. 1 MuSchG).**

Durch die Gewährung der Stillzeit darf **kein Verdienstausfall** eintreten. Die Stillzeit darf von stillenden Müttern nicht vor- oder nachgearbeitet und nicht auf die in dem Arbeitszeitgesetz oder in anderen Vorschriften festgesetzten **Ruhepausen** angerechnet werden (§ 7 Abs. 2 MuSchG).

Werdende und stillende Mütter dürfen nicht mit **Mehrarbeit,** nicht in der Nacht zwischen 20 und 6 Uhr und nicht an Sonn- und Feiertagen beschäftigt werden (§ 8 Abs. 1 MuSchG). **Abweichungen** hiervon lässt das Gesetz insbesondere in **Krankenpflegeanstalten** zu, wo werdende oder stillende Mütter an Sonn- und Feiertagen beschäftigt werden dürfen, wenn ihnen in jeder Woche einmal eine ununterbrochene Ruhezeit von mindestens 24 Stunden im Anschluss an eine Nachtruhe gewährt wird (§ 8 Abs. 4 MuSchG).

7.13.3 Mutterschaftsgeld

Frauen, die **Mitglied einer gesetzlichen Krankenkasse** sind, erhalten für die Zeit der letzten sechs Wochen vor der Entbindung und in den acht bzw. zwölf Wochen nach der Geburt sowie für den Entbindungstag **Mutterschaftsgeld** nach § 24i SGB V (§ 13 Abs. 1 MuSchG) durch die Krankenversicherung. Dies gilt auch für Frauen, die von einem Beamten- in ein Arbeitsverhältnis wechseln (§ 13 Abs. 3 MuSchG, z. B. nach Abschluss der Referendarzeit). Der Arbeitgeber bezahlt einen Zuschuss in Höhe des Unterschiedsbetrages zwischen 13 Euro und dem um die gesetzlichen Abzüge verminderten durchschnittlichen kalendertäglichen Arbeitsentgelt (§ 14 Abs. 1 MuSchG; zur Berechnung bei Entgelterhöhungen und Ortszuschlag siehe Urteil des BAG vom 31.07.1996 in DHZ 1997, 76).

Eine Zusammenfassung findet sich u. a. im **Ratgeber** „Recht und Geld für Familien" des DHV vom September 2014 [97].

7.13.4 Kündigungsschutz

> **Merke**
> **Die Kündigung gegenüber einer Frau während der Schwangerschaft und bis zum Ablauf von vier Monaten nach der Entbindung ist unzulässig, wenn dem Arbeitgeber zur Zeit der Kündigung die Schwangerschaft oder Entbindung bekannt war oder innerhalb von zwei Wochen nach dem Zugang der Kündigung mitgeteilt wird (§ 9 Abs. 1 MuSchG).**

Das Überschreiten dieser Frist ist unschädlich, wenn es auf einem von der Frau nicht zu vertretenden Grund beruht und die Mitteilung unverzüglich nachgeholt wird (§ 9 Abs. 1 MuSchG).

Spricht ein Arbeitgeber einer Arbeitnehmerin eine Kündigung in **Unkenntnis ihrer Schwangerschaft** aus, so ist diese zwar nach § 9 MuSchG unwirksam, die Kündigung ist aber nicht diskriminierend nach dem AGG, weil sie nicht im Zusammenhang mit der Schwangerschaft stehen kann (Urteil des BAG vom 17.10.2013).

Im Fall einer Schwangerschaft aufgrund einer Befruchtung außerhalb des Körpers (In-vitro-Fertilisation) greift das Kündigungsverbot des § 9 Abs. 1 MuSchG ab dem Zeitpunkt der Einsetzung einer befruchteten Eizelle in die Gebärmutter (**Embryonentransfer**). Eine solche Kündigung ist auch außerhalb des Kündigungsschutzgesetzes nach § 134 BGB i. V. m. §§ 7 Abs. 1, 1, 3 AGG nichtig, wenn sie wegen der – beabsichtigten – Durchführung einer In-vitro-Fertilisation und der damit einhergehenden Möglichkeit einer Schwangerschaft erklärt wird (Urteil des BAG vom 26.03.2015).

Das **Gewerbeaufsichtsamt** überwacht die Einhaltung des Mutterschutzes. Deshalb muss es der Arbeitgeber auch unverzüglich von der Mitteilung der Schwangerschaft benachrichtigen (§ 5 Abs. 1 Satz 3 MuSchG). Er darf die Mitteilung der werdenden Mutter Dritten nicht unbefugt bekannt geben.

Durch das Gesetz zum Elterngeld und zur Elternzeit (**Bundeselterngeld- und Elternzeitgesetz, BEEG**) wird der **Kündigungsschutz** auf die Dauer der Elternzeit ausgedehnt. Nach § 18 BEEG darf der Arbeitgeber das Arbeitsverhältnis ab dem Zeitpunkt, von dem an **Elternzeit** verlangt worden ist, nicht kündigen. Während der Elternzeit darf der Arbeitgeber das Arbeitsverhältnis nicht kündigen. Der Arbeitnehmer oder die Arbeitnehmerin kann das Arbeitsverhältnis zum Ende der Elternzeit nur unter Einhaltung einer Kündigungsfrist von drei Monaten kündigen (§ 19 BEEG).

Das **Elterngeld Plus** wurde am 01.01.2015 durch das „Gesetz zur Einführung des Elterngeld Plus mit Partnerschaftsbonus und einer flexibleren Elternzeit im Bundeselterngeld- und Elternzeitgesetz" eingeführt.

7.14 Allgemeines Gleichbehandlungsgesetz

Am 18.08.2006 ist das **Allgemeine Gleichbehandlungsgesetz (AGG)** in Kraft getreten. Während der Gleichheitsgrundsatz nach Art. 3 GG unmittelbar nur gegenüber dem Staat gilt, enthält das Gesetz neben einem allgemeinen zivilrechtlichen Benachteiligungsverbot insbesondere arbeitsrechtliche Regelungen, die sowohl für Arbeitgeber, als auch für Arbeitnehmer Konsequenzen haben.

7.14.1 Definitionen

Nach § 1 AGG ist Ziel des Gesetzes, **Benachteiligungen** aus Gründen der Rasse oder wegen der ethnischen Herkunft, des Geschlechts, der Religion oder Weltanschauung, einer Behinderung, des Alters oder der sexuellen Identität zu verhindern oder zu beseitigen.

Solche Benachteiligungen sind insbesondere in Bezug auf die Bedingungen für den Zugang zu unselbstständiger und selbstständiger Erwerbstätigkeit (Auswahlkriterien und Einstellungsbedingungen), die Beschäftigungs- und Arbeitsbedingungen (einschließlich Arbeitsentgelt und Entlassungsbedingungen), den Zugang zu allen Formen und allen Ebenen der Berufsberatung, der Berufsbildung, der beruflichen Weiterbildung und der Umschulung, der Mitgliedschaft und Mitwirkung in einer Beschäftigten- oder Arbeitgebervereinigung, des Sozialschutzes (einschließlich der sozialen Sicherheit und der Gesundheitsdienste), der sozialen Vergünstigungen, der Bildung und des Zugangs zu und der Versorgung mit Gütern und Dienstleistungen, die der Öffentlichkeit zur Verfügung stehen, (einschließlich von Wohnraum) unzulässig (§ 2 Abs. 1 AGG).

Was unter **„Benachteiligungen"** zu verstehen ist, ist in § 3 AGG geregelt. Immer geht es um eine „weniger günstige Behandlung als eine andere Person in einer vergleichbaren Situation" aufgrund eines in § 1 AGG genannten Grundes. Dies kann unmittelbar oder mittelbar geschehen. Eine unmittelbare Benachteiligung wegen des Geschlechts liegt insbesondere auch im Falle einer ungünstigeren Behandlung einer Frau wegen **Schwangerschaft** oder **Mutterschaft** vor.

Eine **„Belästigung"** ist dann eine „Benachteiligung" im Sinne des Gesetzes, wenn unerwünschte Verhaltensweisen, die mit einem in § 1 AGG genannten Grund in Zusammenhang stehen, bezwecken oder bewirken, dass die Würde der betreffenden Person verletzt und ein von Einschüchterungen, Anfeindungen, Erniedrigungen, Entwürdigungen oder Beleidigungen gekennzeichnetes Umfeld geschaffen wird (§ 3 Abs. 3 AGG). Diese gesetzliche Regelung ist der durch die Rechtsprechung bisher für den Begriff **„Mobbing"** aufgestellten Definition ähnlich und gilt für unmittelbare und mittelbare Benachteiligungen. „Mobbing" wurde bislang als fortgesetzte, aufeinander aufbauende und ineinander greifende Anfeindungen, Schikanen oder Diskriminierungen angesehen, die in ihrer Gesamtheit das allgemeine Persönlichkeitsrecht (Art. 2 GG), die Ehre oder die Gesundheit eines Arbeitnehmers verletzten.

„Sexuelle Belästigung" liegt vor, wenn ein unerwünschtes, sexuelles bestimmtes Verhalten, wozu auch unerwünschte sexuelle Handlungen und Aufforderungen zu diesen, sexuell bestimmten körperlichen Berührungen, Bemerkungen sexuellen Inhalts sowie unerwünschten Zeigens und sichtbares Anbringen von pornografischen Darstellungen gehören, bezweckt oder bewirkt, dass die Würde der betreffenden Person verletzt wird, insbesondere, wenn ein von Einschüchterungen,

Anfeindungen, Erniedrigungen, Entwürdigungen oder Beleidigungen gekennzeichnetes Umfeld geschaffen wird (§ 3 Abs. 4 AGG).

7.14.2 Arbeitsrechtliches Benachteiligungsverbot

Das AGG schützt **Beschäftigte** vor Benachteiligungen. „Beschäftigte" im Sinne des Gesetzes sind Arbeitnehmerinnen und Arbeitnehmer, die zu ihrer Berufsbildung beschäftigten und Personen, die wegen ihrer wirtschaftlichen Unselbstständigkeit als arbeitnehmerähnliche Personen anzusehen sind (auch die in Heimarbeit Beschäftigten). Als „Beschäftigte" gelten auch die Bewerberinnen und Bewerber für ein Beschäftigungsverhältnis sowie die Personen, deren Beschäftigungsverhältnis beendet ist (§ 6 Abs. 1 AGG). Soweit es die Bedingungen für den **Zugang** zur Erwerbstätigkeit sowie den beruflichen Aufstieg betrifft, gelten die Vorschriften des Benachteiligungsverbots auch für **Selbstständige** und Organe juristischer Personen, insbesondere Geschäftsführer und Vorstände (§ 6 Abs. 3 AGG).

! Merke

Das arbeitsrechtliche Benachteiligungsverbot besagt, dass Beschäftigte nicht wegen eines in § 1 AGG genannten Grundes benachteiligt werden dürfen (§ 7 Abs. 1 AGG).

Bestimmungen in Vereinbarungen, die gegen dieses Benachteiligungsverbot verstoßen, sind unwirksam (§ 7 Abs. 2 AGG). Zuungunsten der geschützten Personen darf von den Vorschriften des AGG nicht durch eine einzelvertragliche Vereinbarung der Parteien abgewichen werden (§ 31 AGG).

Im Gesetz ist klargestellt, dass eine Benachteiligung nach § 7 Abs. 1 AGG durch Arbeitgeber oder Beschäftigte eine Verletzung vertraglicher Pflichten darstellt. Dies ist wichtig für allgemeine zivilrechtliche **Schadensersatzansprüche** nach § 280 BGB. Danach macht sich jeder schadensersatzpflichtig, der eine Pflicht aus dem zwischen den Parteien geschlossenen Schuldverhältnis (z. B. Arbeits-, Dienst- oder Behandlungsvertrag) verletzt.

Für **Teilzeitbeschäftigte** und **befristet Beschäftigte** findet sich ein Benachteiligungsverbot bereits in § 4 TzBfG. Danach darf ein teilzeitbeschäftigter Arbeitnehmer nicht schlechter behandelt werden als ein vergleichbarer vollzeitbeschäftigter Arbeitnehmer, es sei denn, dass sachliche Gründe eine unterschiedliche Behandlung rechtfertigen.

Ein **Arbeitsplatz** darf darüber hinaus nicht unter Verstoß gegen § 7 Abs. 1 AGG **ausgeschrieben** werden (§ 11 AGG).

Wird ein Stellenbewerber im Gegensatz zu einem anderen Bewerber nicht zu einem **Vorstellungsgespräch** eingeladen, so kann bereits die Nichteinladung eine unzulässige Benachteiligung i. S. d. § 7 AGG darstellen, wenn die Einladung (auch) wegen eines beim Bewerber vorliegenden Merkmals i. S. d. § 1 AGG unterblieben ist. Dabei ist es unerheblich, ob der Arbeitgeber letztlich überhaupt einen Bewerber einstellt (Urteil des BAG vom 23.08.2012).

Darüber hinaus ist jeder Arbeitgeber verpflichtet, die erforderlichen Maßnahmen zum **Schutz vor Benachteiligungen** wegen eines in § 1 AGG genannten Grundes zu treffen. Dieser Schutz umfasst auch vorbeugende Maßnahmen (§ 12 Abs. 1 AGG). Ein Arbeitgeber hat seine Mitarbeiter auf die Unzulässigkeit solcher Benachteiligungen hinzuweisen und – im Rahmen der beruflichen Aus- und Fortbildung – darauf hinzuwirken, dass diese **Benachteiligungen unterbleiben**. Der Arbeitgeber ist daher letztendlich verpflichtet, seine Beschäftigten zum Zweck der Verhinderung von Benachteiligung zu schulen. Erst hierdurch erfüllt er seine gesetzlichen Verpflichtungen. Bei einem Verstoß eines Beschäftigten gegen das Benachteiligungsverbot hat der Arbeitgeber die im Einzelfall geeigneten, erforderlichen und angemessenen Maßnahmen zu ergreifen (u. a. Abmahnung, Umsetzung, Versetzung oder Kündigung, § 12 Abs. 3 AGG). Sogar wenn Beschäftigte bei der Ausübung ihrer Tätigkeit durch Dritte benachteiligt werden, hat der Arbeitgeber **geeignete Schutzmaßnahmen** zu treffen (§ 12 Abs. 3 AGG).

7.14.3 Ausnahmen bzw. zulässige unterschiedliche Behandlung

Berufliche Anforderungen

In den §§ 8 ff. AGG sind **zulässige unterschiedliche Behandlungen** geregelt. Dies gilt insbesondere wegen beruflicher Anforderungen, der Religion oder Weltanschauung oder wegen des Alters.

Nach § 8 AGG ist eine unterschiedliche Behandlung wegen eines in § 1 AGG genannten Grundes zulässig, wenn dieser Grund wegen der **Art der auszuübenden Tätigkeit** oder der Bedingungen ihrer Ausübung eine wesentliche und entscheidende berufliche Anforderung darstellt, sofern der Zweck rechtmäßig und die Anforderung angemessen ist.

Beispiel: Sachlich gerechtfertigt ist demnach die Ablehnung der Bewerbung eines Rollstuhlfahrers als Bote eines Fahrradkurierunternehmens oder eines Mannes für die Stelle einer Balletttänzerin oder eines Bikini-Models.

Geschlecht

Mit In-Kraft-Treten des AGG wurden § 611a, § 611b und § 612 Abs. 3 BGB aufgehoben.

Die Rechtsprechung zu diesen Vorschriften, die sich mit der geschlechtsbezogenen Benachteiligungen im Zusammenhang mit Arbeitsverhältnissen und dem Verbot der geringeren Vergütung aufgrund des Geschlechts befassten (Kap. 7.14.22), wird bei der Auslegung der Vorschriften des AGG auch weiterhin anzuwenden sein.

Eine unterschiedliche Behandlung wegen des Geschlechts ist dann zulässig, wenn das Geschlecht des Stelleninhabers eine wesentliche und entscheidende Anforderung i. S. d. § 8 Abs. 1 AGG darstellt (z. B. männlicher Bewerber im Mädcheninternat, Urteil des BAG vom 28.05.2009).

Die Frage nach einer **bestehenden Schwangerschaft** muss im Vorstellungsgespräch nicht wahrheitsgemäß beantwortet werden. Etwas anderes gilt bei Fragen nach Vorstrafen, aber nur, wenn Vorstrafen auf das konkrete Arbeitsverhältnis Auswirkungen hätten.

Die Bevorzugung von Frauen kann wegen der Unterrepräsentierung von Frauen eine **„positive Maßnahme“** i. S. d. § 5 AGG sein, wonach durch geeignete und angemessene Maßnahmen bestehende Nachteile wegen eines in § 1 AGG genannten Grundes verhindert oder ausgeglichen werden sollen.

Alter

In § 10 AGG ist eine unterschiedliche Behandlung wegen des **Alters** zulässig, wenn sie objektiv und angemessen und durch ein legitimes Ziel gerechtfertigt ist.

Als Beispiele sind u. a. genannt:

- Festlegung besonderer Bedingungen für den Zugang zur Beschäftigung und zur beruflichen Bildung,
- Festlegung von Mindestanforderungen an das Alter, die Berufserfahrung oder das Dienstalter für den Zugang zur Beschäftigung und für bestimmte mit der Beschäftigung verbundenen Vorteile,
- Festsetzung eines **Höchstalters** für die Einstellung aufgrund der spezifischen Ausbildungsanforderungen eines bestimmten Arbeitsplatzes oder aufgrund der Notwendigkeit einer angemessenen Beschäftigungszeit vor dem Eintritt in den Ruhestand,
- Festsetzung von Altersgrenzen bei den betrieblichen Systemen der sozialen Sicherheit als Voraussetzung für die Mitgliedschaft oder den Bezug von Altersrente und
- eine Vereinbarung, die die Beendigung des Beschäftigungsverhältnisses ohne Kündigung zu einem Zeitpunkt vorsieht, zu dem der oder die Beschäftigte eine Rente wegen Alters beantragen kann.

Staffelungen, die eine automatische Erhöhung des Gehalts nach dem Lebensalter beinhalten, können zukünftig eine Diskriminierung der Jüngeren darstellen. Eine möglicherweise größere Lebenserfahrung aufgrund (lediglich) des höheren Alters wird zur Rechtfertigung nicht ausreichen. Als „Ausweg“ könnte sich anbieten, die Gehaltsstaffelung an die Dauer der Beschäftigung und die damit verbundene und nachweisbare größerer Erfahrung im konkreten Betrieb anzuknüpfen.

Der EuGH hat mit Urteil vom 13.09.2011 eine **Altersgrenze für Piloten** auch als europarechtswidrig angesehen, da eine Maßnahme wie die Altersgrenze, ab der Piloten ihrer beruflichen Tätigkeit nicht mehr nachgehen dürfen, keine Maßnahme ist, die für die öffentliche Sicherheit und den Schutz der Gesundheit notwendig ist. Auch die

Flugsicherheit ist insoweit kein legitimes Ziel (so auch BAG mit Urteil vom 18.01.2012).

Im Jahr 2012 hatte das BAG entschieden, dass die Regelung, wonach Beschäftigte nach der Vollendung ihres 40. Lebensjahres in jedem Kalenderjahr **Anspruch auf 30 Arbeitstage Urlaub** haben, während der Urlaubsanspruch bis zur Vollendung des 30. Lebensjahres nur 26 Arbeitstage und bis zur Vollendung des 40. Lebensjahres nur 29 Arbeitstage beträgt, eine unmittelbare, nicht gerechtfertigte **Diskriminierung wegen des Alters** darstellt. Die Diskriminierung war zu beseitigen, indem der Urlaub der wegen ihres Alters diskriminierten Beschäftigten in der Art und Weise „nach oben" angepasst wird, dass auch ihr Urlaubsanspruch in jedem Kalenderjahr 30 Arbeitstage betragen sollte (Urteil des BAG vom 20.03.2012). 2014 war das BAG dann der Auffassung, dass in dem Fall, dass ein Arbeitgeber **älteren Arbeitnehmern jährlich mehr Urlaubstage** als den jüngeren gewährt, diese unterschiedliche Behandlung wegen des Alters unter dem Gesichtspunkt des Schutzes älterer Beschäftigter nach § 10 Satz 3 Nr. 1 AGG zulässig sein kann (Urteil des BAG vom 21.10.2014).

Die Anknüpfung eines Anspruchs auf Leistungen der **betrieblichen Altersversorgung** nur dann, wenn der Arbeitnehmer eine mindestens **15-jährige Betriebszugehörigkeit** bis zur Regelaltersgrenze in der gesetzlichen Rentenversicherung zurücklegen kann, ist wirksam. Sie verstößt nach Auffassung des BAG nicht gegen das Verbot der Diskriminierung wegen des Alters oder des Geschlechts (Urteil vom 12.02.2013).

Behinderung

Die Regelungen des Sozialgesetzbuch (SGB) Neuntes Buch (IX, Rehabilitation und Teilhabe behinderter Menschen) werden durch das AGG nicht berührt. Insbesondere bleibt es bei der grundsätzlichen **Beschäftigungspflicht** der Arbeitgeber in den §§ 71 ff. SGB IX. Insbesondere dürfen Schwerbehinderte auch nach § 81 Abs. 2 SGB IX nicht benachteiligt werden. Im Sozialgesetzbuch (SGB) Erstes Buch (I, Allgemeiner Teil) wird in § 33c SGB I ein weiteres Benachteiligungsverbot auf dem Gebiet des Sozial- und Sozialversicherungsrechts eingefügt.

Religionsgemeinschaften

In § 9 AGG ist geregelt, dass eine unterschiedliche Behandlung wegen der Religion oder der Weltanschauung bei der **Beschäftigung durch Religionsgemeinschaften** und ähnlicher Einrichtungen zulässig ist, wenn eine bestimmte Religion oder Weltanschauung unter Beachtung des Selbstverständnisses der jeweiligen Religionsgemeinschaft oder Vereinigung nach Art der Tätigkeit eine gerechtfertigte berufliche Anforderung darstellt. Hierdurch soll der verfassungsrechtlich garantierten **Religionsfreiheit** Rechnung getragen werden.

Eine kirchliche Einrichtung kann einem Mitarbeiter kündigen, wenn er aus der katholischen Kirche austritt (Urteil des BAG vom 25.04.2013). Einem Arbeitnehmer kann auch gekündigt werden, wenn er sich aus religiösen Gründe weigert, bestimmte Tätigkeiten auszuüben (Urteil des BAG vom 24.02.2011).

7.14.4 Rechte der Beschäftigten

Die Beschäftigten haben ein **Beschwerderecht** bei den zuständigen Stellen (z. B. Personalabteilung) des Betriebs, des Unternehmens oder der Dienststelle (§ 13 AGG). Der Arbeitgeber hat die Beschwerde zu prüfen und das Ergebnis der Prüfung dem Beschwerdeführer mitzuteilen. Der Arbeitgeber darf Beschäftigte nicht wiederum wegen der Inanspruchnahme dieser Rechte benachteiligen (§ 16 Abs. 1 AGG).

In einer zu laschen Handhabe der Beschwerde durch den Arbeitgeber kann eine (erneute) Benachteiligung gesehen werden.

Praxistipp
Der Arbeitgeber hat die Überprüfung der Beschwerde sorgfältig zu dokumentieren.

Sollte ein Arbeitgeber keine oder ungeeignete Maßnahmen zur Unterbindung einer Belästigung oder sexuellen Belästigung am Arbeitsplatz treffen, sind die betroffenen Beschäftigten berechtigt, ihre Tätigkeit einzustellen, ohne ihre Vergütung zu verlieren (§ 14 AGG). Die Beschäftigten haben insoweit ein **Leistungsverweigerungsrecht**, ohne den Anspruch auf Entlohnung zu verlieren. Seitens des Arbeitnehmers erfordert dies, dass er den Arbeitgeber über die Benachteiligung bzw. Belästigung auch ausreichend informiert hat und dies auch nachweisen kann. Ergreift der Arbeitgeber daraufhin konkrete Maßnahmen zur Beseitigung der Benachteiligung, muss der Arbeitnehmer nachweisen, dass diese Maßnahmen nicht ausreichend waren.

Darüber hinaus besteht bei einem Verstoß gegen das Benachteiligungsverbot die Verpflichtung des Arbeitgebers, den dem Beschäftigten hierdurch entstandenen **Schaden zu ersetzen** (§ 15 Abs. 1 AGG) und **Entschädigung** (Schaden, der kein Vermögensschaden ist; **Schmerzensgeld**) zu gewähren (§ 15 Abs. 2 AGG). Dies ist auch bei **diskriminierenden Kündigungen** möglich, wenn sie über das Normalmaß hinaus gehen (Urteil des BAG vom 12.12.2013). Bei einer (pflichtwidrigen) Nichteinstellung ist die Höhe der Entschädigung auf drei Monatsgehälter begrenzt (§ 15 Abs. 2 Satz 2 AGG).

Ein **Entschädigungsanspruch** setzt stets voraus, dass die Bewerbung ernst gemeint ist.

Diese Ansprüche müssen innerhalb einer Frist von zwei Monaten schriftlich geltend gemacht werden (§ 15 Abs. 4 AGG). Die Frist beginnt mit dem Zeitpunkt, in dem von der Benachteiligung Kenntnis erlangt wurde.

Eine Klage zum Arbeitsgericht auf Entschädigung wegen Benachteiligung gemäß § 15 AGG muss nach § 61b Arbeitsgerichtsgesetz (ArbGG) innerhalb von drei Monaten, nachdem der Anspruch schriftlich geltend gemacht worden ist, erhoben werden.

In beiden Fällen ist der **Zugang der Forderungsschreiben** des Anspruchstellers beim Arbeitgeber nachzuweisen!

Eine Beweislasterleichterung enthält § 22 AGG. Wenn im Streitfall die eine Partei Indizien beweist, die eine Benachteiligung vermuten lassen, trägt die andere Partei die Beweislast dafür, dass kein Verstoß gegen die Bestimmungen zum Schutz vor Benachteiligung vorgelegen hat.

7.14.5 Zivilrechtliches Benachteiligungsverbot

In § 19 AGG ist auch ein allgemeines **bürgerlichrechtliches Benachteiligungsverbot** geregelt.

Danach ist eine Benachteiligung aus Gründen der Rasse oder wegen der ethnischen Herkunft, wegen des Geschlechts, der Religion, einer Behinderung, des Alters oder der sexuellen Identität bei der Begründung, Durchführung und Beendigung zivilrechtlicher Schuldverhältnisse, die typischerweise ohne Ansehen der Person zu vergleichbaren Bedingungen in einer Vielzahl von Fällen zustande kommen (sog. **Massengeschäfte**) oder eine privatrechtliche Versicherung zum Gegenstand haben, unzulässig.

Diese Regelung gilt insbesondere auch für die **Vermietung von Wohnraum**, wobei hierbei jedoch eine unterschiedliche Behandlung im Hinblick auf die Schaffung und Erhaltung sozialstabiler Bewohnerstrukturen und ausgewogener Siedlungsstrukturen sowie ausgeglichener wirtschaftlicher, sozialer und kultureller Verhältnisse zulässig ist (§ 19 Abs. 3 AGG).

Allerdings liegt in der Äußerung anlässlich eines **Wohnungsbesichtigungstermins** „Die Wohnung wird nicht an Neger, äh … Schwarzafrikaner und Türken vermietet“ eine Verletzung der über das allgemeine Persönlichkeitsrecht nach § 823 Abs. 1 BGB geschützten Menschenwürde, weil der Wohnungsbewerber wegen seiner Hautfarbe diskriminiert und ausgegrenzt wird (Urteil des OLG Köln vom 19.01.2010). Eine solche **Diskriminierung** rechtfertigt ein **Schmerzensgeld** für den Betroffenen in Höhe von 2.500,00 EUR.

Wird einer Person der **Besuch einer Diskothek** allein wegen ihrer Hautfarbe und ihres Geschlechts verweigert, kann dies einen Anspruch auf Zahlung einer angemessenen Entschädigung begründen (Urteil des OLG Stuttgart vom 12.12.2011).

Auch auf **familien- und erbrechtliche** Schuldverhältnisse sowie auch Schuldverhältnisse, bei denen ein besonderes Nähe- oder Vertrauensverhältnis der Parteien oder ihrer Angehörigen begründet wird (z. B. bei Mietverhältnissen auf demselben Grundstück) finden diese Benachteiligungsvorschriften **keine Anwendung** (§ 19 Abs. 4 und 5 AGG).

Merke
Eine Verletzung des zivilrechtlichen Benachteiligungsverbots ist nicht gegeben, wenn für die Ungleichbehandlung ein sachlicher Grund vorliegt (§ 20 Abs. 1 AGG).

Bei einem Verstoß gegen das Benachteiligungsverbots kann die **Beseitigung** der Beeinträchtigung verlangt und auf **Unterlassung** geklagt werden. Es besteht auch insoweit ein **Schadensersatzanspruch**. Ansprüche aus unerlaubter Handlung (§ 823 BGB) bleiben daneben bestehen.

Beim Bundesministerium für Familien, Senioren, Frauen und Jugend ist eine **„Antidiskriminierungsstelle des Bundes"** eingerichtet (§ 25 AGG). Antidiskriminierungsverbände sind Personenzusammenschlüsse, die nicht gewerbsmäßig und nicht vorübergehend die Interessen von benachteiligten Personen wahrnehmen. Sie können als Beistände Benachteiligter in Verhandlungen auftreten (§ 23 AGG).

Der Text des AGG, des § 61b ArbGG und die Informationen über die Behandlung von Beschwerden und die hierfür zuständigen Stellen sind im Betrieb oder der Dienststelle bekannt zu machen (§ 12 Abs. 5 AGG).

8 Strafrecht

Unter dem Begriff des Strafrechts werden alle die Rechtsnormen, die den Inhalt und Umfang der **staatlichen Strafgewalt** bestimmen, zusammengefasst. Es handelt sich um einen Teil des Öffentlichen Rechts, da durch diese Vorschriften das Verhältnis zwischen dem Staat (dem Träger hoheitlicher Gewalt) und den Einzelnen, den der Staatsgewalt unterworfenen Bürgern, geregelt wird. Hierbei wird zwischen den Vorschriften des **Strafgesetzbuchs (StGB)** und dem sog. **Nebenstrafrecht** unterschieden. Bei den in der Praxis am häufigsten benutzten Vorschriften des Nebenstrafrechts handelt es sich um die Vorschriften des Betäubungsmittelgesetzes (BtMG). Drogendelikte werden daher nicht nach Vorschriften im StGB beurteilt, sondern nach Strafvorschriften im BtMG (dort §§ 29 ff.).

! Merke

Neben der zivilrechtlichen Haftung, die meistens durch die Inanspruchnahme der Berufshaftpflichtversicherung gemildert werden kann, schützt keine Versicherung vor einer strafrechtlichen Verantwortlichkeit, die stets neben der zivilrechtlichen Haftung besteht (auch eine Rechtsschutzversicherung trägt nicht die Verteidigungskosten bei dem Vorwurf einer vorsätzlichen Straftat).

8.1 Allgemeine Grundsätze

Eine Tat kann nur bestraft werden, wenn die Strafbarkeit gesetzlich bestimmt war, **bevor** die Tat begangen wurde (§ 1 StGB; Art. 103 Abs. 2 GG). Es besteht insoweit ein **Rückwirkungsverbot,** d. h. es darf kein Gesetz erlassen werden, das rückwirkend Sachverhalte in der Vergangenheit regelt. Das gilt dann nicht, wenn es sich um günstige Neuregelungen handelt.

Das deutsche Strafrecht gilt vom Grundsatz her zunächst für Taten, die **im Inland** begangen werden (§ 3 StGB). Sondervorschriften für Auslandstaten finden sich in den §§ 4 ff. StGB.

Es wird zwischen Verbrechen und Vergehen unterschieden. **Verbrechen** sind rechtswidrige Taten, die mindestens mit Freiheitsstrafe von einem Jahr geahndet werden, während **Vergehen** solche rechtswidrigen Taten sind, die mit einer geringeren Freiheitsstrafe oder mit Geldstrafe bedroht sind (§ 12 StGB).

Bei einigen Straftaten verlangt das StGB für die Verfolgung einen **Strafantrag** (§ 77 StGB; z. B. bei der vorsätzlichen und fahrlässigen Körperverletzung, § 230 StGB). Die **Antragsfrist** beträgt drei Monate ab der Kenntnis von Tat und Täter (§ 77b StGB). In Ausnahmefällen kann die Staatsanwaltschaft auch wegen des **besonderen öffentlichen Interesses** an der Strafverfolgung ein Einschreiten von Amts wegen für geboten halten (z. B. bei § 230 Abs. 1 StGB).

Das StGB kennt als Strafen vorrangig die **Freiheitsstrafe** (§§ 38 f. StGB) und die **Geldstrafe** (§§ 40 ff. StGB). Die Höhe der Geldstrafe wird durch das Gericht in einer Anzahl von **Tagessätzen** festgelegt, wobei sich die Höhe des einzelnen Tagessatzes nach dem monatlichen Nettoeinkommen des Verurteilten richtet. Das monatliche Nettoeinkommen wird zur Berechnung des einzelnen Tagessatzes durch dreißig Tage geteilt, sodass der Sozialhilfeempfänger den gleichen Anteil an seinem verfügbaren monatlichen Nettoeinkommen als Strafe zahlt wie der Millionär. Der einzelne Tagessatz muss mindestens einen Euro und darf höchstens 30.000,00 Euro betragen (§ 40 Abs. 2 StGB).

Neben Strafen sind als Rechtsfolgen einer Tat **Maßregeln der Besserung und Sicherung** möglich (§§ 61 ff. StGB), z. B. die Unterbringung in einem psychiatrischen Krankenhaus (§ 63 StGB), die Unterbringung in einer Entziehungsanstalt (§ 64 StGB), die Unterbringung in der Sicherungsverwahrung (§ 66 StGB), die Führungsaufsicht (§ 68 StGB), die Entziehung der Fahrerlaubnis (§ 69 StGB) oder das Berufsverbot (§§ 70 ff. StGB).

Auch gegen eine Hebamme kann ein **Berufsverbot** gemäß § 70 StGB verhängt werden, wenn die Tat unter Missbrauch des Berufs begangen worden ist und die Gesamtwürdigung von Tat und Täter zu der (negativen) Zukunftsprognose führt, dass die Gefahr (Wahrscheinlichkeit) besteht, die Hebamme werde in Ausübung ihres Berufs auch künftig erhebliche rechtswidrige Taten begehen. Diese Voraussetzungen sind bei Hebammen, die sich an **rechtswidrigen Schwangerschaftsabbrüchen** beteiligen, bereits angenommen worden ([38]: § 70 Rdnr. 3). Auch bei einem Anästhesisten, der Opiate stiehlt, sich diese während der Dienstzeit injiziert und unter deren Einfluss seinen Dienst versieht, liegen die Voraussetzungen des § 70 StGB vor (Urteil des OLG Frankfurt/Main vom 07.12.1999).

Keine Straftaten sind **Ordnungswidrigkeiten** (wie z. B. in § 25 HebG). Es handelt sich um **Bußgeldvorschriften,** die als Sanktion keine Strafen, sondern **Geldbußen** androhen. Die Geldbuße beträgt mindestens fünf Euro und, wenn das Gesetz nichts anderes bestimmt (so z. B. in § 25 HebG mit 2.500,00 Euro), höchstens 1.000,00 Euro (§ 17 Abs. 1 OWiG). Die Geldbuße soll den wirtschaftlichen Vorteil, den der Täter aus der Ordnungswidrigkeit gezogen hat, übersteigen.

Bußgeldverfahren werden zunächst bei den **Verwaltungsbehörden** (u. a. Stadtverwaltung, Arbeitsamt) geführt. Erst nach einem Einspruch gegen den Bußgeldbescheid (innerhalb von zwei Wochen ab der Zustellung) wird das Verfahren bei der Strafabteilung des örtlich zuständigen Amtsgerichts verhandelt und abgeschlossen. **Straftaten** werden nicht durch die Verwaltung, sondern durch die **Staatsanwaltschaft** ermittelt und ggf. beim zuständigen Strafgericht angeklagt.

Eine Zusammenfassung des Gangs eines Strafverfahrens findet sich bei Diefenbacher [24].

8.1.1 Straftat

Als **Straftat** wird jede Handlung bezeichnet, die einen gesetzlichen Straftatbestand erfüllt und rechtswidrig und schuldhaft begangen wird. Sie kann durch **positives Tun** oder **Unterlassen** begangen werden.

In den meisten Fallen werden Straftaten durch **aktives Tun** begangen. Es ist aber auch möglich, Straftaten durch **Unterlassen** zu begehen.

Das häufigste Beispiel einer Straftat durch Unterlassen ist die **unterlassene Hilfeleistung** (§ 323c StGB, ein **echtes Unterlassungsdelikt**). Danach macht sich strafbar, wer bei Unglücksfällen oder gemeiner Gefahr oder Not nicht Hilfe leistet, obwohl dies erforderlich und ihm den Umständen nach zuzumuten ist, insbesondere ohne erhebliche eigene Gefahr und ohne Verletzung anderer wichtiger Pflichten.

Eine **normal verlaufende Schwangerschaft** alleine stellt **keinen Unglücksfall** im Sinne des § 323c StGB dar. Eine Hebamme, die ihrer Betreuungspflicht der Schwangeren gegenüber nicht nachkommt und dadurch zusätzliche Schmerzen der Schwangeren verursacht, macht sich (lediglich) der **fahrlässigen Körperverletzung** schuldig, wenn sie diese voraussehen konnte (Urteil des OLG Düsseldorf vom 24.06.1991).

Eine **gemeine Gefahr** besteht, wenn keine konkrete Gefahr für eine unbestimmte Anzahl von Menschen oder zahlreiche Sachen von mindestens insgesamt hohem Wert besteht (u. a. Brände, Gase, Radioaktivität). Eine **gemeine Not** ist eine die Allgemeinheit betreffende Notlage (z. B. plötzlicher Ausfall der Wasserversorgung). Die Hilfe ist aufgrund der gesetzlichen Vorschrift zu leisten, einer Aufforderung durch Dritte (z. B. durch die Polizei) bedarf es nicht. Die **Hilfeleistung** muss objektiv erforderlich sein und entfällt nur, wenn sichere Hilfe von anderer Seite gewährleistet ist. Auf die Erfolgsaussichten der Hilfeleistung kommt es nicht an. Allerdings richten sich die Art und das Ausmaß der Hilfe nach den Fähigkeiten und Möglichkeiten des jeweiligen Hilfepflichtigen (Urteil des BGH vom 26.10.1982 für den Arzt). Die Regelungen, die die Rechtsprechung für Ärzte entwickelt hat, gelten im Grundsatz auch für Hebammen.

Problematisch sind die Fälle, in denen der **Betroffene auf die Hilfe ausdrücklich verzichtet** (z. B. ein schwer Erkrankter wünscht keinen Arzt und keine Einweisung in ein Krankenhaus, um in Ruhe zu sterben; Zeugen Jehovas wünschen keine Blutspende; der Selbstmörder möchte nicht gerettet werden). Ein solcher Wille ist grundsätzlich zu beachten, allerdings dann nicht, wenn sich der Erkrankte in einer psychischen Ausnahmeverfassung von Krankheitswert befindet – dann ist ein Betreuer zu bestellen (so auch Beschluss des BVerfG vom 02.08.2001). Andernfalls kann das Eingreifen gegen den ernstlichen Willen des Betroffenen Nötigung oder Freiheitsberaubung darstellen.

Schließlich muss die Hilfeleistung **zumutbar** sein, wobei es auf sittliche Maßstäbe, die eigene Persönlichkeit und die eigenen physischen und psychischen Kräfte ankommt. Das Bundesverfassungsgericht hat u. a. entschieden, dass es einem Ehemann, der die gleiche Überzeugung teilt, nicht zugemutet werden kann, seine Ehefrau von dem Verzicht abzubringen, aus religiöser Überzeugung eine Behandlung im Krankenhaus abzulehnen (BVerfGE 32, 98).

Hilfe muss nur dort nicht geleistet werden, wo sie von vorneherein sinnlos ist.

Merke
Auch bei der Nichtanzeige geplanter Straftaten (§ 138 StGB) handelt es sich um ein echtes Unterlassungsdelikt.

Es macht sich nach § 138 StGB strafbar, wer von dem Vorhaben oder der Ausführung von Gewaltverbrechen zu einer Zeit, zu der die Ausführung oder der Erfolg noch abgewendet werden kann, glaubhaft erfährt und es unterlässt, den Strafverfolgungsbehörden Anzeige zu machen. Bloße Gerüchte über eine mögliche Straftat reichen aber nicht. Wer Gerüchten keinen Glauben schenkt, muss keine Anzeige erstatten. Die Anzeige muss so rechtzeitig gestellt werden, dass Tat oder Erfolg noch abgewendet werden können. Dazu gehören auch die genaue Bezeichnung von Tat und Täter.

Die Ausnahmevorschrift des § 139 Abs. 3 Satz 2 StGB, wonach ein Rechtsanwalt, Verteidiger oder Arzt nicht verpflichtet ist, anzuzeigen, was ihm in dieser Eigenschaft anvertraut worden ist, wenn er sich ernsthaft bemüht hat, den Täter von der Tat abzuhalten oder den Erfolg abzuwenden, gilt aufgrund der eindeutigen Formulierung in der Vorschrift weder für die Hebamme noch für deren Mitarbeiter. Dies ergibt sich bereits daraus, dass die Hebamme und ihre Gehilfen in anderen Vorschriften (z. B. in § 203 StGB hinsichtlich der Schweigepflicht) ausdrücklich genannt sind.

Merke
Die Pflicht zur Anzeige geplanter Straftaten (§ 138 StGB) steht über der Schweigepflicht (§ 203 StGB).

Unechte Unterlassungsdelikte liegen dann vor, wenn die Handlung in der Nichtvornahme eines aktiven Tuns besteht. Nach § 13 StGB macht sich insoweit strafbar, wer es unterlässt, einen Erfolg abzuwenden, der zum Tatbestand eines Strafgesetzes gehört (z. B. Ertrinken lassen durch Zuschauen trotz der eigenen Fähigkeit zu schwimmen; Betrug durch Unterlassen einer möglichen und zumutbaren Aufklärung). Voraussetzung für die Strafbarkeit eines unechten Unterlassungsdelikts ist eine sog. **Garantenpflicht.** Nur wenn der Täter eine entsprechende **Rechtspflicht zum Handeln** hat, dieses aber unterlässt und dadurch einen Straftatbestand erfüllt, kommt eine Strafbarkeit wegen eines unechten Unterlassungsdelikts in Betracht.

Eine **Garantenstellung** kann sich insbesondere aus einer gesetzlichen Verpflichtung ergeben. So sind u. a. Eheleute gemäß § 1353 Abs. 1 Satz 2 BGB einander zu ehelicher Lebensgemeinschaft verpflichtet und tragen für einander Verantwortung. Eltern und Kinder sind einander Beistand und Rücksicht schuldig (§ 1618a BGB). Auch der Halter eines Kraftfahrzeugs darf es nicht zulassen, dass jemand sein Fahrzeug führt, der die dazu erforderliche Fahrerlaubnis nicht besitzt (§ 21 Abs. 1 Nr. 2 StVG). Garantenpflicht ist auch die Pflicht der Schwangeren, zur Geburt eine Hebamme hinzuzuziehen, um für das Wohl des Fötus bzw. des Neugeborenen zu sorgen.

Die Hebamme hat eine **Garantenpflicht aufgrund der freiwilligen bzw. vertraglichen Übernahme einer entsprechenden Haftungsverpflichtung.** Dabei kommt es nicht auf die Wirksamkeit des geschlossenen Behandlungsvertrages an. Es ist nur das tatsächliche Auftreten für die geschützte Person maßgeblich. Die vertraglichen Pflichten müssen allerdings tatsächlich umgesetzt worden sein.

Praxistipp
Für eine Garantenpflicht muss die Behandlung tatsächlich aufgenommen worden sein, eine bloße Beratung ist dafür nicht ausreichend (Urteil des BGH vom 26.10.1982).

Beim **Krankenhausaufnahmevertrag** hat die angestellte Hebamme eine Garantenpflicht, wenn sie zum Dienst eingeteilt ist und den Dienst angetreten hat. Die Untätigkeit in einem solchen Fall stellt nicht nur eine Straftat, sondern auch zivilrechtlich einen **groben Behandlungsfehler** dar (so auch für den Arzt im Urteil des BGH vom 08.02.2000).

Eine Garantenstellung besteht jedoch auch ohne gesetzliche oder vertragliche Verpflichtung in all den Fällen, in denen Menschen einander aufgrund einer **Familien-, Lebens-** oder **Gefahrengemeinschaft** (z. B. Bergsteigerseilschaft) gegenseitig verpflichtet sind. **Keine Garantenpflicht** besteht bei einer **Wohngemeinschaft** (sie alleine verpflichtet u. a. noch nicht, ein Mitglied durch Herbeirufen eines Arztes am Selbstmord zu hindern, Urteil des BGH vom 03.12.1982), einer Zechgemeinschaft oder beim gemeinschaftlichen Drogenkonsum.

8.1.2 Gesetzlicher Tatbestand und Kausalität

Als erste Voraussetzung für eine Strafbarkeit muss der **objektive Tatbestand** einer gesetzlichen Strafvorschrift erfüllt sein. Der objektive Tatbestand der Körperverletzung gemäß § 223 StGB ist z. B. dann erfüllt, wenn jemand eine andere Person körperlich misshandelt oder an der Gesundheit schädigt.

Alle Tatbestandsmerkmale eines objektiven Tatbestands müssen miteinander verknüpft sein (Kausalität). Ein **Kausalzusammenhang** ist im Falle einer Körperverletzung durch eine Hebamme dann nicht gegeben, wenn das schädigende Ereignis oder der schädliche Erfolg auch bei fehlerfreier Behandlung durch die Hebamme eingetreten wäre. Es muss durch die Staatsanwaltschaft stets nachgewiesen werden, dass die Körperverletzung oder der Tod auf das fehlerhafte Verhalten der Hebamme zurückzuführen ist. Diese Tatsache muss mit an Sicherheit grenzender Wahrscheinlichkeit feststehen. Wäre der schädliche Erfolg auch bei einer fehlerfreien Behandlung eingetreten, fehlt der Kausalzusammenhang und eine strafrechtliche (in der Regel auch zivilrechtliche) Haftung der Hebamme scheidet aus.

Nach der Prüfung des gesetzlichen Tatbestands der Strafvorschrift ist weiter zu prüfen, ob der Täter **vorsätzlich oder fahrlässig** gehandelt hat. Strafbar ist nur vorsätzliches Handeln, wenn nicht in gesetzlichen Vorschriften das Gesetz fahrlässiges Handeln ausdrücklich mit Strafe bedroht (§ 15 StGB).

Vorsatz bedeutet Wissen und Wollen der Tatbestandsverwirklichung. Hierbei wird zwischen drei Vorsatzformen unterschieden.

1. Der **unmittelbare Vorsatz** liegt vor, wenn der Täter den objektiven Tatbestand kennt und die Tat entsprechend verwirklichen will. Er weiß und will die Tatbestandsverwirklichung.
2. **Bedingter Vorsatz** bedeutet, dass der Täter die Tatbestandsverwirklichung für möglich hält, die schädigende Folge jedoch **billigend in Kauf nimmt**. Auch wenn der Täter den konkreten Erfolg eigentlich nicht will, ihn aber billigend in Kauf nimmt, handelt er trotzdem vorsätzlich.
3. Als weitere Vorsatzform kann der Täter auch mit **Absicht** handeln, d. h., es kommt ihm ganz gezielt auf den entsprechenden schädigenden Erfolg an.

Fahrlässig handelt, wer einen Tatbestand rechtswidrig verwirklicht, ohne dies zu wollen oder zu erkennen, wenn ihm die Tatbestandsverwirklichung jedoch vorzuwerfen ist. Es wird zwischen bewusster und unbewusster Fahrlässigkeit unterschieden.

- **Bewusste Fahrlässigkeit** liegt vor, wenn der Täter die Tatbestandsverwirklichung zwar erkennt, aber pflichtwidrig darauf vertraut, der schädigende Erfolg werde nicht eintreten.
- **Unbewusst fahrlässig** handelt, wer nicht voraussieht, dass er den Tatbestand verwirklicht, dies aber nach den Umständen und insbesondere seinen persönlichen Fähigkeiten (der Ausbildung etc.) hätte erkennen müssen. Es kommt dabei darauf an, welche Maßnahmen von einer Hebamme üblicherweise als Standard hätten verlangt werden können. Solche berufsspezifischen Sorgfaltspflichten werden mittels Sachverständigengutachten ermittelt.

Praxistipp

- Es empfiehlt sich, in streitigen Fragen die Meinung der Gutachterkommission des Berufsverbandes einzuholen.
- Es kann auch einen **Sorgfaltsverstoß** darstellen, wenn die Hebamme gegen die Verpflichtung verstößt, sich fortzubilden (enthalten in den Landesverordnungen) und es dadurch zu einer Fahrlässigkeit kommt.

In einigen Vorschriften des Strafgesetzbuchs, so auch in der bereits erwähnten Nichtanzeige geplanter Straftaten (§ 138 Abs. 3 BGB), wird auch eine **Leichtfertigkeit** als eine Art grober Fahrlässigkeit bestraft, wenn der Täter die Anzeige leichtfertig unterlässt, obwohl er von dem Vorhaben oder der Ausführung der rechtswidrigen Taten glaubhaft erfahren hat. **Der Grad der Fahrlässigkeit** im Sinne einer subjektiven Vorwerfbarkeit ist insbesondere für die Strafzumessung und damit für die Strafhöhe von Bedeutung (§ 46 Abs. 2 StGB).

8.1.3 Rechtswidrigkeit

Eine Tat ist dann nicht **rechtswidrig,** wenn **Rechtfertigungsgründe** vorliegen. Es handelt sich hierbei z. B. um Notwehr und den sog. rechtfertigenden Notstand, insbesondere jedoch um den für die Hebamme bedeutsamen Rechtfertigungsgrund der **Einwilligung.**

Wer eine Tat begeht, die durch **Notwehr** geboten ist, handelt nicht rechtswidrig. Notwehr ist die Verteidigung, die erforderlich ist, um einen gegenwärtigen (d. h. noch andauernden) rechtswidrigen Angriff von sich oder einem anderen (Nothilfe) abzuwenden (§ 32 StGB).

Beispiele:

- Eine randalierende Klientin darf „außer Gefecht" gesetzt werden.
- Die Mutter misshandelt ihr Kind nach der Geburt. Auch insoweit darf die Hebamme Maßnahmen gegen die Mutter ergreifen, um den Angriff gegen das Kind zu beenden. Die Wahl der Mittel ist im Rahmen einer solchen **Nothilfe** (zugunsten Dritter) grundsätzlich freigestellt.

Handelt es sich nicht um den Angriff eines anderen, sondern um eine Gefahr für ein Rechtsgut (die nicht von einem Menschen ausgehen muss), so handelt der Täter in **rechtfertigendem Notstand** (§ 34 StGB). Auch eine solche Gefahrenabwendung ist nicht rechtswidrig und damit auch nicht strafbar.

Beispiele:

- kurzfristiges Einschließen eines Geisteskranken
- **Überschreitung der Höchstgeschwindigkeit** bei dringenden Krankentransporten oder einer ärztlichen Patientenfahrt (Beschluss des OLG Köln vom 02.05.2005)
- Trunkenheitsfahrt, um einen Verletzten ins Krankenhaus zu bringen.

Allerdings muss beim rechtfertigenden Notstand stets eine **Güterabwägung** durchgeführt werden und das Handeln muss angemessen sein, um die Gefahr zu beseitigen (was bei Notwehr nur in Ausnahmefällen nötig ist).

8.1.4 Schuld

Schuldunfähig ist, wer bei der Begehung der Tat noch nicht 14 Jahre alt ist (§ 19 StGB) oder wer wegen einer **krankhaften seelischen Störung,** wegen einer tief greifenden Bewusstseinsstörung oder wegen Schwachsinns oder wegen einer schweren anderen seelischen Abartigkeit unfähig ist, das Unrecht der Tat einzusehen oder nach dieser Einsicht zu handeln (§ 20 StGB). Ist in diesen Fällen die Einsicht (nur) gemindert, kann die Strafe auch gemildert werden (**verminderte Schuldfähigkeit,** § 21 StGB).

Als weitere Schuldausschließungsgründe kommen der **Notwehrexzess** (§ 33 StGB) und der **entschuldigende Notstand** (§ 35 StGB) sowie der Verbotsirrtum (§ 17 StGB) in Betracht, bei dem dem Täter die Einsicht fehlt, Unrecht zu tun. Ist ein solcher Irrtum vermeidbar, dann ist die Handlung auch strafbar.

Entschuldigender Notstand liegt vor, wenn jemand in einer gegenwärtigen, nicht anders abwendbaren Gefahr für Leben, Leib oder Freiheit eine rechtswidrige Tat begeht, um die Gefahr von sich, einem Angehörigen oder einer anderen ihm nahestehenden Person abzuwenden. Ein Bergsteiger kann z. B. sich selbst nur retten, indem er den unter ihm im Seil hängenden Kameraden abschneidet, was dessen Tod durch Absturz zur Folge hat. Der Täter handelt in diesen Fällen der für ihn unauflöslichen Interessenkollision ohne Schuld. Eine Hebamme kann sich in einer **Interessenkollision** befinden, wenn sie z. B. von Straftaten der Klientin erfährt, die nicht zu den anzeigepflichtigen Straftaten im Sinn des § 138 StGB gehören, die sie dennoch für so schwerwiegend hält, dass sie der Auffassung ist, die Schweigepflicht trete zurück (z. B. bei erheblichen Sexualstraftaten). Dann würde sich die Hebamme evtl. nicht wegen Verletzung der Schweigepflicht strafbar machen (§ 203 StGB), da sie „entschuldigt" wäre.

8.1.5 Versuch einer Straftat

Auch der **Versuch einer Straftat** kann strafbar sein. Eine **Straftat versucht,** wer nach seiner Vorstellung von der Tat zur Verwirklichung des Tatbestandes **unmittelbar ansetzt** (§ 22 StGB). Der Versuch eines Verbrechens ist stets strafbar, der Versuch eines Vergehens nur dann, wenn das Gesetz es ausdrücklich bestimmt (§ 23 Abs. 1 StGB). Der Versuch kann milder bestraft werden als die vollendete Tat (§ 23 Abs. 2 StGB). Der Versuch einer Körperverletzung, der nach § 223 Abs. 2 StGB ausdrücklich mit Strafe bedroht ist, liegt z. B. vor, wenn der Täter, der dem Opfer eine Ohrfeige geben will, vorbei schlägt. Wegen Versuchs wird **nicht bestraft,** wer freiwillig die weitere Ausführung der Tat aufgibt oder deren Vollendung verhindert und somit von der Tatausführung **zurücktritt** (§ 24 StGB).

8.1.6 Täterschaft und Teilnahme

Als **Täter** wird bestraft, wer die Straftat selbst (unmittelbare Täterschaft) oder durch einen anderen begeht (mittelbare Täterschaft, § 25 Abs. 1 StGB). **Mittäterschaft** liegt vor, wenn mehrere die Straftat gemeinschaftlich begehen. In diesem Fall wird jeder als Täter bestraft (§ 25 Abs. 2 StGB).

Als **Anstifter** wird gleich einem Täter bestraft, wer vorsätzlich einen anderen zu dessen vorsätzlich begangener rechtswidriger Tat bestimmt hat (§ 26 StGB).

Als **Gehilfe** wird bestraft, wer vorsätzlich einem anderen zu dessen vorsätzlich begangener rechtswidriger Tat Hilfe geleistet hat. Die Strafe für den Gehilfen richtet sich nach der Strafandrohung für den Täter. Sie ist nach § 49 Abs. 1 StGB zu mildern (§ 27 StGB). Eine Hebamme kann sich daher auch als Gehilfin an der Körperverletzung eines Arztes strafbar machen oder eine solche gemeinschaftlich mit einer anderen Hebamme oder einen Arzt begehen. Dann ist sie nicht nur Gehilfin, sondern (Mit-)Täterin und wird in vollem Umfang bestraft.

8.2 Aufklärung und Einwilligung

8.2.1 Einwilligung

! Merke
Die Einwilligung der Klientin ist ein Rechtfertigungsgrund für eine Körperverletzung.

§ 228 StGB bestimmt, dass die Person, die eine Körperverletzung mit Einwilligung der verletzten Person vornimmt, nur dann rechtswidrig handelt, wenn die Tat trotz der Einwilligung gegen die guten Sitten verstößt.

! Merke
Die Einwilligung ist eine bewusste vorherige Erklärung der Zustimmung zu dem tatbestandsmäßigen Körperverletzungsverhalten einer bestimmten Person. Sie setzt Einsichts- und Steuerungsfähigkeit, nicht jedoch Geschäftsfähigkeit voraus.

Die Einwilligung muss bei **voller Kenntnis der Sachlage** erteilt worden sein. Die Einwilligende muss den voraussichtlichen Verlauf und die Folgen der Körperverletzungshandlung erkennen können. Die Einwilligung muss regelmäßig von dem Inhaber des Rechtsguts erklärt werden. Der Einwilligende muss **einwilligungsfähig** sein (so auch Urteil des BGH vom 16.02.1993, in dem entschieden wurde, dass eine Mutter über die Erforderlichkeit einer Schnittentbindung immer dann aufzuklären ist, solange sie noch einwilligungsfähig ist). Bei **Einwilligungsunfähigen,** insbesondere Minderjährigen, kann auch der gesetzliche Vertreter (Eltern, Betreuer, Vormund) die Einwilligung erklären. Ist die Minderjährige einsichtsfähig, muss sie selbst die Einwilligung erteilen. Ihr gegenüber gilt auch die Schweigepflicht, d. h., den Eltern gegenüber dürfen keine Angaben gemacht werden (Urteil des LG Köln vom 17.08.2008).

Fallbeispiele aus der Praxis:

- Eine 16-jährige Minderjährige bedarf zur Einwilligung in einen Schwangerschaftsabbruch nicht der Zustimmung der Erziehungsberechtigten, wenn sie nach ihrem Reifegrad in der Lage ist, die Bedeutung des Schwangerschaftsabbruchs und dessen Tragweite für ihr Leben zu erkennen (Beschluss des AG Schlüchtern vom 29.04.1997).

- Ist ein Kind nach einem Unfall nur noch mittels künstlicher Maßnahmen lebensfähig und willigen die Sorgeberechtigten in die Beendigung dieser lebenserhaltenden Maßnahmen ein, kann diese Einwilligung nicht familiengerichtlich angefochten werden (Beschluss des OLG Brandenburg vom 17.02.2000).

Die Einwilligung darf nicht gegen ein **gesetzliches Verbot** verstoßen und insbesondere nicht erzwungen oder durch Täuschung erlangt sein. Die Tat darf auch nicht gegen die **guten Sitten** verstoßen (fraglich bei auffälligen Tätowierungen, Piercings, kosmetischen Operationen, Mutproben etc.). Sonderregelungen gelten für die **Organspende** (§ 8 TPG) und die **Kastration** (§§ 2, 3 KastrG).

Voraussetzungen der Einwilligung:

- Die Einwilligung muss vor der Tat erklärt werden.
- Verfügungsbefugnis des Einwilligenden über das Rechtsgut.
- Einsichts- und Urteilsfähigkeit des Einwilligenden (insbesondere bei Minderjährigen).
- Ernstliche und freiwillige Einwilligung.
- Die Tat muss aufgrund der Einwilligung begangen worden sein.
- Die Einwilligung darf nicht sittenwidrig sein (§ 228 StGB).
- Die Einwilligung wurde zum Zeitpunkt der Tat nicht widerrufen.

Die Einwilligung in einen Heileingriff muss vom Patienten oder bei Minderjährigkeit vom gesetzlichen Vertreter (§ 1626 Abs. 2 BGB) oder dem Pfleger oder dem Betreuer wirksam erteilt werden. Willensmängel (Täuschung, Irrtum, Zwang) dürfen nicht vorliegen ([38]: § 228 Rdnr. 12). Da die Einwilligung in Kenntnis von Art und Umfang der beabsichtigten Maßnahme und in Kenntnis der möglichen Folgen erteilt werden muss, ist für eine wirksame Einwilligung auch die Erfüllung der entsprechenden **Aufklärungspflicht** Voraussetzung.

8.2.2 Aufklärung

! Merke

Die Aufklärung muss insbesondere so rechtzeitig vor dem medizinischen Eingriff erfolgen, dass der Patientin genügend Gelegenheit bleibt, selbstbestimmt über die Erteilung der Einwilligung zu entscheiden.

Es muss über die Diagnose, die anzuwendende Methode, die Folgen und die entsprechenden Risiken und möglichen Nebenfolgen aufgeklärt werden (Kap. 4.2).

Praxisbeispiele:

- Eine Hebamme, die im Fall einer Beckenendlage vertretbar auf eine Kaiserschnittoperation verzichtet, da sie eine vaginale Entbindung bevorzugt, muss die Frau entsprechend aufklären und belehren und eine entsprechende Einwilligung einholen (Urteile des OLG Düsseldorf vom 01.12.1994 und vom 19.12.1996).
- Gleiches gilt für einen **geburtsleitenden Arzt** (Urteil des OLG München vom 06.08.1993) für den Fall, dass eine Schnittentbindung durchgeführt werden soll, wenn im Fall einer vaginalen Geburt ernst zu nehmende Gefahren für das Kind drohen.
- Dies gilt erst recht, wenn der Arzt trotz besonderer Gefahren für Mutter und Kind keine Schnittentbindung, sondern trotzdem eine vaginale Geburt vornehmen will (Urteil des BGH vom 12.11.1991).

Umfang und **Intensität** der Aufklärung richten sich nach der konkreten Sachlage. Einschränkungen der Aufklärungsverpflichtung können sich aus einer unklaren Diagnose, seltenen Risiken, dem Bildungsstand der Patientin und der Aufklärungsfähigkeit der Patientin ergeben.

Praxisbeispiel: Die Möglichkeit einer Schulterdystokie begründet für sich allein keine Indikation für eine Schnittentbindung. Es muss daher auch nicht entsprechend aufgeklärt werden (Urteil des OLG Zweibrücken vom 16.01.1996).

Merke
Eine erhöhte Aufklärungspflicht besteht bei
- **neuen Behandlungsmethoden**
- **ungeklärten Risiken**
- **einer deutlichen Verschlechterung der Gesamtsituation nach der Operation**
- **einem erhöhten Infektionsrisiko**
- **dem Zufügen erheblicher Schmerzen**

Einzelfälle aus der Rechtsprechung:
- Eine Aufklärung am Tag des Eingriffs kann noch zulässig sein, wenn die Patientin erkennen kann, dass sie die Einwilligung zur Durchführung des Eingriffs noch in der Hand hat. Dies ist nicht mehr der Fall, wenn die Aufklärung erst **vor der Türe** des Operationssaals erfolgt und die Patientin denkt, sich nicht mehr aus dem Geschehensablauf lösen zu können (Urteil des BGH vom 14.06.1994).
- Keine wirksame Einwilligung liegt auch vor, wenn die Einwilligungserklärung **mehrere Tage** vor der Operation überlassen wurde, aber erst nach Verabreichung einer Beruhigungsspritze und dem Hinweis des Arztes, man könne die Operation auch unterlassen, auf dem **Weg zum Operationssaal** unterzeichnet wurde (Urteil des BGH vom 17.02.1998).
- Bestehen deutliche Anzeichen dafür, dass eine normale Geburt kaum noch in Betracht, sondern vielmehr eine Schnittentbindung in Frage kommt, ist die Schwangere darüber so rechtzeitig aufzuklären, dass sie sich noch in einem Zustand befindet, in dem die Problematik mit ihr (vernünftig) besprochen werden kann (Urteil des BGH vom 16.02.1993).

Immer wichtiger wird die **therapeutische Aufklärung,** durch die die Patientin für eine bestimmte Therapie und die notwendigen diagnostischen Maßnahmen motiviert werden soll. Die Patientin muss auch auf mögliche, für den Laien nicht erkennbare Gefahren der Nichtbehandlung hingewiesen werden. Über allgemein bekannte Verläufe (z. B. Ausbreitung eines krankhaften Zustands) muss nicht aufgeklärt werden (Urteil des OLG Schleswig vom 08.06.2001).

Merke
Eine Aufklärung ist entbehrlich:
- **über unbeachtliche Außenseitermeinungen**
- **über allgemeine Gefahren, die jede Patientin kennt (auch Wundinfektion)**
- **bei einer Hebamme als Patientin über allgemeines medizinisches Fachwissen**
- **über unbeachtliche Nebenwirkungen, die auf die Erteilung der Einwilligung keinen Einfluss haben**

Die Anforderung an Aufklärungsmaßnahmen gegenüber **Notfallpatienten** sind sehr eingeschränkt, da in dieser Situation in der Regel keine Aufklärung über alternative Behandlungsmethoden möglich ist („Je dringender der Eingriff, desto geringer die Aufklärung").

8.2.3 Mutmaßliche Einwilligung

Ist die Patientin aufgrund ihres Zustands (Bewusstlosigkeit etc.) nicht in der Lage, eine Einwilligung zu erteilen, wird eine **„mutmaßliche Einwilligung"** angenommen, wenn Gefahr im Verzug ist (insbesondere bei Lebensgefahr, auch beim fehlgeschlagenen Selbstmord), es sei denn, der entgegenstehende Wille ist genauestens bekannt (z. B. durch ein „Patiententestament").

8.2.4 Widerruf der Einwilligung

Die Einwilligung kann jederzeit **widerrufen** werden. Wird die Einwilligung versagt, ist der Eingriff zu unterlassen; auch in Fällen einer schweren Folge bzw. des Todes (BGHSt 32, 378). Das Selbstbestimmungsrecht der Patientin aus Art. 2 GG ist zu beachten. Eine Strafbarkeit wegen unterlassener Hilfeleistung (§ 323c StGB) scheidet dann aus.

Die Einwilligung schließt **zivilrechtlich** auch eine Körperverletzung im Sinne einer unerlaubten Handlung nach § 823 BGB aus (Kap. 8.2.3). Dies hat zur Folge, dass es sich nicht um einen widerrechtlichen Eingriff handelt, der dann auch nicht zu Schadensersatz und zu Schmerzensgeldzahlungen verpflichtet.

Praxistipp
Bei einer Einwilligung ist auch die Weigerung der Schwangeren zu dokumentieren.

8.3 Straftaten gegen die körperliche Unversehrtheit (Körperverletzung)

Wer eine andere Person körperlich misshandelt oder an der Gesundheit schädigt, wird mit Freiheitsstrafe bis zu fünf Jahren oder mit Geldstrafe bestraft (**Körperverletzung,** § 223 StGB).

Körperliche Misshandlung ist ein übles, unangemessenes Behandeln, das entweder das körperliche Wohlbefinden oder die körperliche Unversehrtheit nicht nur unerheblich beeinträchtigt (BGHSt 14, 269; [38]: § 223 Rdnr. 3a). Eine mittelbare Einwirkung genügt, auch durch Unterlassen (z. B. das Nichthinzuziehen eines Arztes bei Erkrankung der Ehefrau oder eines Kindes, [38]: § 223 Rdnr. 3). Die bloße zeitliche Verschiebung des Geburtsvorgangs stellt keine Körperverletzung dar (BGHSt 31, 348). Stirbt die **Leibesfrucht im Mutterleib** durch Unterlassen einer medizinischen Behandlung, stellt dies gleichzeitig eine Gesundheitsverletzung der Mutter dar (Urteil des OLG Koblenz vom 28.01.1988).

Die **Schädigung der Gesundheit** besteht im Hervorrufen oder Steigern eines, wenn auch nur vorübergehenden pathologischen Zustands. Das OLG Düsseldorf hat entschieden, dass sich eine Hebamme der fahrlässigen Körperverletzung schuldig macht, wenn sie ihrer Betreuungspflicht der Schwangeren gegenüber nicht nachkommt, dadurch **zusätzliche Schmerzen** der Schwangeren verursacht und die Schmerzen vorhersehbar waren (OLG Düsseldorf JR 1992, 730).

Eine Körperverletzung ist auch ohne körperliche Misshandlung (z. B. bei der Ansteckung mit einer Geschlechtskrankheit oder HIV-Infektion) und ohne Schmerzen (Schneiden der Haare, Verstrahlung) möglich. Auch eine **Strahlentherapie** kann einen Eingriff in die körperliche Unversehrtheit darstellen (BGHSt 43, 306). Im Falle einer medizinisch nicht indizierten **Röntgenbehandlung** werden die Voraussetzungen des § 223 StGB bejaht, da es unerheblich ist, dass sich strahlenbedingte Mutationen im mikrobiologischen Bereich bewegen und im Hinblick auf den einzelnen Patienten nicht nachweisbar sind (BGHSt 43, 346). In diesen Bereich gehört auch das ärztlich nicht indizierte Verabreichen von **Medikamenten** und Betäubungsmitteln (z. B. Morphium-Spritze, Urteil des BGH vom 22.10.1969). Eine Einwirkung nur auf das **seelische Wohlbefinden** (z. B. durch häufiges Wecken in der Nacht) ist keine Gesundheitsschädigung ([38]: § 223 Rdnr. 6c). Anders liegt das bei der **Infektion mit einer übertragbaren Krankheit**. Mobbing und **Stalking** sind nach § 238 StGB („Nachstellung") strafbar.

Auch ein **Heileingriff** ist erst einmal eine Körperverletzung. Er ist jedoch dann nicht strafbar, wenn nach Aufklärung eine zutreffende **Einwilligung** der Berechtigten oder eine mutmaßliche Einwilligung vorliegt (Kap. 8.2.3). Der Eingriff ist dann **nicht rechtswidrig**.

Eine Hebamme hat aus der Übernahme ihrer Vertrauensstellung eine **Rechtspflicht, die Schwangere zu schützen.** Die Übernahme der Betreuung kann sich bereits aus telefonischen Ratschlägen und dem Versprechen ergeben, die Hebamme werde die Schwangere betreuen, insbesondere, wenn dadurch Vertrauen bei der Schwangeren entstanden ist. Führt die Verletzung dieses Vertrauens bzw. der entsprechenden Rechtspflicht zu **zusätzlichen Schmerzen**, ist der Straftatbestand erfüllt. Außerdem liegt eine zivilrechtliche Pflichtverletzung vor, die zum Schadensersatz verpflichtet.

Führt eine fahrlässige Handlung zum Tode, konnte der Täter jedoch nur eine Körperverletzung und nicht die Todesfolge voraussehen, liegt (lediglich) ein Fall der **fahrlässigen Körperverletzung** vor (§ 229 StGB).

Eine Strafschärfung enthält die **gefährliche Körperverletzung** nach § 224 StGB. Wenn die Hebamme die Körperverletzung durch Beibringung von Gift oder anderen gesundheitsschädlichen Stoffen, mittels einer Waffe oder eines anderen **gefährlichen Werkzeugs**, mittels eines hinterlistigen Überfalls, mit einem anderen Beteiligten **gemeinschaftlich** oder mittels einer das **Leben gefährdenden** Behandlung begeht, erhöht sich die angedrohte Freiheitsstrafe von sechs Monaten bis zu zehn Jahren. Eine Geldstrafe ist dann nicht mehr vorgesehen. In der Praxis ist die Begehung einer Körperverletzung mittels eines Werkzeugs (Schere etc.) mit anderen Hebammen oder Schülerinnen gemeinschaftlich oder durch eine lebensgefährliche Behandlung nicht ausgeschlossen.

Hat die Körperverletzung zur Folge, dass die verletzte Person das Sehvermögen auf einem Auge oder beiden Augen, das Gehör, das Sprechvermögen oder die Fortpflanzungsfähigkeit, ein wichtiges Glied des Körpers verliert oder dauernd nicht mehr gebrauchen kann oder in erheblicher Weise dauernd entstellt wird oder in Siechtum, Lähmung oder geistige Krankheit oder Behinderung verfällt, so ist die Strafe eine Freiheitsstrafe von einem Jahr bis zu zehn Jahren (**Schwere Körperverletzung,** § 226 StGB).

Verursacht der Täter durch die Körperverletzung den Tod der verletzten Person, so ist die Strafe eine Freiheitsstrafe nicht unter drei Jahren (**Körperverletzung mit Todesfolge,** § 227 StGB).

Gemäß § 230 StGB werden die vorsätzliche Körperverletzung und die fahrlässige Körperverletzung **nur auf Antrag verfolgt,** es sei denn, die Staatsanwaltschaft hält wegen des besonderen öffentlichen Interesses an der Strafverfolgung ein Einschreiten von Amts wegen für geboten. Stirbt die/der Verletzte, ohne einen Antrag gestellt zu haben, so geht das Antragsrecht im Fall des § 223 StGB (nicht im Fall des § 229 StGB) auf die Angehörigen über (s. auch § 77 Abs. 2 StGB).

Seit September 2013 wird auch die **Verstümmelung** der äußeren Genitalien einer weiblichen Person mit Freiheitsstrafe nicht unter einem Jahr bestraft (§ 226a StGB). Die Beschneidung des männliches Kindes ist unter den Voraussetzungen des § 1631d BGB durch die Personensorge gedeckt.

8.4 Freiheitsberaubung

§ 239 StGB bestimmt, dass die Person, die einen anderen Menschen einsperrt oder auf andere Weise der Freiheit beraubt, mit einer Freiheitsstrafe bis zu fünf Jahren oder mit einer Geldstrafe bestraft wird.

In der **Krankenpflege** wird die freiwillige Ortsveränderung der Patienten meist durch die sog. **Fixierung** (Fesselung), durch das Anbringen von Gittern an den Betten oder das Einsperren in ein Zimmer erreicht (Freiheitsentziehende Maßnahmen, FEM). Diese Maßnahmen sind regelmäßig nur bei Gefahr im Verzug für eine Mindestdauer zulässig, während längere Freiheitsentziehungen stets einer richterlichen Entscheidung bedürfen (Art. 104 GG; auch für die Unterbringung nach § 63 StGB und nach den **Unterbringungsgesetzen** der Bundesländer oder bei der Unterbringung eines Betreuten nach § 1906 BGB). Ist eine Fixierung medizinisch nicht indiziert, kann dies auch zu entsprechenden **zivilrechtlichen Schadensersatzforderungen** führen.

8.5 Schweigepflicht

8.5.1 § 203 StGB

Die Hebamme steht unter **Schweigepflicht.** Dies ergibt sich zum einen aus den Regelungen der landesrechtlichen Berufsordnungen, zum anderen aus den Strafvorschriften der §§ 203 ff. StGB. Sie darf die ihr anvertrauten Informationen nicht aktiv weitergeben und muss gleichzeitig dafür sorgen, dass die Angaben nicht passiv in falsche Hände geraten können. Die Krankenakte und sonstige Unterlagen über den Gesundheitszustand wie Computerausdrucke und Ähnliches müssen stets so aufbewahrt werden, dass Unbefugte sie nicht lesen können. Sie dürfen nicht unbeaufsichtigt im Krankenzimmer oder im Kreißsaal herumliegen. Auch Computer und elektronisch gespeicherte Daten dürfen nicht für fremde Personen einsehbar sein.

! Merke
Nach § 203 StGB macht sich strafbar, wer unbefugt ein fremdes Geheimnis, insbesondere ein zum persönlichen Lebensbereich gehörendes Geheimnis oder ein Betriebs- oder Geschäftsgeheimnis offenbart, das ihm im Rahmen seiner Berufsausübung anvertraut oder sonst bekannt geworden ist.

Bei der Hebamme handelt es sich gemäß § 203 Abs. 1 Nr. 1 StGB um eine solche Person, da sie **Angehörige eines Heilberufs** ist, der für die Berufsausübung oder die Führung der Berufsbezeichnung eine staatlich geregelte Ausbildung erfordert. Gemäß § 203 Abs. 3 StGB stehen der Hebamme auch ihre berufsmäßig tätigen **Gehilfen** und die Personen gleich, die bei ihr zur Vorbereitung auf den Beruf tätig sind (Gehilfen sind auch Sprechstundenhilfe, Sekretärin, Nachtwache und Krankenpflegeschüler, nicht jedoch Küchenpersonal, Handwerker und Pförtner, da diese am Behandlungsgeschehen nicht unmittelbar beteiligt sind). Gehilfe kann auch der die Buchhaltung oder den Telefondienst in der Praxis erledigende **Ehemann** der Hebamme sein.

8.5.2 § 6 – Schweigepflicht

Die (neueste) Regelung der Schweigepflicht in der Hebammenberufsordnung Bayerns lautet:

§ 6 (1) Hebammen und Entbindungspfleger haben über das, was ihnen im Rahmen der Berufsausübung anvertraut oder bekannt geworden ist, zu **schweigen** (§ 203 Abs. 1 Nr. 1 StGB). Dies umfasst auch schriftliche Mitteilungen der Patienten, Aufzeichnungen der Hebammen und Entbindungspfleger über die Patienten sowie Untersuchungsbefunde der Hebammen und Entbindungspfleger. Die Schweigepflicht gilt auch gegenüber Ärztinnen und Ärzten sowie Hebammen und Entbindungspflegern, die **nicht bei der Behandlung oder Betreuung mitgewirkt haben**, und mit Ausnahme des § 9 Abs. 3 Satz 2 auch gegenüber der unteren Behörde für Gesundheit, Veterinärwesen, Ernährung und Verbraucherschutz. Den betreuten Frauen ist auf Verlangen Auskunft und Einsicht in alle sie betreffenden Unterlagen zu gewähren.

§ 6 (2) Hebammen und Entbindungspfleger sind **zur Offenbarung befugt**, soweit sie von der Schweigepflicht entbunden worden sind oder zur Offenbarung zum Schutz eines höherwertigen Rechts befugt oder verpflichtet sind.

§ 6 (3) Von der Schweigepflicht unberührt bleiben sonstige **Melde-, Anzeige- und Beratungspflichten**, insbesondere Meldepflichten nach dem Infektionsschutzgesetz, die Anzeigepflichten nach dem Personenstandsgesetz, die Pflichten zur Sicherung der Beratung Behinderter nach dem Zwölften Buch SGB und die Pflichten nach § 9.

8.5.3 § 9 – Aufsicht

Auch § 9 der Hebammenberufsordnung Bayerns befasst sich mit Fragen der Schweigepflicht:

§ 9 (1) Selbstständig tätige Hebammen und Entbindungspfleger üben ihren Beruf unter der Aufsicht der unteren Behörde für Gesundheit, Veterinärwesen, Ernährung und Verbraucherschutz aus. Auf Anforderung ist der unteren Behörde für Gesundheit, Veterinärwesen, Ernährung und Verbraucherschutz eine Kopie der Aufzeichnungen nach § 5 in anonymisierter Form zu überlassen.

§ 9 (2) Selbstständig tätige Hebammen und Entbindungspfleger sind verpflichtet, der unteren Behörde für Gesundheit, Veterinärwesen, Ernährung und Verbraucherschutz auf deren Aufforderung **anonymisiert Auskünfte** für medizinalstatistische Zwecke zu erteilen.

§ 3 (3) Selbstständig tätige Hebammen und Entbindungspfleger haben die untere Behörde für Gesundheit, Veterinärwesen, Ernährung und Verbraucherschutz unverzüglich zu benachrichtigen, wenn eine von ihnen betreute Schwangere, Gebärende, Wöchnerin oder ein von ihnen betreutes Neugeborenes verstorben oder eine Totgeburt erfolgt ist. Sie haben in diesem Fall einer Ärztin oder einem Arzt der unteren Behörde für Gesundheit, Veterinärwesen, Ernährung und Verbraucherschutz die hierfür notwendigen Auskünfte zu erteilen und Einblicke in die Aufzeichnungen nach § 5 zu gewähren.

8.5.4 Geheimnis

Die Schweigepflicht umfasst ein **fremdes Geheimnis.** Hierbei handelt es sich um Tatsachen, die sich auf eine andere Person als Betroffene sowie ihre vergangenen und bestehenden Lebensverhältnisse beziehen. Werturteile sind nicht erfasst. Meinungen können geäußert werden. Allerdings darf stets **keine Identifizierungsmöglichkeit** des Geschützten bestehen. Die Tatsachen müssen geheim, d. h., lediglich einem beschränkten Personenkreis bekannt sein. Geheimnisse beziehen sich nicht nur auf den medizinischen, sondern auch auf den privaten Bereich (Drogenkonsum; Insolvenz; außereheliche Beziehungen etc.). Bei Rechtsanwälten wurde entschieden, dass es unerheblich ist, wie der Rechtsanwalt in Ausübung seines Berufs an die Informationen gelangt. Es kommt nicht darauf an, von wem und auf welche Weise er sein Wissen erworben hat. Auch **Zufallswissen**, das im Rahmen der beruflichen Tätigkeit erworben wurde, fällt unter die Schweigepflicht (Beschluss des BGH vom 16.02.2011).

Praxistipp

Berichte über die berufliche Tätigkeit verletzen dann die Schweigepflicht, wenn es trotz einer abstrakten, nicht namentlichen Schilderung des Falles dem Zuhörer möglich ist, die entsprechende Person zu identifizieren.

Weiter muss der Betroffene ein Interesse an der Geheimhaltung haben (sog. **„Geheimhaltungswille“**). Die Entbindung der prominenten Künstlerin, die die Presse darüber selbst informiert hat, ist kein „Geheimnis“ mehr. Der Geheimhaltungswille ist auch dann nicht mehr gegeben, wenn die Klientin die Hebamme von der **Schweigepflicht entbindet** (Kap. 8.5.5).

Das Geheimnis muss der Hebamme anvertraut worden sein. **Anvertrauen** bedeutet ein Einweihen in das Geheimnis unter Umständen, aus denen sich eine Pflicht zur Verschwiegenheit ergibt.

Den Geheimnissen gleichgestellt sind auch Einzelangaben über persönliche und sachliche Verhältnisse eines anderen, die für Aufgaben der öffentlichen Verwaltung erfasst sind (Akten, Karteien, elektronische Datensammlungen; § 203 Abs. 2 Satz 2 StGB).

Strafbar macht sich, wer ein entsprechendes Geheimnis **offenbart.** Die Offenbarung muss die geheime Tatsache und die Person des Berechtigten umfassen. Anonymisierte Mitteilungen (z. B. HIV-Infektion nach dem Infektionsschutzgesetz) reichen hierfür nicht aus. Das Geheimnis muss dem Dritten noch unbekannt sein.

Die Offenbarung muss **unbefugt** sein. Dies ist sie nicht, wenn eine wirksame Einwilligung des Geschützten vorliegt (**Entbindung von der Schweigepflicht**), wobei auch eine teilweise Entbindung in Frage kommt, um z. B. nur gegenüber bestimmten Personen (Ehemann, Kinder etc.) Auskünfte erteilen zu dürfen. Die Einwilligung ist grundsätzlich formlos möglich und kann auch konkludent erteilt werden.

Praxistipp

- Bei Praxisübergaben kann eine Einwilligung der Klientinnen zur Weitergabe von Geheimnissen nicht angenommen werden. Die Klientinnen müssen daher in jedem Einzelfall konkret befragt werden, ob sie mit einer Übertragung des Verfahrens und ihrer Unterlagen an die Erwerberin einverstanden sind.
- Die Schweigepflicht gilt am Krankenbett auch gegenüber Zimmernachbarinnen, d. h., es ist leise zu sprechen oder für eine Schweigepflichtentbindung zu sorgen.
- Die Einwilligung befreit auch die Gehilfen der Hebamme von der Schweigepflicht.

Die Schweigepflicht besteht gegenüber jedermann, insbesondere auch gegenüber Verwandten, Ehepartnern, Lebenspartnern, Polizei, Gerichten (s. u.), Arbeitgebern und besteht auch über den Tod der Klientin hinaus.

8.5.5 Entbindung von der Schweigepflicht

Eine Klientin kann die Hebamme ausdrücklich von der gesetzlichen **Schweigepflicht entbinden**. Schweigepflichtentbindungen müssen auf der freien Entscheidung des Patienten beruhen und müssen vor der Datenweitergabe erfolgen.

Eine solche Erklärung muss **folgende Punkte** enthalten:

- Name, Anschrift und Geburtsdatum der Klientin
- Name der Hebamme, die von der Schweigepflicht entbunden werden soll
- Der Empfänger der Daten ist namentlich zu nennen.
- Soweit möglich, ist genau anzugeben, welche Daten weitergegeben werden dürfen.
- Der Zweck der Datenübermittlung ist anzugeben.
- Dauer der Weitergabe (einmalig oder wiederkehrende Datenübermittlung)
- Datum der Erklärung
- Widerrufsbelehrung

Merke

Eine Schweigepflichtentbindungserklärung muss daher enthalten:
Wer (Patient), Wem (Behandler), Was (Welche Daten), Wofür (Zweck der Übermittlung), an Wen (Empfänger der Daten), Wie lange (einmalig) und die Widerrufsmöglichkeit.

8.5.6 Sonstige Ausnahmen

Das Offenbaren von Geheimnissen kann auch dadurch gerechtfertigt sein, dass gesetzliche **Offenbarungspflichten** bestehen. Dies ist insbesondere bei der bereits erwähnten Nichtanzeige geplanter Straftaten (§ 138 StGB) der Fall. Gleiches gilt bei der Mitteilung meldepflichtiger Krankheiten nach dem **Infektionsschutzgesetz**, Meldungen an das Standesamt nach dem **Personenstandsgesetz** oder bei der Einschaltung des Jugendamts bei einer **Kindeswohlgefährdung** nach § 8a SGB VIII oder nach dem **Kinderschutzgesetz** (dort § 4 Abs. 1). In diesem Fällen tritt die Schweigepflicht gegenüber den gesetzlichen Offenbarungspflichten zurück. Kommen Ärzte bei einer Behandlung von Kindern nach ärztlichem Standard zu dem ernst zu nehmenden **Verdacht einer Kindesmisshandlung**, so ist die Verletzung der ärztlichen Schweigepflicht durch Information des Landeskriminalamts und des Jugendamts auch entsprechend § 34 StGB gerechtfertigt. Zur Rechtfertigung muss eine Misshandlung nicht erwiesen sein, auch ein hinreichender Tatverdacht gemäß § 170 Abs. 1 StPO ist nicht erforderlich, da es nicht Aufgabe der Ärzte oder Hebammen ist, einen Verdacht auszuermitteln. Ausreichend ist, dass die festgestellten Verletzungen typischerweise durch eine Kindesmisshandlung hervorgerufen werden können, sodass ein **begründeter Verdacht** vorliegt (Urteil des KG vom 27.06.2013).

Praxistipp

- Gerechtfertigt ist in der Regel die Information des Jugendamts oder der Polizei durch eine Hebamme beim Verdacht auf Kindesmisshandlungen und beim Vorliegen einer Wiederholungsgefahr.
- Im Übrigen sind auch gegenüber der Polizei keinerlei Angaben zu machen. Das gilt auch gegenüber den Familienangehörigen, übergeordneten Ärzten, die an der konkreten Behandlung nicht beteiligt sind (Verbot der „Cafeteriagespräche"), Arbeitgebern und Krankenversicherungen.
- Die Schweigepflicht gegenüber Minderjährigen hängt von deren Einsichtsfähigkeit und der Aufklärungsverpflichtung gegenüber den Eltern ab.

Weitere Ausnahmen von der Schweigepflicht:

- Das „Geheimnis" ist bereits öffentlich, z. B. in der Presse.
- Zur Abrechnung von Kassenpatientinnen müssen bestimmte Daten an die Krankenkasse übertragen werden.
- Die Schweigepflicht gilt nicht gegenüber Personen, die an der Behandlung beteiligt sind.
- Angaben im Rahmen der eigenen Steuererklärung bzw. einer Betriebsprüfung.
- Auskunft an das örtlich zuständige Gesundheitsamt als Aufsichtsbehörde nach den Landesverordnungen.

In Ausnahmefällen kommt auch der **Schutz Dritter** als Rechtfertigungsgrund in Betracht. Dies kann der Fall sein, wenn gefährdete Personen über eine bestehende gefährliche Infektionsgefahr aufgeklärt werden müssen (insbesondere **AIDS-Erkrankung** gegenüber Partnern der Patienten). Die ärztliche Schweigepflicht verbietet dann die Aufklärung des Lebenspartners über eine **Aids-Erkrankung** und die bestehende Ansteckungsgefahr, wenn der Kranke einsichtig ist und er die Bekanntgabe verbietet. Ist er uneinsichtig und sind insbesondere beide Lebenspartner Patienten des gleichen Arztes, ist dieser nicht nur berechtigt, sondern verpflichtet, den anderen Lebenspartner aufzuklären (Beschluss des OLG Frankfurt/Main vom 08.07.1999).

Das allgemeine Persönlichkeitsrecht umfasst auch ein „Recht auf **Nichtwissen der eigenen genetischen Veranlagung**", das den Einzelnen davor schützt, Kenntnis über ihn betreffende genetische Informationen mit Aussagekraft für seine persönliche Zukunft zu erlangen, ohne dies zu wollen (Urteil des BGH vom 20.05.2014).

Auch bei nahe liegender erheblicher **Gefährdung der Allgemeinheit** (z. B. bei schwerwiegenden Gefahren für die Sicherheit im Straßenverkehr bei Anfallsleiden, Urteil des BGH vom 08.10.1968) kommt eine Rechtfertigung in Frage. Eine Offenbarungsbefugnis sieht die Rechtsprechung auch bei der Ankündigung eines Selbstmords.

Schließlich kann sich eine Einschränkung der Schweigepflicht auch aus „sozialadäquaten" Umständen ergeben, z. B. bei der **Visite im Mehrbettzimmer**, bei der Dialyse oder durch namentlichen Aufruf im Wartezimmer des Arztes vor anderen

Patienten. Dies ist jedoch nicht immer der Fall. Es soll stets geprüft werden, ob Informationen das Ansehen des Patienten berühren (drohen soziale Einbußen), Informationen eine gravierende Änderung der Lebensumstände zur Folge haben (wirtschaftliche Einbußen) oder die Lebensführung gravierend eingeschränkt wird (Intensität und Dauer der Erkrankung). Erst wenn diese Fragen verneint werden, soll von einer **sozialadäquaten Offenbarungsmöglichkeit** auszugehen sein [38].

Stets trägt die Hebamme die **Beweislast** für das Vorliegen der Ausnahmegründe.

„Wo die Schweigepflicht endet“ fasst auch Monika Selow in zwei Fachartikeln in der DHZ [108] zusammen. Hier findet sich auch eine **Checkliste zum Datenschutz**.

8.5.7 Schweigepflicht vor Gericht

Berufsgeheimnisträger können sich vor Gericht auf die Schweigepflicht berufen und haben insofern ein **Zeugnisverweigerungsrecht** aus beruflichen Gründen (§ 53 StPO im Strafprozess, § 383 ZPO im Zivilverfahren, § 46 OWiG im Ordnungswidrigkeitsverfahren). Auch einer Krankenschwester als Gehilfin des Arztes steht ein Zeugnisverweigerungsrecht zu. Es **besteht jedoch nicht**, wenn es sich um Informationen handelt, die weder im funktionalen Zusammenhang mit der ärztlichen und pflegerischen Tätigkeit noch im Zusammenhang mit dem Vertrauensverhältnis zwischen Arzt und Patient steht (Urteil des OLG Hamm vom 20.01.2009).

Auch ein **rechtfertigender Notstand** (§ 34 StGB (S. 160)) kann gegen die Unbefugtheit der Offenbarung sprechen. Gleiches gilt für den allgemeinen Rechtfertigungsgrund der „Wahrnehmung berechtigter (eigener) Interessen“. **Praxisbeispiele** hierzu sind Offenbarungen zur Durchsetzung von Honoraransprüchen, zur Verteidigung im Regressprozess, zur Verteidigung gegen Beschuldigungen im Strafprozess oder eine Offenbarung zur Abwehr rechtswidriger Angriffe auf Vermögen oder Ehre.

Praxistipp

Die Hebamme darf zur gerichtlichen Durchsetzung nicht erfüllter **Honoraransprüche** sowohl ihrem Rechtsanwalt als auch dem Gericht gegenüber Angaben zur Klientin und über Art und Umfang der Behandlung machen.

Im Falle eines **unberechtigten Schweigens** kann gegen die Hebamme der Verdacht der Strafvereitelung bestehen (§ 258 StGB).

Bei der Verletzung der Schweigepflicht handelt es sich um **Antragsdelikte** gemäß § 205 StGB, d. h., die Taten werden nur auf Antrag verfolgt. Zur Antragsstellung berechtigt ist der Verletzte. Mit dem Tod des Verletzten geht das Antragsrecht auf die Angehörigen über (§ 205 Abs. 2 StGB i. V. m. § 77 Abs. 2 StGB). Die Schweigepflicht gilt auch **über den Tod** der geschützten Person hinaus (u. a. Urteil des BAG vom 23.02.2010). Die Dokumentation der **verstorbenen Hebamme** muss z. B. nach der Landesberufsordnungen NRW dem Gesundheitsamt übergeben werden.

Für Rechtsanwälte hat das Kammergericht Berlin mit Urteil vom 20.08.2010 entscheiden, dass sich aus der Kontrollpflicht einer Datenschutzbehörde keine Befugnis oder gar Verpflichtung des Rechtsanwalts ergibt, mandatsbezogene **Informationen an den Datenschutzbeauftragten** weiterzugeben. Die Schweigepflicht geht daher Datenschutzrechten vor. Das gilt auch für Hebammen.

8.6 Datenschutz

Zusätzlich zur Schweigepflicht hat die Hebamme die Vorschriften des **Bundesdatenschutzgesetzes** (BDSG) zu beachten. Dieses Gesetz regelt den generellen Umgang mit personenbezogenen Daten. Grundsätzlich darf die Hebamme die Daten ihrer Klientinnen als Mittel für die Erfüllung ihrer eigenen Geschäftszwecke auf dem Computer speichern und verarbeiten. Die Daten dürfen so lange gespeichert werden, wie es die **Aufbewahrungspflichten der Dokumentation**, bzw. der Abrechnungsunterlagen verlangen. Nach § 630f Abs. 3 BGB muss die Hebamme die Patientenakte für die Dauer von zehn Jahren nach Abschluss der Behandlung aufbewahren. Die gleiche Frist findet sich in den Landesberufsordnungen. In Krankenhäuser wird die Dokumentation üblicherweise 30 Jahre aufbewahrt. Diese Frist orientiert sich an der maximalen Verjährungsfrist zur Geltendmachung von Schadensersatzansprüchen.

Praxistipp

Wird ein Computer zur Reparatur in die Werkstatt geben, muss sichergestellt werden, dass niemand Einblick in die Daten nehmen kann. Das ist nur der Fall, wenn die Daten entweder verschlüsselt auf der Festplatte gespeichert sind, oder wenn sie vorher gelöscht wurden. Patientendaten auf einem Computer, der verkauft werden soll, müssen sorgfältig (mit Zusatzprogrammen) gelöscht werden. Notfalls muss die Festplatte ausgetauscht werden.

Außerdem ist in § 14 des Vertrags über die Versorgung mit Hebammenhilfe **nach § 134a SGB V geregelt, dass sich die** Hebamme verpflichtet, die Bestimmungen über den **Schutz der Sozialdaten** (§§ 35, 37 SGB I, § 284 SGB V sowie §§ 67 bis 85 SGB X) zu beachten, personenbezogene Daten nur zur Erfüllung der sich aus dem Vertrag ergebenden Aufgaben zu erheben, verarbeiten, bekannt zu geben, zugänglich zu machen oder sonst zu nutzen. Die Hebamme und Hebammengemeinschaften verpflichten ihre Mitarbeiterinnen zur Beachtung der Schweigepflicht sowie der Datenschutzbestimmungen. Die gemäß § 4 Abs. 4 des Vertrages zur Verfügung gestellten Daten der Hebammen dürfen nur zu vertraglichen Zwecken verwendet werden.

8.7 Abrechnungsbetrug

Strafbar macht sich, wer in der Absicht, sich oder einem Dritten einen rechtswidrigen Vermögensvorteil zu verschaffen, das Vermögen eines anderen dadurch beschädigt, dass er durch Vorspiegelung falscher oder durch Entstellung oder Unterdrückung wahrer Tatsachen einen Irrtum erregt oder unterhält (**Betrug,** § 263 StGB).

Die Hebamme, die die Krankenkasse oder die Privatpatientin mit einer **falschen Rechnung** täuscht und dadurch einen Irrtum erregt, macht sich daher wegen Betrugs strafbar, wenn dies auch noch zu einer Vermögensverfügung führt (der Rechnungsbetrag wird überweisen) und einen Vermögensschaden zur Folge hat (dem Rechnungsbetrag steht keine Leistung gegenüber).

Die **Strafe** kann eine Geldstrafe oder eine Freiheitsstrafe bis maximal 5 Jahre sein.

Außerdem kann die Verurteilung zu einem **Berufsverbot** führen oder den bereits geschilderten **Widerruf der Berufserlaubnis** zur Folge haben (§ 3 Abs. 2 HebG).

Wenn ein Schaden von mehr als 50.000,00 EUR entsteht, liegt ein besonders schwerer Fall des Betrugs vor, wodurch sich die Strafe zu einer Freiheitsstrafe von sechs Monaten bis zu zehn Jahren erhöhen kann (§ 263 Abs. 3 Nr. 2 StGB).

Für den **Abrechnungsbetrug** ist es bei der massenhaften Erledigung der Abrechnungsverfahren nicht erforderlich, dass der einzelne Mitarbeiter hinsichtlich jedes einzelnen Abrechnungspostens eine konkrete Vorstellung hatte, die Forderung sei berechtigt. Es genügt die stillschweigende Annahme des Mitarbeiters, die Abrechnung sei insgesamt ordnungsgemäß (Urteil des BGH vom 12.02.2015).

Eine Zusammenfassung bietet auch *Abrechnungsbetrug im Krankenhaus* [72].

9 Rechtliche Antworten auf ethische Fragen

9.1 Gendiagnostik

Das „Gesetz über genetische Untersuchungen bei Menschen" (**Gendiagnostikgesetz,** GenDG) vom 31.07.2009 gilt für **genetische Untersuchungen** und im Rahmen genetischer Untersuchungen durchgeführte genetische Analysen bei geborenen Menschen sowie bei Embryonen und Föten während der Schwangerschaft und den Umgang mit dabei gewonnenen genetischen Proben und genetischen Daten bei genetischen Untersuchungen zu medizinischen Zwecken, zur Klärung der Abstammung sowie im Versicherungsbereich und im Arbeitsleben (§ 2 GenDG). Genetische Analysen im Rahmen genetischer Untersuchungen zur Klärung der Abstammung dürfen dabei nur von Einrichtungen vorgenommen werden, die eine Akkreditierung für die Durchführung der genetischen Analysen durch eine hierfür allgemein anerkannte Stelle erhalten haben (§ 5 Abs. 1 GenDG).

Die **Begriffsbestimmungen** finden sich in § 3 GenDG. Ein Überblick zu den neuen gesetzlichen Regelungen findet sich in den Artikeln *Gendiagnostik- und Schwangerschaftskonfliktgesetz* [14] und *Das neue Gendiagnostikgesetz* [42].

Niemand darf wegen seiner oder der genetischen Eigenschaften einer genetisch verwandten Person, wegen der Vornahme oder Nichtvornahme einer genetischen Untersuchung oder Analyse bei sich oder einer genetisch verwandten Person oder wegen des Ergebnisses einer solchen Untersuchung oder Analyse benachteiligt werden (**Benachteiligungsverbot,** § 4 GenDG).

Diagnostische genetische Untersuchungen dürfen **nur durch Ärzte** durchgeführt werden (§ 7 GenDG). Gleiches gilt für **genetische Beratungen** (§ 7 GenDG; siehe auch [2]). Was die Hebamme im Rahmen des Neugeborenenscreenings dürfen, stellt *Mehr Rechtssicherheit beim Neugeborenen-screening* [93] dar. Die betroffene Person muss in die Untersuchung und die Gewinnung der dafür erforderlichen genetischen Probe ausdrücklich und schriftlich gegenüber der verantwortlichen ärztlichen Person eingewilligt haben (§ 8 Abs. 1 GenDG). Vorher hat die verantwortliche ärztliche Person die betroffene Person über Wesen, Bedeutung und Tragweite der genetischen Untersuchung **aufzuklären** (§ 9 Abs. 1 GenDG).

Nach Vorliegen des Untersuchungsergebnisses soll der betroffenen Person eine **genetische Beratung** durch eine Ärztin oder einen Arzt angeboten werden (§ 10 Abs. 1 GenDG). Die genetische Beratung erfolgt in allgemein verständlicher Form und **ergebnisoffen**.

Das Ergebnis einer genetischen Untersuchung darf nur der betroffenen Person und nur durch die verantwortliche ärztliche Person oder die Ärztin oder den Arzt, die oder der die genetische Beratung durchgeführt hat, mitgeteilt werden (§ 11 Abs. 1 GenDG). Das Ergebnis darf der betroffenen Person u. a. nicht mitgeteilt werden, wenn diese Person ihre Einwilligung widerrufen hat.

§ 17 GenDG enthält Regelungen zur genetische Untersuchungen zur **Klärung der Abstammung**, § 18 GenDG zu Untersuchungen im Versicherungsbereich. § 19 GenDG **verbietet** genetische Untersuchungen vor und nach der Begründung eines Beschäftigungsverhältnisses, § 20 GenDG genetische Untersuchungen und Analysen zum Arbeitsschutz. Das entsprechende arbeitsrechtliche Benachteilungsverbot enthält § 21 GenDG.

Die **Strafvorschriften** finden sich in § 25 GenDG, **Bußgeldvorschriften** in § 26 GenDG. Dort ist unter Absatz 1 Nr. 1 geregelt, dass der, der genetische Untersuchungen durchführt, ohne Arzt zu sein, ordnungswidrig handelt. Das Bußgeld kann bis zu 50.000,00 EUR betragen.

9.2 Embryonenschutz

Zum Schutz des Embryo gilt das „Gesetz zum Schutz vom Embryonen" (**Embyronenschutzgesetz,** ESchG) vom 13.12.1990. Unter einem **Embryo** wird danach die befruchtete, entwicklungsfähige menschliche Eizelle vom Zeitpunkt der Kernverschmelzung an verstanden, ferner jede, einem Embryo entnommene totipotente Zelle, die sich teilen und zu einem Individuum entwickeln kann (§ 8 ESchG). Der so definierte Embryo wird, solange er sich *in vitro* (im Reagenzglas) befindet, es also nicht zur Implantation in die Gebärmutterschleimhaut gekommen ist, auch nicht vom Schutz der Vorschriften über den Schwangerschaftsabbruch nach §§ 218 ff. StGB umfasst.

Eine **Strafvorschrift** findet sich u. a. in § 1 ESchG, wonach u. a. bestraft wird, wer

- auf eine Frau eine fremde unbefruchtete Eizelle überträgt,
- es unternimmt, eine Eizelle zu einem anderen Zweck künstlich zu befruchten, als eine Schwangerschaft einer Frau herbeizuführen, von der die Eizelle stammt,
- einer Frau einen Embryo vor Abschluss seiner Einnistung in die Gebärmutter entnimmt, um diesen auf eine andere Frau zu übertragen oder ihn für einen nicht seiner Erhaltung dienenden Zweck zu verwenden bzw.
- es unternimmt, bei einer Frau, die bereit ist, ihr Kind nach der Geburt Dritten auf Dauer zu überlassen **(Ersatzmutter)**, eine künstliche Befruchtung durchzuführen oder auf sie einen menschlichen Embryo zu übertragen.

Ebenso wird bestraft, wer einen extrakorporal erzeugten oder einer Frau vor Abschluss seiner Einnistung in der Gebärmutter entnommenen menschlichen **Embryo veräußert** oder zu einem nicht seiner Erhaltung dienenden Zweck abgibt, erwirbt oder verwendet oder wer zu einem anderen Zweck als der Herbeiführung einer Schwangerschaft bewirkt, dass sich ein menschlicher Embryo extrakorporal weiterentwickelt (§ 2 ESchG).

Nach § 3 ESchG wird bestraft, wer es unternimmt, eine menschliche Eizelle mit einer Samenzelle künstlich zu befruchten, die nach dem in ihr enthaltenen Geschlechtschromosom ausgewählt worden ist. Die **Geschlechterwahl** ist verboten.

Außerdem **verboten** sind

- die eigenmächtige Befruchtung und Embryoübertragung gegen den Willen der Frau (§ 4 Abs. 1 Nr. 1, 2 ESchG),
- die Befruchtung einer Eizelle mit dem Samen eines Mannes **nach dessen Tod** (§ 4 Abs. 1 Nr. 3 ESchG),
- die künstliche Veränderung der Erbinformation menschlicher **Keimbahnzellen** (§ 5 ESchG),
- das **Klonen** (§ 6 ESchG) und
- die **Chimären- und Hybridbildung** (Verbindung zwischen Mensch und Tier – § 7 ESchG).

Die einzelnen Konstellationen der Embryonenspende sind in *Eizellspende verboten – Embryonenspende erlaubt?* [118] erläutert.

9.3 Präimplantationsdiagnostik

Unter **Präimplantationsdiagnostik** (PID) werden diagnostische Maßnahmen an Zellen des Embryos nach einer In-vitro-Fertilisation und vor der Implantation des Embryos in die Gebärmutter verstanden.

Auf der Grundlage des Embryonenschutzgesetzes war die PID in Deutschland zunächst unzulässig.

Mit Urteil vom 06.07.2010 hat der BGH allerdings entschieden, dass die nach extrakorporaler Befruchtung beabsichtigte PID mittels Blastozystenbiopsie und anschließender Untersuchung der entnommenen pluripotenten Trophoblastzellen auf **schwere genetische Schäden** hin **keine Strafbarkeit** nach § 1 Abs. 1 Nr. 2 EschG begründet. Deren Durchführung ist keine nach § 2 Abs. 1 ESchG strafbare Verwendung menschlicher Embryonen. Damit war klargestellt, dass die PID zur Entdeckung schwerer genetischer Schäden des künstlich erzeugten Embryos unter bestimmten Voraussetzungen straffrei ist. Der BGH hat das u. a. damit begründet, dass es widersprüchlich wäre, einerseits die belastenden Schwangerschaftsabbrüche nach § 218a Abs. 2 StGB straffrei zu lassen und andererseits die PID, die auf einem weitaus weniger belastenden Weg dasselbe Ziel verfolgt, bei Strafe zu untersagen.

Diese Entscheidung hat letztendlich dazu geführt, dass der Gesetzgeber durch das „Gesetz zur Regelung der Präimplantationsdiagnostik" (**Präimplantationsdiagnostikgesetz,** PräimpG) vom 21.11.2011 in das ESchG eine neue Vorschrift eingefügt hat, die eine mögliche Strafbarkeit der PID neu geregelt hat.

Nach § 3a Abs. 1 ESchG wird nun bestraft, wer Zellen eines Embryos in vitro vor seinem intrauterinen Transfer genetisch untersucht (**Präimplanta-**

tionsdiagnostik). Allerdings handelt nicht rechtswidrig, wer zur Herbeiführung einer Schwangerschaft mit schriftlicher Einwilligung der Frau, von der die Eizelle stammt, nach dem allgemein anerkannten Stand der medizinischen Wissenschaft und Technik Zellen des Embryos in vitro vor dem intrauterinen Transfer auf die **Gefahr einer Krankheit** genetisch untersucht, wenn auf Grund der genetischen Disposition der Frau, von der die Eizelle stammt, oder des Mannes, von dem die Samenzelle stammt, oder von beiden für deren Nachkommen das hohe Risiko einer schwerwiegenden Erbkrankheit besteht (§ 3a Abs. 2 ESchG). **Nicht rechtswidrig** handelt auch, wer eine PID mit schriftlicher Einwilligung der Frau, von der die Eizelle stammt, zur Feststellung einer schwerwiegenden Schädigung des Embryos vornimmt, die mit hoher Wahrscheinlichkeit zu einer Tot- oder Fehlgeburt führen wird.

Voraussetzung hierfür ist außerdem, dass

- die Frau zu den medizinischen, psychischen und sozialen Folgen der gewünschten genetischen Untersuchung von Zellen der Embryonen aufzuklären und beraten ist, wobei die Aufklärung vor der Einholung der **Einwilligung** zu erfolgen hat,
- eine interdisziplinär zusammengesetzte **Ethikkommission** an den zugelassenen PID-Zentren die Einhaltung der Voraussetzungen geprüft und zugestimmt hat und
- ein hierfür qualifizierter Arzt die PID in einem PID-Zentrum vornimmt (§ 3a Abs. 3 ESchG).

Die Fälle müssen anonymisiert an die **Zentralstelle für Präimplantationsdiagnostik** am Paul-Ehrlich-Institut, Fachgebiet 6/4, in 63 207 Langen gemeldet werden.

Ordnungswidrig handelt, wer entgegen § 3a Abs. 3 Satz 1 ESchG eine PID vornimmt. Die Ordnungswidrigkeit kann mit einer Geldbuße bis zu 50.000,00 Euro geahndet werden (§ 3a Abs. 4 ESchG).

Nach § 9 Nr. 2 ESchG darf **nur ein Arzt** die PID vornehmen. Allerdings ist kein Arzt verpflichtet, eine PID durchzuführen oder an ihr mitzuwirken. Aus der Nichtmitwirkung darf ihm kein Nachteil entstehen (§ 3a Abs. 5 ESchG). Wer eine PID vornimmt, ohne Arzt zu sein, macht sich nach § 11 Abs. 1 Nr. 2 ESchG strafbar.

Sprechen nach den Ergebnissen von pränataldiagnostischen Maßnahmen dringende Gründe für die Annahme, dass die körperliche oder geistige Gesundheit des Kindes geschädigt ist, so hat die Ärztin oder der Arzt, die oder der der Schwangeren die Diagnose mitteilt, über die medizinischen und psychosozialen Aspekte, die sich aus dem Befund ergeben, unter Hinzuziehung von Ärztinnen oder Ärzten, die mit dieser Gesundheitsschädigung bei geborenen Kindern Erfahrung haben, zu beraten. Die **Beratung** erfolgt in allgemein verständlicher Form und ergebnisoffen (§ 2a SchKG, s. u.).

9.4 Schwangerschaftskonfliktgesetz

Das Schwangerschaftskonfliktgesetz (SchKG) dient in erster Linie der **Aufklärung, Verhütung, Familienplanung und Beratung**. Zuständig ist die Bundeszentrale für gesundheitliche Aufklärung. Die Aufklärungsmaterialien werden insbesondere auch an Hebammen unentgeltlich abgegeben (§ 1 Abs. 3 SchKG). Es existiert eine kostenlose, barrierefreie und 24 Stunden erreichbare Notrufnummer für Schwangere, unter der sie an eine Beratungsstelle weitergeleitet werden (Nummer: 0800 40 40 020; § 1 Abs. 5 SchKG).

Jede Frau und jeder Mann hat das Recht, sich in Fragen der Sexualaufklärung, Verhütung und Familienplanung sowie in allen eine Schwangerschaft unmittelbar oder mittelbar berührenden Fragen von einer hierfür vorgesehenen Beratungsstelle auf Wunsch **anonym informieren und beraten** zu lassen (§ 2 Abs. 1 SchKG).

Der **Anspruch auf Beratung** umfasst **Informationen** über

- Sexualaufklärung, Verhütung und Familienplanung,
- bestehende familienfördernde Leistungen und Hilfen für Kinder und Familien, einschließlich der besonderen Rechte im Arbeitsleben,
- Vorsorgeuntersuchungen bei Schwangerschaft und die Kosten der Entbindung,
- soziale und wirtschaftliche Hilfen für Schwangere, insbesondere finanzielle Leistungen sowie

Hilfen bei der Suche nach Wohnung, Arbeits- oder Ausbildungsplatz oder deren Erhalt,
- die Hilfsmöglichkeiten für behinderte Menschen und ihre Familien, die vor und nach der Geburt eines in seiner körperlichen, geistigen oder seelischen Gesundheit geschädigten Kindes zur Verfügung stehen,
- die Methoden zur Durchführung eines Schwangerschaftsabbruchs, die physischen und psychischen Folgen eines Abbruchs und die damit verbundenen Risiken,
- Lösungsmöglichkeiten für psychosoziale Konflikte im Zusammenhang mit einer Schwangerschaft,
- die rechtlichen und psychologischen Gesichtspunkte im Zusammenhang mit einer Adoption.

Die Schwangere ist darüber hinaus bei der Geltendmachung von Ansprüchen sowie bei der Wohnungssuche, bei der Suche nach einer Betreuungsmöglichkeit für das Kind und bei der Fortsetzung ihrer Ausbildung zu unterstützen. Zum Anspruch auf Beratung gehört auch die Nachbetreuung nach einem Schwangerschaftsabbruch oder nach der Geburt des Kindes (§ 2 Abs. 2, 3 SchKG).

Auf die Voraussetzungen der „**Vertraulichen Geburt**" nach §§ 25 ff. SchKG wurde bereits im Kap. 6.1.5 hingewiesen.

9.5 Schwangerschaftsabbruch

Ein **Schwangerschaftsabbruch** im Sinn der §§ 218 ff. StGB liegt vor, wenn die Leibesfrucht nach der Nidation, aber vor der Geburt abgetötet wird. Ein gegen den Willen der Schwangeren durchgeführter Schwangerschaftsabbruch ist immer strafbar. Sofern die Schwangere mit der Handlung einverstanden ist, bestehen besondere Vorschriften in den §§ 218a ff. StGB (Rechtfertigungsgründe). Diese gesetzlichen Vorschriften sind das Ergebnis des Urteils des Bundesverfassungsgerichts vom 28.05.1993.

Wer eine **Schwangerschaft abbricht,** wird mit einer Freiheitsstrafe bis zu drei Jahren oder mit einer Geldstrafe bestraft. Handlungen, deren Wirkung vor dem Abschluss der Einnistung des befruchteten Eies in der Gebärmutter eintritt, gelten nicht als Schwangerschaftsabbruch. Dies ist nur bei der „Pille danach" der Fall, bei der es sich um ein nidationshemmendes Präparat handelt, nicht jedoch bei der „Abtreibungspille", da sie zur Abtötung der schon eingenisteten Frucht führen soll. Ein besonders schwerer Fall mit einer erhöhten Strafandrohung liegt in der Regel vor, wenn der Täter gegen den Willen der Schwangeren handelt oder leichtfertig die Gefahr des Todes oder einer schweren Gesundheitsschädigung der Schwangeren verursacht.

Begeht die Schwangere die Tat, so besteht die Strafe in einer Freiheitsstrafe bis zu einem Jahr oder einer Geldstrafe (§ 218 StGB). Der Tatbestand eines Schwangerschaftsabbruchs ist gemäß § 218a StGB nicht verwirklicht, wenn die Schwangere den Schwangerschaftsabbruch verlangt und dem Arzt durch eine Bescheinigung (§ 219 Abs. 2 Satz 2 StGB) nachgewiesen hat, dass sie sich mindestens drei Tage vor dem Eingriff hat beraten lassen (§ 218a Abs. 1 Nr. 1 StGB), der Schwangerschaftsabbruch von einem Arzt vorgenommen wird und seit der Empfängnis nicht mehr als zwölf Wochen vergangen sind. Ein Behandlungsvertrag hinsichtlich eines Schwangerschaftsabbruchs ist nichtig, wenn noch kein Beratungsgespräch nach § 219 StGB durchgeführt worden ist, da der Vertrag gegen ein gesetzliches Verbot nach § 134 BGB verstößt (Urteil des AG Bad Oeynhausen vom 13.11.1997).

Die nach § 219 des Strafgesetzbuches notwendige **Beratung** ist ergebnisoffen zu führen. Sie geht von der Verantwortung der Frau aus. Die Beratung soll ermutigen und Verständnis wecken, nicht belehren oder bevormunden. Die Schwangerschaftskonfliktberatung dient dem Schutz des ungeborenen Lebens (§ 5 Abs. 1 SchKG).

Die **Beratung umfasst:**
- das Eintreten in eine Konfliktberatung; dazu wird erwartet, dass die schwangere Frau der beratenden Person die Gründe mitteilt, derentwegen sie einen Abbruch der Schwangerschaft erwägt; der Beratungscharakter schließt aus, dass die Gesprächs- und Mitwirkungsbereitschaft der schwangeren Frau erzwungen wird,
- jede nach Sachlage erforderliche medizinische, soziale und juristische Information, die Darlegung der Rechtsansprüche von Mutter und Kind und der möglichen praktischen Hilfen, ins-

besondere solcher, die die Fortsetzung der Schwangerschaft und die Lage von Mutter und Kind erleichtern,
- das Angebot, die schwangere Frau bei der Geltendmachung von Ansprüchen, bei der Wohnungssuche, bei der Suche nach einer Betreuungsmöglichkeit für das Kind und bei der Fortsetzung ihrer Ausbildung zu unterstützen, sowie das Angebot einer Nachbetreuung.
- Die Beratung unterrichtet auf Wunsch der Schwangeren auch über Möglichkeiten, ungewollte Schwangerschaften zu vermeiden (§ 5 Abs. 2 SchKG).

Die **Beratungsbescheinigung** ist in § 7 SchKG geregelt.

Der mit Einwilligung der Schwangeren von einem Arzt vorgenommene Schwangerschaftsabbruch ist **nicht rechtswidrig,** wenn der Abbruch der Schwangerschaft unter Berücksichtigung der gegenwärtigen und zukünftigen Lebensverhältnisse der Schwangeren nach ärztlicher Erkenntnis angezeigt ist, um eine Gefahr für das Leben oder die Gefahr einer schwerwiegenden Beeinträchtigung des körperlichen oder seelischen Gesundheitszustandes der Schwangeren abzuwenden, und die Gefahr nicht auf eine andere für sie zumutbare Weise abgewendet werden kann.

Gleiches gilt in den Fällen, in denen die Schwangere **Opfer eines Sexualdelikts** geworden ist, dringende Gründe für die Annahme sprechen, dass die Schwangerschaft auf der Tat beruht, und seit der Empfängnis nicht mehr als zwölf Wochen vergangen sind (§ 218a Abs. 3 StGB).

Die Schwangere ist nach § 218 StGB nicht strafbar, wenn der **Schwangerschaftsabbruch nach Beratung** von einem Arzt vorgenommen worden ist und seit der Empfängnis nicht mehr als zweiundzwanzig Wochen verstrichen sind (§ 218a Abs. 4 Satz 1 StGB). Das Gericht kann von einer Strafe nach § 218 StGB absehen, wenn die Schwangere sich zur Zeit des Eingriffs in besonderer Bedrängnis befunden hat (§ 218a Abs. 4 Satz 2 StGB).

Ist eine Schwangere krankheitsbedingt unfähig, in einen Schwangerschaftsabbruch einzuwilligen, ist ihr bei Vorliegen einer Indikation ein **Betreuer** zu bestellen (Urteil des OLG Frankfurt/Main vom 01.09.2008).

Niemand ist verpflichtet, an einem Schwangerschaftsabbruch mitzuwirken. Dies gilt auch für eine Hebamme dann nicht, wenn die Mitwirkung notwendig ist, um von der Frau eine anders nicht abwendbare Gefahr des Todes oder einer schweren Gesundheitsschädigung abzuwenden (§ 12 SchKG).

10 Abkürzungsverzeichnis

AG *Amtsgericht*
AGB *Allgemeine Geschäftsbedingungen*
AGG *Allgemeines Gleichbehandlungsgesetz*
ArbGG *Arbeitsgerichtsgesetz*
ArbPlSchG *Arbeitsplatzschutzgesetz*
ArbZG *Arbeitszeitgesetz*
ÄrzteGH *Ärztegerichtshof*
Art. *Artikel*
AsylbLG *Asylbewerberleistungsgesetz*
BAG *Bundesarbeitsgericht*
BAGE *Bundesarbeitsgerichtsentscheidungen*
BBiG *Berufsbildungsgesetz*
BEEG *Bundeselterngeld- und Elternzeitgesetz*
BestattG *Bestattungsgesetz*
BetrVG *Betriebsverfassungsgesetz*
BGB *Bürgerliches Gesetzbuch*
BGH *Bundesgerichtshof*
BGHSt *Entscheidungen des Bundesgerichtshofs in Strafsachen*
BGHZ *Entscheidungen des Bundesgerichtshofs in Zivilsachen*
BPersVG *Bundespersonalvertretungsgesetz*
BSG *Bundessozialgericht*
BSGE *Bundessozialgerichtsentscheidungen*
BtMG *Betäubungsmittelgesetz*
BUrlG *Bundesurlaubsgesetz*
BVerfG *Bundesverfassungsgericht*
BVerfGE *Bundesverfassungsgerichts-entscheidungen*
BVerfGG *Bundesverfassungsgerichtsgesetz*
BVerwG *Bundesverwaltungsgericht*
DHZ *Deutsche Hebammen Zeitschrift*
EFZG *Entgeltfortzahlungsgesetz*
ESchG *Embryonenschutzgesetz*
EStG *Einkommenssteuergesetz*
EU *Europäische Union*
FamFG *Gesetz über das Verfahren in Familiensachen*
FEM *Freiheitsentziehende Maßnahme*
GbR *Gesellschaft bürgerlichen Rechts*
GenDG *Gendiagnostikgesetz*
GewO *Gewerbeordnung*
GewSchG *Gewaltschutzgesetz*
GG *Grundgesetz*
HebBO NRW *Hebammenberufsordnung Nordrhein-Westfalen*
HebDO *Dienstordnung für Hebammen*
HebForum *Hebammenforum*
HebG *Hebammengesetz*
HebAPrV *Ausbildungs- und Prüfungsverordnung für Hebammen*
HWG *Gesetz über die Werbung auf dem Gebiet des Heilwesens*
HGB *Handelsgesetzbuch*
IfSG *Infektionsschutzgesetz*
KastrG *Kastrationsgesetz*
KKG *Kinderschutzgesetz*
KSchG *Kündigungsschutzgesetz*
LArbG *Landesarbeitsgericht*
LG *Landgericht*
LPartG *Lebenspartnerschaftsgesetz*
LSozG *Landessozialgericht*
MuSchG *Mutterschutzgesetz*
MuSchEltZV *Mutterschutz- und Elternzeitverordnung*
NJW *Neue Juristische Wochenschrift*
NStZ *Neue Zeitschrift für Strafrecht*
NZA *Neue Zeitschrift für Arbeits- und Sozialrecht*
OLG *Oberlandesgericht*
OLG-R *Oberlandesgerichts(rechtsprechungs)report*
OVG *Oberverwaltungsgericht*
OWiG *Ordnungswidrigkeitengesetz*
PartGG *Partnerschaftsgesellschaftsgesetz*
PID *Präimplantationsdiagnostik*
PNG *Pflege-Neuausrichtungsgesetz*
PräimpG *Präimplantationsdiagnostikgesetz*
ProstG *Prostitutionsgesetz*
PStG *Personenstandsgesetz*
PStV *Ausführungsverordnung zum Personenstandsgesetz*
RBerG *Rechtsberatungsgesetz*
Rdnr *Randnummer*
RVO *Reichsversicherungsordnung*
SchKG *Schwangerschaftskonfliktgesetz*
SG *Sozialgericht*
SGB I bis XII *Sozialgesetzbuch I – XII*
SozG *Sozialgericht*

StGB	*Strafgesetzbuch*
StPO	*Strafprozessordnung*
StVG	*Straßenverkehrsgesetz*
StVollzG	*Strafvollzugsgesetz*
TPG	*Transplantationsgesetz*
TzBfG	*Teilzeit- und Befristungsgesetz*
UWG	*Gesetz gegen den unlauteren Wettbewerb*
VG	*Verwaltungsgericht*
VGH	*Verwaltungsgerichtshof*
VwVfG	*Verwaltungsverfahrensgesetz*
ZPO	*Zivilprozessordnung*

11 Literatur

[1] www.aerztekammer-bw.de/10aerzte/40merkblaetter/20recht/05kammerrecht/bo.pdf, aufgerufen am 30.01.2016

[2] Albrecht H. Das Gendiagnostikgesetz und seine Folgen für das Neugeborenenscreening. Hebammenforum 2011; 1: 12 f.

[3] Almer S, Schelling P. Hausgeburt: Ehrlich informieren. DHZ 2010; 3: 73 ff.

[4] Anhang 3a Qualitätsmanagement zur Anlage 3 Qualitätsvereinbarung zum Vertrag nach § 134a SGB V

[5] AOK Bundesverband. Gesagt ist nicht getan. Adherence – Arzt und Patient in gemeinsamer Verantwortung. Vorstellung der Preisträger Berliner Gesundheitspreis 2008. Gesundheit und Gesellschaft Spezial 5/2009

[6] AWMF. S 2k-Leitlinie 024/007: Hyperbilirubinämie des Neugeborenen – Diagnostik und Therapie. Stand 08/2015

[7] www.awmf.org/uploads/tx_szleitlinien/024–005l_S 2k_Betreuung_von_gesunden_reifen_Neugeborenen_2012–10.pdf, abgerufen 5.4.2016, 12:34Uhr

[8] Ayerle G, Mattern E. Dokumentationshilfe für Familienhebammen. DHZ 2014; 3: 26 ff. und 32 ff.

[9] Berg D, Ulsenheimer K. Patientensicherheit, Arzthaftung, Praxis- und Krankenhausorganisation. Heidelberg: Springer; 2006

[10] Bertini G, Dani C, Tronchin M, Rubaltelli FF. Is breastfeeding really favoring early neonatal jaundice? Pediatrics 2001; 107(3): E41

[11] Berufsordnung des Hebammenlandesverbandes Baden-Württemberg. Fassung vom 25.11.1992

[12] Bock RW. Adäquate Aufklärung vor dem Schnitt. DHZ 2008; 2: 22 ff.

[13] Borchard C. Neugeborenen-Ikterus: aufmerksam und miteinander. Hebammenforum 2015; 3: 199–204

[14] Braun A. Das Gendiagnostikgesetz und seine Folgen für das Neugeborenenscreening. Hebammenforum 2009; 10: 816 ff.

[15] Bryan C. Klinikstandards in der Geburtsmedizin. Stuttgart: Thieme; 2016

[16] Büchner B, Stöhr A. Arbeitszeit in Krankenhäusern – Ein haftungsrechtliches Risiko? NJW 2012; 8: 487

[17] Bundesverband für Gesundheitsinformation und Verbraucherschutz (BGV) e. V. Adhärenz in der Transplantationsmedizin. 2010.

[18] Critical Incident Reporting System (CIRS) – Risikomanagement in der präklinischen Notfallmedizin (www.cirs-notfallmedizin.de)

[19] Dachverband adherence (www.dv-adherence.de)

[20] dejure.org/gesetze/StGB/267.html aufgerufen am 30.01.2016

[21] Deutsche Gesellschaft für Gynäkologie und Geburtshilfe. Empfehlungen zur Schulterdystokie, Erkennung, Prävention und Management. 2010

[22] Deutsche Gesellschaft für Gynäkologie und Geburtshilfe (DGGG). Anwendung des CTG während Schwangerschaft und Geburt. Leitlinien, Empfehlungen, Stellungnahmen 08/2013. AWMF 015/036 (S 1). Deutsche Gesellschaft für Gynäkologie und Geburtshilfe e. V. (www.awmf.org/uploads/tx_szleitlinien/015–036l_S 1_CTG_Schwangerschaft_Geburt_2014–06.pdf)

[23] Deutscher Hebammenverband. Geburtsarbeit – Hebammenwissen zur Unterstützung der physiologischen Geburt. 2. Aufl. Stuttgart: Hippokrates; 2013

[24] Deutscher Hebammenverband. Hebammen in der Klinik – Kompetenzen und Tätigkeitsfelder angestellter Hebammen. 3. Aufl. Karlsruhe: DHV; 2013

[25] Deutscher Hebammenverband. Praxisbuch für Hebammen: Erfolgreich freiberuflich arbeiten. Stuttgart: Hippokrates; 2011

[26] Diefenbacher M. Was darf die Hebamme? DHZ 2014; 5: 38–42

[27] Diefenbacher M. Wenn die Staatsanwaltschaft ermittelt. DHZ 2013; 7: 58 ff.

[28] Diefenbacher M. Das neue Patientenrechtegesetz. DHZ 2012; 11: 42 ff.; 12: 58 ff.; 2013; 5: 4

[29] Diefenbacher M. Internetrecht für Hebammen. DHZ 2010; 9: 30 ff., 10: 71 f.; 11: 72; 12: 72 ff.; 2011; 1: 56 f.

[30] Diefenbacher M. Wann die Hebamme ärztlichem Vorgehen widersprechen muss. Die Hebamme 2016; 29: 252-256

[31] Erdle H, Becker A, Hrsg. Recht der Gesundheitsfachberufe, Heilpraktiker und sonstigen Berufe im Gesundheitswesen: Normsammlung mit Erläuterungen. Heidelberg: medhochzwei; 2010

[32] Erlinger R. Personaleinsatz – Einarbeitung, Fortbildung. In: D. Berg, K. Ulsenheimer. Patientensicherheit, Arzthaftung, Praxis- und Krankenhausorganisation. Berlin, Heidelberg: Springer; 2006: 92

[33] ESPED, Erhebungseinheit für seltene pädiatrische Erkrankungen in Deutschland. Jahresbericht 2005

[34] www.fälle-für-alle.org

[35] Fey C, Gruber P. Die häufigsten Fehler aus gutachterlicher Sicht. Deutsche Hebammenzeitschrift 2009; 9: 6–10

[36] Fey C. Hyperbilirubinämie beim Neugeborenen. Die Hebamme 2015; 28: 260–263

[37] Fey C. Hebammenarbeit optimieren, Dokumentation erleichtern. Hebammenforum 2008; 8: 603–606

[38] Fischer T. Strafgesetzbuch und Nebengesetze (Kommentar). 62. Aufl. München: C.H. Beck; 2015

[39] Franck L. Die Visite im Mehrbettzimmer. Zur sozialadäquaten Einschränkung der ärztlichen Schweigepflicht. NStZ 2015: 322

[40] Frei M. Widersprich dem Chef und rette Leben! SonntagsZeitung. 12.01.2013. Abgerufen am 30.01.2016 von info.sonntagszeitung.ch/archiv/detail/?newsid = 240 230

[41] Gemeinsame Stellungnahme der Deutschen Gesellschaft für Gynäkologie und Geburtshilfe (DGGG), der Arbeitsgemeinschaft Medizinrecht (AG MedR), der Deutschen Gesellschaft für Anästhesiologie und Intensivmedizin (DGAI) und des Berufsverbandes Deutscher Anästhesisten (BDA): Zur Frage der postoperativen Überwachung von Kaiserschnittpatientinnen. Anhang. Anästh Intensivmed 2016; 57: 47–50

[42] Genenger A. Das neue Gendiagnostikgesetz. NJW 2010; 3: 113

[43] www.gesetze-im-internet.de/bgb/_630f.html aufgerufen am 30.01.2016

[44] Gnirs J, Schneider KTM. Schulterdystokie. In: Schneider H, Husslein P, Schneider KTM, Hrsg. Die Geburtshilfe. 4. Aufl. Berlin, Heidelberg: Springer; 2011: 965–986

[45] Gruber P. Besonnenheit, Fachwissen und Herz. Österreichische Hebammenzeitung 2014; 5: 16–20

[46] Gruber P, Oehler KD, Schwarz CD. CTG verstehen – bewerten – dokumentieren. 4., überarb. Aufl. Hannover: Elwin Staude; 2016

[47] Gruber P, Knobloch R. Für alle Fälle. Deutsche Hebammenzeitschrift 2014; 5: 22–26

[48] Hacks S, Ring A, Böhm P. SchmerzensgeldBeträge 2011. 29. Aufl. Bonn: Deutscher Anwaltverlag; 2010

[49] Hähnlein KA. Manualdiagnostik während der Geburt. In: Deutscher Hebammenverband. Geburtsarbeit – Hebammenwissen zur Unterstützung der physiologischen Geburt. 2. Aufl. Stuttgart: Hippokrates; 2013: 57–99

[50] Das Hamburgische Hebammengesetz vom 13. September 1990 (HmbGVBl. S. 202), geändert am 18. Juli 2001 (HmbGVBl. S. 251, 253)

[51] Harder Y, Dittman J. Schulterdystokie: seltene Komplikation – häufiger Haftungsfall. Frauenarzt 2004; 45: 650–655

[52] Haug T. Informationspflichten bei Social-Media-Präsenzen. NJW 2015; 10: 661 ff.

[53] Hildebrandt S, Göbel E. Geburtshilfliche Notfälle. vermeiden – erkennen – behandeln. Stuttgart: Hippokrates; 2008

[54] Hirschmüller AK. Abrechnung von Leistungen gegenüber Flüchtlingsfrauen und anderen Asylantinnen. Hebammenforum 2015; 16(4): 348

[55] Horschitz H. (Anmerkungen zum Urteil des OLG Frankfurt vom 6.4.1990, Aktenzeichen 24 U 18/89). Deutscher Hebammenverband. Abgerufen am 30. 01.2016 von www.hebammenverband.de im Mitgliederbereich/Services für Mitglieder/Rechtsstelle/Rechtsfragen-Urteile/Urteil140

[56] Horschitz H, Selow M. Hebammengebührenrecht 2007. Frankfurt: Mabuse; 2008

[57] Horschitz H, Kurtenbach H. Hebammengesetz. 3. Aufl. 2003. Hannover: Elwin Staude; 2003

[58] Horschitz H. Das Krankenkassen-Gebührenrecht der Hebamme. 9. Aufl. Hannover: Elwin Staude; 2005

[59] Horschitz H. Nebentätigkeiten. Hebammenforum 2000; X: 36

[60] Horschitz H. Private Vereinbarungen. DHZ 1997; 10: 505

[61] Horschitz H. Neue Überlegungen zu Fahrtenbuch und Arbeitszimmer. DHZ 1996; 7: 314

[62] Illing S. Ikterus: Formen, Folgen, Früherkennung. Hebammenforum 2015; 3: 194–198

[63] Illing S. Kinderheilkunde für Hebammen. Stuttgart: Hippokrates; 2013

[64] Kerlen-Petri K. Neugeborenengelbsucht. Hebammenforum 2015; 3: 210–214

[65] Kleine-Cosack M. Vom Werbeverbot zum Werberecht des Arztes. NJW 2003; 12: 868–870

[66] Knobloch R. Gibt es das ideale Formular? Deutsche Hebammenzeitschrift 2009; 9: 33–37

[67] Knobloch R. Die erste Lebenswoche dokumentieren. Deutsche Hebammenzeitschrift 2015; 1: 25–30

[68] Knobloch R. Unter Dach und Fach. Archivierung von Akten. Hebammenforum 2014; 15: 838–840

[69] Knobloch R. Vorgehen bei einem Schadensfall. Hebammenforum 2013; 14: 817

[70] Knobloch R, Selow M. Dokumentation im Hebammenalltag. München: Elsevier/Urban & Fischer; 2010

[71] Knobloch R., Selow M, Fey C, Gruber P. Herztonkontrolle mit CTG und Auskultation. In: Knobloch R, Selow M, Hrsg. Dokumentation im Hebammenalltag. München: Elsevier; 2010: 25

[72] Kölbel R. Abrechnungsbetrug im Krankenhaus. NStZ 2009; 6: 312–318

[73] Köster H. Der Neugeborenenikterus in der häuslichen Wochenbettbetreuung. Die Hebamme 2010; 88–97

[74] Krahl A, Lange U, Sayn-Wittgenstein F zu. Ein neuer Verlaufsbogen für die frühe Eröffnungsphase. Deutsche Hebammenzeitschrift 2012; 1: 44–49

[75] Krauspenhaar D, Erdmann D. Qualität! Hannover: Staude; 2015: 9

[76] Kresse B, Rabe V. Gefahr für die anwaltliche Schweigepflicht – Das geplante Bundeskinderschutzgesetz. NJW 2009; 25:1789–1792

[77] Malterer C. Familienhebammen im Dilemma zwischen Daten- und Kinderschutz. DHZ 2011; 9: 78 ff.

[78] Martius AL, Baier C. Vertraulich oder anonym? Hebammenforum 2015; 16(5): 452–454

[79] Maude RM et al. Intelligent Structured Intermittend Auscultation (ISIA): evaluation of a decision-making framework for fetal heart monitoring of low-risk women. BMC Pregnancy and Childbirth 2014; 14: 184

[80] Monitor. Informationen für Krankenhäuser. infodienst.union-verdi.de/2008/03/MONITOR_sw.pdf Abgerufen 29.01.2016 7:19:21 pm

[81] Morgenthal P. Vertrauliche Geburt. Schwanger unter Pseudonym. DHZ 2015; 5: 78 f.

[82] Morgenthal P. Übernahme- und Organisationsverschulden. DHZ 2015; 3: 40–43

[83] Mozygemba K. Gemeinsame Vorsorge – Wie ist der Stand der Dinge? Hebammenforum 2010; 7: 554–557

[84] Müller K. Werbung erlaubt. DHZ 2001; 2: 54

[85] Müller T, Schabbeck JP. Behandlungsfehler. In: Müller T, Schabbeck JP. Delegation ärztlicher Leistungen an das Pflegepersonal. Heidelberg: medizinhochzwei; 2010: 17

[86] Münkwitz C. Marketing als Kommunikation verstehen. DHZ 2011; 5:, 56 ff.

[87] NICE. Medicines adherence: Involving patients in decisions about prescribed medicines and supporting adherence (CG76). 2009. Letzter Zugriff am 2.1.2016 www.nice.org.uk/guidance/cg76/chapter/Key-principles

[88] Oberlandesgericht Bamberg vom 25.04.2005, Aktenzeichen 4 U 61/04

[89] Oberlandesgericht Hamm, vom 11. April 2014, Aktenzeichen 26 U 6/13

[90] Oberlandesgericht Hamm vom 10. April 2002, Aktenzeichen 3 U 155/01

[91] Oberlandesgericht Hamm vom 20. Januar 1999, Aktenzeichen 3 U 105/98

[92] Palandt O, Hrsg. Bürgerliches Gesetzbuch (Kommentar). 74. Aufl. München: C.H. Beck; 2015

[93] Peter M, Sander J. Mehr Rechtssicherheit beim Neugeborenenscreening. DHZ 2011; 4: 66 ff.

[94] Petrus U. Fortbildungen sind Ländersache. DHZ 2013; 3: 24ff.

[95] Quell-Liedke S, Thomas H, Fey C, Gruber P, Knobloch R. Gelb ist nicht gleich Gelb. Hebammenforum 2015; 3: 216–218

[96] Raschke A. Inhalt und Grenzen des ärztlichen Werberechts. NJW 2015; 12: 825 ff.

[97] Recht und Geld für Familien. Sonderheft Hebammenforum. Karlsruhe: DHV; September 2014

[98] Rödel S. Compliance war gestern: von der Vielschichtigkeit der Adhärenz und den digitalen Möglichkeiten der Unterstützung. 2011. Letzter Download am 1.1.2016 unter www.healthcaremarketing-blog.de/compliance-war-gestern-von-der-viel-schichtigkeit-der-adhaerenz-und-den-digitalen-moeglichkeiten-der-unterstuetzung/

[99] Sahm L. Die Schnittstelle optimieren. Hebammenforum 2012; 2: 114–117

[100] Salis B. Am liebsten die Mücke machen. Kooperation mit den Rettungsdiensten. Hebammenform 2008; 6: 440–444

[101] Schaub G. Arbeitsrechts-Handbuch. 15. Aufl. München: C.H. Beck; 2013

[102] Scheurer C. Mut zu „gesunden" Personalschlüsseln. DHZ 2012; 7: 30–34

[103] Schneider H, Husslein P, Schneider KTM, Hrsg. Die Geburtshilfe. 4. Aufl. Berlin, Heidelberg: Springer; 2011

[104] Schwarz C. Interdisziplinär Arbeiten? Ja bitte! Hebammenforum 2008; 2: 78–84

[105] Seehausen M, Hänel P. Arzt-Patienten-Kommunikation: Adhärenz im Praxisalltag effektiv fördern. Dtsch Arztebl 2011; 108(43): A 2276–80

[106] Selow M. Qualität entwickeln: Frei in der Form. Deutsche Hebammenzeitschrift 2014; 1: 14–19

[107] Selow M. Entscheidung für ein QM-System: Eigene Prioritäten setzen. Deutsche Hebammenzeitschrift 2014; 1: 28–31

[108] Selow M. Wo die Schweigepflicht endet. DHZ 2014; 12: 62 ff.; DHZ 2015; 1: 62 ff. (enthält auch eine Checkliste zum Datenschutz)

[109] Selow M. Informiert, Aufgeklärt, Dokumentiert. Hebammenforum 2011; 9: 738 ff.

[110] www.seminperinat.com/article/S 0146–0005 % 2814 %2 900 022–6/abstract

[111] Stegers C. Plexusparese. Gericht berücksichtigt neue Erkenntnisse zur Verursachung. Frauenarzt 2002; 43: 1072

[112] Stellungnahme des DHV. Hebammenforum 2012; 3: 224

[113] Stiefel A, Geist C, Harder U. Hebammenkunde. 5., überarb. Aufl. Stuttgart: Hippokrates; 2012

[114] Stitely M. Shoulder dystocia: Management and documentation. www.ncbi.nlm.nih.gov/pubmed/ 24 863 024 aufgerufen 30.01.2016

[115] Stupka E. Ohne Deutsch im Kreißsaal. Bild-Text-Karten zur Verständigung mit Migrantinnen. Stuttgart: Hippokrates; 2014

[116] Süßmilch A. Schichtdienst und Gesundheit. DHZ 2012; 7: 35 ff.

[117] Tann Cvd. Künstliche Befruchtung in der gesetzlichen Krankenversicherung. NJW 2015; 26: 1850

[118] Taupitz J, Hermes B. Eizellspende verboten – Embryonenspende erlaubt? NJW 2015; 25: 1802

[119] Thomas H. Werbung: Was ist erlaubt? Hebammenforum 2011: 9: 742 f.

[120] Thomas H, Salis B im Gespräch mit Fey C, Gruber P und Knobloch R. Hebammenarbeit sichtbar machen. Hebammenforum 2013; 14: 616–620

[121] Thomas H. Ab in den Müll? Hebammenforum 2014;15: 842–844

[122] Ulsenheimer K. Anmerkungen zum neuen Patientenrechtegesetz. Thieme Compliance Newsletter 2013, www.econsentpro.de

[123] Vogel HW. Geheim-Code Arbeitszeugnis. 3. Aufl. Regensburg: Walhalla; 1996

[124] WHO. Adherence to long-term therapies: Evidence for action.2003. Letzter Zugriff 2.1.2016 www.who.int/chp/knowledge/publications/adherence_report/en/

[125] Wyllie J, Bruinenberg J, Roehr CC et al. Die Versorgung und Reanimation des Neugeborenen. Kap. 7 der Leitlinien zur Reanimation 2015 des European Resuscitation Council. Notfall Rettungsmed 2015. doi:10.1007/s10 049–015–0090-

Sachverzeichnis